中国文化产业研究丛书

数字经济下的文化创意革命

The Revolution in Creativity
in the Digital Economy

商务印书馆
The Commercial Press

图书在版编目(CIP)数据

数字经济下的文化创意革命/范周著. —北京：商务印书馆，2019(2023.4 重印)
(中国文化产业研究丛书)
ISBN 978-7-100-17762-7

Ⅰ.①数… Ⅱ.①范… Ⅲ.①文化产业—研究—中国 Ⅳ.①G124

中国版本图书馆 CIP 数据核字(2019)第 175851 号

权利保留，侵权必究。

中国文化产业研究丛书
数字经济下的文化创意革命
范周 著

商 务 印 书 馆 出 版
(北京王府井大街 36 号 邮政编码 100710)
商 务 印 书 馆 发 行
北京艺辉伊航图文有限公司印刷
ISBN 978-7-100-17762-7

2019 年 10 月第 1 版　　开本 880×1230　1/32
2023 年 4 月北京第 3 次印刷　印张 15¾
定价：64.00 元

中国文化产业研究丛书

总　序

早在 20 世纪 80 年代末，邓小平就提出了"科学技术是第一生产力"的著名论断，这已成为中国发展的一个重要指导思想。文化产业也是伴随着科学技术的革新与拓荒应运而生的。20 世纪初期，工业革命引发的科技进步及资本主义的机械化生产以不可阻挡的势头迅速发展，部分哲学家和社会学家认为机械化复制的工业生产是对文化和艺术的亵渎。20 世纪 40 年代，法兰克福学派的本雅明（Walter Benjamin）在《机械复制时代的艺术作品》中表达了关于文化工业的思想，讨论了大工业生产方式和技术复制手段所产生的文化和审美领域的革命。1947 年，法兰克福学派的阿多诺（Theodor Wiesengrund Adorno）和霍克海默（Max Horkheimer）在《启蒙辩证法》的"文化产业：欺骗公众的启蒙精神"一章中首次明确提出"文化产业"和"大众文化"的概念，用来指工业生产时代大批量生产标准化、规格化、工业化的文化商品。可以看出，这个时期人们对文化产业抑或文化工业是带有批判色彩的。美国媒体文化研究者、批判家尼尔·波兹曼在 1985 年出版的《娱乐至死》一书中也强烈表达了对人们在工业化时代受工业化生产、消费所支配的"赫胥黎预言"式担忧。

约瑟夫·奈（Joseph Nye）在《注定领导世界？——美国权力

性质的变迁》一书中首次提出"软实力"的概念，把软实力界定为文化的吸引力、制度的吸引力、掌握国际话语权的能力。20世纪90年代以来，以信息技术革命为中心的科学技术迅猛发展，国际竞争日益激烈。面对人类社会发展带来的资源和环境困境，各个国家开始意识到文化产业发展的重要性，积极探索文化产业作为国家长期发展战略的可行性，英国提出发展文化创意产业的国家社会经济发展战略，日本提出"文化立国"战略等。

当下，随着国际文化战略竞争的进一步加剧和中国发展战略的调整，中国文化产业发展面临着前所未有的时代发展机遇与挑战。在某种程度上，中国文化产业是伴随着中国改革开放的不断深入而产生与发展的，是在破除经济体制障碍、调整经济结构的背景下提出来的，是在加入WTO、更深入地融入现代世界经济体系、敞开国门走向世界的背景下发展起来的，是在应对中国社会主义文化建设和意识形态建设所遭遇的前所未有的困难和挑战中提出来的。

毋庸置疑，改革开放对中国文化产业发展产生了积极广泛的影响，为文化的繁荣发展创造了良好的环境和氛围。从党的十五届五中全会首次提出"文化产业"的概念，将文化产业纳入国家发展计划，到党的十七大提出"推动社会主义文化大发展大繁荣"，将文化产业纳入国家发展战略，再到党的十九大提出"坚定文化自信，推动社会主义文化繁荣兴盛"，中国经历了文化产业发展的萌芽期、初步形成期和快速扩张期，中国文化产业开始进入全面提升期，成为推动中国经济高质量发展的重要引擎。

基于此背景，对于中国文化产业的发展历史、演化进程、改革创新与未来趋势等问题必须予以高度重视和探讨；对于文化产业的理论体系建设、文化产业的学科体系建设、文化产业人才培养战略以及未来文化产业发展方向等问题的研究，是文化产业学界应当持续关注的重要课题。

一、回顾：近 20 年文化产业的实践探索

回顾过去、展望未来才能够更好地把握现在。回首过去，中国文化产业发展取得了骄人的成就，公共文化事业不断进步，文化投资规模持续增长；文化产业规模不断扩大，新型文化业态迅猛崛起；文化需求快速增长，文化走出去亮点纷呈。立足新时代，中国文化产业呈现高质量、跨越式发展态势。但是由于发展起步较晚，中国文化产业在发展进程中不可避免地存在一些问题。

（一）文化产业发展与经济发展相协调，但供需关系仍不平衡

根据国家统计局数据，1998 年，中国国内生产总值（GDP）仅为 8.52 万亿元，而到 2018 年 GDP 已经达到 90.03 万亿元，是 1998 年的 10 倍多。根据《文化蓝皮书：中国文化消费需求景气评价报告（2016）》，从 1994 年到 2014 年这 20 年间，全国城乡文化消费总量由 1054.24 亿元增长至 14915.39 亿元，年均增长 14.17%；城乡文化消费人均值由 88.46 元增长至 1093.29 元，年均增长 13.40%。其中 2014 年文化消费增长明显加速，总量增长 14.80%，人均值增长 14.22%。可以说，中国文化产业的发展进程是与中国经济社会发展总基调协调一致的。改革开放 40 多年，尤其是最近 20 年，中国文化产业呈现出快速增长的态势，对推动国民经济持续健康发展起到越来越重要的作用。

然而，随着中国特色社会主义进入新时代，我国社会主要矛

盾已经转化为人民日益增长的美好生活需要和不平衡不充分的发展之间的矛盾。这个矛盾在文化产业发展领域集中表现在现有的文化供给结构不能适应和满足人们的文化需求结构的变化。从数量上看，中国文化产品供给数量严重不足。以出版业为例，国家统计局数据显示，2017年，全国总人口比2016年增加0.05%，城镇居民人均可支配收入增长8.3%，而图书出版总印数仅增长2%，电子出版物增长为负，文化产品的增长速度远远落后于社会经济发展。从质量上看，长期以来中国文化产业中产品创意不足、精品匮乏等问题仍然存在。相较于欧美发达国家，中国还较为缺乏被国际普遍认可和喜爱的文化品牌。中国文化产业发展仍有很长的路要走。

（二）文化体制改革取得初步成效，但政策法规体系仍不健全

在文化体制改革的有利推动下，中国文化产业加快发展，从无到有、从弱到强，产业规模不断扩大，产业实力不断增强，文化市场经济体制改革不断完善：从计划经济条件下的传统文化管理体制到社会主义市场经济条件下现代文化治理体系，从单纯依靠政府投入的文化事业到政府主导、社会参与的现代公共文化服务体系，从短缺的文化生产供给、零散的文化经营活动到繁荣活跃的现代文化市场体系，从较为封闭单一的对外文化交流到以我为主、多层次、宽领域文化开放格局。进入新时代，在习近平新时代中国特色社会主义思想指引下，现代公共文化服务体系建设、现代文化市场体系建设初见成效，坚定文化自信、高扬改革旗帜、锐意进取创新，中国特色社会主义文化发展道路越走越宽广。

近年来，中国文化体制机制改革已取得突破性进展。深化文化体制改革的政策相继出台；推进公共文化机构法人治理结构改革、基层综合性文化服务中心建设的重点措施得以落实；文化扶贫工作取得重大进展；文化市场改革方面，政府简政放权，推行一系列融资举措，鼓励文化企业进入市场，释放市场活力、主体动力和社会潜力。但是，随着中国改革开放进入深水区，根据"五位一体"的战略发展布局要求，文化管理体制还存在文化决策多层次化制约、文化管理法制化不健全、过多注重文化事业的政治职能和意识形态属性等问题，文化产业体制机制改革仍需深化。新时代，文化体制改革只有进行时，没有完成时。

（三）文化产业结构和所有制结构逐渐优化，但区域发展仍不均衡

改革开放以来，中国经济发展突飞猛进、思想解放不断深入，文化产业政策作为产业发展风向标的效果日益显现。自党的十六大首次将文化产业与文化事业区分开来以后，经营性文化产业与公益性文化事业"比翼双飞"，成效显著。其中以文化事业单位转企改制效果最为明显，此举不仅增强了传统文化事业发展动力，刺激文化消费动力，更激发了全民文化创作活力。在中国特色市场经济体制下，文化政策对产业发展不断发挥着引导和推动作用，逐渐把文化发展从政府包办的禁锢中挣脱出来，有力推动了社会主义大发展大繁荣。

但是，从空间布局上看，区域发展不均衡影响了中国文化产业的整体发展。国家统计局数据显示，2018年，中国东部地区规模以上文化及相关产业企业实现营业收入68688亿元，占全国77.0%；中部、西部和东北地区分别为12008亿元、7618亿元和943亿元，占全国的比重分别为13.4%、8.5%和1.1%。从增长速度上看，西部地区增长12.2%，中部地区增长9.7%，东部地区增长 7.7%，东北地区下降 1.3%。我国文化建设"东高西低"的现象仍然存在，东西部地区在人才、资本、技术、规模等方面均存在较大差距。

（四）对外文化交流逐渐起步，但国际文化软实力仍需提升

改革开放以来，中国的国际文化交流纽带日渐牢固。文化自信深入人心、国家文化软实力不断增强，中国文化"走出去"的步伐迈向纵深。当前，中国对外文化交流日趋活跃，"中法文化年""中俄国家年"等一系列大型文化外交活动效果良好，中华文化的国际影响力日益扩大。文化和旅游部、国家统计局、国家汉办公开数据显示，截至 2017 年年底，中国已与 157 个国家签署了文化合作协定，累计签署文化交流执行计划近 800 个，初步形成了覆盖世界主要国家和地区的政府间文化交流与合作网络。截至 2017 年，海外中国文化中心开展各类文化活动达 4000 余场次，直接受众达到 800 余万人次。此外，文化贸易是文化"走出去"的重要载体，中国对外文化贸易规模不断扩大。根据海关发布的数据，2018 年，中国文化产品进出口总额 1023.8 亿美元，同比增长 5.4%。其中，出口 925.3 亿美元，增长 4.9%；进口 98.5 亿美元，增长 10.3%；顺差 826.8 亿美元，规模比上年扩大 4.3%。

尽管如此，从整体来看，中国文化贸易逆差依然存在，文化贸易结构仍不平衡。一方面，文化商品贸易与文化服务贸易结构失衡；另一方面，文化商品和文化制造业占比大，且缺乏科技含量高、附加值高的文化商品，对于中华文化的传播和文化形象的塑造影响甚微。据《中国电影报》报道，2017 年国产电影海外票房收入达到 42.53 亿元，较去年有所增长，但依然不到国内票房的十分之一。

（五）文化人才培养初见成效，但学科建设任重道远

文化产业是一门适应社会发展需求而出现的新兴交叉学科。随着文化产业在社会整体发展中的地位日益重要，业界对于建立文化产业学科体系、强化文化产业学科建设的呼声越来越高。根据教育部2003—2018年发布的《普通高等学校本科专业备案和审批结果》，截至2018年，中国开设"文化产业管理"本科专业的学校共212所，700多所高校开设了相关课程，形成了文化产业教育的基本培养模式。根据现实需求适时进行学科目录的调整、学科平台搭建及人才培养模式的创新成为文化产业学科建设中的重中之重。

然而，从人才培养及学科建设现实来看，中国文化产业专业性人才和复合型人才较为稀缺。在欧美发达国家，创意产业就业人数所占比例普遍偏高，且集中在文化创造力方面。而我国这方面的人才则占比较低，且多为技能型创意执行人员。同时，学科的交叉属性使文化产业在学科归属划分、师资培训等方面尚不明晰。此外，文化产业学科体系有待建设，教材体系有待完善，社会实践有待加强。在文化和旅游融合的大趋势下，文化旅游人才短缺问题将更为突出。

总体而言，回顾文化产业发展进程，可以看出，中国文化产业尚未真正突破发展瓶颈，建立健全的产业发展体系仍是未来产业发展的重中之重。文化产业发展朝气蓬勃，需要我们认清新形势、拿出新思路、制定新战略，打造新一代文化基础设施，破除"GDP魔咒"，从构建"统一、竞争、开放、有序"的现代文化市场体系着手，紧抓重大发展机遇，推动文化产业发展日益成熟完善。

二、展望：未来 20 年文化产业发展趋势

（一）全方位融合时代到来，产业界限日趋模糊

当前中国经济进入新常态，新产品、新业态不断涌现，融合发展渐成趋势，继续深化改革成为各方共识。文化产业具有强渗透、强关联性。在产业大融合的背景下，"文化+"产业融合不仅仅是技术、管理和市场的融合，更重要的是以文化为核心的全方面的融合，是对传统产业融合的创新发展，是产业融合的新趋势。

文化产业新业态作为文化创意与科技创新融合发展的产物，具有高知识含量、低资源消耗、高附加值及对传统产业的改造提升等特性，正逐步成长为经济增长的新亮点。文化产业新业态发展以技术为支撑，以互联网新思维为导向，不断深化跨界融合，推动产业业态创新。文化产业新业态呈现分享化、平台化、融合化的发展特征，成为推动经济结构转型的新生力量将指日可待。

（二）技术驱动业态升级，数字文创产业更新迭代

中国信息通信研究院测算数据显示，2018 年，中国数字经济总量达到 31.3 万亿元，占 GDP 比重超过三分之一，达到 34.8%，同比提升 1.9 个百分点。数字经济蓬勃发展，推动传统产业改造提升，为经济发展增添新动能。2018 年，数字经济发展对 GDP 增长的贡献率达到 67.9%，贡献率同比提升 12.9 个百分点，超越部分发达国家水平，成为带动中国国民经济发展的关键力量之一。

首先，万物互联打破行业壁垒，跨界融合持续深化。近年来，以 BAT 为首的互联网企业不断涉足网络、内容生产、娱乐、媒体等，并逐步向人工智能、区块链、无人驾驶等技术进军。未来，

随着5G时代的到来，无论是文化还是科技，都将继续与制造业、农业、金融等产业深度融合，在跨界思维的引导下裂变出涉及内容更广、运行机制更复杂的新兴业态。其次，文化资源开放共享，数字化、社会化发展或成主流。传统的文化事业机构，如图书馆、博物馆、文化遗产地等因储存着丰富的文化内容和素材而承担更多公共文化服务的功能，一方面借助数字化手段实现版权化的再生，在跨媒体、跨介质传播方面发挥更大的作用；另一方面，凭借数字化手段"飞入寻常百姓家"。再次，新兴产业叠加创意，颠覆文化消费方式。随着消费社会的崛起，大众文化接受方式将进一步向文化消费和文化市场延伸。虚拟现实、增强现实、全息成像、裸眼三维图形显示、交互娱乐引擎开发、互动影视等新的沉浸式技术发展、设备普及和内容创新发展，在带动消费者文化体验升级的同时，催生新一轮的文化消费革命。

（三）文化自觉深入人心，文化出海步伐更加稳健

美国《纽约时报》专栏作家托马斯·弗里德曼在《世界是平的》一书中说，世界正在走向"平坦化"。对外文化贸易的发展，不仅肩负着经济使命，还肩负着传播本国文明、文化价值观的使命，因此在对外文化贸易中既要解决文化产业的创新发展问题，也要注重本土文化的保护和国际表达，推动国家文化软实力的进一步提升。

一方面，要推动中国文化国际化。在中国文化"走出去"的过程中，要寻求中国故事的国际表达形式的有效途径，形成可与国际社会沟通的外部话语体系，让世界聆听和认识中国文化，了解和理解中国文化。同时，努力增强对外文化贸易的竞争力，树立中国形象，传播中国声音，形成推动中华民族振兴的文化力量。

另一方面，做好外来文化的中国化。十九大报告中首次提出"坚持总体国家安全观"，文化安全是国家安全的重要领域，也是国家文化认同的重要支撑。经济全球化和文化全球化促进了国家文化交流的深入，也加深了文化安全隐患。因此，不仅要重视文化产业"引进来"和"走出去"的政策倾向，还要注重保护国家文化安全，科学谨慎对待外来文化，善于利用中国话语体系转为自用，逐步建立以国家利益为最高利益的文化发展观，积极建立国家文化安全预警体系。

（四）监管方式不断完善，体制机制改革驶向纵深

从2003年的文化体制改革元年到2019年的改革关键年，文化改革经过了"摸着石头过河"的摸索阶段，将全面进入落地攻坚期。改革本身就是一场深刻的社会变革，需要进行利益调整、体制转换和观念更新，文化因其本身的意识形态特性，使得文化体制改革与政治体制改革紧密相连，具有其政治性、敏感性。

文化体制改革经过多年的实践积累了丰富的经验，也存在一些不完善的地方。某些环节的改革可能需要很长的时间去实现。深入改革的核心在于顶层设计，重点在于依法改革，落脚点在于群众得实惠。一方面，要更好地发挥政府的政策调节、市场监管、社会管理和公共服务职能。按照政企分开、政事分开原则，推动党政部门与其所属的文化企事业单位进一步理顺关系，赋予企事业单位更多的法人自主权，尽快完善现代企业管理制度，让市场发挥资源配置的决定性作用。另一方面，要加大文化法律法规建设。文化法律法规是对文化建设规律的概括和总结，具有极强的稳定性、规范性和强制性。新时期的改革是依法改革，要把文化建设实践中形成的新成果、新经验用法律的形式固定下来，为新时期文化体制改革发展提供更为科学、更为具体的遵循,有效地解决改革中遇到的新问题。

(五)消费偏好更为精细,由大众消费转向圈层消费

根据国际经验,当人均GDP接近或超过5000美元时,文化消费将迅速进入"扩张时代",目前中国人均GDP已经超过8000美元,这意味着中国文化消费将迎来大发展时期。随着科技的更新迭代,传统业态转型升级,新兴业态不断涌现,产业间融合逐步加深,文化消费形态日渐多元化。针对不同细分市场和差异化消费需求的文化产品和服务日益丰富,并向品质化、精细化、定制化方向发展。同时,随着消费主体结构的变化,"新世代"消费群体将引领消费潮流,儿童和老年消费群体成为文化消费增长的新驱动力。

首先,消费总量持续增长,消费结构进一步优化。在消费升级的大背景之下,文化消费逐渐成为新的消费增长点,消费总量将持续增长,在居民消费生活中所占的比重将会越来越大。其次,数字化、信息化文化消费渐成主流。信息技术的发展,尤其是数字化、虚拟现实、人工智能等技术在文化产业领域的运用,极大推动了文化消费变革,重塑人们的消费习惯、消费方式和消费渠道。最后,体验式、分众化文化消费日趋普遍。随着人们消费需求层次的提高和消费理念的转变,消费体验和消费场景变得越来越重要。无论是零售行业还是服务行业都更加注重服务品质与用户体验,将更多的注意力放到场景和氛围的营造上。文化消费的精神属性将越来越突出,将会出现更多个性化、复合型、体验型、交互式的文化产品、服务和消费空间,满足人的多维度感官需求与深层次心理和情感需求。

（六）文化建设以点带面，与国家战略一脉相承

在"十二五"时期提出东中西部协调发展的基础上，2017年，中共中央办公厅、国务院办公厅印发《国家"十三五"时期文化发展改革规划纲要》，指出要进一步深化区域协同，提出"以区域发展总体战略为基础，以三大战略为引领，引导各地根据资源禀赋和功能定位，走特色化、差异化发展之路"。一方面，文化产业的发展为各经济带发展提供动力，有利于增强经济带、特别是跨区域板块的文化软实力；另一方面，经济带规划也为未来文化产业发展提供了更为广阔的空间，从而促进文化产业结构的优化升级，促进文化市场资源的合理配置，促进中华文化的传承与交流。

从2014年京津冀协同发展战略提出到2015年《推动共建丝绸之路经济带和21世纪海上丝绸之路的愿景与行动》发布，从2016年9月《长江经济带发展规划纲要》正式印发到2017年4月具备"千年大计、国家大事"高度的雄安新区设立，区域发展不再是简单割裂的资源共享——打破界限、联动发展，区域文化发展进入新格局。

三、感悟：见证文化发展40年的六点体会

作为一名文化产业研究人员，我试图把自己从事文化产业多年来的所思、所想、所感碎片汇集起来与大家分享，期望能够通过反思与回顾探寻文化产业的内在规律和发展脉络。以下是我主要思考的几个方面，欢迎大家批评指正。

（一）文化发展40年的理性回顾

学科发展史、方法论和学科经典案例是一个完整学科体系不可或缺的三大要素。文化产业的学科建设刚刚起步，对于产业史

学的研究较为缺乏。在《中国文化产业40年回顾与展望(1978—2018)》一书中,我尝试将改革开放作为中国文化产业的起始点,把中国文化产业发展分为4个阶段:1978年到1991年为文化产业发展的萌芽期,1992年到2001年为文化产业发展的初步形成期,2002年到2011年为文化产业发展的快速扩张期,2012年至今为文化产业发展的全面提升期。此外,我还从文化资源、文化治理、文化经济、文化软实力、文化再思考等方面对中国文化产业40年发展进行回顾和反思,通过梳理时代机遇,展望新时代文化产业发展航向,提出文化产业发展的未来研判。囿于文化产业的发展阶段和我对文化产业研究的局限性,我对文化产业发展史的分析未必正确,但作为一个记录者,我认为这项工作有其自身的价值。

(二)时代变迁下文化消费的思考

文化消费是文化产业的一个重要组成部分,也是关乎人民对美好生活向往的大事。多年来,我持续关注和研究中国文化消费问题,于2009年主持进行了"中国城市文化消费调研",对城市居民文化需求和消费状况开展了深入的调查研究,并组织编写了《中国城市文化消费报告》(6卷本)。2016年起,我参与了文化部、财政部开展的"引导城乡居民扩大文化消费试点工作"的中期考察指导工作,通过走访调研文化消费试点城市,对文化消费领域进行了更加深入和系统的研究。这些调研使我真切感受到文化消费从无到有、从单一到多元的变化过程。《时代变迁下的文化消费》是我重新审视中国文化消费,从时代变迁的视角观察和思考文化消费领域的新情况、新现象和新趋势的一个阶段性呈现,记录了文化消费对拉动城市经济发展、对消费者物质文化生活改变的影响,也记录了鼓励引导文化消费体制机制变革的过程,还记录了互联网时代文化消费方式、诉求和理念的变革，等等。

（三）新型城镇化文化发展的变迁

新型城镇化也是我这些年来致力于研究的一个重点领域，从承接多项国家相关部委委托课题到落地多项省市级城镇规划、新农村建设规划、古村落保护规划、历史文化名城建设规划等，以及参与承接雄安新区管委会的《雄安新区起步区公共服务规划》《雄安新区起步区公共文化服务发展规划》等，我在实践中不断加深自己在新型城镇化文化建设方面的学习和思考。《新型城镇化文化发展战略研究》是我这些年来对新型城镇化学习和研究的一个系统性回顾、反思与展望。本书从中国城镇化演变历程与规律着手，对新型城镇建设的文化顶层设计、文化遗产的保护与活化，以及未来新型城镇化文化发展研究领域与趋势等内容进行了深入细致的论述。

（四）"互联网+"下数字创意产业的迭代

自从2015年李克强总理首次提出"互联网+"行动计划以后，截至2019年，中国政府工作报告已经连续5年提及"互联网+"。文化产业作为新兴产业，其发展变革的步伐是与科技发展密不可分的，网络时代下科学技术的更新迭代不断催生文化产业新思路、新业态、新模式，深刻影响着文化产业生产、消费的方式与习惯。《数字经济下的文化创意革命》从数字经济这一宏观背景出发，试图在梳理数字创意产业发展历程的基础上，总结出数字创意产业的内涵与外延，是我对科技加持下文化产业未来发展所面临的机遇与挑战的分析，以及我对未来数字创意产业发展的趋势判断。

（五）文化发展重大问题的阶段性反思

伴随着文化产业的快速发展，文化产业实践和理论研究不断向纵深发展，需要从战略性产业的整体布局和宏观思路出发，对文化产业的发展路径进行新思考。多年来，我和我的研究团队参与了《公共文化服务保障法》的制定，参与了很多文化产业重大事件、重要政策的起草和出台工作，在这些研究工作中，我有很多思考和启发。我把对这些思考所涉及的核心问题进行整理，包括文化产业基础导向、文化产业发展的内生驱动、文化产业产权保护、文化平台建设、文化产业区域战略布局、文化跨界融合、文化立法及文化产业研究方法等文化产业发展的重点问题，并对这些重点问题做了一个阶段性的记录和系统梳理，形成《中国文化产业重大问题新思考》一书。

（六）文化产业发展的碎片化思考

《文化发展研究札记》是从我创办的文化领域自媒体平台"言之有范"已发表的文章中精选百余篇结集而成。我把它定位为一名文化研究者的学术笔记，它见证和记录了五年来我对文化发展的碎片化思考。出版此书的原因有三：一是我时常教导我的学生们要"把论文写在大地上"，本书正是"言之有范"顶天立地的见证和记录；二是记录"言之有范"创办五年来，我对于文化产业相关领域的碎片化思考；三是我一直把"言之有范"作为重要的实践教学基地，通过这种自媒体实践的形式进行硕士、博士研究生培养教育。五年来，近百名研究生在这个平台上学习了文化产业的知识，锻炼了专业素养和研究能力，出版此书也是对他们成长轨迹的记录。

四、反思：文化产业发展的责任担当

近20年是文化产业从无到有的20年，是我真正参与、见证文化产业发展变化的20年。我深知20年对于年轻的文化产业来说仅是个开始，再回首，或许我的许多研究成果并不能尽如人意，但作为一位研究文化产业的学者，一位从事文化产业学科建设的参与者，我怀着学者的人文情怀，身体力行地实践着文化产业学者的三大历史重任，即专业研究、培养学科人才及专业实践，期望能够尽自己的一点薄力，推动文化产业的发展。

20年来，中国文化产业理论研究不断丰富，为文化产业的历史进程和实践探索提供了有力的支撑。但从总体上而言，中国文化产业理论研究仍然任重道远。随着文化产业成为国家经济发展的战略性产业，人们对文化消费多元化的需求更加强烈，文化产业进入迅速发展的历史时期，而文化产业理论研究却难以适应产业发展的速度，文化产业研究的历史与逻辑、理论与实践还难以做到完全统一。

主要表现在以下四个方面：第一，从文化产业的基础研究而言，对文化内涵、外延、统计标准的划分难以完全统一，对文化产业的概念、范畴、标准和要素的不统一使其研究难以进行横向比较。第二，从文化产业的研究方法而言，对文化产业研究的定性研究较多，定量分析不足，难以将文化产业的理论研究、实践探索和经验判断有机结合。第三，从文化产业理论成果的转化而言，文化产业研究的动态反馈机制缓慢，对实践的梳理，对产业发展中的成败得失的总结，对引领产业发展的前瞻性探索不足，难以直接为宏观调控提供准确依据。第四，从文化产业的研究主体而言，产业的快速发展催生了"快餐式"的研究者，一些学者往往盲目跟从产业热点和现实焦点问题研究，难以秉持"坐冷板凳"的研究精神，难以对文化产业进行跟踪式、长效性研究。

总　序

纵观近20年来中国文化发展战略和文化发展理论体系的研究，中国鲜有为国际学术界所瞩目、为国际社会所认同的相关理论研究成果，一个重要的原因是理论思维的缺位。我们对"中国文化产业发展理论体系"系统、整体、深入、全方位的研究不够。但反过来说，时代造成的历史性局限也为未来全面、深入、系统的整体性研究提供机会、创造条件。近20年来的中国文化产业发展战略研究及文化体制改革，给中国文化产业发展带来的深刻变化的探究，对文化发展思想史和实践发展史两个方面的深入研究仍然是一个重大学术使命和责任。

我想，这些是我未来需要潜心沉淀研究的内容。

"文章千古事，得失寸心知。"虽然我已尽最大努力来完成这套学术丛书，历经多次结构调整、删减校对，书中引用的数据力求权威，选用的案例力求典型，但是在这套丛书完成之时，我甚至都有点不敢将其出版，因为我知道这里面还有太多的不足之处。感谢商务印书馆给予我的鼓励，让我终于鼓足勇气将这套丛书与大家分享，也恳请国内外专家与同仁不吝批评指正，因为文化产业学科体系、理论体系建设仍然是一个非常值得深入探讨的问题。

愿不负时光，期望我能继续研究这一领域20年，期望届时能够再拿出一些深入的研究成果与大家分享。

范周
2019年8月

目 录

第一章 数字经济的风口,数字创意产业的十字路口 / 1
  第一节 数字经济的风口 / 1
  第二节 数字创意产业,站在浪潮之巅 / 35

第二章 大势与选择:互联网时代下的顺"思"而"维" / 53
  第一节 互联网席卷而来的全新时代 / 53
  第二节 揭开互联网思维的面纱 / 85

第三章 竞争与探索:互联网思维催生全新的商业模式 / 108
  第一节 互联网思维对商业发展的影响 / 108
  第二节 互联网时代的新型商业模式 / 126

第四章 "互联网+"颠覆传统行业 / 163
  第一节 传统行业的"互联网+"≠"+互联网" / 163
  第二节 "互联网+"教育:技术助推教育方式变革 / 166
  第三节 "互联网+"旅游:连接线上与线下 / 173
  第四节 "互联网+"公共文化服务:让群众触手可及 / 184
  第五节 "互联网+"娱乐产业:打造泛娱乐生态链 / 195
  第六节 "互联网+"文物保护:赋予文物第二次生命 / 212

第五章 "互联网+"引领新业态 / 222
  第一节 互联网产业的新业态 / 222
  第二节 互联网催生数字创意产业新业态 / 234
  第三节 高新科技给未来更多的可能 / 270

第六章　互联网文化企业的转型与突破 / 288

　　第一节　传统文化企业的转型升级 / 288

　　第二节　互联网巨头向数字创意产业领域的延伸 / 318

　　第三节　根植于网络的互联网文化企业 / 346

第七章　数字创意产业面临的挑战 / 362

　　第一节　互联网文化治理与立法 / 362

　　第二节　数字经济的三大难题 / 370

　　第三节　数字创意产业瓶颈 / 393

第八章　叩开未来世界的大门：数字经济创造智慧生活新趋势 / 413

　　趋势一：从数字到在线的进化 / 413

　　趋势二：金融科技（Fintech）引领新生活方式 / 423

　　趋势三：从信息到数据，潜力加速释放 / 429

　　趋势四：从互联网到万物互联网 / 434

　　趋势五：互联网经济体 / 438

　　趋势六：大规模协作走向主流 / 445

　　趋势七：互联网发展进入下半场 / 453

　　趋势八：跨境经济重塑全球经济格局 / 458

　　趋势九：信息空间主导权争夺越演越烈 / 466

参考文献 / 471

后记 / 478

第一章　数字经济的风口，数字创意产业的十字路口

世界是平的。

——托马斯·弗里德曼

第一节　数字经济的风口

中国信息化百人会发布的《2017中国数字经济发展报告》指出，2016年全球主要发达国家（美、日、德、英）数字经济占GDP比重在50%左右，美国数字经济规模已超10万亿美元，占GDP比超58%，位列全球第一。融合型数字经济的主体地位进一步巩固，主要国家融合型数字经济占比普遍超过70%，少数国家甚至接近90%。[①] 国内数据也印证了数字经济的规模化发展。2017年，中国数字经济规模达27.2万亿元，占GDP比重达到32.9%，超越了一

---

① 央广网.2017中国数字经济发展报告：迈向量变到质变的历史性拐点 [EB/OL].（2018-03-26）[2018-06-19]. http://finance.cnr.cn/gundong/20180326/t20180326_524177228.shtml.

些发达国家的发展水平。①

需要指出的是,目前我们看到的各类统计报告对数字经济的边界认定和业态划分存在差异,因此我们很难将各国数据进行横向比较,但这并不妨碍我们认知数字经济的火热现实。"数字经济"已经成为全球范围内的热门词汇。我国的网络购物、共享单车、移动支付等数字经济业态和模式日渐成熟,无论是市场规模还是成熟度均居世界前列,甚至被冠以中国"新四大发明"的称号。

一、数字经济的发展是技术与战略的协同驱动

(一)信息技术的产业突破

半导体技术的发展,其材料和设备的产业化广泛应用于计算机、通信等领域,因此半导体产业也被看作数字经济发展的重要载体。1967年,美国仙童半导体的营业额接近2亿美元,这家全球半导体行业的领先企业同时培养了一大批技术骨干。随着公司的发展,其中一批精英离职创业,并在旧金山湾区南部成立AMD、Intel和美国半导体公司等公司,这一系列创业举动还吸引了一批企业家聚集于旧金山湾区,进行高纯度硅半导体材料的设计和计算机研究,由此这里才有了为世人所熟知的响亮名号——硅谷。

硅谷的核心产业集中在通信、半导体、计算机和软件等领域,这几类产业推动了世界范围内的新一轮信息技术革命,也深刻地改变了各种生产要素价值的权重。一些经济学家认为"后工业社

---

① 中国改革经济论坛.数字中国建设发展报告(2017年)[EB/OL].(2018-04-23)[2018-06-19].http://www.chinareform.org.cn/economy/201804/t20180423_273410.htm.

会"是以知识和信息作为关键要素并连接整个社会，以技术变革促进生产变革，产生新的生产关系和社会关系。信息技术使知识和信息的传递不再受纸张印刷以及时间、地域的局限，这种高效传播技术的应用带来了大规模的数字化浪潮，同时它也使"信息"成为重要的生产要素。

以硅谷地区为代表的计算机产业在软硬件方面都发生了革命性的变化。随着大规模集成电路的广泛应用，1972 年出现了第一台小型计算机，苹果等企业陆续推出了针对非专业人员的商用小型计算机。这一时期还建立了通用硬件＋软件＋驱动的个人电脑基本配置。1976 年，第一台苹果个人电脑问世，个人电脑消费领域的竞争更加火热。短短几年内，鼠标和笔记本电脑进入市场。1975 年，19 岁的比尔·盖茨从美国哈佛大学退学，并和自己的高中同学一起创建了微软公司。服务于 IBM 个人电脑而推出的 MS-DOS 操作系统，因为个人电脑普及率的提高和操作系统领域的技术匮乏而得到极大的推动，并成为 20 世纪 80 年代个人电脑领域的标准操作系统。[1] 微软的软件服务系统开始向商用和家用领域拓展，也逐渐成就了自己在软件领域的世界先导地位。一批软件企业推动了软件和信息技术服务行业的发展，软件产业从最初的行业附属品走向主流，并逐渐成为数字经济的重要组成部分。

这一时期的中国开始进入改革开放时期，也开始了在现代信息技术领域的布局。硬件方面的发展体现为运算能力的逐步提

---

[1] 张爽，申冠生.数字经济，你真的了解吗？赛迪顾问 [EB/OL].（2017-08-23）[2018-05-23].http://www.cbdio.com/BigData/2017-08/23/content_5582662.htm.

升：1974年，清华大学采用集成电路成功研制出我国第一台小型机DJS-130，运算能力可达每秒100万次；1983年，国防科大研发出巨型机银河-I型，计算能力达到每秒亿次；1985年，第四机械工业部电子技术应用研究所研制成功与IBM的PC机兼容的长城0520微机。软件产业方面的发展表现为国有企业的发展和国家的战略布局：1984年，国有企业中国软件技术公司成立，开始经营软件服务；1986年，电子工业部向国务院提交了《关于建立和发展我国软件产业的报告》，这是我国第一个具体针对软件产业发展规划的指导性报告；1988年，金山和用友软件公司成立，分别布局个人和商用领域的软件服务；1989年，海峡两岸共同提出的《多八位汉字编码字符集》成为ISO的国际标准草案。[①]成立于1988年的金山软件股份有限公司源自香港金山公司，这是一家提供IBM个人电脑兼容机组装和销售业务的公司。从这一点来看，金山软件的发家与微软相似，均是掘金于蓬勃发展的PC市场。

（二）数字经济的全球战略

20世纪90年代后的世界经济格局更为严峻，美国1991年发动的伊拉克战争导致石油价格暴涨；日本受政策性干扰影响，对美汇率大幅上升；欧洲同样陷入长期的经济滞胀，统一货币问题悬而未决。由于动荡的国际关系和能源问题，各国开始寻找新的突破口。这一时期，美国最先提出了数字经济战略的雏形——"信息高速公路"。1993年9月，美国政府在《国家信息基础设施行动

---

① 张爽，申冠生. 数字经济，你真的了解吗？赛迪顾问 [EB/OL]. (2017-08-23) [2018-05-23]. http://www.cbdio.com/BigData/2017/08/23/content_5582662.htm.

动议》（The National Information Infrastructure: Agenda for Action）中提出建设"国家信息基础设施（NII）"。该方案计划用20年时间，耗资2000亿—4000亿美元建立一个能覆盖全国的"以光纤通信网络为主，辅以微波和卫星通信的数字化大容量、高速率的"通信网，使所有的美国人方便地共享海量的信息资源。这个政府主导的科技基础设施建设项目将信息资源、用户设备、网络串联起来，也连通了应用信息的政府、企业、机构、个人。美国在高新技术方面的前瞻性和引领地位，也使信息高速公路项目广受瞩目并在各地掀起建设热潮。

1995年，美国经济学家唐·塔普斯科特（Don Tapscott）在《数字经济：智能网络时代的希望与隐忧》一文中提出"数字经济"的概念，这被认为是全球首次正式提出"数字经济"的概念。之后，随着尼古拉斯·尼葛洛庞帝（Nicholas Negroponte）《数字化生存》（1996）、曼纽尔·卡斯特尔（Manuel Castells）《信息时代三部曲：经济、社会与文化》（2003）等著作的相继问世，数字经济的理念迅速发展并流行起来。

1996年之后，各国政府通过文件逐一确定了"数字经济"的概念和战略。日本通产省在相关报告中提出数字经济有四种形态，即没有人员、物体和资金的物理移动的经济；合同的签订、价值转移和资产积累可用电子完成；信息技术作为经济基础将高速发展；电子商务将得到广泛拓展，数字化会渗透人类生活的方方面面。日本政府关于数字经济的定义，突出强调了电子商务作为核心业态的重要性。1999年6月美国商务部发布的《新兴的数字经济》报告也将围绕电子商务的产业看作数字经济的主要内容，包括电子商务及信息技术产业。此后美国统计局详细规定了数字经济的概念和内容,即包括网络网际、电子商务、电子化企业和网络交易。[①]1995年,亚马逊公司(Amazon)成立于美国。作为最早经营电子商务的企业,亚马逊从最初的网上图书销售发展为全球商品品种最多的电子商务企业和领先的互联网企业。

基于互联网的信息产业与通信产业对传统经济的转型突破所起到的重要推动作用,数字化浪潮愈加翻涌,国家战略开始加码。加拿大计划花费7.5亿美元,用十年时间建立本国的信息高速公路,声称要"连接每个加拿大人";欧盟于1999年提出了"电子欧洲(E-Europe)"计划,并在21世纪初建立了欧洲网络和信息安全局。2000年,德国政府于2005年发布了"联邦在线2005"计划,完成互联网政务系统;并于2002年提出所有学校和图书馆要实现互联网的互联合作。[②]

作为工业革命的代表性国家,英国在2017年发布的《工业战略》中就涉及了数字经济的相关内容,仅仅一个月后英国政府又发布了《数字英国战略》(UK Digital Strategy),希望通过连接、技能、数字化商业、宏观经济、网络空间、数字化政府和数据七大战略,推动英国成为全球领先的数字经济体。[③]这部数字经济战略中特别涉及了部分企业对数字领域的支持,例如微软、谷歌、亚马逊网、思科、苹果等企业要开展相关的数字人才培训和专项数字技能的在线教育等。紧接着2个月后,英国颁布了专

---

① 田丽.各国数字经济概念比较研究.经济研究参考[J].2017(40):101-106,112.
② 张爽,申冠生.数字经济,你真的了解吗?赛迪顾问[EB/OL].(2017-08-23)[2018-05-23].http://www.cbdio.com/BigData/2017/08/23/content_5582662.htm.
③ UK Digital Strategy 2017[EB/OL].(2017-04-03)[2018-06-20]. https://www.innovation4.cn/library/r14691.

项法案《数字经济法》,涵盖了通信服务、移动电话合同、电子书借阅和抵制网络色情的保护措施在内的多项内容。这部法案甚至规定了英国家庭和企业有权获得最低速率为 10Mbps 的宽带服务。2017 年英国在数字经济领域的连续动作发生在"脱欧"前后,体现了英国对当时政治经济环境变革之下的数字化道路布局。脱离欧盟意味着放弃欧盟相关的优惠环境,这也让不少人担忧泛欧优越环境的消失将导致高新技术产业和人才竞争力的减弱。

此外,经济合作与发展组织(OECD)成员国意大利 2014 年提出了《意大利数字战略日程表(2014—2020)》,法国 2014 年颁布《数字法国计划》,以及英国 2015 年出台了《英国 2015—2018 年数字经济战略》等。

2004 年,从哈佛大学辍学的马克·扎克伯格(Mark Zuckerberg)创立了"脸书"(Facebook),这款社交网络服务网站日后成为全球社交平台的模板。2006 年互联网第一个博客系统 Blogger 创始人埃文·威廉姆斯(Evan Williams)推出了线上社交平台"推特"(Twitter),这个社交网站提供一次只能发送 140 个字的微博客服务。直到 2017 年,推特月活用户达到 3.28 亿,而脸书的月活跃用户达到了 20 亿。这两大社交平台也提供了日后中国网络社交应用的两大模式。

同一时期的中国战略,则以信息化的愿景起步发展数字经济。1997 年,我国出台了《国家信息化"九五"规划和 2010 年远景目标》,通过政策进一步确立信息产业的战略地位。这一时期,百度、阿里巴巴、腾讯、网易、新浪等互联网企业崛起,开始提供在线新闻、在线搜索、即时通信等服务,并逐步发展社交平台、在线支付、网络购物等新业态。这批互联网领域的先行军在不断的试错和创新中，成长为中国乃至世界范围内代表性的互联网企业，其商业模式和平台影响力甚至受到国际企业效仿，成功将中国互联网生活方式推向海外市场。2006年我国发布了《2006—2020年国家信息化发展战略》。

"十二五"规划中，将新一代信息技术列为国家战略性新兴产业，而"十三五"规划中更是明确提出，形成新一代信息技术等5个产值规模10万亿元级的新支柱。

李克强总理在2015年初全国两会上作政府工作报告时，首次提出"互联网+"行动计划；在7月签批并由国务院印发《关于积极推进"互联网+"行动的指导意见》；并在2015年底世界互联网大会上表示，中国正在实施"互联网+"行动计划，推进"数字中国"建设。而发展改革委也于2016年5月印发《"互联网+"人工智能三年行动实施方案》。

2017年，"数字经济"首次被写入政府工作报告中。我国倡导发起了《二十国集团数字经济发展与合作倡议》《"一带一路"数字经济国际合作倡议》。目前，我国网信企业积极参与了170多个国家信息基础设施建设，并为"一带一路"相关30多个国家和地区提供空间信息服务。贵州等8个区域启动了国家大数据战略综合试验区建设（见表1-1）。

表1-1 各国数字经济战略（部分）

国家/区域	提出时间	战略
美国	1993年	国家信息基础设施（NII）
	2015年	《数字经济议程》

续表

国家/区域	提出时间	战略
英国	2008年	《数字不列颠》行动计划
	2009年	数字英国
	2013年	信息经济战略
	2015年	《英国2015—2018年数字经济战略》
	2017年	数字英国战略
	2017年	《数字经济法案》
加拿大	1995年	信息高速公路
欧盟	1999年	"E-Europe"计划
	2003年	欧洲网络和信息安全局（ENISA）
	2010年	欧洲数字议程
	2015年	数字单一市场战略
	2016年	产业数字化规划
德国	2000年	"联邦在线2005"计划
	2002年	"全体上网"计划
	2010年	《数字德国2010》
	2014年	《数字议程（2014—2017）》
法国	2011年	《数字法国2020》
俄罗斯	2017年	《俄罗斯联邦数字经济规划》
中国	2006年	《2006—2020年国家信息化发展战略》
	2015年	《关于积极推进"互联网+"行动的指导意见》
	2016年	《"互联网+"人工智能三年行动实施方案》
	2016年	《"十三五"国家战略性新兴产业发展规划》
	2017年	《推进互联网协议第六版（IPv6）规模部署行动计划》
	2017年	《关于推动数字文化产业创新发展的指导意见》

注：资料来源于网络，由笔者整理。

（三）个体消费的无孔不入

2008年，美国在线房屋租赁网站Airbnb（AirBed and Breakfast）和团购网站Groupon上线。共享互惠模式开始广泛应用于互联网领域。

2009年11月11日，淘宝商城举办网络促销活动，共有27个品牌参与活动。虽然参与促销的商家数量、品类、促销力度都很有限，但当年销售额达到了5000万元，这一数据令淘宝团队自身都感到惊奇。一年之后的"双十一"活动当日销售额翻了200倍，达到了10亿元，2015年完成这个数字需要72秒，2017年只需要28秒。每一年"双十一"的数据都不得不让人感叹我国的超级市场潜力。

2009年8月，新浪推出微博服务。这是新浪在应对腾讯QQ即时通信，布局社交平台的重要一步。腾讯的QQ即时通信及QQ空间服务，与脸书更为接近。为了避免劣势竞争，新浪选择了推特模式，即微博客形式，这也是应对新浪博客声量大但收益模式不清晰的举措。

2010年的"双十一"狂欢节后，阿里巴巴锁定了自己在电子商务领域的极高关注度和领头羊地位。这一年，凡客诚品、唯品会、聚美优品等一批线上展示、交易的购物平台成立。与阿里巴巴不同，凡客诚品是更为标准的线上零售商。它不仅通过线上销售产品，同时直接参与产品的生产环节。同一年，美团网上线。这款主打吃喝玩乐的团购网站集结了线下餐饮、娱乐等服务商家，形成了线上推广、售卖服务导流线下消费的模式，也被称为是标准的"O2O"（Online to Offline）模式。

2011年1月，腾讯推出微信。2012年8月，微信公众号上线。

作为一款智能终端设备所使用的即时通信应用程序，微信结合了早期飞信的功能，实现了跨运营商的突破；此外，微信也结合了腾讯自身平台 QQ 的功能，可实现一对一、群聊、文件传输、语音通话、视频通话等功能。微信公众号的上线，与微博限定字数的分享相比，在内容的呈现上更为完整，相比于微博碎片化的信息，公众号的阅读更为沉浸式，因而也产生了更为精准的用户群体，黏性也更大，并通过活跃度更高的熟人圈层进行二次传播。

2012 年 5 月，阿里巴巴获得基金第三方支付牌照，这距离支付宝诞生已有近 10 年。支付宝作为第三方支付平台得益于"双十一"等促销活动，用户数量急速攀升。根据阿里巴巴公布的 2018 财年业绩显示，截至 2018 年 3 月支付宝及其合作方服务用户数达到每年 8.7 亿。此后的 2013 年，阿里巴巴又推出余额宝，这项余额增值服务通过高于银行利率的储蓄政策，为阿里巴巴集结了大量闲散资金，互联网金融又向前迈了一步。

2009 年打车应用软件"优步"（Uber）在美国诞生，直到 2014 年它的中国版"滴滴"才在中国本土推出。如果说 2013 年的"百团大战"是团购网站寡头之争，那么"滴滴""快的"的烧钱之战则代表了服务行业"O2O"模式的 2.0 版本。资本投入、获客条件和移动支付成为互联网平台深入日常生活的最好砝码。

2016 年，亚马逊创建了第一家无人便利店 Amazon Go，第二年马云提出"新零售"的概念，并抛出了无人超市"淘咖啡"。"O2O"的概念也被重新定义。曾经的线下商家希望通过互联网获得客流量，如今互联网企业主动"下海"，寻求线下突破。线上流量与线下市场，互联网空间和实体空间的边界被不断解构、重构。

中国台湾地区整体的互联网应用体系还不够完善，体现在支付系统、生活服务等方面。台湾并没有成熟的电子商务平台和第三方支付工具,市场小,互联网的业务产生天花板效应。相较于台湾而言,大陆的互联网和电子商务发展较快,除了成为社会生活必不可少的应用工具之外,互联网和电子商务也给了文化产业创业巨大的空间和平台,有利于小微企业的发展。电子商务作为一种创业成本低、消费市场广阔、推动就业的行业正在我国蓬勃兴起,例如很多村镇和城乡结合部形成的"淘宝村",发挥了巨大的创业优势,很多地方以此为引擎积极推进文化创意。

(四)生产服务与实体经济的广泛渗透

经历了一个阶段的数字化基础设施建设和信息网络技术发展,以个人消费服务为主要功能的互联网产业开始向生产型用户迈进,互联网从服务业向实体经济广泛渗透。以"工业互联网"为主要代表的产业型互联网服务和业态,深入传统行业的生产、分工、交易、流通、消费、研发的各个环节,通过智能化、扁平化、协同化的生态环境和平台架构,提供产业链各主体的服务,同时串联商用和家用消费群体。

随着产业数字化的发展,数字经济涉及的范围迅速迭代,美国商务部 1998 年与 2002 年两份数字产业标准中 20 多项产业有一半以上更新替换。此后,"互联网+"被广泛应用在各行各业,电子商务与网络交易的界限逐渐消失,信息技术应用与电子商务的界限日益模糊,这种对数字技术及其应用迭代更新的认知更新,也成为体现数字经济高速发展的侧写。云计算、大数据、人工智能、虚拟现实、区块链等新兴技术逐渐被引入实体经济和各种传统产业,融入金融、交通等服务、公共管理领域,融入文化产业等泛娱乐生产和服务行业。数字经济被视为推动传统产业转型升级，提升经济发展活力的重要抓手，是新型国家竞争力的重要体现。数字经济占 GDP 的比重日益提升，2016 年美国、韩国等国家的数字经济比重已经上升到一半以上。

国际上数字经济是泛指数字化应用，也有人称"信息经济"或"信息产业"，即以信息技术为基础和关键技术的经济活动。目前中国业界和学界广泛应用的概念，来自 2016 年 G20 杭州峰会《二十国集团数字经济发展与合作倡议》。这份报告提出"数字经济"的概念是指以使用数字化的知识和信息作为关键生产要素、以现代信息网络作为重要载体、以信息通信技术的有效使用作为效率提升和经济结构优化的重要推动力的一系列经济活动。[①]

综合来讲，数字经济产生了新组织方式、生产要素、流通渠道、商业模式，既有助于实体经济、传统产业的升级和转型，也有自身的裂变式创新发展。

二、数字经济的构成是互联网底色的生产变革

克劳斯·施瓦布（Klaus Schwab）在其著作《第四次工业革命》中提到了全球范围内的四次工业革命，社会从机械生产、规模化生产、计算机革命，到目前正在进行的以数据、智能为代表的第四次工业革命。

第一次工业革命始于纺纱和织造的工业规模以及蒸汽机的广泛应用，最终成为内燃机和汽车工业发明的起点；第二次工业革

[①] 中国网信网. 二十国集团数字经济发展与合作倡议 [EB/OL].（2016-09-29）[2018-06-20].http://www.cac.gov.cn/2016-09/29/c_1119648520.htm.

命推动了电气化和电子通信产业的发展,计算机互联网技术达到新高峰,即信息革命;第三次工业革命从有机化学的终结,基因工程的开始,系统生物学和合成生物学的迅速发展开始。生物工业革命的显著特征是跨学科和技术一体化。以有机化学合成技术、高精度分析化学、纳米分子科学、微电子学、超大规模集成、计算机软件设计、基因改造生物技术和药物筛选高通量技术等学科和技术的全面整合,生物分子计算机组件,新型生物分子材料等工业开发应用为主要领域。

数据(数字)生成重要的生产要素包括,数据的获取、加工、存储和运用,生产、流通、消费。在这一进程中,人们获取知识、应用知识的能力大大提高,信息和数据成为重要的基础性战略资源。知识和信息的主要载体图书和大脑被代之以数字介质,数字化驱动知识和信息总量爆发增长。第一次产业革命诞生了机器及其经济部门——工厂;第二次工业革命形成了以企业和信息技术为核心的组织形式和产业要素;第三次工业革命形成了以生物、基因工程为主的社会发展技术;第四次产业革命使之前传统的工业、农业经济拥有新的商业模式和发展形态,数字经济包括生产、分配、交换、消费在内的生产关系发生变化,数字化渗透在生产要素、生产方式、组织形式等方面体现出新的特点。

在工业时代,美国的电力、电话、收音机和电视的普及与应用分别花了46年、35年、31年和26年。在数字时代,个人电脑、手机、互联网和社交媒体的普及分别仅为16年、13年、7年和5年。微信用户数量在433天达到1亿,短视频抖音用户数量月增长突破1000万。在第一次工业革命中,所谓的工厂诞生了。第四次工业革命,或数字革命的到来,基于互联网的生态经济诞生了。数字经济改变了包括生产、分配、交换和消费在内的生产关系。

（一）生产要素

从经济学范畴看，生产经营中所需要的各种社会资源构成了生产要素，不同时代生产要素所包含的内容和特点也有所不同。农业经济的核心要素是土地和劳动力。经过第一次工业革命，以亚当·斯密为代表的古典经济学派将土地、劳动力及资本列为生产要素。第二次工业革命中，有序的组织发挥着越来越重要的作用，因此马歇尔在《经济学原理》一书中将组织增列为生产要素。此后，随着生产力和生产方式的变革，技术、信息等成为重要的内容，也成为生产要素的一部分。[①]

"数据即是新时代的石油。"数字经济的核心生产要素是数据。并且随着数据规模的扩大其效益呈现增长态势，这与传统的边际效益递减规律相反。以工业4.0、定制生产为例，数据从消费、销售到生产环节再回到消费，驱动了整个定制生产的过程，可以视为生产关系的核心。除了数据之外，数字经济也需要劳动力、土地、资本和技术的投入。

劳动力条件方面增加了对数字技能的需求。数字化人才的布局情况大致与我国总体高新技术人才、创新人才的布局范围相同，例如北京、上海、广州、深圳、杭州等地。从行业分类看，互联网企业、信息通信、金融服务、文创领域是数字人才的主要据点。但大多数人才的数字技能较为单一，主要是信息通信等领域的技术研发，缺乏商业运营和营销推广的相关业务能力，人才结构存

[①] 陈永伟.数字经济时代，数据是怎样一种关键要素？[J].商业观察，2018（1）.

在较大问题。① 农业革命、工业革命向科技革命，需要劳动力素养的提升。需要从"白领"到"蓝领"，从"码农"到"双创"。劳动力从制造业向服务业的过渡，从实体经济向数字经济的过渡，从线下向线上的过渡。劳动力的转移，技能的更新和迭代是这个时代的新特点。

回看数字经济由兴起到兴盛的各个时间节点，我们很容易发现，一批代表性人物的履历上出现了类似"退学""肄业"等相似关键词，例如19岁从哈佛退学的比尔·盖茨，以及盖茨的学弟——被冠以"第二盖茨"的社交网站创始人马克·扎克伯格。虽然这些著名企业家没有完整学历教育的背书，但每位都是专业的技术型人才，也是企业技术团队的核心"大脑"。传统企业向业态数字化、管理数字化和产品内容数字化的转变，需要团队数字化技能的提升和数字人才的补充。从近些年国内各大企业的招聘情况看，互联网企业俨然已成为传统产业数字化人才的重要人才库。

（二）生产设施

在工业时代，物质和能量是主要的传输对象，基础设施主要是交通运输、管道运输和电网三大类型。相较于原有的农业基础设施与工业基础设施，数字经济的基础设施是基于数字技术和数据展开的。一类是基础设施的数字化，例如智能电网、数字化停车场等。这种基础设施经过迭代更新，具备了信息化服务和智能

---

① 人民网.《2017中国数字经济发展报告》发布中国数字经济发展呈现明显的省域差异[EB/OL].（2018-03-25）[2018-06-19].http://it.people.com.cn/n1/2018/0325/c1009-29887206.html.

化服务的功能。另一类是数字基础设施。以宽带网络作为重要载体,高速泛载的信息基础设施催生了我国宽带用户、网民数量规模和互联网普及率。

也有人将这两类设施概括为三大要点:

"云"是指云计算、大数据基础设施,"云量"开始被定义为可类比"电量"的电子化、数字化衡量工具,也成为城市智慧、城市建设的重要指标,企业数据服务的重要内容。

"网"包括早期的"互联网"形态和正在推进的"物联网"领域,网络带宽不断扩容,覆盖面和承载能力逐步提升,可适应更多业态和功能需求。

"端"则是嵌入式计算机设备,包括用户直接接触的个人电脑、移动设备、可穿戴设备、传感器乃至软件形式存在的应用。数字终端一方面接收数据,同时也向外输送数据。[①]

《2018年政府工作报告》中提到要加大网络提速降费力度,实现高速宽带城乡全覆盖,扩大公共场所免费上网范围,明显降低家庭宽带、企业宽带和专线使用费,取消流量漫游费,移动网络流量资费年内至少降低30%,这无疑是对移动互联网应用和相关消费服务的极大刺激,同时也对互联互通的经营模式提出更高的要求。互联网设施建设成为城市化水平、智慧城市建设水平的重要指标。

1994年4月20日,随着64K国际专线的开通,中国正式成为国际公认的第77个接入互联网的国家。随着2008年电信业改

---

① 阿里研究院.互联网经济十大议题[EB/OL].(2016-02-18)[2018-06-20]. https://wenku.baidu.com/view/c78388ca10a6f524cdbf8539.html.

革,一大批的基站建设为互联网覆盖打下了良好的基础。经过24年的高速发展,中国现在已经成为拥有全球最多互联网用户的国家。[①]智能手机是移动互联网的一大入口。根据中国通信信息研究院的数据,2015年国内手机市场累计销售量为5.18亿部,其中智能手机出货量4.57亿部,市场份额达88.3%。而据美国媒体机构Zenith预测,2018年中国智能手机用户量将达到13亿,印度、美国分别为5.3亿和2.29亿。中国作为世界第一人口大国,巨大的人口基数带来了智能终端设备领域的大发展。尤其是近年,华为、小米等一批国产品牌抢占市场份额并出口海外。以智能终端为接入接口,门户网站主导的网页内容逐渐转移到移动互联网和相应的手机应用程序。智能终端借由云计算和大数据技术,形成了数据采集和数据服务的重要端口,便捷的使用方式加大了数据获取的即时性、规模性和便捷性,数据的构成也更为丰富。例如智能终端设备突破了固定上网时间和地点的限制,有助于勾勒用户的日常生活和行动轨迹。所谓"LBS"推广方式(Location Based Service),即通过获取移动终端用户的地理位置,借由地理信息系统完成相应信息推送和服务推广。这种定位服务有助于实现精准人群的有效触达,通过信息的传递来增加实际消费。

网络基础设施加速向高速率、万物互联、智能化升级,5G将在2020年前商用,智能网络将在2025年初具规模,预计到2020年全球将有超500亿台设备连接。[②]平台基础设施逐渐成形并向云与

---

① 姜红德.互联网迎来DT创新的大时代[J].中国信息化,2015(8):16.
② 人民网.《2017中国数字经济发展报告》发布中国数字经济发展呈现明显的省域差异[EB/OL].(2018-03-25)[2018-06-19].http://it.people.com.cn/n1/2018/0325/c1009-29887206.html.

边缘计算融合化以及感知智能化方向发展，边缘计算成为平台基础设施的新战场。传统物理基础设施逐渐向数字化转变，当前年新增1500万台机器中，只有10%实现网络连接，基础设施升级空间巨大。其中，芯片是进行数据存储、处理的重要承载，中国目前仍是世界最大的芯片进口国，在多个芯片领域的市场占有率很低。在信息技术快速进步的时代，芯片产业的追赶之路将更加辛苦。

数字经济使产业发展和物质空间的关系被重塑。互联网打通了线上、线下互联、人与人互联，这极大地改变了物质空间的利用范围和频次。人们不再要求统一的办公场所和工作时间，也就意味着空间规模和工作地点的随意性变强，从这一点理解，互联网很好地实现了对经营成本的控制。

（三）生产方式

1. 机械化生产转向智能化生产

自数字经济时代以来，市场变化和竞争加剧，要求生产者动态调整产品设计、生产和营销。智能化生产意味着物联网技术的广泛应用和普及，全过程数据可视化的应用，以及整个产供销链条的综合信息化管理。同时利用数据信息，确认市场环境与消费需求，来引导和调整产业，满足用户的需求；此外也应用于产业链上下游的业务协同，使管理更为高效。

2. 标准化生产转向个性化创作

在智能化生产提高效率，成本可控的基础上，标准化产品已不适用于当今消费者。数字经济时代，受众市场和产品被不断细分，消费者的诉求更容易获取，CRM（Customer Relationship Management，客户关系管理）方式和渠道发生变化，也因此受到前所未有的重视。用户管理、粉丝管理和社群化经营等需求不断被激发，根据用户的需求进行个性化、差异化的产品研发成为趋势。

3. 集中生产转向"去中心化"组合

伴随着全社会的分工协同网络的不断完善，精细化、模块化的分工，协同生产成为生产系统的改革新趋势，大规模标准化的刚性生产逐渐转向可定制化、迭代迅速的个性创作，生产链条的环节可拆分外包，地域、空间的局限缩小，互联网带来的开放协同的工作载体有利于资源的组合。在数字经济环境下，借由互联网的公共平台，每个人都有可能成为产品的创作者和消费者，即使只是通过互联网完成日常生活消费，也在提供作为消费者的个人数据资料。

去中心化的另一个特点是地缘优势的减弱。21世纪初，来自国外的互联网考察团无论安排几站行程，都绕不开去深圳参观腾讯。想要了解电子商务便要去杭州阿里巴巴西溪园区看看。阿里巴巴、腾讯分别扎根于杭州、深圳，北京不再是唯一的数字经济重镇。随着战略布局的需要，不依赖特定土地、环境限制的数字产业，也能在其他城市生存，例如2016年贵州省获批建设国家大数据（贵州）综合试验区，这也是首个国家级大数据综合试验区。

（四）组织形式

全球市值前20名的企业中，数字经济企业占9家并包揽市值前三名。其中也有我们熟知的中国企业腾讯、阿里巴巴。这类企业在组织方式上已发生显著变化，即从单一的线下或线上模式转变为线上线下相融合；从传统层级式、垂直型产业链和规模化、专业化分工转变为基于互联网的平台化、扁平化发展。

围观阿里巴巴、腾讯不难发现，这种组织体现了数字经济部门网络化、扁平化、去中心化的特点，更重要的是形成一种新的组织方式——平台企业。平台企业构成了一个彼此作用、连接与循环的生态圈，形成内外部协作机制，承载了众多的小微企业和个人事业。基于数据的规模效应和网络平台的开放环境，平台企业促进了共享模式。这种平台的互动性不仅是平台创建者和生产者，还包括与广大消费者之间的互动。因此即便是作为第三方支付平台的支付宝，也加入了好友互动和生活圈等社交元素。这种社交属性几乎成为互联网平台的标配。

与此同时，传统企业也发生了变化。由于互联网和信息服务，传统企业的运行成本构成发生变化，数字化设施和人才构成比重加大。海尔的张瑞敏曾经说过，互联网环境的去中心化和去中介化特点，使线性管理被非线性管理替代。

（五）治理方式

数字经济的产业链不再只是传统的逻辑关系和价值交换，参与生产、消费等环节的群体角色也在不断变化中。社会治理模式从中心决策转向依靠数据进行定位和产品供应，从单向管理向多方协同转变。科研院所、企业、金融机构、市场、政府甚至个人都是数字经济的参与方。步入数字经济时代，基于去中心化的生产方式和平台化的组织形式，数字经济的准公共性和商业性，边界和产权，创新和监管等都面临更多的挑战。

在数字经济的发展过程中，一些国际组织的推动作用不容忽视，例如联合国、经济合作与发展组织、世界银行（WB）、世界经济论坛（WEF）、G20、金砖国家领导人会晤、亚太经合组织（APEC）、全球移动通信协会（GSMA）等各类国家间、区域间组织在经济研判和行业标准方面提出了专业建议并试图搭建围绕数字经济主题的各类沟通平台。

三、数字经济关键词是围绕数据的技术变革

中国数字经济的快速飞涨,从其发展速度、产业规模和增长贡献可窥一二。首先,从发展速度来看,2016年中国数字经济增速高达18.9%。比美国(6.1%)、日本(17.0%)和英国(11.5%)高出12.8个、1.9个和7.4个百分点。其次,从产业规模来看,2016年中国数字经济总量达到22.6万亿元,占GDP的30.3%。与2015年相比,增长率为2.8个百分点,比例呈现快速增长势头,但仍远低于世界其他主要国家,分别比美国(58.3%)、日本(46.4%)和英国(58.6%)低28个、16.1个和28.3个百分点。再次,从增长贡献来看,2016年数字经济对国内生产总值增长的贡献率高达58.7%。从2002年到2016年,数字经济对GDP增长的贡献率高达34.3%。[①]

技术、产品、平台是中国互联网巨头竞相争夺的热土。互联网的普及和升级,奠定了数字经济的基础。以BAT(即中国互联网公司三巨头,B=百度,A=阿里巴巴,T=腾讯)为例,涉足网络、内容生产、娱乐、媒体等,并逐步向人工智能、区块链、无人驾驶等技术进军。科技革命的核心是关键技术的革命和创新,这些关键词组合构建了数字经济从产品到服务的各个环节,从而形成新的组织形式、商业模式和业态。

数字技术的更新速度之快,以至于我们无法给出明确的技术

---

① 央广网.2017中国数字经济发展报告:迈向量变到质变的历史性拐点[EB/OL].(2018-03-26)[2018-06-19]. http://finance.cnr.cn/gundong/20180326/t20180326_524177228.shtml.

分期边界。从第四次工业革命的广度、深度来看,大致有以下技术关键词方兴未艾。

(一)互联网+:连接亿万用户的万亿级产业

ICT(Information Communications Technology)是指信息、通信和技术,也被定义为信息技术与通信技术相融合而形成的新概念和新的技术领域。ICT的发展体现在互联网+的变革上,是从新浪、网易、搜狐的新闻门户网站,向百度、阿里巴巴、腾讯等服务类网站的变迁。

20年前,旨在通过互联网服务提升人类生活品质的腾讯完成了人与人的连接;2000年1月,致力于向人们提供"简单""可依赖"信息获取方式的百度完成了人与信息的连接;2003年5月,坚持"宝可不淘、信不能弃"原则的淘宝完成了人与商品的连接。

10年前,中国网民数量达到2.53亿,网民规模跃居世界第一位。同年,苹果相机发布了iPhone软件开发包和预装App Store的3G版iPhone,智慧的迅速变现让投资人、开发商和互联网大佬们蜂拥而上,移动互联网浪潮渐盛。

今天,百度正在探索人工智能,而阿里巴巴正在以新零售为目标,在线和离线融合购物。新兴互联网巨头TMD(今日头条、美团和滴滴)在BAT(百度、腾讯、阿里巴巴)尚未实现连接的领域发现了一片新蓝海:今日头条的标题是基于一个强大的算法,它使用兴趣点作为人与信息之间的纽带;美团链接生活场景,滴滴在出行领域精耕细作。中国互联网在过去20年的发展主要是建设互联网基础设施,解决连接和信息不对称的问题。重点是创建开放、自由、连接、平等和共享的业务与技术环境。

互联网深化时代早已潜移默化地改变着人们的生活方式。互联网模式满足的是生产主体规模化扩张的需求，一是满足了规模型企业的市场拓展，同时也为一定数量的生产主体创造了集约共享的展示和交易平台。二是互联网满足了广大线下消费者获取信息、消费信息和其他服务的需求，实现供需双方的对接。在新的生产和消费空间中，互联网将人口红利发挥到更为极致的程度。据《中国互联网络发展状况统计报告》数据显示，截至2017年12月，我国网民规模达7.72亿，普及率达到55.8%，超过全球平均水平4.1个百分点。其中手机网民占97.5%，即7.53亿。移动互联网接入流量达246亿GB，比上年增长162.7%。固定互联网宽带接入用户达34854万户，移动宽带用户为113152万户，比上年增加19077万户。

这一时期互联网的增量市场，是价格、速度和模式的扩张。第一，拼价格。例如，淘宝"双十一"在特定时间通过低价促销带来用户数量的爆炸性增长，销售额从2009年的5000万元迅速增加到2017年的1682亿元。第二，拼速度。在游戏的前半部分，只要你跑得快，你可以在第一波赌注的范围内圈出更多的用户。摩拜和ofo是共享单车领域的佼佼者的早期代表。第三，拼模式。上半年出现了众多商业模式，如团购模式、O2O模式、衍生模式和共享模式。基于大量的网民，无论什么样的商业模式都可能在短时间内取得成功。这是互联网的前半部分，因为用户仍然是增量式的，所以只要足够便宜，很有可能获得大批用户。然而，由于人口红利的消失，单位流量变得更加昂贵，获得新用户的成本继续增加。2012—2016年中国移动互联网用户数量变化可以通过微信用户数量的变化来理解。此前微信用户每年增长1.5亿多，每季度增长超过4000万。在2017年第二季度，微信用户仅增加了

2700万。2017年8月,全国移动互联网用户(包括手机和平板电脑)达到10.8亿。几乎所有适龄人口都已成为移动互联网用户,人口红利优势逐渐结束。

"互联网下半场"是对互联网发展进程的一种新判断。早在2016年,美团点评CEO王兴就提出中国互联网已经进入"下半场"的论断。随后在2017年的乌镇物联网大会上,滴滴总裁程维对这一说法表示赞同,他认为人口流量红利的消失是互联网上半场终结的典型标志。事实上,基于不同参考系的判断,我们对于互联网时代的认知是不同的,给互联网一个明确的"下半场时间"似乎很难。然而我们知道的是,当下的互联网正在致力于实现人、物、信息的高效流动,在技术、场景和数据上进一步提升。

一是技术对于互联网的加持。如果说此前互联网主要关注传统技术应用和商业模式开发的创新,那么当下及未来一段时间互联网更多关注的是人工智能,大数据和云计算等创新技术。高速光纤宽带网络的全覆盖,互联网的带宽扩容,IPv6商业应用网络等工程将进一步推进。如何利用新技术为用户带来更好的服务体验,如何利用技术模式创新推动商业模式创新是互联网下半场的重点。二是数据为互联网注入价值。未来,股息流向数据分红,公司需要通过数据分析来操作和维护产品与用户。例如,平安银行利用大数据实施库存管理。传统平台可覆盖的客户群不足1%,使用大数据平台能够覆盖所有客户100%。例如,全覆盖数据的使用使平安银行能够唤醒很多"沉睡"的客户,2017年新增资产产生超过800亿元人民币。同时,行业对用户数据的使用也需要划清边界提高警惕。如果将用户的隐私"数据"变成公共资产并以此获利,将违背客户利益,对用户、公司和行业造成很大伤害。

如何监管数据的使用、开发和共享也是未来发展亟待解决的问题。

（二）大数据时代：从"IT"到"DT"

在 2014 年 3 月，在北京举行的大数据产业推介会上，阿里巴巴集团创始人马云提出"人类正从 IT 时代走向 DT 时代"的观点。他认为人类已经从 IT 时代转移到 DT（数据技术）时代。DT 时代，它是一种为公众服务并促进生产力的技术。似乎两者在技术上有所不同，但这实际上是思想观念上的差异。

大数据产业实现了一种用户需求导向的发展模式，立足精准定位、服务和传播。据有关部门统计，2017 年中国大数据核心产业规模为 234 亿元，同比增长 39%。大数据应用正在从互联网向电信、金融、交通和医疗等传统领域扩展。中国的大型互联网公司在海量数据的收集、存储和处理方面名列国际顶级公司之列。

（三）5G 与万物互联：数据遍及生活每个角落

2008 年底，3G 牌照发放，手机上网速度的加快极大地刺激了用户使用移动网络上网的规模。此后 4G 手机的普遍应用极大地刺激了移动互联网产品的创造和消费。网络运行速度对个人消费者尤其是商用环境至关重要，我们也能从近些年的各国战略中看出 5G 竞赛已经开始。

2012 年 11 月，欧盟启动了总投资达 2700 万欧元的大型科研项目 METIS，研发 5G 技术。随后，欧盟委员会启动一项 5G 公私合营合作关系（5GPPP），声称在未来 7 年内划拨 7 亿欧元，支持 5G 技术研发，以确保欧盟在移动通信行业的领军地位。2013 年 6 月，韩国由未来创造科学部牵头组建"2014 年 5G 论坛"组织，并于 2014 年启动"5G 移动通信促进战略"。2013 年 5 月 13 日，韩国三星电子有限公司宣布成功开发 5G 核心技术，预计于 2020 年开始推向商业化。①

日本于 2013 年 9 月设立了"2020 and Beyond Ad Hoc"项目,用以支持未来十年的 5G 技术发展,并希望在 2020 年东京奥运会上应用 5G 技术。2014 年 5 月 8 日,日本电信运营商 NTT DoCoMo 正式宣布将与 Ericsson(爱立信)、Nokia(诺基亚)、Samsung(三星)等六家厂商共同合作,开始测试高速 5G 网络。2016 年 1 月 7 日,工信部召开"5G 技术研发试验"启动会。2017 年 2 月 9 日,国际通信标准组织 3GPP 宣布了"5G"官方 Logo。2018 年 4 月 3 日,国内首个 5G 电话拨通。随着通信技术的更新迭代,5G 已经成为全球的热门话题。

5G 技术主要满足三类技术需求,使其应用场景更为丰富,也将带来商业新模式、新业态。首先,5G 可以实现大数据存储容量,满足 AR/VR 等大数据存储技术的需求。二是超高可靠与低时延的通信环境。极低的时延可以满足远程控制医疗设备和实时反馈各种数据,有助于实现各类即时、急需的服务。三是使智能设备互联互通。5G 将进一步推动人工智能、无人机、遥控、智慧城市、智能家居等智能应用领域进入消费市场。

5G 带来的万物互联,使得智能未来值得期待。作为新一代通信技术,5G 与云计算和 AI 等技术相结合,不仅让万物互联成为可能,也使得各种智能设备嵌入 AI 后被赋予设备智慧,继而形成万物感知的智能社会。

从 5G 产业链角度看,行业上游包括通信设备制造商,如基站、天线、光缆、芯片和射频设备。中游是主要的电信运营商、

---

① 全球首个 5G 标准将出炉 新战场即将开辟 [EB/OL].(2018-05-23)[2018-06-19]. http://www.pinlue.com/article/2018/05/2318/166433557106.html.

普通用户直接体验手机等各种终端设备厂商。预计5G的进一步商业化将有助于各行业的深度跨界整合。越来越多的中国移动终端制造商、互联网公司和相关技术行业企业涌入这一领域。例如，OPPO正在开发基于5G网络的3D视频通话技术。从最新消息可以看出，OPPO巧妙地结合了5G和3D图像技术，利用5G网络的高速特性，3D视频信号得以大量数据传输，实现了与《星球大战》电影类似的全息效果，让视频通话犹如当面对话一样。

（四）云计算：数字经济的基础设施

云计算（Cloud Computing）是基于互联网的相关服务的增加、使用和交付模式，通常涉及通过互联网来提供动态易扩展且经常是虚拟化的资源。过去往往用"云"来表示电信网，现在我们用其更多表示互联网和底层基础设施的抽象。现阶段广为接受的是美国国家标准与技术研究院（NIST）的定义：云计算是一种按使用量付费的模式，这种模式提供可用的、便捷的、按需的网络访问，进入可配置的计算资源共享池（资源包括网络、服务器、存储、应用软件、服务），这些资源能够被快速提供，只需投入很少的管理工作，或与服务供应商进行很少的交互。[1] 云计算是基于分布式计算机和数据中心的应用，通过互联网进行传输，具有超大规模、虚拟化、可扩展性的特点。

云计算利用软件技术重新定义了数据中心的计算、存储、网络和安全，让数据中心变得更加简单、高效和智能。云计算降低了数据中心的计算和存储成本，允许更多公司使用这些数据创造价值，并进一步推动人工智能的发展。海量数据的大数据挖掘基

---

[1] 邓荣，黄菊. OpenStack all-in-one 云平台的搭建[J]. 数字技术与应用，2014（10）：117.

于云计算分布式处理，分布式数据库，云存储和虚拟化技术。从整个市场发展的角度来看，云计算已经成为大数据和人工智能的强大载体，云计算正在逐渐取代传统IT基础设施作为关键基础设施。企业私有云架构正逐渐转向超融合。马化腾曾经对"云"做出一个很重要的类比，"云+人工智能可能相当于电+电脑"。基于对"云"的认知，腾讯推出了"用云量"的概念，并认为"用云量"将成为反映经济发展的重要指标。2018年5月，腾讯研究院和腾讯云发布的《用云量与数字经济发展报告》，云计算正向规模较小的城市快速渗透。除了云计算诞生所在的互联网行业外，政务、传统产业、金融、非视频游戏等行业的"用云量"较高，也一定程度上反映其数字化程度。

（五）人工智能：用智慧再造智慧是人类的终极梦想

人工智能（Artificial Intelligence）英文缩写为AI。它是研究、开发用于模拟、延伸和扩展人的智能的理论、方法、技术及应用系统的一门新的技术科学。该领域的研究包括机器人、语言识别、图像识别、自然语言处理和专家系统等。[①] 行业也将人工智能概括为计算智能、感知智能和认知智能三个阶段。简言之，计算智能即可以类人化进行计算并处理海量数据；感知智能即类人化感知世界，例如通过语音和视觉识别对象；认知智能是可以像人一样主动思考和学习，甚至替代人类的工作。

1956年，斯坦福大学麦卡锡（J. McCarthy）教授、麻省理工学院明斯基（M. L. Minsky）教授、卡内基梅隆大学司马贺（H. Simont）和A.纽厄尔（A.Newell）教授等学者首次确立了

---

① 梁俊毅.人工智能的发展及其认知意义[J].大众科技，2011（3）：35-36.

"人工智能"的概念："让机器认识、思考和学习，就像人类一样，也就是用计算机来模拟人类的智能。"1997年，IBM开发的计算机"深蓝"（Deep Blue）击败国际象棋世界冠军，主要依靠的就是超级计算系统；20年后，由谷歌旗下深度思维（DeepMind）开发的"阿法狗"（AlphaGo）击败围棋世界冠军李世石，主要依靠的是人工神经网络和深度学习。这次人机世纪大战留给世人的是李世石面对无感情机器人博弈时的痛苦，以及我们对人工智能替代人类劳动的深层次恐惧。

人工智能可以学习如何建立模型并预测人类的结果。在短短几十年内，人工智能的发展进入了从概念转为现实的过渡时期。据前瞻行业研究院人工智能行业分析报告数据显示，2015年全球人工智能市场规模达到1683.9亿元。预计2018年将达2697.3亿元，复合增长率为17%。[①]虚拟现实、人工智能、物联网等核心技术的发展将继续推动行业内并购和全球范围内的技术市场整合。2016年9月，谷歌、脸书、IBM、亚马逊和微软五大技术巨头宣布成立人工智能联盟，开展人工智能技术的研究和推广。

法国IT巨头Sopra Steria集团在银行和能源等行业的解决方案中使用人工智能，这些行业整合应用自然语言处理（Natural Language Processing）和来自IBM沃森或微软Microsoft Cortana等合作伙伴解决方案的语音识别功能。自然语言处理、语音识别（以及不久的将来的图像识别）现在被广泛使用并被集成到各种应用中。例如，在银行业领域，文字和语音识别被用作咨询台和客

---

① 刘诗怡. 2018年人工智能行业分析 市场规模增加应用领域广泛[EB/OL].（2018-01-16）[2018-06-28]. https://bg.qianzhan.com/report/detail/459/180116-3c060b52.html.

户服务部门的资格认证助理。语音和个人援助技术，如 Siri（苹果智能语音助手）和 Google Now（谷歌即时）已经将实验室中的人工智能技术引向市场并成为主流。据 PitchBook 统计，2010 年全球人工智能和机器学习领域获得的风险投资还不足 5 亿美元，而 2017 年这一领域的投资额已经超过 108 亿美元。今天，人工智能算法更好地适应全球数字化的快速发展，人工智能与电子终端和垂直行业迅速整合。使用算法、数据和工业、商业、金融、医疗、教育、文化和娱乐行业实现跨行业自动化。许多智能家居、智能汽车、可穿戴设备和智能机器人等智能产品已经出现，以促进经济和商业变革。因此 2017 年将被称为人工智能元年。目前，我们正在从弱人工智能向超人工智能发展，后者被认为是已经跨越人工智能的"奇点"，其计算和思维能力已经远超人脑。大胆猜测，那时也许将创造一个新的社会。

（六）区块链：去中心化的价值网络

被誉为"数字经济之父"的《区块链革命》的作者唐·塔普斯科特曾对区块链有如下解释：假如我们的互联网不但有信息，还可以是一个有价值的网络，像一个巨大的散布全球的账本，运作于数百万台电脑中，从钱到音乐都可以被存储、移动、交易和交换，还完全不需要这些强势的中间机构存在，加入这一有价值的网络，自身便拥有媒介。这也许是对区块链较为浅显易懂的解释。

正如百度 CEO 李彦宏认为，在过去的几十年中，世界经济增长离不开 IT 技术的进步；今天，以人工智能为重点的科学技术发展已成为全球共识。据统计，2016 年，谷歌、百度等全球科技巨头在人工智能领域的投入达 300 亿美元，2016 年关于人工智能的媒体报道比 2015 年增长 632%，世界对科技的瞩目可见一斑。

四、数字经济产业是数字产业化和产业数字化

研究表明，数字化每增加10%，人均国内生产总值增长0.5%—0.62%。[①] 据中国信息通信研究院统计，2017年全国数字经济总量达到27.2万亿元，同比增长20.3%，占GDP的32.9%。2018年4月17日，胡润研究院发布2018年第一季度独角兽指数，在2018年前三个月，中国新发现了33家独角兽企业。总数已上升至151家，总体估值超过4万亿元。其中，估值超过100亿美元的有13家"超级独角兽"，总估值超过2.2万亿元。名列前十的独角兽企业包括蚂蚁金服、滴滴出行、小米，还包括今日头条、菜鸟网络、大疆等。这十家独角兽企业涵盖了互联网金融、共享服务、在线搜索引擎和在线文娱等多种类别。

百度每天搜索点击量达到百亿次，支付宝每天的交易次数达1.75亿，微信日活跃账户超过1.7亿。互联网、云计算、大数据、物联网、金融科技等新兴数字技术被用于信息收集、存储、分析和共享的过程中，改变了社会互动方式。数字、网络和智能信息通信技术使现代经济活动更加灵活、敏捷、智能。数字产业化和产业数字化是数字经济的两大核心。对数字、信息、知识的应用程度和深度产生了两种主要的数字经济业态。

一是数字的产业化。通过大数据、智能、移动互联网和云计算的发展，数据正在向新兴行业发展。包括电子信息制造、软件和信息服务、通信、互联网行业、移动支付，还包括催生新兴行

---

① 打造中国数字经济增长极 [N]. 人民日报海外版，2018-05-23.

业格式的大数据技术，如数据交易、数据租赁服务，分析和预测服务以及决策外包服务。

在过去20年中，中国已经成为被移动互联网彻底改造的国家，移动支付逐步实现全场景消费，中国手机支付交易规模突破200万亿元，居世界首位。移动方式完成了交易方式的在线化，打通了消费过程的选择与支付环节。移动支付直接促成网购的繁荣。2017年，网络购物已占全社会零售总额的13%，移动支付金额约为美国的50倍。网络和网络购物极为繁荣，培育了新一代消费群体，使中国的电子商务走向全球化。

二是产业的数字化，即数字和传统行业的整合，体现了传统产业的数字化和智能化。工业大数据贯穿于工业设计、技术、生产、管理和服务的各个方面，使工业系统具有诸如描述、诊断、预测、决策和控制等智能功能。推动工业走向智能化。利用大数据为作物种植和气候分析等农业生产决策提供坚实基础，提高农业生产效率，促进农业向数据驱动的智能生产模式转变。传统产业的数字化转型使传统产业演变成形式更加先进，分工更加优化，结构更加合理的数字经济模式，经营、盈利和服务模式发生变化。其他细分产业还包括医疗、文化娱乐、教育，数字化指数不断增长。基于互联网的信息和数据技术，服务业形成巨大的平台集成效应，实现服务的规模化、便利化等特点，饿了么、美团、百度外卖等餐饮业与滴滴、优步等交通服务和互联网融合发展。

根据《中国数字经济发展白皮书（2017）》数据显示，中国数字经济的快速增长主要是行业数字化。2005—2016年，数字工业化的一些经济体增长了3.9倍，占GDP的6%—7%。行业数字经济的数字化部分增长了13.5倍，2008年超过了数字化工业化的经济规模。GDP的比例从2005年的7%上升到2016年的23.4%。应该说，实体经济的数字化是解决高质量发展的问题。供给侧结构性改革的主线是促进经济发展质量，效率和变化的转变，并提高全要素生产率，推动实体经济，科技创新，现代金融和人力资源协调发展的产业体系与数字经济是分不开的。[①]

从功能来说，数字经济也可以理解为消费互联网和产业互联网两种类型。数字经济是对实体经济的改造，智能化、信息化转变，工艺、技术、管理、服务升级，生产效率、质量以及随之带来的经济效益提高，实现精准化推送、定制化服务、精准预测等。

数字经济、实体经济、技术创新、商业模式的结合，本身是创新的重要渠道，而数字经济最先出现在前端还是后续位置，各国有所不同。数据的创新使世界500强企业的格局日益变化，企业平均成立时间正在降低。微软在最近10年以内经历了转型，不再是我们曾经所熟悉的以软件许可、维护知识产权为主的公司，它已经发展成一个智能云加AI全方位发展的新型公司。在美国硅谷，创业公司70%都是技术驱动。在中国，更多受瞩目的企业是依靠商业模式驱动。中国移动支付等创新产品的应用，已经成为全球领先的成功案例。在线即时支付，作为在线体验和消费的重要接口，也催生了更多以互联网为基础和平台的商业模式。

中国数字经济正步入快速发展的新阶段，正处于从量变到质

---

① 中国信息通信研究院. 中国数字经济发展白皮书（2017年）[EB/OL].（2017-07-14）[2018-06-28]. http://www.cbdio.com/BigData/2017/07/14/content_5557896.htm.

变的关键节点上,而这也是目前中国高质量经济发展的诉求。虽然中国数字经济总量占GDP的比重呈现快速增长的势头,但仍显著低于全球其他主要国家。"互联网+"业态已被大众广泛接受,而以互联网、信息技术为基础的数字经济概念,近两年被上升至中国的国家战略层面。托马斯·弗里德曼在《世界是平的》一书中展现了当下复杂的世界图景,中国、印度等后发国家凭借高新技术的发展,试图"弯道超车"。国内也不乏希望通过数字经济来实现跨越式发展的口号和声音。理性看待数字经济,对于中国而言,可以超越的是哪些数字领域?目前来看,相对明朗的是部分商业模式的胜利。

第二节 数字创意产业,站在浪潮之巅

爱德华·格莱泽(Edward Glaeser)认为技术水平对人力资本的吸引作用是巨大的。他认为全球化和创新网络,使城市发展从传统类型向"智慧型"转变。这种转变带来了科技层面的进步,也带来了社会人口的流动和聚集。[①] 城市信息化、智能化、数字化系统架构的智慧城市,以云计算、物联网、大数据挖掘、电子商务等信息消费技术为主,提供信息化、智慧型服务产品和技术服务,实现区域信息经济的创新、升级和信息消费的规模化发展。

随着互联网技术的发展,电子商务、互联网社群使城市具有

---

① 吴军.流动的逻辑:解读创新创业者大城市聚集动力[J].城市发展研究,2016,23(8):1-7.

实体和虚拟的双重性。互联网成为城市文化产业发展的重要环境。文化产业与互联网的互动，丰富了文化产业的业态，催生新业态和新形式的出现。互联网技术和数字技术催生了新的传播方式和文化业态，影响文化产业消费内容和体验方式。"互联网+"的城市技术环境，将极大推动文化产业实现文化经济、智慧经济、信息经济的融合创新与突破，迎来从传统资源型文创产业向创新支撑型文创产业跨越式提升的发展机遇。

数字经济的量变到质变，从传统产业到新兴领域，从物质需求到精神需求的变化和趋势，都体现在数字创意产业的发展上。在此之前的互联网产业，核心是电子商务、社会服务等业态，是实现餐饮、交通等基础生活需求的集成和规模化服务，总体表现为低端服务和低附加值产业。高质量发展意味着要从数字化潮流中挖掘高附加值的产业形态并进行融合，以符合日益增长的精神文化需求。互联网给了文化消费市场一个巨大的切入口，让内容和服务的到达更为简便，这对中国这样的大国来说十分必要。

一、文化创意产业的顺势而为

数字创意产业基于文化和创意内容，依赖数字技术创造、生产、传播和服务的新兴产业，具有绿色低碳、需求强劲、互动融合等特点，利用文化创意和新技术来提高传统文化的价值。数字创意产业分为数字内容和创意设计两大类：网络教育、虚拟现实、影视、游戏、动漫、网络文学、工业设计、人文环境设计等。数字创意产业已被列入新发布的"重要战略性产品新兴产业和服务指导目录"，成为与新兴技术、生物、高端制造业和绿色低碳产业并驾齐驱的五大新兴支柱。

数字创意产业是数字经济的一部分,与文化创意产业密切相关。在泛娱乐化背景下,互联网巨头公司纷纷布局新型文化业务领域。腾讯目前正在积极部署网络游戏,在线动画、网络音乐、影视、电子竞技等领域,形成强大的互联网"泛娱乐"体系。此外,市场对于网络文学企业上市的高度关注与热情,实则反映了对中国新型文化业态发展的强烈信心。互联网企业对文化创意产业的投入和布局,是数字化与文化业态的相互拥抱,已是数字经济大潮中的又一条支流,其声势已有蓬勃之象。

(一)人口红利与消费倒逼

中国人口占世界人口的1/5,中国经济的发展离不开人口红利。最初的人口红利服务于制造业,国内劳动力相对低廉,正如有的国内企业家戏称,中国除了劳动力,什么都贵。随着社会经济发展水平的提高,人均可支配收入的增加,巨大的人口红利开始向消费环节倾斜。

根据2018年政府工作报告和商务部统计,2017年中国消费对经济增长的贡献率为58.8%,成为连续第四年成为经济增长的第一动力。北京、上海、深圳和杭州的消费对经济增长的贡献已超过65%。如政府工作报告所述,中国经济增长已转向消费,投资和出口协调,消费刺激经济增长对中国经济结构调整起到越来越重要的作用。我们不得不重新思考文化消费。中国文化消费潜力规模为4.7万亿元人民币,实际消费仅1万亿元,消费缺口仍然超过3万亿元,消费动力尚未释放。① 例如,在这种情况下,中国有

---

① 翟兴波.我国文化消费的潜在规模为4.7万亿元[N].湖北日报,2016-03-15.

7.72亿互联网用户，比全球平均水平高出4.1个百分点（51.7%），是最为活跃的文化消费群体，对基于互联网的新业态、新产品有广泛的诉求和购买力。

（二）互联网时代的创意消费

移动互联网的无边界条件催生了多种实时观看、收听和互动的格式以及基于手机的产品。极光大数据显示，2017年12月，中国移动互联网用户在各类APP上花费的时间总计为每天4.2小时。其中，使用社交平台APP超过2.5小时，观看在线视频超过30分钟，收看新闻和信息超过12分钟。社交网络、分享经济、数字化服务等一批移动互联网服务日益丰富，多年来新闻、视频、音乐手机平台也在蓬勃发展。尤其是近两年来，通过4G高速稳定实时观看的网络点播APP等新产品层出不穷。以网上直播为例，截至2017年底，全国实时网络直播用户达到4.22亿，占互联网用户总数的一半以上；有数百家提供互联网广播平台服务的公司，市场收入超过300亿元。

互联网时代的人群画像是动态的。"网生一代"仍然是移动互联网业态的主要受众。然而随着数字技术日常应用的普遍化、简易化，更多消费群体被吸纳进来，例如三四线城市居民、老年市场等。更重要的是，互联网所塑造的网络社群，除了服务的线上线下外，内容生产者、消费者、传递者建立了更为有效的交往机制——社群运营。这种小范围、精准化的消费市场，有利于信息的有效触达，形成了基于互联网底色的消费习惯。尽管人们在担忧人工智能的升级将取代大多数"短平快"的工种，但这对于以创造和创意为核心的文化产业来说，似乎还未形成威胁和挑战。

（三）真金白银的政策红利

据统计，2015 年，中国数字创意产业已聚集企业 36948 家，同比增长 13.8%；从业人员 384 万，同比增长 13.1%；全行业规模达到 5939.85 亿元，同比增长 22.9%。中国数字创意产业进入高速发展时期。作为国家战略性新兴产业，数字创意产业已成为中国经济发展的主要动力之一。继续为转变经济发展方式，促进消费增长，引领社会潮流提供有力支撑和有效供给。动漫游戏、网络文学、网络音乐、网络视频等数字创意产品的用户基础广泛，越来越贴近人们的生活。同时，随着知识产权保护力度的加大，环境的改善和网上用户支付习惯的发展，数字创意产品的消费潜力得到充分利用，市场价值进一步提升。面对数字创意产业的浪潮，近年以来相关文件密集出台，数字创意产业迎来了前所未有的政策红利期。

2009 年，《文化产业振兴规划》发布，明确提出数字内容产业是新兴文化业态发展的重点。

2011 年，《国民经济和社会发展第十二个五年规划纲要》提出"推进文化产业结构调整，大力发展文化创意、影视制作、出版发行、印刷复制、演艺娱乐、数字内容和动漫等重点文化产业"。

2014 年 3 月，国务院印发《关于推进文化创意和设计服务与相关产业融合发展的若干意见》明确提出加快数字内容产业发展。

2016 年《政府工作报告》首次提出"数字创意产业"概念，要"大力发展数字创意产业"；5 月，文化部等四部委印发《关于推动文化文物单位文化创意产品开发的若干意见》，提出支持数字文化、文化信息资源库建设，用好各类已有文化资源共建共享平台，面向社会提供知识产权许可服务，促进文化资源社会共享和深度发掘利用。

2016年底，数字创意产业首次被纳入《"十三五"国家战略性新兴产业发展规划》（以下简称《规划》）。根据《规划》，到2020年，数字创意产业产值规模将达8万亿元。而数字创意产业在文化领域的具体体现，正是数字文化产业。

2017年4月，文化部出台《关于推动数字文化产业创新发展的指导意见》进一步确定了数字创意产业的发展方向和路径。

2017年8月，国务院印发《关于进一步扩大和升级信息消费持续释放内需潜力的指导意见》再度提出大力发展数字创意产业，并透露将制定相关政策，促进数字创意产业的进一步发展。

2018年政府工作报告中出现7处"互联网+"，提出要在医疗、养老、教育、文化、体育等多领域推进"互联网+"。

二、数字创意产业的时代发展

（一）数字创意产业从融合到创新

在数字化技术、互联网技术的支撑下，融合文化产业内外层次的产业链，实现传统文化产业本身的升级换代。它形成了新的产业和消费模式，也提高了文化产业的规模化、集约化和专业化程度。同时，数字创意产业也融合了数字业态的网络化、社交化、电商化、碎片化特征。在此简要介绍几个典型业态，本书后文将做详细说明。

1. 电影产业

2014年是"网大"诞生年，当年全网上线网络大电影450部。经过三年的狂飙突进之后，2017年全网上线网络大电影1892部，与2016年的2463部相比，减少了571部。在政策规范、市场回归理性等诸多因素合力下，2017年影片数量首次出现负增长，但随之而来的，是网络大电影质量的提升。题材的多元化、内容制作的精细化，从侧面证明网络大电影行业趋于成熟，跟随整个大电影市场一道，开始走上了理性、良性发展的道路。

在移动互联网的大潮下，在线票务平台迅速崛起。从全国电影在线售票份额看，仅五年时间，就从2012年的18.4%蹿升到2017年的81%；从产业特点看，电影在线票务平台已然不是最初"线上售票"的单一模式，而是不断扩大业务范围，将触手伸到发行、投资、营销、制作等全产业链中的每一个环节，使其在电影市场中掌握的话语权越来越大。

2．电视产业

互联网虽然给传统电视台带来了很大的影响，但传统媒体仍然占有资源和平台的优势，其影响力不容小觑。传统媒体和新媒体要充分发挥各自优势，共同进步，实现合作发展。

2017年，视频网络之间的竞争继续升温，"马太效应"变得越来越明显。从数量上看，爱奇艺、优酷、腾讯凭借自身强大的资本和资源优势在市场中占据主要位置，而曾经红极一时的乐视网、酷6等早已大浪淘沙。处于融合媒体深水区的电视媒体，过去两种最重要的盈利模式是"渠道为主"和"内容为主"，由于互联网的迅速兴起，电视媒体已被解构并重新定义。

在粉丝经济的背后是网络时代的迅速崛起，网络视频用户群已经成为网络内容产业增长的核心动力。在互联网时代，互联网平台已经成为新的强大的内容传播和共享端。一方面，网民的人口红利继续释放。随着互联网用户数量的不断增加和互联网普及率的提高，一些人更喜欢通过互联网平台观看视频内容。截至2016年7月，中国在线视频用户数量已达到5.14亿，预计未来10年将增至8.25亿。受大量用户需求的驱动，Web内容的规模持续增长。内容制作过程中数据积累的优势将更加突出。传统卫星电视的观看习惯主要以家庭为主，内容要求"适合所有年龄段"。内容制作没有明确的定位。另一方面，在线观看，特别是移动观看，大多是单人独立观看，并且内容选择的个性化更加突出。同时，在信息大爆炸的时代，用户的注意力正在被不同的内容形式争夺。用户数据除了吸引新用户的注意力外，在保持用户长期留存率方面也起着重要作用。随时跟踪用户数据，不仅有助于收集用户反馈，而且可以协助后续内容迭代升级。因此，平台在垂直内容的垂直培养中掌握数据的作用不应该被忽视。

3．音乐产业

根据国际唱片业联盟（IFPI）发布的《2017全球音乐报告》，数字音乐和流媒体的快速发展正在逐渐改变全球音乐市场的整体格局。自2013年起，以网易云音乐、QQ音乐、虾米音乐、酷狗音乐、酷我音乐为代表的众多音乐流媒体服务商纷纷涌现。2017年，融资、股权交换、战略合作，音乐流媒体行业快速洗牌，频频布局。中国的数字音乐产业已经从群雄并逐进入寡头竞争的时代。移动音乐用户的不断扩展使主要移动音乐平台能够更多地关注音乐用户的多元音乐需求。各平台不断升级运营模式，打通上下游产业链，打造移动音乐产业生态圈。移动音乐平台与短视频媒体的融合已成为一大亮点。网易云音乐、QQ音乐、酷我音乐、酷狗音乐、虾米音乐都已上线短视频功能，短视频作为新的内容载体被融合到在线音乐平台上，并由此引发了新一轮的版权之争。

4．游戏产业

游戏产业的消费者群体和年龄层次正在进一步扩大，游戏产品迭代加速，新技术得到广泛应用，电子竞技蓬勃发展，游戏产业在经历新一轮快速发展之后，进入了一个新时代。今天的电子竞技产业生态已经发生重大变化。总的来说，腾讯、网易、完美世界等公司提供的游戏内容版权是整个移动电子竞技产业链的核心环节；活动组织者、职业竞技选手、俱乐部等组成内容制作者，聚合粉丝效应，然后提交竞争对手进行系统的专业内容制作；随后通过电视转播平台、电子竞技媒体、游戏直播平台等渠道传播，最终到达用户。经授权后一些制造商还可以生产与电子竞技游戏有关的周边产品。

5．文旅产业

大众旅游时代的到来，意味着只有提供个性化的旅游产品和服务才能满足自由行散客化旅游形态的需求。携程、途牛、去哪儿、同程旅游等在线旅游服务平台，提供包括交通、食宿、参观、导览等在内的多项服务，方便游客出行选择。通过手机应用程序、电子导览等方式，可以实现服务的在线化、即时性和全方位。早在2004年，中国黄山和九寨沟两个著名景区就启动了数字景观示范工程，不仅实现了景区保护，还为游客提供旅游信息、导游、路线等旅游信息咨询。文旅项目的运营管理团队可以通过数据平台实时监控购票、游客数量、动线和服务诉求等信息，从而完善服务和产品质量，并为游客提供更优质、贴心的服务，实现细分市场的精准触达。

6．知识付费

根据喜马拉雅FM发布的数据，2017年12月1日至3日举行的第二届"123知识嘉年华"内容消费总量达到1.96亿元,几乎是第一届嘉年会总消费量(5088万元)的4倍。与此同时,"得到"宣布用户过千万。"知识付费"正成为中国互联网行业引人注目的发展趋势。越来越多的人愿意为知识内容付费。2017年"中国文化产业学院奖"的榜单之一"2017年度文化产业热词"评选中,"知识付费"位列榜首,其影响力不容忽视。

目前,已经出现了大量基于知识的付费产品,其中一些已经形成了可见的规模。国家信息中心共享经济研究中心发布的《中国共享经济发展报告2018》显示,目前中国知识共享市场保持了快速增长的态势。据初步估算,2017年,知识付费市场成交额为1382亿元,同比增长126.6%,成为分享经济增长最快的领域。据艾瑞咨询报告,2017年,中国知识付费行业规模约为49亿元,几乎是上年的3倍。随着智能办公、信息爆炸的继续发展,知识焦虑和教育的平台化将推动知识付费行业规模增长。

7.网络文学

网络文学从零开始,从基层到主流,都展现出年轻网民的强大原始活力。从平均每日更新超过1.5亿字,各级作家超过1300万,1.5亿用户规模这几个数字中不难看出当今网络文学的流行程度。在此基础上,互联网文学提供了大量的原创知识产权,并可由此衍生为电影、电视剧和网络游戏。在中国各种流行的文学艺术风格中,网络文学已率先走出国门,其独特的娱乐性受到海外读者的青睐。同时,随着移动互联网的发展,网络文学开始进入以"手机文学"为标志的3.0时代。大量的"90后"和"00后"文学新人登台亮相并在校园活跃。

根据中国互联网络信息中心发布的《第40次中国互联网络发展状况统计报告》，截至2017年6月，中国网络文学用户达到3.53亿，占互联网用户总数的46.9%。平均每4个人中就有1个是网络文学的用户。手机网络文学用户规模为3.27亿，比上年末增加2291万，占手机用户总数（7.24亿）的45.1%。①

8. VR

VR（Virtual Reality）即虚拟现实技术，是一种可以创建和体验虚拟世界的计算机仿真系统，它利用计算机生成一种模拟环境，是一种多源信息融合的、交互式的三维动态视景和实体行为的系统仿真，使用户沉浸到该环境中。近年来，VR技术加速发展，已经成为科技界的热门话题，推动了场景虚拟化的进程。用虚拟现实，感受不同时空环境的生活、生产和消费场景。空间、时间的无界限，引发人与服务互动的变革，推动了消费形式和消费内容的变革。

VR不是一个新的概念，早在2016年，VR业务即已席卷全国。在这个热潮中，其他从未涉足VR的公司也纷纷涌入。最重大的举措来自阿里巴巴：其在3月成立了VR实验室，在影视和购物两个方向发力，"双十一"更是启动了"Buy+"项目。2015年12月，腾讯发布VR平台战略，重点关注游戏方向，同时开发基于手机和个人电脑的VR设备。百度则在其视频频道上线了VR专区。《2017年中国游戏产业发展报告》显示，2017年VR游戏收入为4亿元人民币，同比增长28.2%。这一数字仅次于移动端游戏的增长

---

① 2017年中国网民达7.51亿 网游用户4.22亿[EB/OL].（2017-08-08）[2018-06-28]. http://games.qq.com/a/20170808/036924.htm.

率，远远高于网页游戏和客户端游戏的市场增长率。

2017年，各大商场纷纷出现了各种虚拟现实游戏和VR技术娱乐场所。新型的消费方式，摒弃了与实体消费空间的必然联系，使城市空间的体验不受局限。虚拟空间的生产内容和交互成为产业发展的关键。可以预判的是，这种虚拟技术，将广泛应用在以空间体验为核心的文化产业业态上。

一是文化旅游的虚拟化。利用虚拟现实技术，将旅游目的地的景色制作成虚拟场景，具有真实立体的视觉效果，游客可以在家观赏美景。这种虚拟化，营造了"身临其境"的现实感和不受时空限制的场景感。国内外一批IT企业如谷歌、百度、腾讯等都在致力于全景地图的开发，抢占新形式的旅游市场。

二是文博展览的虚拟化。利用虚拟现实技术，采集文物实体的素材，建立模型数据库，实现高精度的虚拟展示和立体展示，也起到了对文物的保护作用。这种技术甚至能将文化遗产的实体空间和虚拟的历史生活画面进行结合，很好地再现当时的社会现状和生活画面。

三是游戏与文化娱乐虚拟化。游戏是目前虚拟现实技术主要应用的领域。通过虚拟场景的搭建，玩家有了更浸入式的体验和交互感。文化娱乐的虚拟化，可以实现虚拟的咖啡厅、书店等交往场所，人们可以通过虚拟设备共处于一个虚拟空间，"面对面"地聊天。虚拟的购物场所，也成为一种新的尝试。能够实现商品的360度展示和挑选，就使消费者不必亲自到店。

四是文化创作互动的虚拟化。视频会议已经是常规的异地工作模式，而虚拟现实场景的引入，将使这一模式更为便利。例如，艺术设计和创作讨论，需要即时性的画图演示，虚拟场景可以有助于实现不同空间人们的交互操作。这也许是居家办公（Home Office）的一种新浪潮。

（二）"内容为王"与"流量为王"的变现

2015年中国智能手机出货量4.57亿部，而根据IDC预测2017年中国智能手机出货量4.4亿部。中国智能手机市场的日渐饱和源于适龄用户已大范围覆盖。即便每个用户有两部手机，单位时间内的注意力也主要集中在单一设备上。这一方面导致中国手机厂商出海掘金，更重要的是互联网市场初期阶段的用户人口红利式微，获客成本的增加。从之前的美团、大众点评的"百团大战"，到滴滴、快的的打车领地之争，再到ofo与摩拜的"黄橙对决"，以用户和个体运营商补贴促销的资本大战，最后或止于双方的默契妥协，或止于有关部门的叫停，大多数不堪资本大战，而最终选择并购形成行业寡头。

这一事实可以说明，资本大战最终胜利的并不一定是产品或服务最优的一方。数字与文化产业的结合，使模式更易于复制，同类产品的差异化程度越来越小。当没有核心的拳头产品和模式时，资本就是最好的利剑。当人口红利不再成为重要增长点时，用户所能代表的流量便是最薄弱的环节。再者，互联网平台本身的准公共产品属性，至少在前期发展阶段表现为使用、消费和交往的公共性特点。

智能硬件和网络条件支持多种内容形式的即时获取，生活节奏的加快和生活环境的复杂化使跨领域基础知识的场景化应用成为必备技能。随着移动支付的普及，用户逐渐养成了互联网内容支付的习惯，内容支付市场潜力巨大。随着视频网站会员系统和数字音乐专辑的推出，市场化教育水平显著提升，网民逐渐养成付费高端互联网内容的习惯。

在消费升级的浪潮下，更多定制化且多样化的文化消费需求，倒逼文化产业进行更新调整。互联网时代不缺少好产品。优秀的产品只能满足用户试用某种新功能的需求。所谓的"用户黏性"才是产品和模式的痛点，这种黏性体现在活跃用户多、留存时间长、互动频繁、兼具传播功能。平台是否可以在各种创新功能中找到一定的痛点来获得用户的持久青睐。无论是模式先行，还是技术先行，数字创意产业发展到今天，国内外也不免殊途同归。例如，亚马逊开始投资电影，腾讯、阿里布局文娱，庞大的数据基础必然是内容生成的有力根据。对于洞悉差异化消费的内容消费来说，似乎更为有效和对路。

（三）创意阶层的再变身

罗默（P. M. Romer）、卢卡斯（R. L. Lucas）等人的"新增长理论"（New Growth Theory）认为知识和人力资本本身作为一种生产投入要素，具有外溢效应。人力资本的投入，将提升产业边际产出率，实现递增收益。城市发展的主要动力在于人，尤其是创意人才。如理查德·佛罗里达所概括的"创意阶层"，由"从事科学和工程学，建筑与设计、教育、艺术、音乐和娱乐的人们"构成，他们的工作是"创造新观念、新技术和新的创造性内容"。文化产业的从业者，是艺术家、设计师、广告人等从事文化产品生产和提供相关服务的群体，社会组织和科研团体也是其中的一部分。创意阶层是产业发展的核心资源。我国政府近年来推进的"大众创业、万众创新"，也是看到了创新创业者群体在产业中的重要作用。这个群体是当代中国城市化人口流动的重要组成部分，也是最为活跃的部分。创新创业者的聚集，影响着城市经济社会的发展动力。

曾经以北京 798 为代表的老厂房改造，由于物质更新的客观诉求，吸引了一批创意阶层入驻和集聚。这类空间也符合艺术设计人才对空间的需求。然而数字创意产业的人才，结合了数字技术运用的能力，这种人才的演变来自技术和创意的双向融合。例如，BAT 三家企业均有文娱板块，很多"码农"变身为文化品牌总监，参与产业项目的开发。反之，以传统文化产业人才团队为主的核心创意阶层，也被吸纳进庞大的互联网行业浪潮中。

（四）基于网络社区的用户

社区可以分为区域性社区和非区域性社区。前者具有相对明确的物理空间和范围，社区构成以集中的居住为基础。非区域性的社区，没有实体空间的概念，主要是以人的交往和互动为主。①

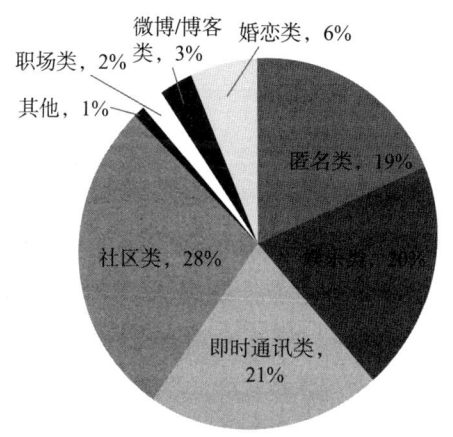

图 1-1　2015 年移动社交应用程序前百位类型占比 ②

---

① 何深静，刘玉亭. 邻里作为一种规划思想：其内涵及现实意义 [J]. 国际城市规划，2005，20（3）：64-68.
② 智研咨询. 2016—2022 年中国社交媒体市场运营态势及发展前景预测报告 [EB/OL].（2016-05-12）[2018-10-25].http://www.chyxx.com/industry/201605/415536.html.

如图 1-1 所示，互联网普及率和网民数量呈逐年上升态势。在移动端应用中，社区功能和即时通讯占比较高，体现了人们对于互联网功能的使用偏好。

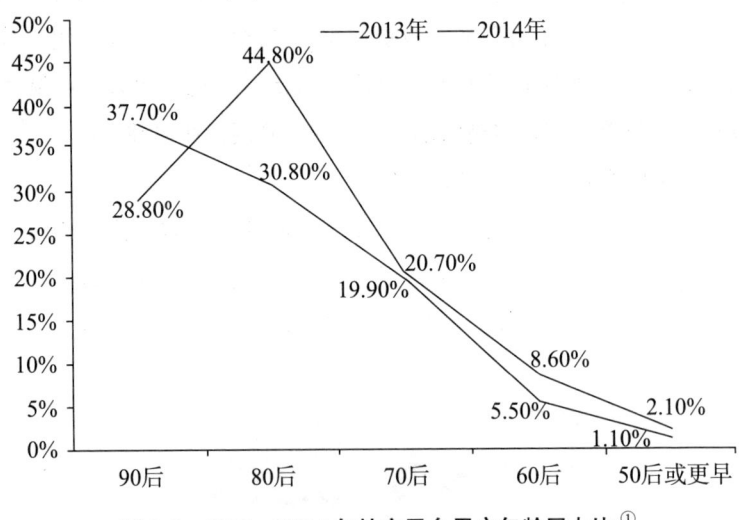

图 1-2　2013—2014 年社交平台用户年龄层占比①

视听领域与互联网通讯通过数字化技术结合得越来越紧密，智能手机、平板电脑、个人电脑和智能电视等终端设备在功能上相互整合已是现实。"90 后""00 后"已经被定义为"网生代"，即互联网伴随成长的一代，其交流方式与互联网密不可分。《2016 微信数据报告》指出，作为中国重要社交平台的微信 2016 年 9 月日平均用户达到 7.68 亿人，比 2015 年同期增长 35%。这些用户中

---

① 智研咨询.2016—2022 年中国社交媒体市场运营态势及发展前景预测报告[EB/OL].（2016-05-12）[2018-10-25].http://www.chyxx.com/industry/201605/415536.html.

50%的用户每天使用微信长达90分钟。网络社交平台的人数和使用频次,都说明了社会交往的互联网化格局。

从非区域性社区来看,伴随互联网的发展,生活场景被重塑,社会交往的空间和时间发生极速变化,交往不再受地理空间的局限,相对窄众的网络社群出现。正如加拿大学者麦克卢汉(Marshall McLuhan)所说,随着电子媒介的发展,地球会变成村庄,人们会"重归部落化"。[①] 虚拟社区(Virtual Community)即由互联网平台形成的社会共同体。倪晓丽和黄少华探讨了网络问题,分析了虚拟社区的社会关系,指出虚拟社区中主要是弱关系的作用。网络社群已经成为一种新的社会组织单元,构成一种亚文化群体,实现了新形式的"社区复兴"。这种即时性的社群,以信息的传播、分享、人际互动为主要内容,放大了共同价值、兴趣和交往的意义。这种网络世界的交往,也影响着线下的交往,虚拟与现实的界限日益模糊。

网络社群,以共同的兴趣为主要基础,形成更为精准的群体标签和身份特征的定位,加速了分众文化的形成。例如弹幕网站,被理解为具有"泛90后"特质的二次元社交空间。用户通过标签化来完成对某个"社群"的归属,形成围绕不同亚文化的网络社群,也形成了一种群体消费决策的模式。此外,百度移动数据显示,"85后""90后""95后"等不同年龄层对音乐、小说、游戏、动漫等精神需求呈依次上升趋势。调查数据显示,56.1%的"90后"群体对娱乐话题表示出高关注度,而"80后"为37.4%。"90

---

① 麦克卢汉认为电力技术不但没有使世界拓宽,反而通过跨越空间、时间限制的联系和交往方式,使人们的交往方式和社会文化形态发生变化,使地球变为"地球村",使非部落社会重新部落化。

后"群体以 ACG（动画、漫画、游戏 Animation/Anime、Comic、Game）娱乐消费为主，并逐渐成为文化娱乐消费的主力军，其群体亚文化也渐渐成为文化产业挖掘和利用的主流文化。

　　小米雷军曾经说过一句话，"站在风口上，连猪都能飞起来"。数字经济裹挟着我们，也裹挟着这个世界向前走，无论你是否愿意。以互联网为底色的数字浪潮，裹挟着文化产业向更扁平、更直接的方式前行。

第二章 大势与选择：互联网时代下的顺"思"而"维"

距离已经消失，要么创新，要么死亡。

——托马斯·彼得斯

第一节 互联网席卷而来的全新时代

一、互联网是一次思想革新

极大提高社会生产力的新技术工具的出现，必然伴随一套与之相匹配的思维体系。在人类社会漫长的发展过程中，每一次巨大飞跃都是在多方面因素合力下产生的。譬如经济基础的变化、生产力水平的提高、科学技术的发展，但在这些因素之外，起到指导作用的应当是思维模式的迭代更新。

早在14世纪的西欧，工场手工业和商品经济的繁荣发展，极大地促进了社会生产力的进步，由此新兴的社会阶级——资产阶级开始寻求更强有力的话语权。出于对教会钳制人民思想的不满，他们针锋相对地喊出了人本主义精神的呼号，其精神实质是强调世界应该以人为中心，反对以神为中心，赞扬人性的美好与价值。同时，人文主义者提出，人的真正价值和幸福的实现，应当是建立在对世俗生活的追求上，抨击以神学为首的旧思想，呼吁人们应该解放自我，翻身做自己生活的主人。

这场"以人为中心"的文艺复兴思潮首先在意大利各城市兴起，随后迅速蔓延到西欧各国，于16世纪达到鼎盛，广泛传播于欧洲各国。文艺复兴运动本质上是一场思想解放运动，它带来了一场艺术和科学的大革命，拉开了近代欧洲历史的大幕，将人文主义的种子播撒到了欧洲的每个角落。马克思主义史学家评价这场文艺复兴运动为"封建主义时代和资本主义时代的分界"。

恩格斯说："历史总是螺旋式地上升。"历史的发展总是惊人地相似，一场堪比文艺复兴运动的思想革新——互联网思维，来到了21世纪这个充满变革与挑战的信息时代。事实上，互联网思维的一些要素一直存在于商业社会中，只不过，由于互联网科技的大踏步向前发展和大范围内的运用，让传统企业领略到了互联网企业席卷而来的巨浪，使原本就存在的某些互联网要素得以大规模运用，并使这种思维体系获得迅速发展。正是这种互联网带来的颠覆性影响，使得互联网思维也具有了某种超前性。难怪让很多人错以为是先有了互联网才有了互联网思维。

那么，这两次影响广泛而又深远的思想革新，它们的共通之处究竟在哪里？我们认为核心要点在以下两个方面。

首先，体现在思想的历史性方面。时代是思想之母。从时代背景上看，两者都处于经济社会的转型变革期，新技术的诞生使人们对生产效率、生活质量有了更高的期许，旧的思维模式已经不能满足当下的生产力要求，新的、更符合时代前进方向的思想便应运而生。

其次，体现在内核的一致性方面。文艺复兴运动是一场以人文主义为核心的进步运动，而互联网思维是一次贯彻以人为本理念的思维革新，两者的共同关键词都指向了"人"，都将人的价值、人的情感作为应当实现的目标，都把主张平等、尊重个性作为重视人性的必要内涵，两者精神内核的契合度很高。

经过对文艺复兴运动和互联网思维的多维度分析和对比，我们不难发现，历史上的思想潮流并非凭空闪现，而是在诸多内在因素的推动下，逐渐蓄势以致爆发的，这种新的思想既是对当下大背景的契合，也是指引未来发展趋势的风向标。

二、数字经济时代的生存逻辑

（一）互联网思维才是顺势而为

在企业界，对于互联网以及互联网企业的认识过程，有一个形象的说法，即第一看不见，第二看不懂，第三来不及。这三个过程，可以说切中了要害，展示了传统企业在面对互联网这个新生事物时持有的典型思维定式。

1. 看不见——缺少先见

很多传统行业不是赶不赶得上趟的问题，而是根本没有预见潜藏机遇的存在，以致错失设立高屋建瓴的战略目标的时机。

2017年10月30日，尼康公司突然宣布，停止江苏省无锡数码相机制造工厂的业务，关停尼康光学仪器（中国）有限公司（NIC）。这一消息，让众多摄影迷们大跌眼镜。尼康这个成立于1917年的传统影像巨头，在刚迎来百岁生日之际，即遭市场重创。曾几何时，尼康相机是专业的象征，在众多摄影玩家心目中始终处于难以逾越的地位。对于经营困境，尼康将其归咎为智能手机的冲击，其在一份公告中表示："由于智能手机的崛起，小型数码相机市场正在急速缩小，NIC 的开工率也显著下降，持续经营变得非常困难。"① 据日本时事社报道，在数码相机制造高峰的 2010 年，无锡工厂生产了约 876 万台小型数码相机，至 2016 年，其生产规模减少至约 200 万台。

隶属于三井集团的东芝，是日本第二大综合电机制造商，还是日本最大的半导体制造企业。其业务领域包括电子元器件、社会基础设备、数码产品、家电等。从 20 世纪 80 年代开始，东芝经历了从一家以电机和家电为主营的企业，升级成为包括通信、电子在内的大型高科技公司。到了 90 年代，东芝开始在数字、网络、移动通信和网络技术等领域迅猛发力，从电子巨头跨越升级为 IT 先锋。

2017 年 3 月 29 日，东芝在东京宣布，由于持续出现巨额亏损，美国核电子公司西屋电气（WH）已申请适用《美国联邦破产法》第 11 条。经过对预计损失的处理，东芝 2016 财年净利润为负 1.01 万亿日元（约合 624 亿元人民币）。这次东芝的巨额亏损，使它创下了日本企业除金融业外亏损程度历史新高。东芝的资不抵债竟达 6200 亿日元。可以看到的是，在面对业务震荡、核电业务无法脱身的大背景下，东芝选择了自断臂膀。②

世人皆知，日本人有着极为严谨踏实的工作作风，工匠精神是他们的座右铭，在产品质量上精益求精，对产品形态追求极

---

① 高原. 国机集团"走在通向世界一流企业"的全新征程：再过 20 年会是什么样子？[J]. 中国机电工业，2018（2）：6，48-55.

② 姚瑶. 东芝预计 2016 财年巨亏 1 万亿日元 资不抵债达 6200 亿日元 [EB/OL]. (2017-03-31) [2018-05-17]. http://m.21jingji.com/article/20170331/herald/c933e85a54aabd65d5a68a821b4b0e0c.html.

致,为什么尼康和东芝还会出现如此巨亏?工匠精神追求极致这并没什么问题,但把工匠精神本身发挥到极致就是个很大的问题了——逐渐形成了死板教条、故步自封、不愿创新的氛围。近十年来,世界发生的变化太多太快,致使如今的日本企业处境维艰。互联网、移动互联网等各种新技术、新思维层出不穷,而日本企业却变得太慢。说得极端一些,工匠精神在某种程度上,束缚了日本大企业在世界激烈竞争中的快速机动力,真可谓成也工匠精神,败也工匠精神。近几十年以来,日本产品是质量和科技的代名词,许多用户成为"死忠粉",甘当"自来水"。三十年河东,三十年河西,就在近几年新一轮的创新大潮中,日本企业完全落后于苹果、三星以及一些中国企业,产品让大批粉丝大失所望。现今的数码产品与之前的产品有很大的差别,持续改善的工艺、精益求精的微创新能力固然重要,但颠覆性的创新和创造潮流的能力也许才是未来企业更为核心的竞争力。

互联网时代,IT水平成为一个国家的硬实力,在人工智能、物联网大行其道的今天,日本多家百年科技企业集体哑火,被贴上落后时代的新标签。不过,即使如此,它们的实力仍不容小觑,依然是我们难以撼动的庞然大物,尤其是在半导体和机器人等高精尖科技领域。

2. 看不懂——隔行隔山

对于传统行业来讲,由互联网企业迅速崛起而带来的落差感、焦虑感、恐惧感正在与日俱增,导致这种状况的深层原因,是传统行业无法真正参透、领悟、运用互联网企业的运作模式、商业思维和技术优势。阿里巴巴上市之后,马云取代王健林成为全国最富有的人。个中深意,不只是财富头把交椅的换位,更是虚拟经济为自己正名的典型事件。以上发生的事情，即便在10年前都难以想象：无法触摸、无法看见的虚拟经济的体量，能有一天超过实实在在的实体经济，而就像我们所知道的，这些已经全部变成现实。

互联网带来的商业社会的革命，使传统行业进入了集体焦虑的状态。就像有人总结的：比起被干掉，更可怕的是不知道将被谁干掉。有的企业将自己锁起来、屏蔽掉外来信号，自认为如此可以躲过一劫。然而，这种暂时安定的情况只是一种假象，很可能会加速企业的消亡。TCL董事长李东生表示，传统企业必须主动进行自我革命，自我进化，必须要用互联网精神、互联网思维来武装头脑，要不然就要被甩在时代的后面，就会挨打。例如，曾经火爆的车载导航仪市场，在智能手机出现后，几乎在一夜之间没有了生存空间。原因极为简单，就是手机上装的导航仪是完全免费的，既不用单独购买导航设备，也不用为地图付费，更省去了安装费，智能手机如此跨界插足，导航仪市场迅速萎靡不振。此外，传统实体门店向互联网电商平台的转型也相当不易，因为以往在线下背景下突出的渠道优势、仓储优势可能在一瞬间变为烫手的山芋，过去成功的经验也可能成为阻碍新发展的绊脚石。所以，客观地讲，传统企业要想向互联网企业转型，的确不是一件轻松的事情，互联网化是一个系统性的改造工程，从里到外、从组织结构到企业文化，不大刀阔斧地进行改革，很难获得真正的成效。

传统商业巨人辛辛苦苦打下的江山，很有可能在一夜之间易主。从淘宝、天猫、京东等电商平台对苏宁、沃尔玛市场份额的侵蚀中便可以管中窥豹。在不知道下一个被颠覆的是哪个行业之时，传统企业如坐针毡，其中就包括国美、美的等曾经的庞然大物。联想的柳传志感慨道：很多现象，看不懂了。互联网在迅猛发展的今天，有席卷一切的势头。传统企业的领头人甚至是身处互联网行业本身的IT精英们也都在经历"看不懂"的尴尬。

近年来，移动新闻类APP冒出一个独角兽，那就是今日头条。面对极高的市场估值，投资人们对这类APP产生了浓厚的兴趣。有一款来自美国的叫Paper的类似今日头条的APP，是由脸书旗下实验室研发上市的首款应用，备受关注。过去一段时间，它曾火遍全美，被赞技术领先、交互顺畅、界面优美，下载量和口碑双丰收。然而，被脸书寄予厚望的Paper，在火爆之后的半年迅速降温，不仅用户数和下载数掉落，也让业内专家都感叹道，互联网真的是看不懂了。

还有，人们普遍认为，智能手机是导致人们的精神和注意力游移不定的罪魁祸首。然而，一家名叫Lu-mosity的创业公司在美国出现了，该公司推出了一款APP，致力于改善用户的记忆力和注意力。一款智能手机应用号称要解决被智能手机困扰的人们的注意力难题，听起来像是搬起石头砸自己的脚，甚至是天方夜谭。而且，更为离谱的是，用户想要使用这款APP，还要每个月交给Lu-mosity公司14美元的费用，完全有悖于互联网时代利用免费来吸引流量的常规做法。这还远未结束，比上述更离奇的现实是，已经有几千万人成为这款APP的用户，公司在成功拿到数轮"风投"之后，将公司员工拓展到了100人。业界无不惊奇：还能有这样的操作？没错，就是这样一家有趣公司开发的有趣产品，获得了消费者极大的青睐，这个互联网世界中的异类，让互联网人都感叹到看不懂。

可穿戴式设备是目前最有发展前景的智能设备之一，大数据新兴三大产业"ABC"中的 Big data，智能设备+大数据，会发生什么奇妙的事情呢？佩戴者的身体数据将会被随身穿戴的智能设备完整记录下来，包括脉搏、步数、睡眠质量、起床时间在内的一系列数据会被上传到云中，这些实时监控形成的大数据，是否可能对社会和科学研究做出贡献？2014 年 8 月 24 日凌晨 3 点多，美国旧金山地区发生了 6.0 级地震，美国的两大可穿戴式设备运营商 Fitbit 和 Jawbone 都在第二天向社会公布了他们的大数据分析结果，数据表明，在距离震中较近的地区，有 93% 的手环用户在 3 点 20 分被惊醒，其中 45% 在地震之后就再也无法入睡，惊醒用户的比例随着震源的远近而呈现数据上的正相关性，惊人地复现了地震对震区人民生活的影响。[①] 例如，2014 年 10 月 8 日，全球很多地方在同一时间出现了日全食奇观，无数台由智能手机拍下的海量照片奔向社交媒体、新闻、博客……这些从不同的地理位置得到的巨量数据，如果经由大数据挖掘、大数据分析，说不定会对天文学研究产生很大的帮助。大数据时代，产生的数据已经多得不能再多，然而，怎样对这些看似无意义的数据进行分类、挖掘、重组、分析，发现大数据背后的秘密和规律，是极为重要的。舍此，大数据只是一堆垃圾。所以，人们要想真正看懂互联网的价值，还有相当一段路要走。

固有的经验跟不上时代了，原来管用的办法失灵了，人类固有的行为正在被互联网浪潮反复冲刷、重塑，一切都在变化，没

---

① 涂子沛. 柳传志的"看不懂"和变动时代新常态 [N]. 经济观察报，2014-10-13（16）.

有可遵循的路径可走。看不懂，是因为世界变化太快，来不及看懂；也是因为变动的幅度太大，不能全部看懂；更是因为变动的频率太高，没人能一直看懂。互联网给人类生活、商业运营、社会治理带来的变化，要完全看懂，还需要相当一段时间，也可能永远没人能完全看懂。

事实上，面对互联网的强劲发展势头，不仅是传统行业有深深的无力感，连一些在位的互联网公司在创新大潮中都有"赶不上趟"和"看不懂"的紧迫感。

马化腾曾表示：这个世界变化太快，很多产业也随之迅即变化。他曾说，越来越看不懂年轻人的喜好，不理解"85后""90后"这些未来互联网主流用户的使用习惯是什么。譬如，国外女性群体很喜欢一款照片分享应用Snapchat，因具有"阅后即焚"的特性而受到年轻人追捧，但是马化腾表示："我用起来觉得很没意思，但12到18岁的女孩子非常喜欢玩，特别火爆。我们发现自己有时候在这个行业，不知道年轻人喜欢什么，我觉得这是最可怕的。"[①] 其实，Snapchat不是马化腾"看不懂"的第一款互联网产品。据《这才是马云》的作者马云助理陈伟爆料，淘宝创办的时候，马云曾经找到马化腾，提出建议希望马化腾能入股15%。但当时的马化腾并不看好淘宝，还认为给自己的股份比例太小，"要投就占50%"，马化腾一句话拒绝了马云。显而易见的是，眼看着淘宝从草创到迅速发家的这十多年，马化腾的心情很可能五味杂陈。[②]

---

① 互联网大佬们的焦虑事[J]. 福建质量管理，2014（Z3）：33-34.
② 马化腾：看不懂互联网的人最可怕[EB/OL].（2014-01-06）[2018-05-17]. http://shanghai.3158.cn/info/20150511/n18264102319477.html.

2005年秋天,类似的历史再次重演。彼时,有一封发自马化腾的国外同事的电邮。发电邮的人叫网大为,他介绍给马化腾一个与众不同的视频网站:每一个用户可以任意上传视频,还能把视频分享给朋友。这位同事给马化腾的建议是,尽管这家网站还无法进行有效的商业变现,但已经开始有变火的势头,腾讯应该对它给予充分的关注,即便不入股,也要对它进行投资,日后必将有很大的收益。出乎意料的是,马化腾认为他"看不懂"这家网站,没有接受同事的建议。一年后,这家分享视频网站以16.5亿美元卖给了谷歌。没错,它就是大名鼎鼎的 YouTube。[①] 这件事情表明,即便是身处互联网前沿、中国第一批互联网创业者的马化腾,也在某种程度上成了因循守旧、循规蹈矩的"传统互联网人",不能对新兴更具有互联网思维的事物进行深刻的洞察和分析。

2007年,马化腾和《环球企业家》的记者谈起了这件事。他表示:"我们看走眼的很多啦,并不止 YouTube 这一家。"关于这一点,马化腾"永远的敌人"周鸿祎也可以证明。在"3Q 大战"中,周鸿祎说自己曾经和马化腾互发短信,认为腾讯是一个封闭的帝国,周鸿祎建议马化腾可以投资360、迅雷等其他的互联网公司,让腾讯成为一个中国互联网企业的大平台。结果,马化腾回复短信给周鸿祎说,他认为这些公司都没有价值。

也有虽然看懂了公司的商业模式,却没看懂华尔街的时候。2013年11月,在和柳传志的对话中,马化腾坦承,自己曾经买了脸书的股票,然而入手之后就大跌,好不容易回本后自己就全清

---

① 马化腾:看不懂互联网的人最可怕 [EB/OL].(2014-01-06)[2018-05-17]. http://shanghai.3158.cn/info/20150511/n18264102319477.html.

仓了，但最近脸书的股价又开始翻倍上涨。

当然，现在的马化腾已经"改过自新"。在过去几年里，"不差钱"的腾讯开始"扫货"，投资并购超过100家公司，投资金额超过100亿元。马化腾投资收购公司的标准很简单——只要和腾讯的业务有关。所以除了互联网和游戏公司，马化腾还投了华谊兄弟、财新传媒这样的文化传媒公司，开心网这样的社交企业，以及在线教育、O2O、移动支付、保险等行业。

3. 来不及——为时已晚

最近几年，"互联网化"总能引起传统行业心向往之又抓耳挠腮的复杂思绪。但是，好的现象是，传统行业的管理层已经有了不同于以往守旧思维的新观念，不再把互联网看成洪水猛兽，因为趋势已经来得如此之快，敞开大门尝试着去接受这一切，成为不得不做的事情。可是，即使传统行业的情况开始慢慢转变，随之而来的仍旧是无法追上互联网企业的无力感。大环境的巨变和互联网思维的能量并非虚指，而是近在眼前，无人能逃脱这种压力。

在这样的焦虑和压力下，绝大多数企业最终的结果还会是走向被"颠覆"而无法完成真正的"互联网化"。问题的核心就在于，大部分传统企业高层根深蒂固的经验、思维定式让他们在看待互联网新世界的时候如同戴上了"热像仪"，以至于他们看到的只是散发着热量的红色表面和粗糙轮廓，却看不到整体与细微之处的奥妙。

比如手机和电视业对小米公司的固有看法是小米的制造水平在业内并不出彩，而其实，他们对小米产品在配置和工艺上的比较，本身就是基于传统制造业的思维定式。一旦进入这个定式之后，他们就只能看到小米在营销"术"这一层面，因为这是他们原有逻辑体系下唯一可以解释的东西。但是，对于为何小米初期可以赔钱卖设备、为何要不惜代价在细节上寻求让粉丝尖叫的"英雄时刻"，他们一无所知；对于为何小米能依托"高客单价"的电商模式获得超过所有传统硬件企业资金效率，对于小米在机器卖出去后每个月通过应用分发、桌面购买等带来的近亿元"后收入"，更是想都没有想到。所以，他们根本不知道小米公司的本质并不是个"制造商"，而是一个"依托自有品牌，以电子商务为商业模式的服务企业"——它真正销售的是用手机、电视等硬件产品加上MIUI等软件和未来更多互联网服务，共同"封装"的梦想与体验，让最有潜力的年轻人族群找到了一个价格可以接受，又值得自己热爱的品牌。

显然，没有对革命者的真正尊重和学习精神，就无法对这种全新的商业逻辑有整体的突破性理解，只是想学习互联网企业的"术"的东西为自己所用是不够的。沉迷于单纯在营销传播、设计文案上投机取巧，这只能加速一个传统企业的衰败，而根本无法促进它的新生。面对变革，"中学为体，西学为用"的思维应用到当前的商业实践中是不可行的，在这一次互联网化的思潮中必须被彻底抛弃。我们必须意识到互联网不是一个行业和一种工具，而是一段更先进的新基因，它将带来的改变是基础性的商业逻辑。实际上，当所有人都意识到自己的生活已经被互联网重塑之后，那些依旧看不到整个商业世界也将被从底层重构，依旧生活在经验主义和历史辉煌中的"遗老遗少"，他们直到被埋葬，也永远理解不了互联网的美丽。在经历了看不见和看不懂之后，传统企业看着一骑绝尘的互联网企业，终于意识到已经完全跟不上节奏，只得望洋兴叹。

(二)传统企业拥抱互联网

1. 何不开放思维,拥抱互联网

互联网时代,信息技术飞速发展及快速传播,正改变着现代社会人们的生产和生活,移动化、智能化、数据化、社区化的趋势和特点越来越突出。如今,互联网生态圈已全面进化,几乎所有行业都离不开互联网,实体经济受到互联网冲击,如何去库存、增效益,缓解经济下行压力,传统企业纷纷思考如何借力互联网转型升级,传统企业迫切需求"互联网+"转型升级。越来越多的数据表明,互联网已经成为现代商业社会发展的主导力量。

这让人想到了如今在神州大地如火如荼的"互联网+"。用易于理解的话说,"互联网+"就是"互联网+各个传统行业",但这并不是两者的简单相加,而是以互联网为平台,让互联网与传统行业进行深度融合,创造新的发展生态。它代表一种新的社会形态,即充分发挥互联网在社会资源配置中的优化和集成作用,将互联网的科技创新成果运用到实体经济、社会各领域中,提升全社会的创新力和生产力,形成更广泛的以互联网为基础设施和生产工具的经济发展新形式。

2. 传统企业转型互联网企业的四个阶段

第一阶段:传播层面的互联网化,可以称为网络推广,即通过互联网工具实现品牌认知度推广、产品特性宣传等功能。

第二阶段:营销层面的互联网化,可称为狭义电子商务,即通过互联网实现产品销售的平台化、电商化、互联网化。

第三阶段:服务层面的互联网化,通过C2B(Customer to Business)模式,即消费者参与到产品设计、研发、反馈、再修改等环节。

第四阶段：管理以及公司结构层面的全面互联网化，即以互联网思维为主体，重新架构企业的组织结构、人员管理等。

这四个阶段是层层递进的，也可以一步到位直接进入第三阶段或者第四阶段，垂直电商一般都直接进入最后一个阶段。垂直电商大多是纯粹的互联网企业，对传统企业而言，直接进入第四个阶段有很大的风险，互联网化需要投入大量的财力与人力。要知道，传统企业最缺少的是技术能力，众包的方式可以解决所有问题，甚至可以找电商代运营公司合作，这样形成的投资数额是巨大的。除了电商平台搭建之外，还要与代运营公司合作分成，大部分企业都认为不值得这样做。另外，企业若有足够的实力，可以收购某个电商团队，以此来实现企业转型。当然，传统企业也并不是说必须要从第一阶段开始慢慢进入，第一阶段的互联网传播建设与第二阶段的互联网营销建设可以同步进行，企业营销层面互联网化是比较重要的点，这是企业互联网化的重要辨识点。

国内传统行业目前很多还处在第一阶段，甚至还没有进入第一阶段，企业主不是不想转型成为互联网企业，只是不知道怎样操作，因而更多时候是在背后观望。通常，某个行业是在出现互联网化的企业之后，全行业才会引起注意，然后蜂拥而起争相效仿，拼人、拼钱、拼财力的同时，也错失了行业互联网化的红利期。相对来说，最近几年的电商发展比较令人乐观，各级政府都在促进电商创业，借以带动传统企业转型，业内一些互联网人士也经常会为企业做培训，传播电商思维，让企业对电商的了解在逐步加深，将来还会有更多的组织投入电商普及的大军中，促进广大企业转型。下面，从传统行业的"互联网+"化转型说起，来分阶段叙述企业互联网化的总体流程。

（1）**未触网企业上网**。处于这个阶段的企业，首先要解决把企业信息搬上互联网的问题。通过对行业的观察发现，在业务操作层面上，传统企业主要依旧停留在电话联系的阶段，在信息时代，这种交流手段不免显得很原始。有数据表明，在全国7000多万户中小企业中，仅有30%的中小企业能够利用信息技术开展生产管理和市场营销活动。另外60%以上的中小企业能够利用互联网获取市场信息。互联网的普及已经改变了人类生活习惯，在互联网上搜索需要的信息早已经成为人们必做的功课，网民在网上搜不到企业的信息，就会对于企业形象没有任何概念，因而不会发生兴趣。

没有网站，就不能做网络推广，所以，企业做的第一件事，应该是搭建一个网站，用于展示产品的信息，把电话、公司简介等所有你能想到的信息都放到你的网站上，全面展示企业的信息，以此来提高企业的形象。更重要的是，客户打电话咨询时，你不必再逐个产品介绍，只要让他到网站一看就全知道了，省时省力。

另外，企业还需要开通企业微信公众号、微信小程序，开通一切可以开通的传媒产品，把所有联系方式都放到网站上，有的人不喜欢打电话，那就发电邮；有的人喜欢用微信，就通过官方微信号后台进行交流，网站就是这样一个综合所有企业信息的平台，做网站的目的就是能让人找到、看到并发生互动行为，这样才可能有业务产生。

（2）**触网企业的网络推广**。这一点，针对企业转型中的第一阶段：传播层面的互联网化。企业家们需要搞懂两个概念：一个是网络推广；另一个是网络营销。网络推广是把你的企业宣传出去，让网民知道企业的存在；网络营销是直接在网上销售产品，直接从事买卖交易。企业搭建了网站，网站放在网上没人知道就没有效果了，因此要想让人知道还需要做网站的推广，一是针对企业的推广；二是针对产品的推广。

推广方式上，可以分为搜索引擎推广、软文推广、微博推广、微信推广、SNS（社交网络服务）推广、视频推广、整合推广、活动推广、线下推广等方式，企业可根据不同的推广需求选择适当的推广方式。

（3）企业营销互联网化。这一点针对已经从事电商和正打算做电商的企业，虽然这个阶段被定义为狭义的网络营销，对于大众而言这已经是电商，因为这个阶段的企业已经实现了基于互联网的销售。除了销售之外，处于这个阶段的电商可以实现进货渠道与销售渠道的网络化，企业还可以实现网络的代理机制，或者把传统的代理渠道搬到网络上。近两年比较火的微商就是代表。

要如何实现呢？简单来讲，就是通过加盟各电商平台或者企业自己搭建网络商城来实现在线交易。通过电商平台交易相对容易，不需要投入太多建设的成本，但后期的运营成本（客户引流、假日促销打折、平台分拥等）较高。企业自己搭建平台需要组建一个完善的电商团队，人力、资源等成本初期投入比加盟电商平台要大，但后期运营成本相对要低些。而且，对客户的服务和维护、再次营销也要更容易得多。

（4）服务层面的互联网化。让产品具备互联网思维，不只是这个阶段的产品，任何一个阶段的产品都应该具备这种因素，这意味着以后基于互联网营销的产品都要增加一个属性，那就是互联网思维。

这个阶段的主要思想是，通过C2B模式或者类似的互动方式，让消费者参与到产品设计和研发环节，每一个消费者的合理建议都可以成为产品的一部分,一定比例的消费者来决定产品的功能及性能,作为产品的设计研发者中一员,产品满足了消费者意愿,这些消费者也会是这个产品的忠实用户。

要实现服务层面的互联网化,一是考虑市场需要什么样的产品。可以采用众人参与的模式,引导消费者参与设计,如何让消费者参与到生产制作流程,譬如消费者提供的包装方案、产品种类方案等,还可以让消费者试吃或者代言,消费者车间工作体验,能够最大化消费者参与的过程。二是考虑通过什么样的方式来实现,譬如可以用QQ群、微博及微信等实现消费者的交流,可以针对消费者单独开发一个平台让消费者随时提建议,可以让参与设计研发的消费者成为测试产品的使用者,可以线下定期组织部分消费者到公司及车间参观,这些都可以让消费者们自发地散播企业的相关信息。

要实现服务层面的互联网化的重要一点是粉丝消费者的培养,以上所述没有用户群没有粉丝是不可能完成的。培养粉丝,首先要从品牌知名度、产品质量、产品口碑等各方面获得用户认可,再通过活动、事件等手段让这些用户成为粉丝,再进一步引导部分粉丝参与到产品的设计研发中,实现服务层面的互联网化。

(5)**企业使用互联网思维重新架构**。这一点对于传统企业来讲是最大的难点,也是目前限制中小企业互联网发展升级转型最大的障碍。在国内企业,特别是中小型企业的发展方向很大程度上是由老板们的思维决定的,老板是否具有互联网思维决定了企业是否能用互联网思维重新架构。这个架构决定了企业的营销模式、服务模式、管理模式,也决定了企业是否能在全面进入互联网时代后生存下来。传统企业的互联网转型必然是企业的销售、服务、管理的全面升级,这是缺一不可的。

通过以上描述，大概能看到互联网企业与传统企业的区别，这对于已经成型的传统企业来说还是有难度的，我们可以归纳如下。

难点一：思维。无法正确拥有互联网思维。企业没有互联网思维，仍然坚持传统观念和商业模式，接受新事物的能力差，缺乏开拓新领域和勇气的能力。

难点二：体制。企业体制是束缚传统企业转型的另外一个难点。很多事情受制于公司管理制度，想做没法做；很多想开展的事情既没人头又没预算。

难点三：运营。企业缺少合适的专业的互联网运营、服务、管理人才。

这些难点表面上看来是源于传统企业对互联网的不熟悉以及对互联网模式没有足够的了解和准备不足。但是，如果我们深层次剖析就不难发现其实最后的症结都在一点上，那就是"人"。人的思维方式决定了人的行为模式，解决"人"的问题是传统企业向互联网转型升级的首要任务。

首先是企业"一把手"的互联网思维。老板的思维方式很大程度上决定了企业的发展方向，具有互联网思维方式的企业"一把手"必然会制定出符合互联网时代发展需求的企业经营模式，也会不断地吸纳互联网运营、服务、管理人才。

其次是企业的互联网人才。互联网人才的培养是企业在互联网时代降低成本、提高效率、拓展市场并创新经营方式的必要手段；是提升产业和资源配置及组织化程度、提高经济运作质量和增强市场竞争力的重要途径。

传统企业只有通过对互联网＋生态营销策划理论与实践及其成功案例的学习，提升企事业单位在市场营销、品牌管理、服务管理等方面对互联网的全面认识，新时期新常态下掌握利用互联网工具开展本企业品牌产品的营销推广整合传播，才能实现产品的快速销售，客户多元化服务，努力打造以"互联网+营销"为核心的企业核心竞争力。

人与动物最大的区别就是会创造工具，传统企业在互联网时代最需要的工具是什么？它可以是前面说到的网站，也可以是微信公众号、小程序，其实质都是平台，一个属于企业自己的互联网平台。谁拥有了客户谁就能拥有市场。互联网时代的客户在哪里呢？2016年的"双十一"全网交易额突破1800亿元，其中移动端交易量占了83%。再看看自从有了"双十一"后，电子商务交易量的曲线图中移动端的交易比重，这已经告诉我们客户就在互联网的移动端。打造企业互联网移动端平台已是迫在眉睫。

（三）新时代的新机遇

传统企业尚在不知不觉中，互联网却已经走过搜索引擎的红利期、电商平台的红利期、微信公众号的红利期。2017年1月拥有世界最大互联网客户群体的腾讯公司推行了颠覆传统互联网模式的互联网营销工具——微信小程序。企业使用微信小程序解决方案能够实现用户"唾手可得"。打造属于自己的"App Store"（应用商店），小程序正是完成这个微信生态体系的一块完美拼板。微信之父张小龙预言：未来两年内，小程序将取代80%的APP市场，尤其是随着5G技术的成熟，小程序的发展也将迎来新纪元。①

微信小程序还具有入口浅，开发成本低，无须下载，扫一扫或搜一下即可使用，兼容性好，省流量，不占手机内存空间，方

---

① 传统企业如何拥抱互联网[EB/OL].（2017-07-18）[2018-05-17]. https://www.sohu.com/a/158002478_490230.

便客户使用等优点。在"去中心化"背后，微信借小程序打通线上线下，成为全场景集中化入口。小程序的价值并非简单的流量汇集和变现，而是将微信线上高频高黏性延伸到线下场景，服务、支付、互动、传播等环节均在微信体系内实现，使微信成为贯通9亿用户线上线下生活场景的超级入口。

移动互联网时代的营销模式已从流量导入与信息传递向场景营销和内容营销转型，线下海量碎片化需求、注意力资源和用户数据与线上工具和技术融合将为服务和营销行业打开新的市场空间。微信小程序冲击腰部APP，降低中小型企业的开发负担。小程序对重度高频APP难以形成冲击，大量低频长尾APP原本就处于低流量的僵尸或死亡状态，冲击是伪命题，反而可借助微信小程序获得再生。真正形成冲击的是可装可不装的腰部APP，目前发布的小程序涵盖金融、物流、教育、交通、IT科技、富媒体、生活服务等十余个领域，其中资讯、词典、美食、漫画、旅游等小程序对标原生APP产品用户量在千万级水平，具备流量整合空间。对企业和中小企业而言，小程序本质上释放了中小企业开发原生APP的负担，也降低了用户使用低频APP的成本。

微信小程序催生新一代小程序营销运营业态。小程序将催生互联网营销行业流量追踪、数据分析、用户画像新需求，精准营销企业将涉足小程序筹划、开发、运营和数据跟踪。小程序同时利好传统户外、楼宇广告商对传统线下媒介进行互动营销改造。

此外，未来场景营销范式是线上+线下，媒介、服务和用户数据的融合打通，微信小程序还促进了线下商业场景上移。小程序便捷易用的特点有望提高O2O类营销用户转化率，未来生态渗透金融理财、物流、教育、交通、IT科技、富媒体、生活服务等领域，使传统的线下服务商，特别是中小型企业形成 O2O 以及 O2O2O 解决方案，加速线上线下场景融合。

（四）植入不断创新的 DNA

互联网诞生之初，创新的 DNA 就深深地融入它的血脉中。互联网时代的三次迭代、互联网到移动互联网的进化，创新这一命题贯穿整个互联网发展史，互联网在业界不断地创新中获得持续不停的前进动力。而在新的生产条件下，互联网已不是简单的消费品，不是浅显地停留在"网络改变生活"；互联网已经作为重要的生产要素，可以助力企业实现规模效益递增的内生增长。从某种意义上说，"互联网+"就是用互联网思维和互联网技术来改造和提升传统产业，这里头就有一个形式和内涵的问题，倘若放弃传统的实体经济，只想在"互联网"这个概念上故弄玄虚却始终不落地，那多半是非常不靠谱的。

目前来看，无论是业内还是坊间，对"互联网+"的认识显然还有很多不到位的地方。有人认为互联网是个筐，什么都可以往里装；要么觉得互联网是灵丹妙药，包治百病。浅薄的观念无法指导实践活动。且看当下，从大型企业到街边小店，似乎都企图借互联网的东风，哪怕是沾个边都自认为很时尚，但少的是敏感捕捉的商业嗅觉，多的是对新概念的跟风炒作。拉大旗作虎皮，"新瓶装旧酒"的有之；套个概念，就想大赚一笔溜之大吉的亦有之；更不乏一些目标直指上市，完成后便立刻卖掉套现，尔后换身行头再来圈钱的功利之徒。凡此种种，都是投机主义的做派，喊口号多于干实事，赚钱大于做生意，浮躁之气可见一斑。

雷军有句名言，"站在风口，猪都能飞起来"。诚然，互联网蕴藏着无限生机，多少草根创业英雄由此发家，并让无数创客仰望激动。但站在产业结构的维度看,生产是流通和消费的前提,生产制造才是创造价值的根本和主流。不论是日益普及的网络电商平台、在线支付,还是毁誉参半的微商、O2O,互联网只是升级了消费和流通,影响了营销和渠道。"褚橙"火爆,绝对不只是互联网营销的成功,本质还在于企业家古稀之年扎根农村山野,与农民一起钻研技艺,辛勤劳作不辞实干。那些看似一夜成名的行业大佬,绝非"一招鲜吃遍天",无不是以先进技术为支撑、产品质量为根本,在生产、制造、创新各环节下了不为人知的苦功。舍产品之本逐营销之末,抱着概念盲目跃进,产业升级就会是一句空话。

站在"互联网+"的时代风口上,需要有"不畏浮云遮望眼"的智慧来洞察时势,也要有"风物长宜放眼量"的气度来谋划未来。中国经济发展要实现弯道超车,根本上还是要聚精会神干实业,走技术尖、质量精的路线。放弃浮躁的功利气,静静地做一小部分,日臻极致。这样才能在这个"每一个个体的世纪"里,以互联网作为最基本的基础设施,创造更大奇迹。

(五)互联网创新的两种方法论

创新是企业发展的永恒命题,创新可以分为两种:填补空白的颠覆性创新,以及改良修补式的维持性创新,即对产品持续地进行微小的改进,一点一滴地优化。

几乎每家公司都特别重视创新。有人认为创新是创造一个全新的因素来吸引更多的新用户。因为iPhone而闻名的史蒂夫·乔布斯是典型的代表。很多人知道乔布斯的"消费者并不知道自己需要什么,直到我们拿出自己的产品,他们才发现这正是他们需要的"这个著名的陈述,对于乔布斯这样的人来说,所谓的创新就是做出颠覆性的变革，用完美的产品赢得新客户。这种创新可以称为"颠覆性创新"。

也有人认为，创新就是在已有用户的吐槽和鞭策下，慢慢改进现有产品。最常见的例子就是大家手机上的各种APP，今天更新一个新功能，明天推出一个新版块，都是逐步改良，逐步抓紧老用户的心，慢慢积累，涓滴成海，很少有那种全部推倒重来的做法。这种创新可以称为"维持性创新"。

1. 从"0"到"1"：颠覆性创新

所谓"颠覆"，是换个角度看问题的一种方法，是对创新结果的一种描述。颠覆性创新，与维持性创新相对，其主张在商业竞争中"切换操作系统"而不是"打补丁"，通过提供一个全新的解决方案满足用户需求，实现从"0"到"1"的突破、从无到有的开拓。那么，颠覆性创新有什么特点？对企业的发展有什么价值？运用颠覆性创新需要注意哪些问题？

颠覆性创新，首先是技术的颠覆性创新。简单地说，创造出一种世界上本不存在的东西，让人们固有的生活习惯发生改变，即是所谓的颠覆性创新。电气换掉煤油灯、汽车淘汰马车、内燃机结束蒸汽机，颠覆性创新无疑是划时代的进步。可以说，越颠覆越有名。颠覆性创新的机会过去有、现在有、未来更会有。

其次是商业模式上的颠覆性创新。许多迅速兴起的公司已经创建了属于自己的蓝海市场。他们以新的商业模式创造了新的价值，制造了更大的蛋糕，并在一定时期内以其在新领域的独家性、独特性获得了巨额利润。人类的科技在不断进步，社会在不断发展，经济总量在不断增加，这些都是颠覆性创新赖以生存和发展的土壤。抓住市场，破除固有的思维模式，根据需求开发、引进、销售符合市场、符合时代的新产品。创新管理模式，妥善运用互联网思维——无论大小，每一个个人或企业都有可能击倒巨人，这是颠覆性创新。

1912年著名经济学家熊彼得（Joseph Schumpeter）首先提出"破坏性创新"的概念，数十年后的1997年，美国哈佛大学教授克莱顿·克里斯坦森（Clayton Cristensen）改进了这一理论，提出"颠覆性创新"概念并将其作为管理理论。他认为，"更简单、更便利、更便宜"是颠覆性创新的核心三要素。对产品进行前所未有的重新定义，将会把原有的行业巨头甩掉乃至挤出整个市场，借此重塑市场格局。

自20世纪下半叶，计算机在美国诞生之时，从最初IBM的大型主机，到微软领衔的PC时代，及至当下的智能手机和移动互联网时代，科技和创新，确实如克里斯坦森教授所说，变得"更简单、更便利、更便宜"。每一次的颠覆性创新，都带来人类社会发展的巨大飞跃。2009年12月摩根士丹利发布的移动互联网报告指出：作为第五个新技术周期，移动互联网周期的发展将会呈现出疾速发展的态势，具体表现为移动上网的增长将超过PC上网。新兴的创业公司更有可能成为领军人，而老巨头可能面临重新洗牌的风险。

在这样一个高速发展的时代，企业要不断进行文化创新和战略升级。不主动改变自己，就会被改变；不主动颠覆自己，就会被颠覆。对许多个人和公司来说，最宝贵的东西可能不是资本，而是创新，是快速迭代和勇于颠覆的能力。

如果马化腾不打算搞微信,并用微信颠覆已经成功的QQ,现在腾讯可能已经成为另一个东芝;打败尼康的不是佳能,而是智能手机;康师傅、统一方便面的销量下滑,敌手并非白象、今麦郎,而是美团、饿了么等外卖团购公司;让传统出租车行业深感竞争压力的并非同行,而是滴滴出行、共享单车……

在这个瞬息万变的时代,跨界攻打已成为一个重要特征。企业不可能想象下一个竞争对手是谁,而且很难预测哪些新兴行业会击败传统行业。关键是要自始至终保持年轻的心态,秉持以客户为中心的理念,不断发现市场未能满足的潜在需求,永远与时俱进,不断自我革新。未来几年,最大的机会将是大数据时代带来的各种颠覆性创新。大数据与任何行业的深度整合,各学科的交叉沟通都可以带来"更简单、更便利、更便宜"的三更解决方案。获得这个机会或创造新的发展空间的前提是企业管理与时俱进。

克莱顿·克里斯坦森教授在研究中还发现,许多受到人们高度重视并被视为基准的最佳公司都转向了市场和技术的突破。而一些企业迅速丧失行业领先地位,导致衰落的决策都是在其被普遍视为世界上最好的公司时作出的。克里斯坦森提出了令人诧异但具有说服力的论点,那就是杰出的公司管理成为公司没落的首要原因。申言之,当公司占据行业领先的位置,占有较大市场份额时,其一心想要保住公司目前的地位和盈利,所以非常注重长远战略,以防新人进来争夺市场。这些公司能够发现市场趋势和消费者需求,并会将大量资金投入创新、研发中,希望能获得巨大的回报。因此,这些优秀的公司很难对外来的颠覆性创新作出快速回应。这一点并不难理解——通过改变、改善消费需求和方式，或通过提供新产品和服务，颠覆性创新往往更为有效地满足现有需求，从而改变既定行业游戏规则，全面彻底否定当前形势。然而这种游戏规则和行业价值模式正是那些领先公司市场地位的基础。所以无论公司规模有多大，无论其地位如何稳固，崩溃都是不可避免的。

为了防止外来者或后来者进入行业或市场领域，既得利益者必然会采取各种措施，设置行业和技术壁垒，对在野企业的发展设置障碍，有时甚至会主动出击，采取先发制人的战术。所以，成功杀入格局已定的市场绝非易事。但是，如果在野企业手握撒手锏——即颠覆性创新的产品，那么既有的领先企业的一切努力将付诸东流。

索尼数码相机就是颠覆性创新一个很好的例子。更何况，数码相机颠覆传统相机只是索尼诸多创新中的一个，能够一度成为数码影音行业领头羊的索尼还有更多鲜活的案例。在以前，电子管收音机是被商家作为"家具"进行售卖的，可见其笨重和不易携带性。但是，索尼针锋相对，颠覆性地推出了晶体管收音机，新型的收音机由于内部元件变得更小，使体积也更小，更便携，更方便随时随地收听喜爱的音乐，新款收音机一经上市，人们特别是青少年几乎为之疯狂。尽管在一开始的时候，新型收音机的收音效果不能像老款收音机那样令人满意，但经过发展，其收音质量已逐渐能和电子管收音机持平，最终完成了颠覆旧技术的任务，完美地进行了技术迭代。索尼也因此成为行业内的绝对统治者。[1]

---

[1] 戴一鸣. 维持性创新与颠覆性创新.[EB/OL].（2017-09-06）[2018-05-17]. http://www.795.com.cn/wz/34277_2.html.

传统企业面对互联网企业的颠覆性创新难免焦虑,但其实不必感到惊慌,应有的态度是"在战略上轻蔑,在战术上关注"。有这样的定力,才能不被互联网的某些虚张声势的言论所蒙蔽,保持审慎的态度去观察他们的优势和劣势,拒绝恐惧状态中的止步不前。师夷长技、兼收并蓄,避免一窝蜂地盲目前进。在策略上,我们重视互联网向传统产业的战术转型,为了不低估互联网带来的颠覆式改变;同时不高估它的威力,在重大转型期间,传统企业需要牢记一句话"关键的关键,熟悉并热爱自己的事业"。这是领导IBM由衰转盛的郭士纳(Louis Gerstner)给出的建议,在此处同样适用。

2. 颠覆性创新的具体特征

这可以从国内外实际操作的案例中管中窥豹。

(1)非竞争性。非竞争性的含义,就是说颠覆性创新与目前主导主流市场的在位企业不构成直接的竞争关系。与主流市场不同的是,颠覆性创新恰恰看准的是主流市场触及不到的缝隙中的非消费者,通过满足这一人群的需求,来进行发展和扩张。在野企业的颠覆性创新更加完善的时候,更多的非消费者群体会被从主流市场中吸纳过来。事实上,上述的颠覆性创新并非以强行破坏主流市场的姿态出现,反而是直接从主流市场中去挖掘用户,让这一群体进入在野企业自己创造的新的市场环境中。

(2)初始阶段的低端性。颠覆性创新与维持性创新的特点是完全不一样的,尽管中高端市场是由维持性创新去占领的,但同时也展现了颠覆性创新的特质。假如说一开始颠覆性创新就进入了主流市场的竞争中,事实上这种所谓的颠覆性创新还是维持性创新，是让市场保持原状的一种维持性创新。正是由于初级阶段颠覆式创新的低端性质，市场中的在位企业常常会忽视掉初创颠覆式创新的存在，而在野企业利用此种初始的颠覆式创新可以在地板缝中发现自己的价值，发掘出市场的潜力。

（3）简便性。要想有广泛的使用者，就需要有相当的简便性和易用性，更多的人可以买得起、用得好，这样的市场条件正是颠覆性创新所提供的，以此才能在市场大潮中立住脚跟。而巧合的是，简便性往往成为主流市场的在位企业瞧不上的创新点所在。此外，要想扩大市场份额和市场占有率，简便性也是不可缺少的一个特点。因为如果想让创新产品在行业内迅速攻城略地，可操作性和可复制性就不能太过复杂。所以，简便性成为在野企业想要在市场获得生存和发展的前提条件和基础环境。

（4）顾客价值导向性。任何创新的核心，都应该是解决顾客需求，为顾客创造价值，以顾客价值为导向。在这一点上，颠覆性创新贯彻得要更加彻底，少了这些关键要素，颠覆性创新完全没有了任何存在的价值。这些是颠覆性创新的命脉所在，同时却也给企业的管理带来了相当大的困难和挑战。

颠覆性创新最好的优势是破坏和颠覆不合理的制度。无论是卡兰尼克（"优步"的创始人）对出租车行业以及监管机构的挑战，还是凯文·凯利（Kevin Kelly）的讨论，都包含这样一个先决条件：现行制度是不合理的，保证这一制度合法性的法律或相关条款可能在十多年前就已诞生，从而无法反映最新的变化；但应该有一些更高层次的约束，比如商业道德，这是保证在我们打破那些不合理的制度之后的边界，我们仍然可以在一定程度上避免失控。

事实上，颠覆性创新根本不复杂。在面对竞争对手的时候，利用好颠覆性创新可以拥有强大的战斗力。与此同时，商业模式将使竞争对手无法复制。

3. 从"1"到"N"：维持性创新

对于创新，许多人经常将创新与专利等同起来，此外，还有很多人一直将狭义的创新定义为技术创造从未有过的东西。假使将发明与创新画上等号，那意味着一件不可能发生的事情，就是每个人都必须成为爱迪生。随着互联网逐渐进入用户体验时代，用户对技术的了解越来越少，用户越来越不关注技术的内涵究竟是什么。用户最关注的只有：体验。要做到体验的极致，就必须做好业内一直强调的维持性创新。

有三个主要目标是维持性创新所要达成的，第一是维护目前的市场竞争规则与创新模式；第二是加强企业目前在业界的地位，保持行业内已形成的竞争格局；第三是维护企业在细分市场内的主导权，继续做大市场份额。而颠覆性创新的目标，与维持性创新恰恰相反。冲击固化的游戏规则和模式，使市场主体的力量发生扭转，借此转变市场竞争格局，给公司以充足的市场地位可以与在位企业叫板，甚至取代、淘汰它们。新进入市场的野心勃勃的初创企业，抑或是想要跨界打劫的原本行业外的企业，常常是颠覆性创新的忠实拥趸。

颠覆性创新的确能快速塑造一个新时代，不过其发生的条件却极其苛刻，没有强大实力的公司难以做到。对于一般公司而言，维持性创新才是王道。

从创新的出发点上来看，维持性创新强调对企业的中观及微观层面，诸如产品、服务、技术研发和管理条例的修缮，是一种改良型的创新。而颠覆性创新做得要更加彻底，它致力于打破僵化的模式，创新出能更加满足客户的产品和服务，有些时候，乃至创造出客户原本没有发现甚至完全不存在的需求。譬如，在传真机被发明出来之后，依托其强大的便捷性和时效性，把电报直接挤出了历史舞台；电子邮件、即时通信软件的诞生，几乎把纸质信件、传真、电话、手机短信等一系列的传统通信方式悉数淘汰，创造出了之前的老方式无可比拟的全新体验。

在维持性创新、微创新这个领域中，日本人是最有发言权的。持续改善（Kaizen）方法最初是一个日本管理概念，是指逐渐、连续地增加改善。这是日本持续改进之父今井正明在《改善——日本企业成功的关键》一书中提出的。持续改善意味着改进，涉及每一个人、每一环节的连续不断的改进：从最高的管理部门、管理人员到工人。持续改善的策略是日本管理部门中最重要的理念，是日本人竞争成功的关键。持续改善实际上是生活方式哲学。它假设，应当经常改进我们的生活的每个方面。

除了与行业竞争对手进行竞争外，任何行业的从业者还必须对有兴趣进入该行业的其他有实力的竞争对手做出回应。尽管行业内或行业外的竞争对手可能拥有比自己强大的经济实力。实践证明，现有公司总有一些领先优势可以成功阻止外部人员的攻势，或者成功地保护他们的市场部门免受工业霸主的支配。无论这些企业的经济实力如何强大，防守多么严密，在防止产业竞争或外来侵略方面取得的成功往往集中在企业的优势资源上，专注于保持核心业务的微创新。通过这类微创新，现有的重要客户将更清晰认识到公司现有的业务和改进潜力，以及公司在这方面的固有优势。唯有秉承着精益求精的工匠精神，持续地打造优质产品，提供简约极致的用户体验并赋予产品人格化的人文情怀，微创新才能真正对企业的生存和发展提供"维持性"生机。[①]

4. 维持性创新的三个忌讳

第一,创新不能为创新而创新,那样很容易脱离实际而导致公司的悲剧。许多大公司为创新付出了很多学费,当公司业务发展到一定阶段时,创新的思潮会上升,所以企业投入巨资,企图进行颠覆性的创新。然后,开发了一种新产品,自我感觉特别好,但最后发现销售情况并非如此。商业史上的这类教训很多,比如大名鼎鼎的可口可乐,曾经为了创新而创新,改变了传统配方,推出新口味的可乐,结果把很多老客户推到了百事可乐的怀抱,公司差点万劫不复。比如老牌汽车公司福特,也曾经挖空心思创新,研发出了一款尾翼特别拉风的汽车,也是巨亏一笔,铩羽而归,整个公司也因此而元气大伤。

第二,不能为了吸引新客户而进行创新,而是为了更好地服务于老客户进行创新。当公司发展到一定水平时,基本上就会遇到业务的"瓶颈期",这时,公司就会为创新而忙忙碌碌。有人会认为市场效益为什么不尽如人意,一定是产品不新鲜,所以必须用创新来吸引新客户。但是,事实上,如果不是使用该产品的群体,那就根本不是公司定位的用户。公司最关心的必须是老客户,而不是某某路人,客户跟用户是有本质区别的。大多数现在表现良好的大公司正在采取"口碑吸引"的方法,不断创新以满足老客户的需求,老客户对此感到满意,就会不时向他们周围的人推荐他们的产品,于是新用户就越来越多了。

第三,维持性创新必须具有一致性,不能反差太大。有两个

[①] 陈有勇,王怀秀.互联网时代的微创新.[EB/OL].(2015-12-07)[2018-05-17]. http://theory.people.com.cn/n/2015/1207/c49154-27895525.html.

更典型的例子，可以粗略地解释门道。前段时间有消息称康师傅倒闭了，大部分网友都吃了一惊。事实上，倒闭的只是顶新集团在台湾地区的另一家子公司，虽然名字中也有"康师傅"，但其业务方向与我们经常吃的康师傅方便面是不同的。互联网上的活动太多了。如果这一子公司业务首次启动时就与食品业务区分开来，就不会产生这种不利影响。在另一个案例中，海尔某个团队开发了一款高配置的炫酷游戏笔记本电脑，特别适合玩大型网络游戏。他们原本想要命名为"海尔笔记本"，却遭到有经验的人的强烈拒绝。因为海尔是白色家电的代表，主打洗衣机、冰箱和空调，突然制造笔记本电脑会让消费者难以信赖，无法形成最终的购买行为。经过多次考虑，海尔的这款笔记本电脑被命名为"雷神"，并在推出后立即成为爆款。可以想象，如果你真的命名为海尔笔记本，也仍然可能畅销，但它肯定不如今天的雷神火。①

5. 灵活运用两种创新方法论

在移动互联网的冲击下，万物互联时代已经到来。许多企业管理者不得不在恐惧和焦虑中尝试采取行动的同时，也担心他们已经错过了这一波移动互联网带来的红利，甚至在他们转型成功之前被击败。互联网公司走得越来越远，传统企业也不甘落后。在这方面，就连一直以冷静低调著称的李彦宏也说："中国互联网发展到今天，正在加速淘汰传统产业，所有的传统产业都面临着互联网的冲击。传统产业再不行动起来，估计连怎么死的都不知道。"

因此，对于很多企业管理者，特别是传统企业家来说，如何顺应这种新潮流，掌握移动互联网时代的生存规律尤为重要。在

---

① 三口设计. 绝大多数创新，并不是颠覆，而是改良 [EB/OL].（2017-01-20）[2018-05-17]. https://zhuanlan.zhihu.com/p/24966461.

两会期间，李克强总理曾经强调了"互联网+"的构想。那就是用互联网思维和方法来组织传统行业，实现创业、创新和颠覆。这一政策为传统企业的发展提供了一个政策环境的支持和保障。自己颠覆自己，实现新的突破，这是传统企业的经营决策和流程方法必须要面对的问题。因为置身互联网时代，却没有互联网基因，这是最大的问题。马云曾说："没有传统的企业，只有传统的思想。"正是因为互联网基因缺乏的弱点，传统公司已经开始尝试跨界并将互联网基因与自身优势融合。例如海尔正在发展"企业平台，员工创造，用户个性化"的战略。同时，苏宁电器正在将自身转变为苏宁云商，联合米勒与小米共同打造智能家居。传统的发展模式虽然舒适，但在工业4.0时代，及时脱离舒适区，进到未知的领域，才是蕴藏着更大机遇的地方。

事实上，颠覆性创新和维持性创新本无高下之分，是一部分企业和媒体为了标新立异和制造噱头而无限神话了颠覆性创新的价值。无论是传统企业还是互联网企业，都应本着务实、高效的精神，从企业的实际情况出发，以实现企业的最高价值追求作为落脚点，正确理解和使用好颠覆性创新和维持性创新这两种创新方法。

第二节 揭开互联网思维的面纱

一、互联网思维概念

互联网思维是基于诸如（移动）互联网，大数据和云计算等技术的不断发展，反思市场、用户、产品、企业价值链，甚至整个商业生态系统。最早提出互联网思维的,应当是百度创始人李彦宏。在百度的一次大型会议上,李彦宏首先提到了"互联网思维"一词,当时他正在与传统行业的企业家讨论未来的发展问题。李彦宏说道:"我们这些企业家们今后要具有互联网思维,可能你做的事情并不是互联网,但是你的思维方式要逐渐像互联网的方式去思考问题。"数年过去了,这个理念逐渐被越来越多的企业家认可,甚至成为各界人士和商界以外的领域的共识。新闻联播于2013年11月3日播出了一则关于"互联网思维带来了什么"的专题报道。从此以后,互联网思维这个词流行起来。互联网发展的本质,使互动更加具有效率,不仅包括人与人之间的互动,还会涉及人机交互。要强调的是,这些思维并不是因为互联网的出现才出现的,而是受到互联网发展的影响,才能够使这些思维以集中且爆发的方式涌现。作为中国互联网界的大拿、宽带资本基金的董事长的田溯宁曾经说过:未来的企业要互联网化,每家企业都需要具有互联网的思维。如果在未来不使用互联网的方式来思考问题,那么就没有办法在社会展开竞争。不过,一个词一旦被滥用,各种奇奇怪怪的说法便会出现,"互联网思维"这个词也逐渐演变出多种不同的解释。互联网时代的思维方式不应简单地局限于互联网产品或者互联网公司,这里所谓的互联网不仅仅是指台式互联网或者移动互联网,还指泛因特网,未来的网络形式必定是要跨越终端设备的,比如笔记本电脑、台式机、平板电脑、智能手机甚至是可穿戴式的设备如手表、眼镜等。

互联网思维是怎么产生的?经典马克思主义理论认为,生产力决定生产关系。我们发现,工业社会的组成要素是有形的原子,而不可见的比特(Bit),却是构成互联网世界的基本要素。这就是说，工业文明时代的经济学，是基于当时生产力水平下的稀缺经济学，而互联网时代的理论则是信息、数据、可能性无限多的丰饶经济学。根据摩尔定律和其他相关理论，互联网的三个基本要素，带宽、存储和服务器，都将指向无限自由。所以理论上讲，在互联网经济中垄断的生产、销售和传播将不再可能存在。

此外，网状结构的互联网是没有中央节点的。因此，它并非传统的层级结构，虽然不同的点有不同的权重，但它们都不是绝对的中心和权威。因此，互联网的技术构成特点决定了其内在精神，决定了分权、平等、去中心化等互联网非常重要的基本原则。在网状社会中，"个体"和"企业"的价值取决于连接点的宽度和厚度，企业的连接点越厚、越宽，就意味着企业的价值就越高。开放已成为生存的必要手段，因此，互联网的商业模式必须以平等和开放为基础。平等和开放意味着民主，意味着共享，意味着人性化。

二、互联网思维框架体系[①]

（一）用户思维：以人为本

1.用户需求与价值是尚方宝剑

用户思维是互联网思维的首要核心。在网络经济时代，权力逐渐向用户转移。作为制造商，有必要在产品开发、生产、销售阶段以及售后服务在内的整个价值链各方面建立起"以客户为中心"的企业文化。不仅仅了解用户，而是要深入了解用户，同时也汇集了用户的智慧，树立新的制高点。用户思维是互联网思维

---

① 赵大伟.互联网思维独孤九剑[M].北京：机械工业出版社，2004.

框架体系中的第一层,也是最重要的一层,这一思维运用欠妥,后续的思维就很难领悟。始终牢记:没有认同,就没有合同。

2. 得"草根"者得天下

成功的互联网产品,大都是掌握和洞悉了"草根"群体的需求。这是一个特别的时代,人人可能戏称自己为"草根",但是从内心深处却自认为是与众不同的具有独特审美的人。当产品无法吸引用户参与其中时,这产品一定不成功。而QQ、百度、淘宝、微信、YY、小米都是将"草根"群体作为主要用户和消费生力军,从而成就了它们无与伦比的商业成功。[①]

3. 兜售参与感

有一种按需定制的策略,即厂商提供满足用户个性化需求的产品,如海尔为客户定制化的冰箱;另一种策略则是在用户的参与过程中优化产品,比如淘品牌的"七格格",在每次新品上市前,都会让粉丝投票来选择设计的款式,而这些粉丝则决定了最终的潮流趋势,当然也会愿意为这些产品埋单。[②] 所谓的粉丝经济就是允许用户参与品牌传播。而我们的品牌需要的恰恰是粉丝,而不仅仅是用户,因为粉丝远比用户忠诚。作为消费者,粉丝是最好的目标群体。未来,没有粉丝的品牌可能都会消亡。电影《小时代》在豆瓣上的评分低于5分,口碑很差,是一部典型的艺术性匮乏,但是营销成功的商业电影。这部电影的观众平均年龄只有22岁,很多都是郭敬明的粉丝来为偶像捧场。由于粉丝数量众多,《小时代1》和《小时代2》这两部电影才会创造价值过7

[①] 李国宏. 互联网思维对现代企业公关的启示[J]. 公关世界,2015(12):38-43.
[②] 同上。

亿元人民币的票房。

4. 体验至上

良好的用户体验应该从细节着手，并贯穿每一个产品的特性。超出用户的期望值，给用户以惊喜，简而言之，就是让消费者持续尖叫。用户的思维系统涵盖了最经典的品牌营销模型，即Who-What-How。Who是目标消费群体；What是消费群体的需求——兜售参与感；How是怎样实现——全程用户体验至上。

5. 案例：电商三只松鼠的用户至上产业链

2012年"三只松鼠"零食品牌成立时，许多人认为坚果产业已经是红海，但2012年中国电子商务已经步入第二个崛起期，可以理解为这是一次消费及品位的升级，而这同时为"三只松鼠"带来了机会。[①]

"三只松鼠"将自己定位于"互联网顾客体验的第一品牌"，要做好顾客体验的核心，就需要做好产品体验。而想要做好产品体验，目前只有互联网的速度，才能做到让产品更新鲜、更快速地到达顾客手中。2017年11月11日0时，天猫"双十一"正式开始。"三只松鼠"天猫旗舰店用时12分53秒，交易额突破1亿元。是什么造就了其商业成功？一些小细节体现出品牌润物细无声的用户思维：例如其快递箱称为"鼠小箱"，在包裹里放置打动年轻人的小玩意儿，网店客服称消费者为"主人"等。通过一系列的"触点营销"，"三只松鼠"与用户之间建立起了亲密且友好的关系。

---

① 从三只松鼠谈电商未来的发展趋势.[EB/OL].（2016-04-26）[2018-05-23]. http://www.sohu.com/a/71604347_293389.

（二）简约思维：大道至简

互联网时代信息量很大，导致用户的耐心也越来越不足，因而，必须要在较短的时间内准确抓取他的注意力。想达到这个效果，要在设计产品之初就站在用户角度思考问题，替用户砍掉一切不产生价值的冗余部分。

1. 专注，少即多

近年来，网络花卉品牌 RoseOnly 一直很受欢迎，中高端人群是它的目标消费群，消费者需要将其身份证进行绑定，而每个人只有一次绑定机会，因为这将蕴含着"一生只爱一人"的承诺。该品牌于 2013 年 2 月上线开始营收，仅到当年 8 月月销售额就近千万元。通往用户心灵的路上，简化是题中之义。大道至简，越是简单的东西则越容易传播，同时也越难做。但是专注才会更有力量，才能够做到极致。尤其是处于创业时期，如果不能够做到专注，那么就没有机会生存下去。①

2. 简约即美

在产品设计层面，必须要有出离心，需要做减法。外观应简洁，同时也应该简化内部操作程序。比如说，苹果所有产品的外观和操作逻辑都是极其简约的，而谷歌的首页始终是一个令人耳目一新的简单界面。

3. 案例：苹果公司："Less is More" 的极简哲学

苹果创始人乔布斯，脸书创始人扎克伯格都是这一理念的追随者。苹果的产品一直追求极致的简约和质感。极简主义通过技术追求最终的纯洁性，并且像东方"禅"思想一样，大道至简，化繁为

---

① 李国宏. 互联网思维对现代企业公关的启示 [J]. 公关世界，2015（12）：38-43.

简。苹果是以单一品类产品而撑起公司大部分营收的典型。在1997年，苹果公司已经接近破产，而彼时乔布斯回归，断然削减了其70%的产品线，并只专注于开发四种产品，这使苹果公司逐渐恢复生机。后来，即使到了产品5S，iPhone也只有5款产品。品牌定位如是，只有做到专注，真正给予消费者一个非你不可的理由。

（三）极致思维：唯快不破

极致思维，就是把产品、服务和用户体验做到极致，超越用户预期。什么是极致？极致就是把产品当作一件艺术品去认真雕琢、打磨，直至大大超过消费者的期望值。

1.打造让用户尖叫的产品

在这个产业即媒体的社会新媒体时代，打造好的口碑是极其重要的事情，产品好，口碑自然会好。口碑如何做到极致？就是要让用户在接触到产品的第一刻就不由自主地尖叫出来。尖叫有两个方面，第一是切中了用户的潜在痛点；第二是产品的形态和内在完全超越了用户自身的期望，而做到这一点，就实现了我们所说的极致思维。极致的产品需要极致的思维去落地变成现实。方法论的关键词有三条：第一是深度感知和体察到用户的需求，抓住痛点、痒点；第二是自身素质要过硬，可以有强大的执行力去打造强大的产品力；第三是管理要走极致路线，去掉一切不产生效益的环节，精简管理流程。

2.服务即营销

海底捞作为火锅行业的领军企业，以极其优质的服务受到了消费者的一致好评，以至于"海底捞"三个字成为高品质服务的代名词。海底捞的服务是在消费者点餐、候餐、就餐、餐毕四个阶段贯穿始终的。譬如在候餐时，服务员会主动送上围裙、饮品、水果、热毛巾,小孩子会有小袋的零食送上,长发女士还会得到发卡并且可以得到免费的美甲服务,男士还可以享受擦皮鞋服务。海底捞的"超级服务"成了海底捞最鲜明的招牌标志,也理所应当地成为海底捞最大的营销点所在,从这个意义上说,服务成为营销的一部分,并且产生了真金白银的营销效益和价值。

3.案例:小米MIUI:雷军的"快"字理念的实践

早在 iPhone 推出之前,苹果就依靠横空出世的 iPod 播放器吸引了大批志趣相投的"果粉",为 iPhone 的大卖积累了第一批忠实粉丝。之后,苹果就以"iOS+iPhone+App Store"的商业模式,把传统手机厂商包括诺基亚、摩托罗拉等轻松挤出了市场。邯郸学步的诺基亚,曾企图学习和模仿苹果极为成功的产品模式。然而,到诺基亚被收购之时,其塞班系统下的 APP 只有 300 个,而彼时苹果 iOS 系统下的 Apple Store 中的应用数量已经达到 80 万个。

小米似乎得到了苹果的真传。在小米对 Android 系统进行二次深度开发之后,小米将系统命名为 MIUI,该系统依托便捷、简明、好用的系统交互和系统界面吸引了大批发烧友使用,甚至在全世界范围内获得了很高的赞誉度和影响力。在依靠 MIUI 吸引到忠实粉丝之后,小米才正式推出了小米手机,小米开发的系统加上优质低价的特性,使小米手机大卖,为小米积攒了第一批原始启动资金。此后,手机行业的利润已经不能满足小米的野心,小米开始涉足智能电视、路由器等其他硬件产品,甚至卖起了日用品,最终构建起了完整的小米生态链"帝国"。

雷军说,小米的轻资产模式决定了小米可以快速反应、快速增长。第一,小米没有工厂,所以它可以与世界上最好的工厂合作,为其所用。第二,小米没有渠道,没有零售店,所以它可以没有实体店面成本，大胆采用互联网的电商直销模式。没有渠道成本、没有店面成本、没有销售成本，所以效率和收益更高。第三，因为没有工厂和零售店，小米可以把注意力全部放在产品研发，放在和用户的互动沟通反馈上。小米4000名员工，2500人在做与用户沟通的事情，1400人在做研发。它把自己的精力高度集中在产品研发和用户服务上。①

（四）迭代思维：谁与争锋

1.互联网下的工匠精神

在最近的两年中，国内频繁出现"工匠精神"这个词，各行各业都在学习工匠精神。中国作为制造业大国，确实有必要培养工匠精神。即使如此，要成为制造业强国，还有不短的征程要走，尤其是在高端装备制造业方面，更要努力奋进。对于工匠精神，许多国人还有误解，仅仅从字面意思去把握工匠精神，即把民间传统手工艺者、传承人当作工匠精神的代言人。这样理解诚然没错，却不够深刻。互联网时代的工匠精神，是现代科技加上人的智慧，与过去工匠的精神更多依赖于个人经验的特点是不尽相同的。例如，木匠传承父亲的业务，并且以此代代相传，而现在需要的是更现代的手段和智慧。今天的生产与过去的生产不同。最早的工匠是利用超凡的技巧去加工产品。而在工业革命实现大规模生产，可以批量生产产品之后，规模和流水线使整个工作部分非常精细，简化了烦琐的流程。到了互联网时代，工匠精神的核心又有了新的阐释，那就是互联网思维与工匠精神的完美契合。事实上，不仅是互联网领域，制造业、农业，所有的领域都需要

---

① 李雪松.雷军的"七字真言"还灵吗?[J].互联网经济，2015(12)：77.

精益求精的工匠精神。工匠精神更多是在已知的领域内深入探索，而互联网思维更多是在未知领域寻求机遇。缺乏互联网思维，有再好的工匠精神作技术支撑，也永远无法立足于生态链的最高端。

2."产品为王"与"渠道为王"

中国的零售行业，已经基本上从渠道制胜变为产品为王。由于中国在过去40年的迅速发展，老百姓的物质生活极其丰富，信息高度透明且渠道多样通畅，时间也很宝贵。在这种背景下，产品为王的小而美的时代到来了，大而完整的渠道时代被替代。由于新零售最终还是以产品为中心的，所以企业的最高领导者必须具备极致"匠心"的智慧与精神。何谓匠心，其标准就是决策者有没有真正全心全意地投入产品的整个研发、设计、生产、销售的过程中。举个例子，中国只有3个企业年销售额超过3000亿元，碧桂园就是其中之一，它是怎么做到的呢？[①]原来，碧桂园集团创始人杨国强说，他会亲自研究户型，一旦发现产品不对，马上打电话把院长叫过来，两个人研究一夜。对于房地产来讲，研究户型就是研究产品。3000亿元的企业，60多岁的创始人，每天在研究产品。虽然说战略、人资、财务、营销都很重要，但对企业来讲，最核心的还是产品。过去三年，在所有的房地产企业都在下降、倒闭的情况下，碧桂园能够高速成长，这就是创始人在产品上下了99%的功力的结果。

所以，产品是企业的第一战略。只要把产品做好，什么战略都做好了。很多上一辈的老企业家，他们的传统却有效的思维模式被一些互联网企业所看不上。可用户关注的是什么？是企业给

---

① 宋延庆."黑马"会否引起"黑天鹅"[J].城市开发，2014（6）：74-75.

用户提供什么样的产品。企业的方向、战略，与消费者并没有关系，他只关心你是否提供了我所需要的产品。因此，产品永远是企业的第一战略。如果产品做不好，企业文化、市场战略都是空谈，浪费人力、物力、财力。

3. 小处着眼，微创新

有一个在互联网创新中很重要的方法论技术，叫"敏捷开发"。"微"和"快"是其中的两个关键词。具体来说，就是追求从细微之处入手，进行快速的迭代更新，使产品和服务渐臻完美。在企业看来，虽然看起来是个太过细枝末节的技术，然而，它在时间的长河中所积累的滴水穿石的力量，是不可限量的。譬如360安全卫士最初的核心业务是主打电脑防护软件，后来它通过免费模式，衍生出了包括杀毒、电脑管家、安全浏览器等家族产品的互联网巨头。[①]

4. 精益求精，快速迭代

"天下武功，唯快不破。"在源源不断的微创新堆叠下，用户与产品之间的契合度才能提升，才会贴得越来越近。小米的MIUI开发版系统版本每个月都会在用户的反馈下作出及时准确针对性强且有效的改进，成为厂家二度开发系统中的佼佼者。迭代思维的要义是要紧抓用户意识，及时关注用户需求，并给出好的解决方案。

（五）流量思维：等待质变

1. 用户关注度是核心

用户每天接触到的广告信息，大概有4000条，但是能够记住的屈指可数，大部分都是过眼云烟。由于用户的时间和注意力有

[①] 新芽. 你必须知道"互联网思维"的18条法则![J]. 信息与电脑（理论版），2016(20)：21-22.

限，面对压倒性的信息数据流，用户的大脑会自动过滤与自己很少或根本没有关系的内容，而在其余内容中，用户只会记住有趣或有用的信息。这就是为什么大部分的软文推广的计划、渠道等都做得很好，但效果不好。从本质上讲，软文的推广也是市场竞争力组成的一部分，目的是获得更多资源，借以吸引更多的消费者选择自己的品牌和产品。因此，如果信息不够有竞争力，用户的注意力就会降低，效果将难以保证。那么，什么样的信息，才能提升关注度？最有效的方法，就是对比。通过对比，就会产生现实和理想之间的差异，形成新的消费需求，这时候产品才有机会进入用户的眼里。

2. 注意力经济

注意力经济的实质就是，注意力等于货币。在过去的十年中，随着社交网络服务和智能手机的普及，脸书、YouTube 等数字媒体平台逐渐取代电视、报纸、广播、杂志等传统媒体。这个趋势在年轻人中特别明显，对于这些数字原住民来说，他们从小就是用移动互联网长大的，手机是他们与世界互动的根本媒介。体量意味着流量，流量便是变现的基础。注意力、流量就等于是金钱，注意力被吸引过来了，流量自然就上去了，而流量是入口，流量的价值就代表着变现的能力。

3. 要收费，先免费

事实上，互联网在诞生之处就天生自带免费属性，所以在互联网商业化的时候，很多产品也自然而然地以免费为主要的商业模式。360 安全卫士靠最初的免费模式积攒了无数的用户，后来它如法炮制，开发出了同样完全免费的 360 杀毒。360 这只不安分的"鲇鱼"一度将业内搅得天翻地覆。卡巴斯基、瑞星等杀毒软件的市场份额大幅下降，只有为数不多的电脑仍在安装。这里要强调的是，免费的商业模式并不适用所有企业，这需要企业对自身产品的定位、预期等各方面的综合考量，才能最终做出决定。

4. 把握量变到质变的"临界点"

一个互联网产品，只要持续改进，持续迭代，核心的用户吸引点一直存在，用户的数量自然就会一直往上升，临界点一旦突破，质变就从量变蜕变而来了，从而带来商业机遇与市场价值。网易云音乐在2013年最初发布时，是作为一款小众的音乐播放器的，用户是很少的。但在推荐歌单、评论区两大王牌业务的加持下，网易云音乐一直在改良自己的产品，并同时做好营销吸引大量客户。结果令人吃惊，2017年末的数据就显示，网易云音乐的用户已经突破4亿，成为当之无愧的大众音乐播放器，在年轻人群体中有着极其强大的影响力。

（六）社会化思维：平台共赢

1. 共同搭建平台生态圈

企业运营社交媒体来进行公司与消费者之间的互动沟通，以及运用到日常管理和组织业务的思维模式就是社交化思维。许多人的"社交"概念，还停留在利用微博、微信、脸书、推特等社交媒体平台获得关注。而要看社交媒体投资的回报，就是计算评论和转发的数量，以及粉丝数量。社交媒体的"社会化"的应用发展长期以来只是被当作营销层面的工具。事实上，只是把社交媒体用于产品的营销推广中已经落伍了，社会化思维的理念在进化和发展，社交媒体已经是互动式社交的一种重要形式。社会化思维的本质是"用户即媒介、内容由用户创造"。"目前一种大联结主义被称为社会化媒体，它们的目标是通过尽可能多的方式将

每个人与除他自身以外的所有人联结起来。"（凯文·凯利）[①]

2. 利用好社会化媒体

社交媒体的运用在电影界就相当普遍，用好了甚至有意外的收获。目前，豆瓣已经成为国内领先的电影评分网站，它的评分决定着许多电影的生死口碑。2017年的春节档即是鲜明例证。2017年，猫眼影业在《羞羞的铁拳》宣发过程中，提前半个月进行预售，10小时内排片就突破了2万场，首日预售票房近500万元，紧紧抓牢先期推广的优势，明智的宣发策略以及对影片质量的自信，使《羞羞的铁拳》成为2017年国庆档冠军、国产片票房亚军。2018年的春节档预售同样如此，在预售上占尽风头的《捉妖记2》虽然口碑欠佳，但依然拿下春节档票房第二的宝座。而《西游记女儿国》则出了"昏招"，虽然预售情况不错，也在情人节进行了点映，然而影片质量的低下，使点映期间爆出的批评声甚嚣尘上，最终让该片的排片率一路下跌，甚至被《熊出没·变形记》反超。

没有广告、没有广告费用，却得到极大的收益，这就是利用社会化新媒体进行营销的魅力。有一点是需要特别强调的，那就是要知道创新是创造价值，营销是告知价值。创新即是内容，营销只是助攻，将两者本末倒置的结果便是赢了上半场，输掉下半场。没有内容的口碑，注定是一场泡沫。

3. 众包协作

"蜂群思维"是由互联网催生的新型协作模式。自己不占有

[①] 转引自秦宇霞.互联网思维下的应用文写作教学[J].湖北经济学院学报（人文社会科学版），2015，12(11)：172-173.

员工，不发工资，却有着全世界无数最聪明、最热心的人去帮你完成和完善一款产品。典型的众包产品，有维基百科、百度百科、知乎等。小米手机及其 MIUI，将用户的意见、需求、反馈始终如一地贯穿于产品的研发、设计、改善等每一个环节中，这也是一种典型的互联网众包协作模式。

4. 案例："长出来"的小米生态链

早在 2013 年，小米就抓住了物联网发展的机遇，推出了小米生态链计划。预计 5 年内将有 100 家硬件创业公司投入开放小米生态链的布局，譬如在儿童智能手机和空气净化器等为主的智能白电领域，其布局目标已实现。小米甚至将它的投资注意力转移到了牙刷和箱包等生活用品上，布局全面且深入。小米的生态链布局模式，是"投资+孵化"业务模式，占股却不控股。小米的整个生态链模型可以从四个层面分析：在投资战略上，小米不仅仅提供金钱，更多的是作为孵化器；在持股战略方面，小米坚持生态链公司健康成长，坚持占股不控股的方式；在产品策略上，小米通过 8080 规则促进消费升级；在模式战略上，小米并不拘泥于传统清晰的 SPA 或 ODM 模式，而是走了中间路线，并持续扩大布局。这些初创企业成功地搭上了"小米高铁"的顺风车，其中一些在小米丰满的羽翼的护送下变得越来越强大。截至 2015 年底，包括华米科技在内的四家小米生态连锁企业已达到独角兽（Unicorn）的标准，估值超过 10 亿美元。2017 年，小米的生态系统包括 99 家创业公司，年收入总计 31.6 亿美元。

（七）大数据思维：预测未来

随着大数据技术的不断深入，许多大数据技术专家、互联网战略专家和未来学者开始对大数据思维概念的内涵和外延进行解读和丰富。一般来说，大数据思维是一种全面思维、容错思维和相关性思维。大数据是所有数据样本全都需要采集，而不是以前的采样、抽查。在现代的互联网大爆炸时代，产生的数据数量惊人，以至于人们有足够的能力去搜集到尽可能多的数据，试图掌握未来的发展，对不确定性做出判断并给出自己的建议。

当人口的样本量足够大时，事实证明每个人都是趋同的。大数据与"小数据"的根本区别在于大数据采用全局思维方式，小数据强调采样。抽样是数据采集、数据存储、数据分析、数据呈现技术达不到实际要求，或成本远超过预期的情况下的权宜之计。随着技术的发展，过去不可能获取全样数据，不可能存储和分析全样数据的情况都将一去不复返。大数据时代是全样数据样本的时代，抽样的场景在小数据时代是有好处的，但它最终会消失在历史的长河中。

在大数据时代，由于收集了所有存在的数据，而不只是数据的一部分，数据中的异常、错误、遗漏就是数据的实际情况，并没有必要进行任何清晰化的解释，其结果是最接近客观事实的。当所有数据都加入分析中时，只要有一个反例出现，因果关系就会被打破无法成立，所以在大数据时代，因果关系是不重要的，而另一种关系已经进入了大数据专家的眼帘：相关关系。许多男人去超市买啤酒，会顺道带一些纸尿裤。但是，喝啤酒的男人和尿布之间的关系不可能是因果关系，而只是一个相关关系。同样，女孩裙子的长度以及高跟鞋、口红，与摩天大楼和经济危机之间的关系都是相关的，而非因果关系。

自从10年前开始在网站上出售广告以来，脸书一直生活在公众对其广告行为和广告价值的怀疑中。谷歌在寻找特定商品的用户和需要展示板的广告主之间搭建起了直接的联系平台，而电视台则拥有接触到大量观众的优势地位。现在，脸书宣称自己拥有了上述两种媒介的优势。脸书的全球用户已达13亿，脸书高管表示，公司可以帮助广告主准确定位客户并帮助他们评估广告的影响。与电视媒体相比，脸书在传递品牌信息方面丝毫不逊色。2017年，脸书实现收入79亿美元，净利润达15亿美元。广告商每年在电视媒体上花费高达约2000亿美元，而脸书则认为，将高质量广告推向目标客户是脸书独有的特殊价值。现在，脸书每天收集500TB以上的数据，收集到的数据将被分类和细化，挖掘并分析，以显示数据的真实价值。

为了处理这些数据信息，脸书的首要任务就是分类。用户发布的评论，上传的图片、音乐、视频以及碎片化的非结构化数据将被进行分析，分析结果将被汇总并归类为结构化数据信息，形成身份数据（用户注册基本信息），需求数据（状态信息、心情信息），关系数据（用户关注的人和粉丝，判断他与其他社交网络用户的关系）和其他数据模块。因此，当用户分享、听音乐时，单击脸书上无处不在的"赞"按钮，并将状态更改为"已订婚"等时，数据已经被记录在案。

第二级数据分析将更加困难。每次用户登录到脸书时，用户名都会保留在用户的浏览器中。通过不断分析关键字和上传信息，脸书可以轻松提取用户的长期爱好和近期需求。加上对用户朋友圈的分析，它可以得到你的教育、工作、收入、地理位置等诸多方面的信息。这种挖掘和解释，往往比个人主动填写的信息更加全面和真实，这也就是所谓的大数据比你更了解你。脸书基于如此细致的数据挖掘，为广告商带来了令人难以置信的准确推送：

在主页上刚刚宣布自己"订婚"的波士顿女士收到了婚纱摄影的推送广告,而同是待嫁的印度孟买的准新娘则会收到结婚纱丽的广告,脸书上的两个好友正聊着某个时候去欧洲旅游的同时,脸书就会在聊天页面的侧边出现旅游相关广告,甚至细化到了去往欧洲的机票价格和旅行价格,广告投放之精准可见一斑。

(八)平台思维:开放共享

开放、自由、共享、共赢是互联网平台思维的核心要义。从实际情况上来看,互联网产业目前的产业巨头都是互联网平台模式的践行者。在全球最大的100家企业中,有60家都是互联网平台,譬如亚马逊、谷歌、淘宝、腾讯等。

1. 企业成为员工的第一平台

互联网行业的领头羊企业,会积极建立一个属于企业内部的平台,致力于打造成为真正的企业"平台型组织",以此进行内部结构改革。譬如阿里巴巴分拆出25个部门,腾讯重组了六大业务集团,这些行为都旨在利用内部组织的平台角色,简化组织内部结构,尝试搭建起更合理和平等的企业内部结构体系。譬如有80000多名员工的海尔,又划分成为2000个独立的决策个体,使他们成为真正的"企业家",并让每个人都成为自己的首席执行官,授予他们充分的权力去决策、去管理。他组织永远听命于别人,自组织是自己来创新。

2. 打造多方共赢的生态圈

平台模式的实质是创造一个互惠互利的多样化生态系统,而未来的平台已经升级成为生态链乃至生态圈之间的较量。中国互联网的中流砥柱BAT(百度、阿里巴巴和腾讯),围绕搜索、电子商务和社交网络建立了强大的平台生态系统。当公司没有能力建立一个真正的平台时,他们就必须认真去发现和妥善利用好目前已经存在的平台,不管是站在巨人的肩膀上,还是站在风口的"猪",借力发展总归不是一件坏事。

百度搜索,便是极为典型的平台思维运用者的代表,中国几乎所有网民都会免费使用它的搜索引擎,而百度则通过出售用户搜索的关键字以及提供用户的点击量来收取广告主的费用;腾讯公司的QQ也是很典型的平台思维,QQ是免费使用,从而形成庞大的QQ用户群,然后一方面通过深挖增值服务,如各种钻、各种装饰等虚拟增值服务;另一方面通过面向用户精准的推送广告等来创造收入。比如一些个人自媒体,吸引了大量粉丝群,然后就会有广告主来向这些个人自媒体投入广告,这些个人自媒体也是一种平台。

以上所说的平台思维,简而言之就是通过免费方式或是降低用户的进入成本两种手段,吸引大量粉丝,形成大规模的流量(线上或线下),然后通过提供诸如会员、特权等增值服务,吸引一部分中高端用户来收取资金,此外还可以通过收取广告租金来盈利。还有一种平台思维,即打造的是名副其实的平台,如优步、爱彼迎(Airbnb)、去哪儿等,这些平台对乘客和司机,租客和房东等都是零成本进入,但是通过收取中间的交易费佣金来盈利。此时的平台就需要具备很强大的监管能力。

(九)跨界思维:交叉融合

互联网催生了诸多新技术的诞生,这些新技术模糊了许多行业的边界,同时滴水穿石,润物细无声地融入了零售、金融、通信、娱乐、文化产业和新媒体等各个行业的每个角落。如前文所述,在跨界思维里,微创新已然不是主要的创新方法论,颠覆性创新要更加简单、更加有力。比如说，在移动支付诞生之前，在人民消费生活中，最方便的支付方式当属银行卡或信用卡，但即便是卡类支付体系，也未能替代现金的使用。然而，一切在移动支付出现后发生了剧变。原本是电商平台的支付宝，原本是即时通信的微信，纷纷推出了各自的移动支付APP，在智能手机已经大范围普及的情况下，移动支付如虎添翼，迅速占领了支付市场的很大份额，以至于当今许多有智能手机的人出门基本上不带现金。这种互联网企业的跨界渗透，就可以说是颠覆性的创新思维导致的结果。

1. 携"用户"以令诸侯

互联网企业善于跨界打击，并且获得巨大的成功，有两个主要原因。首先是互联网公司掌握了大量的用户数据，其次是互联网公司利用这些数据，可以深刻地洞察到用户的行为习惯，借此对症下药，对产品的不足之处进行改进。阿里巴巴和腾讯已经先后申请类似银行的金融系统，微信支付、支付宝等新兴跨界支付产品席卷的时代已经到来。

2. 跨界的内涵和本质

跨界是指打破旧有的惯性思维和行为模式，通过借力其他行业的内涵，再利用互联网的技术优势，从而突破行业限制，达到创新的效果。所以，跨界的内涵就是创新，创新是跨界与生俱来的特质。此外，跨界的本质就是一种颠覆性创新，譬如上面所提到的移动支付颠覆传统支付手段的例子，就是一直在问"能不能"：能不能不用现金？能，可以刷卡；能不能不刷卡？能，还有无卡化支付，手机是每个人每天都会随身携带的物品，但卡和现金却不是，所以智能手机就这样基本将传统支付手段全部干掉了。

3.掌握跨界思维、实现跨界打击

（1）拥有意识、储备人才

第一，跨界意识是首要必备的能力。这即是说，每行每业的从业人员，都应该有跨界连接的意识和观念。当产品和服务的研发、改进中出现问题时，要有抽离出现有状况的能力，抽离出来去客观地观察世界的能力，摒弃主观臆断，尝试去发现不同事物之间隐秘的联系。要做到这点，就要进行广泛的信息获取，多阅读相关行业的资料，特别是前沿研究成果，这样有利于开拓视野，培养发现世界普遍联系的能力。

第二，要重视和用好跨界人才。企业的人力资源部门在招聘员工时，要注意均衡员工们之间的职业和特长的多样性。这样，不同专业背景的人们，能够在日常工作中运用自身的专业经历和知识背景，对同样一个问题提出不同的见解，而这很可能成为一个跨界创意迸发出来的基础。历史上在科学、艺术等完全不相关领域出现过的天才人物，如爱因斯坦、达·芬奇，都是这样的跨界人才，这样的人往往能在多个领域获得极高的成就。就个人意义上来说，这些天才本身就是颠覆性创新的典范。

（2）把握本质，找到目标

如上节所述，跨界思维还是一种需要很大勇气的行为，需要企业对自身的优势和劣势都有足够的了解。需要特别强调的是，不干好本行就企图扩展企业业务版图，无异于本末倒置、空中楼阁。

4.案例：观光农业——农业和旅游业的跨界融合

为了让旅游产品对粉丝更具吸引力，有些公司选择积极接手电影和电视 IP。比如，同程旅游投入制作的影视剧《世界辣么大》上线后，总播放量突破亿次，剧中植入了大量同程旅游顾问、同程周边产品。事实上,同程对剧目的投入并不高,但从数据传播和品牌曝光的角度来看,可以让用户在观看时受到微妙影响,达到同程旅游的预期目标。同程旅游相关负责人表示,同程旅游对这种影视 IP 与旅游相结合的营销模式持乐观态度,未来还会有更多的探索。此外,同程旅游还与湖南卫视的《爸爸去哪儿》节目合作,并与江苏卫视《走向世界的尽头》等合作。今天的旅游公司对耕作自己一亩三分地并不满意,相反他们已经摆脱了传统行业的束缚并创新出各种各样的新手段。作为回应,业内人士表示,这种跨界合作使观众能在看电视节目的同时进行在线购物,是对电视＋互联网的联动营销新模式的探索。

跨界合作不仅能提高双方的知名度,更重要的是可以引入新的营销资源,扩大原有领域的范围,扩大客户群。目前,有高度市场销售压力的传统旅游行业如果不打破内在思维,片面依靠门店渠道收客,就很容易陷入发展瓶颈。通过跨界合作,一些传统旅行社的品牌宣传和现实收客都开辟了更多的渠道。

"未来 3 到 8 年,跨界营销将成为旅游的必然趋势",对于未来旅游行业的走向,有市场人士如是描述。无论是在线平台还是线下商店,等待游客上门访问的时代已经过去,建立整体营销,扩大覆盖渠道,吸引更多资源进行自我发展,已经成为现在旅游行业的必然趋势和突围之道。随着旅游业越来越多的跨界合作,行业的竞争压力正在增加,创新突破的需求越发凸显。作为一个高度整合的产业,"旅游＋"是寻求相关产业支撑,打造整体营销的有效途径。

与市场相对应,旅游跨界融合的顶层设计在考虑如何跨界、与谁合作的同时,也要思考如何才能让产品本身融入更多跨界元素，让旅游产品的内容和附加价值随同渠道建设一同得到开拓。将产品融入更多跨界元素本身就是另一种创新和突破路径。同时，跨界中除了联合社会资本以外，交通、农业、文化卫生等部门，或许都可以成为旅游业下一个亲密牵手的对象，在渠道和内容上做更多的文章。①

综上关于互联网思维的阐释，我们要牢记：互联网思维不是一种思维，而是多种思维的综合体，只有从实际出发，大胆创新，才能将互联网思维运用得炉火纯青。一个真正有前途的企业，必须是一家跨界的企业，同时能够在互联网和实体之间找到属于自己的位置。一家有巨大发展潜力的企业，一定坐拥无数用户以及他们产生的数据资源，并能够挖掘出矿藏，为公司创造价值。

---

① 传统的旅游和跨界产业融合，会产生怎样的"化学反应"？[EB/OL].（2017-06-29）[2018-05-23].http://www.ocn.com.cn/touzi/201706/spsrv29120619.shtml.

第三章 竞争与探索：互联网思维催生全新的商业模式

当代企业的竞争不再是产品的竞争，

而是商业模式的竞争。

——彼特·德鲁克

第一节 互联网思维对商业发展的影响

一、企业多元化战略的制胜之道

（一）商业逻辑的颠覆与创新

互联网时代是个一切都可能被颠覆的时代，互联网将世界的一切连接起来，更新和延伸了人们获取信息、传递信息的媒介与能力。互联网将海量信息以不同的方式链接，从而深刻改变了人际沟通方式以及企业价值链的链接方式，更新了社会资源的整合方式，促进了人们消费方式的升级换代……对商业的组织、运作、服务和商业模式带来了新的挑战。因此，互联网时代企业必须按照时代的要求更新自身的价值实现模式与盈利模式，重新审视企业传统的商业模式和业务模式，并通过持续创新、转型或与互联网公司合作等形式，积极拥抱互联网，顺势而为，为企业在新时代的发展拓宽渠道、增加优势。

《2018年政府工作报告》中明确提出，中国经济的主力——制造业是新旧动能转换的主战场。所以，国家提出"中国制造2025"重大战略，包括数字制造、智能制造等，代表了新型制造业必须与互联网相连接、与现代科技手段相融合这样的趋势。以三一重工为例，三一集团是我国制造业的代表，据了解，三一重工每5分钟可生产下线一台挖掘机，每1小时可生产下线一台风车，制造能力非常强。并且三一重工形成了较为完整成熟的商业模式，提供包括维修、故障响应、备件、库存在内的多种售后服务。

三一集团在商业模式上不断进行新的求索。最近，三一集团和腾讯云合作，双方共同搭建了一个工业互联网平台，实现了全球超过30万台重型机械设备在这个平台上的互联，并能实时收集超过1万个参数。如果任一地点的设备出现故障，平台都将立刻感知并辅助决策，最终实现2小时内到现场、20小时解决问题。由此可得，当传统制造基于信息技术实时联网之后，企业无论是与客户的关系还是商业模式都发生了深刻的变化，甚至出现了商业模式由过去传统的制造业向服务业转变的趋势。三一重工走出了一条与互联网公司积极合作、强强联合、模式创新的转型发展之路，提升了企业的功能与价值，使企业在互联网时代赢得发展主动权。

除了传统企业积极走向"线上"、互联网公司紧密布局"线下"市场外，互联网已超越一种简单的技术存在，成为一种基于信息、连接万事万物的基础平台，使部分企业发现了新的商机，找到了市场痛点，成为一些企业创新商业模式的前提和基础。优步和爱彼迎正是基于互联网这一基础技术和平台，在诞生第一天时就提出了精准的商业模式。

出现于同一时期的优步和爱彼迎被认为是共享经济的代表，都是资本的宠儿，发展成为新兴的独角兽企业。优步利用强大的数据算法，致力于为用户提供"一站式"交通解决方案，而且优步并不局限于成为一个打车平台，而是通过这个平台把所有相关方都释放出来，让品牌和个人服务实现充分链接，比如平台推出的行管服务优步速递（UberRush）和优步送餐（UberEats）。目前优步送餐已经可以在 30 多个国家畅快使用，仅在英国就有超 8000 家的餐馆注册该服务。截至 2017 年底，优步送餐已创造了高达 30 亿美元的营业额，且保持继续上升的趋势。基于互联网平台，优步以其轻资产、超体验、高效率、解决底层需求的特征，征服了越来越多的消费者，创造了属于自己的价值。优步已成为世界上价值最高的独角兽公司之一，估值高达 700 亿美元。[①]

互联网公司的盈利模式及部分产品也在时刻更新着我们对于传统商业逻辑的认知。在我们身边有很多看似"匪夷所思"的现象，时常会困惑于无数"不赚钱"的互联网产品。比如，滴滴为什么会狂发券？支付宝为何送红包？亚马逊为什么还会有一年免费的试用期？百度是免费的搜索引擎，那盈利模式究竟几何？透过现象看本质。以亚马逊为例，它宁愿亏本给新用户长达一年的

---

① 王凤枝. 送外卖成了 Uber 业务亮点，年营业额或达 30 亿美元 [EB/OL].（2017-10-16）[2018-04-11]. http://tech.163.com/17/1016/10/D0S63T8T00097U7R.html.

免费试用期，是因为这样能使用户规模持续扩充，带来更多的流量，保障亚马逊能够继续加大对基础设施的建设规模，在与供货商的议价过程中也掌握更大的主动权，从而减少成本，进而支持亚马逊持续降价；如此循环，进一步巩固亚马逊在行业领域内的优势地位。这样也就不难理解，百度虽提供免费的搜索服务，但是通过竞价排名等方式获得了高额的广告收入。

（二）互联网思维渗入传统价值链

百度公司创始人李彦宏最先提出"互联网思维"的概念。2014年，习近平总书记在中央全面深化改革领导小组会议中提出要"强化互联网思维"，使"互联网思维"的传播边界迅速扩大，为大众所熟识。必须承认，互联网已经突破纯技术范畴，开始与社会生活的方方面面结合，重塑了人们的思维方式，更新了社会的组织形式。因而，互联网思维就是本着"平等、开放、协作、分享"的互联网精神，充分运用互联网的技术手段等来指导和创新生产生活和工作的思维方式。互联网思维对传统价值链的影响主要体现在去中心化、培育新型业态及重塑传统企业思维方式与盈利模式上。

去中心化是互联网思维渗入传统价值链的首要表现。互联网时代使信息获取的途径极大扩展，不再单纯依靠传统的广播电视报纸杂志等媒介，传统媒体的"权威性"被极大削弱；各类新兴媒体逐渐走入我们的生活，并发挥了重要的作用，成为新时代提供信息与资讯的重要来源。去中心化与自我表达需求的旺盛也刺激了自媒体行业顺势崛起，新兴媒体与自媒体的快速发展使传统媒体行业面临巨大冲击，更新了传统媒体在价值链中的地位和角色。

我们身处互联网高速发展的时代，海量的信息以惊人的速度在全球范围内传播，并使这个世界发生日新月异的变化。互联网的快速和便捷为人与人之间的沟通搭建了新的桥梁,网络社交成为新时代社交的主阵地之一,于是,自媒体顺势而起。从 2016 年起,资本市场开始高度关注自媒体,2016 年自媒体融资项目共计 69 个,其中金额超千万元的有 33 个。自媒体代表 papi 酱拿到高额融资 1200 万元,并打造了 papitube 这一生活化的自媒体阵营。据了解,目前 papitube 旗下签约了将近 30 个创作者。从自媒体参与者规模的角度出发,2016 年,微信平均每日认证公众账号约 1 万个。截至 2016 年底,微信公众账号数量已超 2300 万,为 7.62 亿的微信用户提供了丰富的内容与多样的选择。①

互联网对传统价值链的又一影响是开辟了产业发展的新空间、打造了行业发展的新组织、新形式。《中共中央关于制定国民经济和社会发展第十三个五年规划的建议》指出:"拓展发展新空间,用发展新空间培育发展新动力,用发展新动力开拓发展新空间。"当中包括五个方面:拓展区域发展空间、拓展产业发展空间、拓展基础设施建设空间、拓展网络经济空间、拓展蓝色经济空间。在拓展网络经济空间部分,《建议》称要实施"互联网+"行动计划,发展物联网技术,实施国家大数据战略,促进互联网与传统产业融合发展,推进传统产业的生产与组织形式、商业模式、供应链等实现升级创新,超前布局下一代互联网。

众筹和微商就是基于互联网进行创新,开拓网络经济"新蓝海"的典型代表。一个人既做老板又做销售,过去叫"个体户",现在统一改称"微商"。通过微博、微信等互联网社交平台在线上分销商品的企业或个人就是"微商",销售的本质并没有变,只是

---

① 艾媒咨询.2016—2017 年自媒体行业发展研究报告(2017)[R]. 2018-04-12.

平台移到线上，依托互联网来拓展销售的渠道与方式。人人都可以成为微商体系的分销者，这一现象的出现也冲击了传统销售行业的组织结构与运营发展态势。

毋庸置疑，微信是微商实现销售和分享的重要工具。数据显示，目前微信已经成为中国使用人数最多的移动应用，覆盖率近90%，在用户规模上占有绝对优势。艾瑞咨询数据显示，截至2016年底，中国微商行业的市场交易规模已经达到了3287.7亿元，[①]且微商市场开始受到更多的关注，引得各大电商及品牌竞相入驻与布局。未来，随着微商法规的逐渐完善、传统电商和品牌的相继入局，微商市场仍将大幅快速发展。

众筹即大众筹资，顾名思义，简单来说就是面向公众公开募集项目资金。相比传统的融资方式，更加开放，是众多小企业家、艺术家或个人获得融资、实现梦想的第一步。通过向公众展示他们创意，争取到大家的关注和支持，从而获得项目启动的第一笔资金。此外，众筹还有众多的优势，因为资金直接来自消费者，可以将众筹的融资情况视为产品的受欢迎程度，这无疑相当于获得了一份前期的市场调研报告，在很大程度上降低了创业的成本与风险。最后，众筹还能发挥不错的推广营销作用，演变为一个不错的广告平台，相当于为产品向大众投放了一次广告。基于互联网平台的众筹催生了全新的融资模式，形成对市场的有效补充。

据盈灿咨询统计，2018年3月，全国众筹行业共成功运作项

---

① 焦定坤.艾瑞咨询：2017年中国微商行业研究报告[EB/OL].（2017-05-04）[2018-04-13].https://www.sohu.com/a/138211547_313170.

目 3934 个,单月成功融资达 19.05 亿元;且参与投资的人数也有大幅提升,与 2018 年 2 月投资人次相比,3 月全国众筹行业参与投资人次达 257.8 万。①显然,众筹为市场经济的发展注入了源源不断的活力与新的动能。

《大鱼海棠》曾因资金缺乏使影片制作周期一度被拉长,也因此该片被粉丝戏称为"神坑"。2013 年 6 月,主创人员梁旋在新浪微博上发布了一条长微博,使事情出现转机。在微博中,梁旋着重阐述了《大鱼海棠》艰难的创作历程以及整个团队对梦想的坚持。后来,这条微博被广泛转发,吸引了包括导演李少红在内的众多"粉丝"。2013 年 6 月 17 日,制作公司彼岸天正式开始以众筹的模式为《大鱼海棠》的中期制作筹集资金。在 45 天时间里,共筹集了约 158 万元,大幅超出其最初的 138 万元的融资目标,共计有 3596 名网友响应并积极出资。②这次众筹不仅保障了电影拍摄的正常进行,更让《大鱼海棠》被社交平台上潜伏的大量投资人所了解,促成了后期更大规模的融资。最后,这部动画电影也不负众望,在海内外屡获大奖,成绩斐然。

互联网入侵传统价值链,重构了传统产业利益的分成模式,也让数据更有价值。电力时代依托能源给世界带来进步。那么,互联网时代则是以信息为着眼点给世界带来变化。因为现代商业活动的各个环节都包含海量的信息,所以互联网对商业模式的影

---

① 盈灿咨询.3 月众筹月报:14 家平台倒闭 筹资额增长 23%[EB/OL].(2018-04-09)[2018-04-15].http://www.sohu.com/a/227702702_319643.

② 新浪网.众筹文化产业项目成功案例分析:资金融通与超前营销兼得[EB/OL].(2014-11-03)[2018-04-20].http://blog.sina.com.cn/s/blog_9e1b5b6a0102v55v.html.

响是从一而终的。互联网时代,对于信息数据的深入挖掘及创新应用,将为企业带来新的盈利点与价值。

以在线选座网站格瓦拉为例,通过创新利用新媒体互动的形式,展开对娱乐消费用户"大数据"的挖掘与分析,精准地找到了用户群,从而开辟了一条集创意、精准、整合特点的营销之路,让电影走向大众。2014年,他还将观影商业模式引入演出、展览、运动等多个城市生活娱乐领域。张学静以提升用户体验为使命,在业务运营上开启了多项突破性的创新,最终,使格瓦拉成为目前最具影响力的在线选座网站之一。互联网三大巨头公司BAT分别掌握着我国广大互联网用户的搜索、购物及社交数据,深度挖掘与应用海量数据,将为公司创造无限的价值。

二、用户消费习惯的进化

我国在《2018年政府工作报告》中提出,要顺应居民需求新变化,积极扩大消费和促进有效投资,形成供给结构优化和总需求适度扩大的良性循环。发挥消费对经济发展的带动作用,促进消费升级,形成消费新业态、新模式。文化消费将有效满足人民的精神文化需求,已成为我国经济发展的新引擎。

数据显示,我国文化消费综合指数持续增长,由2013年的73.7增至2017年的81.6,年平均增长率为2.6%。[①] 四年间,我国文化消费环境有了很大提升,其中,互联网也发挥了极大的助推

---

① 冯俅秋.2017中国文化产业系列指数发布:90后已成文化消费主力军[EB/OL].(2018-01-19)[2018-04-20].https://www.sohu.com/a/217741802_114988.

作用，丰富文化产品供给的同时，拓宽了文化消费的渠道，互联网使文化消费变得更加触手可及，为居民文化消费搭建了良好的平台、营造了极佳的氛围。

（一）摆脱时间空间的束缚

互联网空间内的产品与服务可打破时空限制，最大化地突破消费的在场性局限，改进文化消费方式，优化文化消费结构。

首先，互联网对于用户消费习惯的影响不得不首提线上购物。以大家熟悉的购物平台天猫为例，天猫的前身是2003年阿里巴巴集团投资创办的淘宝网。经过5年的细心培育，国内网购市场环境逐渐成熟，以支付宝为中心的网络支付体系及诚信体系构建完毕；国内超过80%的网购市场由淘宝网占据。2008年4月，天猫正式上线。上线之初，淘宝商城明确表示将延续阿里巴巴集团搭建平台的理念，致力于为企业级商家搭建电子商务平台。现如今，千万卖家、数十亿的商品汇聚于淘宝，使大众能够快速便捷地淘到天南地北的好物，也在悄然间重塑消费者的购物习惯与消费方式。

自2010年起，"双十一"开始撬动全社会的神经。2010年11月11日当天，淘宝商城联合150个品牌，共同推出促销活动，最终共吸引了超过2100万人的疯抢，单日交易额也达到9.36亿元，超过香港一天的社会零售总额。自此，"双十一"正式拉开了"全民购物狂欢"的序幕。发展到2017年的"双十一"，开抢3分钟成交额已逾百亿，全天支付峰值更是达25.6万元/秒，最终以1682亿元的成交额完美收官，全球消费者通过支付宝完成的支付总笔数达到14.8亿笔，比2016年增长41%。相当于在"双十一"这一天，每个中国人在支付宝上平均完成超过1笔支付。2017年全球共有225个国家和地区的"剁手党"加入天猫"双十一"全球狂欢节。实可谓一年一度"剁手党"的狂欢盛宴！[①] 连续 8 年，数据屡屡刷新，再次用实力证明了天猫"双十一"这个电商制造的节日真正成为具有国际影响力的"全球购物狂欢节"，而淘宝服务也进一步扩展至海外。

此外，淘宝也在不断升级更新产品，致力于为顾客提供更优良的产品体验。比如，首先，在产品展示环节加入了视频，更加生动地呈现每一件商品的"真容"。其次，在首页也增设了更多个性化的板块，包括精选板块和推荐购买板块等；实时的消息通知更加多样化、趣味化的营销手法进一步拉近了与年轻消费者的距离；包括年末的用户个性年度报告，都是淘宝为增强顾客黏性、优化产品属性、提升消费体验所做出的努力，不断升级优化的产品体验让消费者完全爱不释手，进一步巩固了在电商领域的龙头地位。

除去网上购物平台帮助我们买到天南地北的好物，凭借互联网和大数据等技术创新手段产生的移动支付，极大地丰富了支付场景，近年来也在悄然改变社会原有的支付习惯和消费习惯。在移动支付领域，我国已实现了超越，走在世界的前列，正在世界范围内广泛"吸粉"，成为展现中国企业强大创新活力的亮丽新名片。

伴随着技术的不断突破及与文化的深度融合，近年来数字创意产业一路突飞猛进，数字阅读、数字音乐、网络文学等数字文化产品丰富了我们的生活；甚至在公共文化服务及文化遗产保护领域，数字化也发挥了无可替代的作用。数字化转型不仅使文化

---

① 宋心蕊，赵光霞.天猫双十一全天交易额破 1682 亿 支付峰值每秒 25.6 万笔 [EB/OL].（2017-11-12）[2018-04-21].http://media.people.com.cn/n1/2017/1112/c40606-29640581.html.

消费更加便捷高效,数字创意产业更成为文化创意产业的"明天"与"未来时"。

随着手机、掌上阅读机等数字载体的普及,数字阅读依托于互联网技术与平台出现在大众的生活中,并开始扮演重要的角色。数字化电子出版物具有存储量大、检索便捷、便于保存、成本低廉等的特点,受到了世界范围内的欢迎和追捧。近年来,我国数字阅读市场也取得了较大的发展,据中国音像与数字出版协会发布的《2017年度数字阅读白皮书》显示,2017年我国数字阅读市场规模达到152亿元,同比增长26.7%,其中TOP3企业收入总和占整个数字阅读市场行业的70%;数字阅读作者数量达到784万,同比增长30.2%;数字阅读用户规模达到了3.78亿,同比增长13.37%。用户愿意为电子书付费的意愿从2016年的60.3%上升到2017年的63.8%,其中2017年愿意为单本电子书支付的平均金额为13.6元,相较于2016年的8.9元增长52.8%,数字阅读付费率仍有较大提升空间。未来,随着5G的进一步普及,数字阅读产业将更好地向前发展。[①]

掌阅科技股份有限公司就是行业领域内的"排头兵"。公司于2008年成立。成立以来,掌阅一直秉承专注、务实的企业精神,为超过6亿的用户提供高品质的图书内容及智能化的用户体验,目前拥有畅销、生活、文学等类别的优质图书数字版权50万册。自有数字阅读平台"掌阅"APP的平均月活跃用户数达到1.04亿,用户规模持续增长,继续保持行业领先地位。日均阅读时长达到35.21分钟/人。根据Talking Data的应用排行数据,2016年、

---

① 中国音像与数字出版协会.2017年度数字阅读白皮书(2018)[R].2018-04-22.

2017年各个季度阅读类应用排名中,"掌阅"覆盖率和活跃率均位列第一。2017年,掌阅科技实现营业收入16.7亿元,同比增长39.19%,公司数字阅读业务规模仍在持续扩大中。①

注重信息产业的发展,以信息化带动产业化,是加快国民经济发展的要点。故宫博物院自20世纪90年代末,便下大力气建设了故宫博物院网站。以信息化建设为引领,改造传统的博物馆,故宫博物院近年来已在数字化建设方面取得了系列新突破、新成就,加快了跻身世界一流博物馆之列的步伐。其所打造的"数字故宫"也成为国内博物馆数字化建设的标杆。现如今,打开故宫博物院官网,不但能够看到实时更新的展讯消息,更能通过VR身临其境般的参观展览,真正摆脱了时间空间的束缚,开辟了文化消费的新途径,大幅提升体验感受。

在文化教育方面,用户的消费行为和习惯同样在迭代,网络使"与名家面对面"不再遥不可及。互联网和高等教育也碰撞出精彩火花——慕课(MOOC),这一依托于互联网平台与技术的新兴教育模式,日前受到了众多国家的追捧。慕课能够真正打破教育的时空界限、拆除学校的围墙,颠覆传统大学课堂教与学的方式,使优质的教育资源在更广阔的空间范围内传播。2018年1月15日,首批490门"国家精品在线开放课程"亮相。入选课程涵盖本科教育和高等职业教育,质量高、效果好、示范性强,从整体上代表了当前我国在线开放课程的最高水平,互联网+文化教育,使精品教育资源得以冲破时空壁垒,真正为大众共享。

---

① 东方财富网.掌阅科技2017年净利润1.24亿元同比增长60.22%[EB/OL].(2018-04-21)[2018-04-26].http://stock.eastmoney.com/news/1701,20180421861089930.html.

最后，互联网及高新科技的广泛应用使文化消费真正摆脱时间空间的束缚，获得超凡体验。例如，近年来持续火爆的VR技术在文化领域的应用，既开拓了创作者新的视角又使消费者的体验顺势升级。VR技术是利用电脑模拟生成一个三度空间的虚拟世界，同时作用于使用者的多重感官，让使用者收获身临其境的感受，获得与现实一样的感觉。过去，这类黑科技最多呈现在像《黑客帝国》一样的科幻影片中，如今却真真切切地在我们身边发生。高新科技赋能，使文化消费真正摆脱了对于时间空间的束缚。

2016年12月30日，中国音乐界的"传奇人物"王菲暌违6年，重返舞台。而这次演唱会最特别的地方就在于"VR直播"这项技术。只需购买30元的门票，戴上VR眼镜，即可在家"身临其境"观看天后的演唱会。据统计，全球有超过200万人进行预约，最终全球有超2000万人在线观看了王菲的VR演唱会。[①] 网友纷纷表示，戴上VR眼镜，简直一秒穿越至演唱会现场，身临其境地和周围观众一起聆听天后献唱，是一次绝妙的体验。新兴科技从专业走向公众，助力文化在更广阔的范围内传播共享。

（二）个性化、定制化成为主流

在收入水平偏低时，由于缺乏文化供给，消费者更易在文化消费过程中得到满足。随着人们收入水平的大幅提高，消费者的喜好与需求呈现出多样化、差异化的特点，更愿意根据自己内心感受和需求进行个性消费，以彰显自我的不同和对生活品质的追求。在当今的消费者眼中，个性化定制俨然已经成为展现自我的独特舞台。

---

① 搜狐娱乐. 王菲VR演唱会走音 直播2149万人观看！[EB/OL].（2017-01-03）[2018-04-26].http://www.sohu.com/a/123299968_534559.

定制化是指以用户需求为出发点，致力于提高用户体验，为用户量身打造产品的服务。例如，现在多款 APP 在用户完成下载后，会立即弹出兴趣锁定页面，用户可根据自身兴趣点进行勾选，而平台将根据用户的喜好实时向用户推送相关内容，实现精准服务。

定制化、个性化的思维已经"解锁"了生活的新方式，在旅游市场，精明的商家会把定制概念融入其中。定制旅游通俗地说就是根据自己的喜好和需求定制旅游行程，在国外十分流行。现如今，定制旅游的概念也漂洋过海来到中国，定制旅游服务方通过了解游客的个体特征及主要诉求，为消费者创造出一套极具特色、紧贴需求的创意旅行方案。这种模式重构和颠覆了传统旅游市场中双方的角色和定位，打破了传统旅游的主导地位，赋予消费者更多选择的权利，个性化更突出，体验感更强。

四川北川的药王谷旅游度假区就把定制旅游的概念融入景区的发展战略中。药王谷以一片生长了五六百年的中药材原始森林为基，并聘请当地知名的老中医师、老药剂师，利用景区产品具备的传统中医理疗调理功能，根据顾客不同的体质特点及诉求，为都市人群开出全套的传统中医调理方案。调理方案包括药茶、药枕、药浴，还有药酒、药膳，传统国粹太极拳五禽戏等也一并出现在调理处方中。3 至 5 日的旅行，通过与禅修的结合，使客人在优美的环境下，在充满中草药分子的湿润空气中完全放松身心，获得中医调理的体验。此外，度假区还有效延长了产品服务的周期，在客人返城后，将会根据客人意愿，提供配送成品汤药、巩固疗效的服务；一个疗程后，度假区的中医师将会通过互联网对客人进行回访，客人将会收到后续的养生调理建议。药王谷真正把握了定制旅游的核心，即以人为本，以人及人的需求为重中之重，并将定制服务的理念融入产品设计与服务流程的每一个环节中，这种聚焦个性化旅游需求的模式终将在旅游的分众市场中如鱼得水。

除了定制旅游，市场发展到今天，定制的概念已经深刻融入社会生活的各个领域，个性化定制迎来风口，更多的消费者愿意为个性和品质埋单。全新宝马7系专属定制系列恰巧做了一些更加个性化的事情。这个1916年就已创建的豪华车品牌，用敏锐的洞察力及时捕捉了消费者的内心，将当下生活方式引领到全新的体验式、个性化、品质化的制式。你能想象一辆大型豪华轿车大到整车车漆，小到车内徽章，都可以实现个性定制吗？

诚如负责宝马个性化定制业务的BMW M公司总裁范梅尔先生所说："宝马个性化定制，不仅通过精选的材质和精湛的工艺，为客户提供个性化定制方案，也从中体现了宝马公司的造车理念——最大限度地以客户为中心，帮助他们实现独特个性与自我品位的表达。"宝马7系用无比的精挑细选来表达个性化，已经完全超越了一台车的使用价值。被人性化的定制之后，某种程度上，宝马7系不仅是一辆豪华的舒适座驾，更是一件满足个人消费需求的"艺术品"。

其实，随着人均收入的提高、中产阶级的崛起，在消费升级的带动下，"私人定制"已不再只是有钱人的特权，也开始进入寻常百姓家。据携程定制旅行发布的《旅游3.0：2017年度定制旅行报告》，2017年成为定制旅游大众化的元年。数据显示，2017年全国定制旅游需求单量已逾百万，营收增长幅度超200%。定制旅游的"主力军"依然分布于北上广深一线城市，而二三线城市定制旅游的增长幅度也发展迅猛，已呈现超越一线城市发展速度的态势。① 未来旅游将继续沿着个性化、定制化的方向发展，私人定制大众化的旅游时代即将来临。

定制化、个性化消费成为主流，也进一步激发了老百姓无限的消费潜力。网贷平台拍拍贷数据显示，2016年第一季度，其新增的384万用户中，"90后"占据48.8%，"90后"已成为该平台上资金净流入最多、最为活跃的主要客群。② 随着"80后""90后"人群消费能力的进一步提升与释放，注重消费过程中体验感和满足感的当下年轻人，价格已不再是考虑的首要因素，相比之下，他们有着更加强烈的消费欲望，更加乐于享受个性化、定制化的服务与产品。其实，不只是"90后"，现在"00后"都更加注重定制化、个性化的消费，以此表达和展现自我。一个有趣的现象是现在的"00后"爱"QQ"胜过"微信"。其主要原因在于"00后"认为QQ上有QQ秀、皮肤等，相比微信更为个性化、生活化，且朋友们都在上面，便于交流，相比微信的"商务风"，QQ更像是一个有温度、有特色、能够展现自我的平台。

（三）追求消费主权和用户地位

无论时代社会如何发展、变迁，消费者应始终是所有经济活动的原点。他们是推动历史发展的真正主角，所有的企业应有倾听他们声音的意识。当今，随着消费者主权意识的觉醒，"我的消费，我做主"的呼声更加高涨，消费者主权时代已然来临。而在互联网的时代背景下，企业战略与以前也有了本质的区别：其核心是出发点由以前的产品转为现在的客户，故而从产品开发设计

---

① 携程定制旅行.旅游3.0：2017年度定制旅行报告（2018）[R]. 2018-04-26.
② 搜狐网.大数据告诉你：90后的钱都花哪儿了？[EB/OL].（2017-11-01）[2018-04-27]. http://www.sohu.com/a/201551274_116235.

到宣传营销等全过程，都必须围绕客户喜好和需求展开并能够对客户需求变化作出及时的快速反应。

从产品匮乏到产品过剩，从消费者对产品无知到见多识广，新时代消费者的主权意识在不断觉醒。在信息爆炸的时代，消费者也愿意通过知识付费的方式，为自己喜爱的优质内容"埋单"。知识付费是一种为获取垂直领域的个性化信息、资源和经验而付费的消费行为。知识经济瞄准的正是生活中我们想获取特定信息或资源的需求，深挖这一巨大的增值空间。知识付费发展至今，我们可以大呼"知识付费时代已经来临"。据《知识付费经济报告》的数据显示，55.3%的网友曾有过知识付费的行为。[①]这也引起喜马拉雅FM、分答、知乎Live、得到APP等纷纷布局，我们可以看出，知识付费仍具较大发展空间，呈现了一波波的热潮。

据新知榜发布的《付费知识排行榜TOP50》显示，得到APP的罗辑思维位列榜首。罗辑思维曾两度实行付费会员制：普通会员200元；铁杆会员的会费达到1200元。虽然买会员并不保证能够得到任何增值服务，但罗辑思维却筹集了近千万元会费完成了一次保养升级。可见，随着消费者主权意识的增强，对于众筹养活一个自己喜欢的自媒体节目，大众的接受度已越来越高。

值得一提的是，知识消费的浪潮也席卷至电台领域，借着知识付费的"风口"，知识付费音频节目也如雨后春笋般涌现，成为行业增长亮点。这其中既包括主打精品付费的课程，也包含罗永浩、郎咸平等知名媒体人的分享，还有UGC形式的自媒体主播，

---

① 中新网.人民日报谈知识付费：优质的知识有价值成为共识[EB/OL]. (2017-12-07)[2018-04-27].http://www.chinanews.com/cul/2017/12-07/8394462.shtml.

如心理开花、加州101。截至2017年底,有声阅读市场规模达到40.6亿元,同比增长39.7%。其中知识付费音频服务收入占比约25%,达10亿元量级,成为市场增长的重要推动力量。①

伴随着消费者地位的迅速提升,企业开展一切活动的出发点都从用户的角度出发,致力于提升用户的体验。所以我们逐渐对淘宝卖家"见面就是亲,有心就有爱"的情形司空见惯……因为好评真正为商家的发展带来积极影响。同样,对于互联网企业,技术也不再是唯一根本,满足用户需求才被提到了前所未有的高度。这里以大麦网的"大麦点将"活动为例。大麦点将活动的选择权重新交于消费者手中,消费者能够提名某演唱会或话剧等喜爱的节目,然后大麦网将创建一个用于该活动投票的页面,鼓励大众广泛参与,当用户为该活动预付的款项累积到一定规模后,该活动将在该城市举办,而参与声援阶段的用户将会获得优先购票的权利。话剧版《盗墓笔记》全国巡演地就是由大麦点将选出的。一言以蔽之,大麦网善于抓住用户需求,充分尊重用户地位,给予用户选择的权利,调动用户参与积极性并结合利用SNS的营销方式,使活动顺利落地的同时提升平台的影响力与知名度。大麦网现已成功占据国内华北、华东、华南及西南地区的3287家场馆,大麦网未来发展潜力可观。②

2017年5月17日,ofo小黄车着眼于满足用户需求,提升用户体验,宣布品牌升级,对品牌名称、品牌标识、口号和域名做出了

---

① 刘瑾.我国数字阅读行业市场规模达152亿元 行业供需同步增长[EB/OL].(2018-04-17)[2018-04-27].http://www.sohu.com/a/228498925_267106.
② 品途咨询.在线票务网站案例研究——大麦网[EB/OL].(2015-03-24)[2018-04-27].https://www.pintu360.com/a8804.html.

全面的升级。将"ofo共享单车"转变为"ofo小黄车",呼应了广大ofo粉丝的心声,是对ofo用户的尊重,也拉近了与用户的距离。口号方面,ofo致力于为用户提供更好的骑行体验。口号也随之从"随时随地有车骑"转变为"骑时可以更轻"。此外,ofo的代言人鹿晗,阳光、正能量,面对生活轻松活泼的态度,正是ofo想要传递给用户的核心价值理念,与公司的品牌定位高度一致。

截至2017年5月,ofo小黄车已经"登陆"全球4个国家、100个城市。累计骑行次数达10亿次,位居全球第一。当前,ofo小黄车的市值已超20亿美元。① 虽然在后续发展中,ofo小黄车也暴露出相应的问题,但是这样一个现象级产品和商业模式仍然值得我们沉思。

第二节　互联网时代的新型商业模式

一、长尾模式：聚少成多,海纳百川

长尾理论最初由《连线》杂志总编辑克里斯·安德森(Chris Anderson)提出,用来描述如亚马逊和网飞(Netflix)网站之类的商业模式,是指那些种类众多但并不热销的产品,由于销售总量巨大,累积起来的总收益与主流热销的"拳头产品"的收益相同或更多的现象。

长尾市场又称"利基市场"。"利基"即指位于产品市场中畅

---

① 新华网.ofo小黄车狮城庆百日情缘 国际化脚步加快[EB/OL].(2017-05-25) [2018-04-27].http://www.xinhuanet.com/world/2017/05/25/c_129618795.htm.

销品之外的、位于"尾部"的众多产品。利基所包含的多样化的产品和服务能够更好地对接部分群体的特定需求，具有较大的获利基础和开发空间。

"长尾"至今仍无准确定义，但"长尾"应包含三个关键部分：第一，关注重点由热卖品转向了利基，将注意力转向了尾部；第二，长尾理论发挥效应是以富足经济为背景和基础的，即要求产品种类丰富；第三，更加注重规模效应，许许多多小市场通过聚合能够合成一个大市场，并产生与"头部"相匹敌甚至大于"头部"的经济效益。

此前，经济学领域中有另一个著名的理论——二八原则，是指市场环境中位于"头部"的前20%的品牌占据了80%的市场份额。长尾理论则是对二八原则的彻底叛逆，人、货、场的关系因互联网和电子商务的疾速发展而被重构，虚拟的电商平台也突破了时空的限制，因而让尾部更多的产品可以进行低成本的聚合，提升了与消费者的联结能力，"到达性"更高，满足消费者更多元的需求，从而让后80%的品牌产生比前20%更多的销售额。

此外，长尾理论和蓝海战略也具有一定的相似之处，企业开始把目光移向需求方，更多的以顾客的需求为出发点，深入挖掘顾客新的潜在需求，从现有的红海市场中寻找那片待开掘的"蓝海"市场，企业及企业家的创新精神将得到最大化的彰显。

长尾理论的理论核心是聚少成多，创造市场规模。长尾理论是一种面向细分市场的、个性化的商业模式，通过提供一些有个性化、有特点的多元产品，刺激消费者的购买欲望，使企业能够在市场上形成并保持一种差异化的竞争优势。对于企业的经营有两点启示，第一，企业可以通过对市场的细分，整合资源，集中力量于某一特定市场、细分领域，重点经营一种产品或服务，创造出产品和服务的明显优势；第二，企业也可以制定多元化的发展战略，旨在为消费者提供多元化的产品与服务，对接消费者个性化、多元化的消费需求，平台型的企业很好地掌握了这一点，并将其发挥到了极致。

"长尾理论"也能在企业制定细分市场战略的过程中发挥重大的作用。消费者需求层次的日益多元促使市场被不断细分，小微企业虽很难与大企业的资源实力相抗衡，但如果能够对某一分众市场的广大用户提供精准的服务，同样能够开辟一片"新天地"。以视频网站为例，或许大多数视频网站不能像爱奇艺一样，斥资2亿元打造一档《中国有嘻哈》的爆款节目，创造总播放量26.8亿的神话。[①]但是像独角兽哔哩哔哩（bilibili，即B站）潜心服务二次元用户，在分众市场做优做强则是大多数视频网站可以努力的方向。活跃用户超过1.5亿的B站，当前每日视频播放量超过1亿，为喜爱动漫、游戏、番剧的用户搭建了沟通、交流、分享的平台。正是基于对二次元用户喜好的深入挖掘，才使B站发展成为中国领先的年轻人文化社区，位列24岁及以下年轻用户喜爱的十大APP榜首。2018年3月28日，哔哩哔哩在美国纳斯达克挂牌上市。[②]

（一）不断延伸的潜藏市场

长尾模式使我们将部分注意力转移到过去未被充分重视和满足的消费市场上，随着"尾巴"的逐渐延长，市场被划分地更加精

---

① 凤凰资讯.爱奇艺再造现象级综艺《中国有嘻哈》以26.8亿播放量完美收官[EB/OL].（2017-09-12）[2018-05-05].http://news.ifeng.com/a/20170912/51963636_0.shtml.
② 数据来源：哔哩哔哩（bilibili）官网.

细,其潜藏的市场需求正被充分重视与挖掘。对于文化领域而言,无疑将会影响文化企业战略的制定并重塑对于文化市场的认知。

现如今,"80后""90后"的文化消费意愿迅速增强,成为当之无愧的文化消费"主力军"。以电影产业为例,2017年中国电影总票房最终定格在559.11亿元这个数字,相比15年前更是翻了60倍,创历史新高。从购票人群结构来分析,19—29岁的青年即"90后"是网络购票的主力,在2016年和2017年连续两年间占比均在60%以上。① 故而,很多文化企业将更多关注的目光投向他们的喜好与需求,致力于为他们提供丰富的文化产品与服务。

比如,成立于2015年的花椒直播,就是主要聚焦"90后""95后"所打造的实时互动分享移动社交直播平台。为了吸引年轻人的关注,基本上每周都会有大牌明星进行直播,比如范冰冰、张继科、柳岩、王力宏、陈小春等,为平台带来了大量的流量。公司通过持续的技术创新、内容创新和合作创新,已经成为行业内发展增速最快的领军企业。目前花椒直播的APP下载量已经达到2亿,其中主播创收也是行业最高,TOP10主播人均年打赏收入837.4万。② 艾媒咨询发布的《2017—2018中国在线直播行业研究报告》中指出,作为中国主要娱乐内容类直播APP,2017年第四季度,花椒凭借17.0%的用户增长率和2.13%的活跃用户占比,对年轻消费主力的吸引使花椒直播在直播行业内处于遥遥领先的地位。

在聚焦和满足"文化消费主力军"精神文化需求的同时,不

---

① 数据猿.559.11亿!谁贡献了这么多票房[EB/OL].(2018-01-08)[2018-05-05].http://www.datayuan.cn/article/15434.htm.

② 搜狐网.花椒直播:网络直播的巨大价值与前景[EB/OL].(2017-12-07)[2018-05-05].http://www.sohu.com/a/209160098_159684.

能忽略各年龄层的文化消费需求，比如老年及少儿的文化消费需求，这是文化企业寻求差异化发展、开辟文化市场"新蓝海"的有力抓手，也必将为我国的文化消费及发展带来新的繁荣。

中国人口结构已呈现出老龄化的倾向，我们同样不能对老年群体的文化诉求视而不见。当今的老年人的消费观念、生活方式也处于不断的转变更新中，由"能省则省"转向"花钱买快乐、花钱买健康"，由于老年消费群体相较于中青年，时间更为充裕也具备一定的经济实力，所以其消费需求和文化消费能力均不可被低估，"银发经济"存在着巨大的发展潜力。但长期以来，我国的老年文化市场却备受冷落，适合老年人文化消费的产品与服务十分匮乏，中老年文化消费的需求像是被刻意回避了。其实，这正是众多文化企业有待深耕的领域，为其提供丰富的老年文化产品，促进老年文化消费新蓝海，撬动处于"尾部"的"银发经济"发展，进而对整个文化市场产生积极的正向刺激。

（二）利基文化带来无限选择

利基市场是指那些在市场中易被忽视的、某些细分或小众市场，即大市场中的缝隙市场。由于任何市场都存在一些易被忽略的业务缺口或经营缝隙，所以利基市场将关注的焦点由"热销品"转向尚未得到充分重视与满足的小众产品与服务，对接消费者多元、个性化、差异化的需求，丰富产品类型、优化服务供给，扩大消费者选择范围。

利基市场的核心逻辑是销售大数量的利基产品，从而使销售总额与面向大众销售少数量的拳头产品的销量相媲美，这对于企业战略的制定具有一定的启发意义。ZARA是近年来最成功的潮流服装品牌之一，它的成功正是基于长尾理论。与传统服饰业"款少、量多"、追求规模经济不同的是,ZARA强调"快速、少量、多款",它每年推出与时尚同步的上万款服装。在这个个性张扬的时代,大家都不喜欢与别人撞衫,都想表现出自己的与众不同的穿衣品位。ZARA紧抓这一市场痛点,通过对时尚的快速反应将量少、款多、长尾发挥到极致,使ZARA同样实现了规模经济,巩固了在时尚快消品中的优势地位。

其次,打造一款产品也可以结合并利用长尾模式的理念,以期为消费者提供多样态的服务,对接消费者差异化的需求,形成产品独特的竞争优势。以近年来火爆的"听书产品"喜马拉雅APP为例,点击分类,界面上便呈现出了娱乐、知识、生活、特色等不同板块,用户可以根据自身喜好勾选不同的内容,进行消费。喜马拉雅APP对不同渠道的资源加以整合、改造和利用,丰富的产品种类对接用户不同的消费需求,满足了用户休闲娱乐、增长知识等多方面的诉求,成为"听书"产品领域当之无愧的佼佼者。相关数据显示,截至2017年9月,喜马拉雅的用户已经突破4亿,成为占有音频市场73%份额的、估值逾百亿的第一音频平台,"款多、长尾"同样是喜马拉雅的制胜法宝。[1]

最后,开发产业的利基市场将会助力产业结构优化升级,助推产业实现可持续发展。以电影产业为例,众所周知,中国电影进入了新的蓬勃发展期,但同时也暴露出了"过度商品化"与"唯票房论"的不良趋势,中国电影逐渐丧失了对个性化的追求,小众市场非主流影片遭到了商业大片的严重挤压。实际上,一个

---

[1] 李海波.4年估值过百亿,占音频市场73%份额,喜马拉雅超速增长的底层逻辑[EB/OL].(2017-10-25)[2018-05-07].https://www.sohu.com/a/200141473_720186.

国家电影工业的发展水平绝不能单看某一类型片种"独大",而是要形成和谐包容的氛围,为各种类型的影片提供充分发展的优渥土壤。那么,处于利基市场的、传统观念里较为小众的文艺片与纪录片,也应受到同样的重视与关注。重视电影利基市场的开发,不但能使电影表达更加多元丰富,创新升华电影艺术,还能满足具有特定偏好的电影观众的需求,繁荣电影市场,助推电影产业持续健康发展。

在电影市场中,商业大片处于"头部",包括艺术片、纪录片在内的小众电影可被视为电影业中的利基市场。目前,这个市场还未得到足够的重视,与消费者的需求有一定的距离,存在获利基础与商业价值。电影《二十二》是近年来一部优秀的国产纪录片,收获了良好口碑的同时也取得了一定的市场回报。"慰安妇"题材勾起了每一个中国人记忆深处的家国情。22位老人沟壑丛生的脸庞在导演的记录下,使观众深切地感受到战争给这些无辜老人所带来的伤痛。据报道,影片《二十二》的观众中年轻人达到了72.8%,这一比例超过了同期上映的其他影片,它说明年轻人不仅仅只喜爱娱乐片或商业大片,对于严肃题材影片也有很大的需求,只是过去优质的严肃题材影片太少了。

深耕小众影片,同样能带给你惊喜,《二十二》的1.7亿元票房更是印证了这一点。① 在大众市场上,文艺片、纪录片虽然难以赢得广泛关注与欢迎,可是面对中国庞大的市场,小众作品如果足够出众,也一定会有不俗的成绩。衡量一个国家电影产业繁荣与否,

---

① 搜狐网.《二十二》1.7亿收官,北美公映获100%嘉许,知名外媒直言感动![EB/OL].(2017-09-13)[2018-05-07].http://www.sohu.com/a/191798236_828031.

数字不是唯一，更要看它的"胃口"，健康的市场需要有一个好"胃口"。它既包含高水平的娱乐产品，也能够产出更丰富的类型影片，只有这样，一个国家的电影市场才达到了真正意义上的繁荣。

（三）案例：亚马逊：书籍长尾构建电商王国

1995年，亚马逊公司成立，起初的业务仅限网上图书销售。现在其业务板块已经扩展到范围相当广泛的领域，成为美国最大的一家网络电子商务公司，包含全球种类最丰富的商品，是全球第二大互联网企业。

互联网及电子商务的迅猛发展，使销售场所冲破了传统时空的壁垒。以图书为例，一个实体店再大也无法容下所有的书。而在亚马逊书店，网站本身就是一个巨大的数据库，可以无限制地容纳商品，能够根据需要将书目种类扩充到几万、几十万甚至几百万，存货十分充足。其次，借助互联网的搜索引擎，人们能迅速找到他们想要的书籍，并通过网络订购的方式购买，消费者无须再担心书目下架的问题，这将极大地缓解库存压力，因为亚马逊完全可以按需"生产"。当技术和库存都满足时，根据长尾理论，一个巨大的商机出现了：只要渠道足够大，那些需求量小的非主流图书的总销量也能跟畅销书匹敌！这就是网络销售的优势，不但可以满足消费者的特定需求，而且非热销书的总销量将与热销榜"前三名"抗衡。

亚马逊曾开展过一次调查研究，结果显示，超过一半的销售量来自亚马逊排行榜上13万名开外的图书，也就是说，那些一般不在书店里出售的图书要比那些经常摆在书店书架上的图书销售量更大。故而，在2017年7月21日，亚马逊作出重大战略调整，通知数万名美国卖家，期望以全零售价购买这些卖家的库存，以拓展自己的产品目录，实现更长尾的商品库。

对于亚马逊来说，因为以往自主采购不足，所以在平台上售卖的书目种类十分受限，并以价格为导向。而亚马逊加大自主采购策略后，将会对延续力很强的长尾商品形成有效扩充。亚马逊做好存货自营销售，将会进一步满足消费者更垂直、更细化的需求，由此平台专业用户的规模将进一步扩充。

可以说，亚马逊借助长尾理论宝典，构建了电商王国。2016年，亚马逊美国零售总额达8460亿美元。每位美国消费者在电商上支出1美元，就有平均53美分流向了亚马逊。亚马逊已成为国际互联网电子商务零售的巨头，全球共计有3.1亿用户，每月流量达到22亿。目前，在福布斯市场品牌价值排名中，亚马逊排第四，达989.9亿美元。[①]

二、众包模式：网罗大众的力量

目前学术界对"众包"仍未给出明晰的概念，只形成一种概括性、思想性的总结。2006年6月，美国《连线》杂志记者杰夫·豪（Jeff Howe）最早提出"众包"这一概念，他给出的定义是："一个公司或机构将过去应由内部员工执行完成的工作任务，外包给非特定的大众网络的做法。"尚待解决的问题通过互联网传递，大众提交各种解决方案，获得采纳的方案提供者可以获得一定的物质或声誉上的奖励。"众包"可由个人独立完成，也可由多人协

[①] 搜狐网.深度对比：阿里巴巴与亚马逊到底哪个牛？！[EB/OL].（2017-11-28）[2018-05-12].https://www.sohu.com/a/207311853_780598.

作,组建团队共同攻克难题。众包目前较多地应用于生物医药等领域中,随着社会经济的发展,"众包"也开始走向设计服务和文化创意。

"众包"是基于全球化网络经济背景下产生的一种组织社会劳动力的新型方式,通过业余人士或志愿者利用空余时间提供创新性的解决方案。"众包"网罗社会大众的集体智慧和独特创造力,吸引了国内外的广泛关注与应用,对世界范围内的经济活动发挥了较大的促进作用。

"众包"旨在提供创造性的解决方案,于是在"去中心化"与互联共享的互联网精神指引下,用集体智慧解决难题得到了越来越多的关注和重视。这不禁让人联想到一个关于"集体智慧"的经典案例。以前,英国有一家很大的图书馆。某天,该馆馆长突然接到一个任务,需要在1个月之内,在30万英镑的预算下,将馆内所有的图书搬迁到新馆址。但是由于馆藏图书众多的原因,30万英镑预算根本难以覆盖"搬家"所需要的运输成本。馆长为此愁眉不展,就在此时,一个小伙子自告奋勇地向馆长说道:"馆长先生,我能帮您完成这个庞大的工作,您只需要提供我30万英镑,剩下的您都无须过问。"馆长半信半疑地接受了这个年轻人的建议,并积极关注着他如何落实这个浩大的"搬家"工程。故事的结果令馆长大吃一惊,同时对这个年轻人的创造力与奇思妙想赞叹不已。事实上,这个年轻人的方法很简单,即用大海报在图书馆的各个出入口写下"即日起,借阅图书的读者如在1个月内将所借图书归还至图书馆新址,则无须提交图书借阅费用"。通过这个方法,年轻人只花费了少许准备大海报及少量的运输图书的成本就轻松地完成了这一任务,还赚了一大笔钱。从这个小故事可以理解，善于利用吸收"外部智慧"也是一种很好的战略和策略，节省成本，提高效能。

此外，相信不少读者对"众包"与"外包"的概念也含混不清，二者之间的区别与联系究竟几何呢？众包与外包都是社会专业化分工的必然结果，其指向一致，都是在利用"外包"的形式，巧借外部资源，达到降低成本、提高效益的目标。两者的核心区别在于"外包"的对象是否确定。一般来说，第一，外包是指企业将特定的目标任务包给确定的个体或组织，呈"一对一"模式；而众包的任务则是抛向了更为广泛且不确定的潜在方案提供者，是"一对多"的模式。第二，外包强调高度专业化，注重整合利用专业机构和专业人士等外部专业资源；而"众包"则更看重众多非专业人士，强调社会差异性、多元性及所带来的创新潜力，希冀来自不同专业背景的人士相互碰撞灵感与想法，提出创新性的解决方案。

提到"众包"还有一个绕不开的关键词，即"威客"。威客就是指在众包模式中，提出创新想法或解决办法的人。他们通过自身的知识、智慧、经验、技能在互联网上解决各类学习工作中的难题，从而使个体知识技能变现，获得一定的经济回报。一般来说，众包模式包含"发包方""众包平台提供方"和"接包方"三部分，威客就是"接包方"的重要组成部分。互联网技术的发展是众包模式出现的前提和基础，互联网平台的搭建及技术的跟进才使企业能够冲破时空壁垒，与全世界威客进行联系，从而放大人力资源的价值，得到最优解决方案，助推企业发展。

综上所述，新型的众包模式是在互联网经济的背景下，以企业或机构发出问题为起点，以威客等非定向人群为主体，以提出创新解决方案为导向，以获取相关经济回报为目标的新型商业模式。

（一）吸收企业外部的新生力量

越来越多企业开始利用外脑来为自己服务，开放共享的互联网精神进一步助推众包模式广泛推广。众包使创新的边界无限拓展，企业甚至可以联手用户协同创新。位于美国芝加哥的"无线（Threadless）T恤公司"就利用了众包理念进行新T恤的设计，并且从中饱尝甜头。在公司网站，"粉丝"或专业艺术家可以将自主设计的T恤进行上传，这些上传的设计将被放在网站上让消费者"评头论足"一番，然后将产生4—6件得分"最高者"，它们能够进入量产备选名单。最终，将依据预订单量决定是否进行该设计的量产。由此，"三赢"的局面基本形成：一方面，粉丝和企业外部设计者的优秀创意得到充分发挥，设计入选者不但能够获得奖牌和2000美元的奖金，每件T恤之上还会将设计者的名字印上，大幅提升参与者的成就感；另一方面，于企业而言，不仅省下了专职设计师的雇用费，还了解到顾客的需求和偏好；此外由于量产的T恤都为顾客票选产生，消费者有了更多选择的同时也让产品的销售变成一件非常容易的事情，极大地降低了企业的财务风险，为企业新产品的推出带来持续的关注和稳定的购买力。①

此外，企业吸收外部力量将会给企业的科研实力、创新力与竞争力带来显著提升。企业过往研发创新"老死不相往来"的格局将被彻底打破，将在互联网思维的影响下，把目光投向企业外部，采取"内外结合"的战略模式，借助社会资源来扩充自身的科研创新实力。在此趋势下，InnoCentive公司于2001年成立了，

---

① 龙啸.从外包到众包[J].商界（中国商业评论），2007(14)：96.

InnoCentive在众包模式中处于"第三方",通过搭建平台、汇集全球的优秀人才,为公司的研究服务,链接起供给与需求双方。InnoCentive公司现已发展成为全球生物和化学领域的重要研发供求网络平台之一,登记注册的科学家和技术人员有近17万之多,共同参与破解难题。宝洁、波音和杜邦等众多跨国公司曾多次把研发难题抛向"创新中心",随后,隐藏在网络背后的全球各地的"解决者"将接手,创造性地提出新的解决方案,一旦被"求解者"选中,这些方案提供者将获得1万—10万美元不等的酬金。宝洁公司内部研发人员依然维持在9000人,但通过充分借助"创新中心"、YourEncore和NineSigma等外部研发人才交流平台,使公司的整体研发能力提高了近60%,成绩斐然。[①]

众包模式不但能充分调动、吸收企业外部的智慧提升自身研发创新能力,还能突破消费者与生产者之间的界限,"协同创新"来规避市场风险,更创造了一种全新的创业及就业方式。一方面,利用众包理念搭建服务平台,可以实现创新创业。比如我国的"猪八戒""小鱼儿"和"敲宝网"等众包网络平台,就填补了国内专业众包平台的空白。中国最大的"众包"服务类平台"猪八戒"员工规模已达760万,[②]使众包模式更好地落地与发展。另一方面,由于众包不受固定工作时间及地点的限制,使一部分人无须再与用人单位签订聘用合同,只要在家接入互联网,通过不断的任务接受、任务完成,就能领取一定的赏金,完成就业,增加

---

① 龙啸.从外包到众包[J].商界(中国商业评论),2007(14):96.

② 凤凰网.猪八戒网威客已达760万人 数量超美国国防部员工[EB/OL].(2012-12-10)[2018-05-14].http://news.ifeng.com/gundong/detail_2012_12/10/20022249_0.shtml.

（二）企业管理的巨大挑战

众包虽将社会人力资源进行充分利用，但它也存在冲击正常工作秩序的消极影响。例如，公司的员工一旦接受了网上的众包任务，势必会分散一些从事本职工作的精力，加大公司对于这部分员工管理的难度。另外，损害职员所在工作单位利益的情况也有可能发生。部分接受任务的职员经不住高额奖金的诱惑，在未经授权的情况下，私自利用所在单位的专利或技术，变相服务于众包网上的任务，严重侵犯了公司的知识产权、增加了公司维护知识产权的成本，将不可避免地冲击正常的工作秩序，产生消极影响。

如果企业向外部传播了众包任务，那么企业将会为此安排特别的人力、物力和财力用于监管众包项目的进程，这将在一定程度上增加企业的负担，如果多个众包项目同时进行，对于企业的管理能力也提出了严峻的考验。

当前，我国的公司出于外部合作团队难寻、众包业务执行过程难把控等原因，对众包模式还存在利用方式较为单一、利用层级不够优化的问题。比如，我国众包多局限于为企业产品设计广告词或商标等较小的工作任务，业务涉及领域窄，需求层次低，与国外企业把众包作为企业创新的一种重要手段相比，还存在较大的差距。

13亿人口所蕴藏的极大的潜在人力资源，如被激发利用，中国众包这个年轻的市场将会呈现更鲜活的生命力，汇聚更磅礴的力量，集体爆发出的前所未有的巨大力量绝对不容忽视。在创新驱动下的互联网时代，符合时代形势和用户需求的众包，这一创新型的商业模式定将受到更多人关注。

（三）案例：福特公司打造汽车、娱乐、硬件系统的开放平台，鼓励开发者创新

亨利·福特先生一百多年前，在亨利·福特先生一系列创新理念指导下，世界的出行方式彻底改变。将流水生产线引进汽车生产，使汽车真正成为可供普通消费者享受的产品。自此，消费者的移动和出行方式被改写，生活和活动的半径被迅速扩大。

一个多世纪来，福特一直秉持创新的理念，将最前沿的创新成果应用于更广泛的车型上，致力于为用户提供更好的驾驶体验。"开放创新"的理念一直指导和影响福特公司，近年来福特汽车通过分享源代码或举办"创新移动"挑战赛等方式，致力于聚集行业内外智慧头脑，进行协同合作，希冀能够创建精简兼容的平台及标准，助推整个行业内的技术创新与持续发展，使消费者的出行体验更加优越。

一般的汽车制造商出于对核心竞争力的考量，对于开放平台始终有所顾虑。但福特显然走在前列，并勇于跨出第一步。2013年，福特汽车就分享了车载多媒体通信娱乐系统的重要组成部分——AppLink源代码，福特将该活动命名为 Smart Device Link（SDL），旨在鼓励更多外来人才加入汽车应用程序开发，系统提升车载信息娱乐系统，充分满足车主对智能手机应用整合的期待。

除了共享源代码，福特汽车还通过举办全球"创新移动"系列挑战赛的方式，邀请各界人士共同研究城市出行的难题。2014年7月，福特汽车在 Open XC 这一开源研究型平台上发起了这项活动，获得了汽车发烧友、发明家、创意人士的极大关注与广泛参与。开发者运用 Open XC，可对超过15种的车辆信息数据进行研究。最终，全球各地共计400多份优秀提案汇聚于此，其中，10项杰出项目脱颖而出并获得了共计20万美元的奖励，用于继续研究，这是福特公司运用众包理念的绝佳呈现。[①]

新车销售业务生长乏力是传统汽车厂商的共识，而车载智能设备让他们看到了新的希望，车载智能设备通过将车主与汽车连接在一起，将成为汽车制造商全新收入流入口。福特公司也吹响了进军车载APP研发的号角。近年来，福特公司持续发布新一代应用开发平台AppLink2.0，并与微软联合打造SYNC系统等开源平台。目前国内的三大互联网巨头公司阿里巴巴、腾讯、百度也被福特汽车的开源态度所吸引，开展了广泛的合作与研发，已有多款车主喜闻乐见的应用程序如"百度ting"和"QQ音乐"，可在搭载有AppLink平台的福特车型上使用。

福特汽车认为，未来移动出行领域必将朝着更为整合一致的方向发展——福特公司也致力于通过不断开源数据，链接行业内外智慧与资源，搭建精简高效的平台及标准；并与不同的伙伴亲密合作，整合现有资源及前沿技术的基础上，通过不断创新，在"打开全人类自由出行之路"的道路上不断前行。

三、免费模式：羊毛出在猪身上

互联网使用户与产品的链接更加便捷，促使企业必须重新审视现有的商业模式，并按照互联网"平等、开放、协作、分享"的精

[①] 车主之家.福特汽车的"开放创新"哲学[EB/OL].（2015-06-08）[2018-05-15].http://news.16888.com/a/2015/0608/1225664.html.

神对其进行重塑与革新。在此背景下，新型互联网商业模式层出不穷，免费模式也占据重要地位，成为历史潮流之一，不可阻挡。

低价买入，高价卖出，追求规模效应是传统商业模式的思维逻辑。而免费模式的出现却彻底刷新了固有的思维认知，是对传统商业模式的彻底反叛。免费模式先通过"免费"吸引大量用户的关注，然后在此基础上，通过后向的广告、提供增值服务等手段进行盈利的一种新型商业模式。值得注意的是，广义上的免费模式也涵盖低价模式和补贴模式两种方式，例如，滴滴平台前期通过补贴扩大用户规模，每单虽收取一定费用，但整体仍呈负利润状态，所以也是广义上的免费模式。

在此，必须强调：免费是一种商业模式，而非盈利模式。商业模式和盈利模式存在显著差异。商业模式范围更广、更加全面，包含产品模式、营销模式和盈利模式等。故而盈利模式仅为商业模式的其中一环。同时免费模式一般短期不会带来盈利，但只要培育出固定用户群，吸引来"流量"和"注意力"，就能实现长期盈利的目标。

互联网是免费模式应用的主阵地。这是为什么呢？主要原因在于在互联网上，开发一个产品的成本固定，且产品传递到顾客手中所需的费用极低，甚至接近于零。那么，当一项互联网产品或服务的用户基数越大时，分摊到每个用户上的成本就越低，越发趋近于零。互联网渠道的高到达性及所带来的庞大用户基础是免费模式诞生的根基。

接下来，我们来了解一下免费模式的主要盈利方式。

一是直接开源模式。以一个经典案例——吉列剃须刀来说明。金·吉列在1903年虽年近半百，但仍梦想成为一名发明家。他用四年研发出可更换刀片式剃须刀，在销售第一年里，却仅卖出了51副刀架和168枚刀片，可谓惨淡。随后，吉列通过一系列行动却创造了一种新的营销模式。他将数百万剃须刀低价出售给军队，期待士兵们战时养成的剃须习惯能持续到战后。银行也成为他的推销重点，将产品作为送给新客户的礼品。最后，他还与所有能够捆绑的商品一起进行捆绑销售，从口香糖到红茶包再到咖啡等，不一而足。通过这种"免费赠送"方式培养用户消费习惯，使吉列剃须刀仅仅过了一年，销售量就暴增至9万副刀架和1240万枚刀片。① 后世商业能从吉列开创的商业模式中获得的启示是：前期通过提供大量免费（或者至少是近乎免费）的平台产品，培养巩固用户的消费习惯，然后通过相关辅助产品或服务的售卖也能获得丰厚的利润和收入。这种模式现已在游戏电竞等领域广泛应用，消费者可免费玩游戏，然而若想购买装备或快速增加经验就需要缴费了。

二是交叉补贴的模式。"天下没有免费的午餐。"这一至理名言也不完全符合时下的语境。现在是个被"免费"所萦绕的时代，这一点在通信业领域体现得非常明显。电信推出169元的宽带套餐，免费送用户6张卡，这6张卡的包月费、电话费、上网费全都打包送给用户免费使用。而移动同时也向用户推销说："办理一个168元的家庭手机套餐，将享有无线流量免费用的服务，并免费为您安装宽带，免费送。"难道电信的无线通信和移动的宽带从天而降，不要钱吗？并非如此，电信是以宽带补手机，而移动则用手机贴宽带。互联网企业这样的场景就更多了，数据显示，免

---

① 克里斯·安德森.免费[M].蒋旭峰,译.北京：中信出版社,2012：1.

费提供搜索服务的百度有30%的收入来自广告。

三是免费+收费模式。大部分人免费，少部分人收费，或前期免费，后期收费，用免费营造氛围，用收费来提供独特的服务或价值。在文娱领域，除了游戏业，大多数视频网站也充分挖掘利用这一盈利模式。比如，爱奇艺的VIP会员享有免广告观看、优先观看院线影片的福利，缴费的人有了唯我独尊的感觉，很容易持续投入。

四是一种比较讨巧的方式，众多中小型企业可将能够实现盈利的、能够吸引粉丝、圈住用户的产品或服务卖给大公司。这种模式之前在美国较为普遍，现在在我国的互联网领域也"遍地开花"，从互联网企业的"并购"风云中，可窥探一二。"美团"与"大众点评"合并后成为外卖点评领域的独角兽企业，传闻估值达到了600亿美元。而在2018年4月，阿里用95亿美元收购"饿了么"，① 由此可见，这种方式使互联网巨头完成了资源整合，又使中小型企业获得继续发展的动力，达成双赢。

过往的"免费试用"更多地作为一种促销手段或噱头，而现如今的免费模式则相对是一种长期的甚至是不限周期的免费。例如，社交功能是微信的基础功能，是长期无须付费的。面向用户免费，然后再通过后向模式赚钱，这是免费模式的商业逻辑及首要特征。第二，免费不但调动了消费者的好奇心，也能满足消费者对产品的使用需求，所以免费模式还是一种能够激发消费者进行自主传播的良好营销手段。不但节省了做品牌推广的广告费用，

---

① 搜狐网.阿里95亿美元收购饿了么，一文看懂马云的商业逻辑[EB/OL].（2018-04-02）[2018-05-17].http://www.sohu.com/a/227018369_675473.

还树立起消费者对品牌的认知、忠诚和信任，比广告有效得多。

免费理论的提出者，同时也是《免费》《长尾》《创客》的作者安德森曾说："免费已经突破了20世纪单一推销功能，新世纪，它已经衍发为一种全新的经济模式。"在互联网迅速发展的十年中，有众多成功运用免费模式的案例。曾经，互联网"羊毛出在猪身上"的商业逻辑被视为天方夜谭，然而，现如今免费模式的成功运用已经证明了免费模式的巨大潜力与价值。从周鸿祎凭借免费模式"颠覆"瑞星起，免费模式开始进入公众的视野。搜狗输入法以数亿用户为基础，顺势推出了搜狗浏览器这一产品，虽然两者都是免费的，但商家会为在浏览器的网址导航页面上打广告而付费，这成为搜狗的主要利润来源。展望世界，谷歌也首推免费模式，众多服务项目通通免费，包含邮箱、地图、照片管理等，免费模式的成功应用使谷歌成了全世界最大的互联网公司。

互联网和免费都是美好的，全新互联网时代的到来让我们翘首以盼。互联网企业应时刻秉持创新发展的理念，紧跟时代发展的步伐，更新思路，迈开脚步，才能不被当今社会所淘汰。

（一）免费的目的是流量

在这个缺乏"注意力"的时代，为了抓住用户群，免费无疑是一种很好的获取流量的方式，免费模式的价值也随着用户规模的扩大及网络效应的放大开始凸显。

一个产品的价值与该产品用户数量呈正相关，即一种产品的用户数量越大，越是受到欢迎，人们对它的需求量就越高，评价也越高，价值也就随之越大，这就是所谓的网络效应。以2018年新年伊始的互联网爆款产品直播答题为例，不但迅速掀起了一股"全民答题"的热潮，直播答题平台更是探索出了一种全新的盈利方式。

这其中，冲顶大会首当其冲，最先进入用户的视野，在冲顶大会上线10天内，映客直播的"芝士超人"、西瓜视频的"百万英雄"、花椒直播的"百万赢家"以及派派、YY等纷纷跟进，加入用户争夺战。直播答题迅速火爆后，美团与花椒直播进行了直播答题领域的首次商业化合作，作为赞助商的美团为花椒直播提供了100万元奖金。花椒直播的"百万赢家"为此开设了美团问答专场，当天的12个问题中，有4个与美团业务直接相关的问题，问题涉及外卖、旅行等业务。同时，美团也植入直播间的搭建、出题人的选定等环节中。设置高额奖金、几乎为零的参与门槛，以及邀请好友可复活的高社交性、高话题度，使直播答题经过社交裂变而火遍大江南北。直播答题成为流量的重要接入口，而广告植入的方式也使平台流量变现成为可能。

2017年以来，短视频逐渐走俏，并开始收获大众的喜爱，这些短视频APP中，抖音无疑是其中的佼佼者。数据显示，截至当前，抖音经过一年的飞速发展，抖音的日均播放量已达10亿，[①]每天刷抖音、会"抖友"甚至成为越来越多年轻人生活的一部分。抖音吸引了大量流量后，越来越多品牌开始入驻抖音，开起官方账号。成为品牌投放广告的重要新媒体平台，使"两微一端"的矩阵发生改变，新一代的"两微一抖"正在崛起！

（二）免费是为了更好地收费

公司的终极目标是实现盈利，而免费模式作为一种商业模式，

[①] 搜狐网. 抖音1年10亿用户量，"两微一抖"已成定局[EB/OL].（2018-03-27）[2018-05-17].https://www.sohu.com/a/226504729_475377.

一定不会是让企业持续投入而回本营收无望的。免费模式一般通过基础性功能免费，或者前期享受免费服务的方式吸引用户关注，培养用户消费习惯，后期再以提供增值服务、会员收费和投放广告等形式实现盈利，即免费是为了更好地收费。

习惯于免费的中国用户，随着消费升级，为获得自己喜爱的或高品质的产品，其付费意愿也在提升。以视频网站会员购买为例，爱奇艺在 2016 年获得了《盗墓笔记》网络剧的独家播放权，非会员可免费观看，但只能以一周一更的节奏观看，而付费 VIP 会员则可以立即观看全集。在爱奇艺开通"VIP 看全集"功能仅 5 分钟后，用户开通会员的请求就已突破百万。同年，另外两大视频网站优酷土豆、腾讯视频的付费会员规模也突破了 2000 万。再如用户成为京东 Plus 会员后，将能享受到更多的优惠服务与保障，包括更高的免运费权限以及更优质的售后服务；截至 2017 年，京东会员已突破 1000 万。其他领域包括出行服务、网络存储服务也基本沿用了付费提供更优服务的思路，去哪儿推出"旅行家"会员服务，用户加入后享有更多的特权；百度网盘在购买会员后，网盘存储容量将被大幅扩充，能够上传视频文件并能够直接打开压缩包……

这样的案例不胜枚举，从线上走向线下的趋势也逐渐显露。我们可以把实体化理解成免费服务向线下延伸出来的各种周边经济。比如我们可以免费玩电竞游戏，但需要买门票才能现场观看 DotA 比赛。比如罗辑思维和吴晓波的团队在线上为用户提供免费的公众号文章和视频节目，但若想在线下参与近距离的活动、看到真实的他们，则需要支付一笔不菲的费用。

（三）案例：360 免费杀毒软件的抛砖引玉

现如今免费模式作为一种有效的竞争手段，已经被越来越多的人理解和接受。然而，五年前，首提免费之时，绝大多数人对360免费安全持有怀疑的态度。周鸿祎颇有远见地看好免费模式，并率先作出尝试，推出免费杀毒服务，推出了360安全卫士、360杀毒等系列安全产品，并顺势打造了浏览器+搜索免费服务。随着用户的不断增加，流量的迅速累积，免费为360创造了新的盈利点。

360产品分布广泛，用户覆盖范围广，公司通过对用户使用360产品所产生的行为数据的深度挖掘，实现了用户的精准识别，为广告主投放广告提供决策支持，广告成为公司的巨大利益增长点。据公司最新财报显示，360公司2017年的全年营业收入达122亿元，其中互联网广告及服务收入为91.15亿元，[①] 广告成为360实现盈利的重要途径。360做免费杀毒可谓"醉翁之意不在酒"。

360还有另一种基本盈利模式，即提供增值服务。在庞大用户的基础之上，面向少数用户提供个性化的收费服务，比如安全备份与存储、一对一的远程电脑维修服务等。同时，360也在不断扩大业务版图，在浏览器、硬件、金融服务、游戏、影视等领域作出尝试。2017年，360公司收入主要来自互联网广告及服务、互联网增值服务、智能硬件业务三大业务板块，其中，导航、游戏、搜索业务增长迅速，继续成为主要收入的贡献来源。以免费杀毒软件为基础，扩大用户规模，增强用户黏性，放大网络效应，并形成与增值服务相关业务的良性互动，是360走出的免费模式的创新之路。

---

① 凤凰科技. 360发布2017年年度财报：营收122亿净利润增80%[EB/OL].（2018-04-04）[2018-05-18].http://tech.ifeng.com/a/20180404/44929786_0.shtml.

目前，相关数据显示，截至 2017 年底，360 在 PC 端安全产品的市场占有率已达 95.66%，月活跃用户数达 5.15 亿，稳居安全查杀软件市场份额头名。[①] 下一步，360 公司将加强在安全方面的自主创新能力和研发能力；通过对人工智能、云服务等新兴技术的创新运用，完善服务平台、创新产品体验，将 360 打造为一个"安全"为中心，集"硬件＋软件＋互联网核心应用"为一体的人工智能公司。

四、社群模式：口碑经济的诞生

现在，大家都在谈论"消费升级"，其实"升级"的不仅只有产品的功能，当人们在满足生理、安全、归属、尊重四层需求后，客户自我实现的需求成为必然，人们更迫切地希望找到与自己爱好、需求、价值观一致的圈层，并与他们进行交流探讨。移动互联网及社交工具的发展推动用户社群顺势而生。

社群关键在于"社"字。中国人的造字能力非常强，"社"字，最初指土地神，后来就指代土地。从古至今，中国老百姓都有修建寺庙祭祀土地的传统。所以，透过"社"这个字，我们知道社群包含着某种共性、信仰的东西。也就是说共性信仰是一个社群最核心的东西。一群志趣相投的人凑在一起，为了共同的爱好或目标相伴而行。社群的作用是什么？社群的作用就是通过线上线下的高频活动与用户进行互动，加强与用户的链接，将用户

[①] 凤凰科技. 360 发布 2017 年年度财报：营收 122 亿净利润增 80%[EB/OL]. (2018-04-04) [2018-05-18].http://tech.ifeng.com/a/20180404/44929786_0.shtml.

转化为黏性超强的超级用户。

传统营销与社群营销有什么不同？传统营销属于流量思维，期望通过广告让更多的人看到，引起更多人的关注，从而消费产品，很多企业与客户多呈一次性交易关系。而社群营销却反其道而行之，通过线上线下的活动与客户进行高频互动，让客户有更多的参与感，形成对产品、品牌的认知，赢得用户的口碑，不但引发用户的复购，还会推荐给用户背后的一群潜在客户，相对转化率更高。在社群营销中，企业与用户呈一体化关系，用户可在社群中觅得知音、实现自我，而企业也可以通过社群加深用户对品牌的认知，加强凝聚力，最终完成用户与社群相互赋能的过程，形成良性循环。

未来，任何企业如果不建立一个与客户持续互动的关系，它就无法理解客户，也无法挖掘客户的潜在需求。移动互联网的发展降低了人们的沟通成本，让我们感受到天涯若比邻的便捷，在此基础上，我们对海内存知己的共鸣更加向往，而我们恰能在社群中遇见"相逢何必曾相识"的知己。故而，建立社群是企业与用户搭建互信互动的最佳方式，成本最低，效率最高，能够迅速提升对某产品的信任，为企业的发展迎来新的商机。

（一）社群成就品牌价值

顾客难以建立对整个企业组织的认知，留在人们头脑中更多的是对企业的整体认知即品牌。故而在消费者头脑中留下清晰的品牌印象至关重要，因为品牌效应将直接影响实际绩效。社群可以在用户对品牌的初步认知基础之上，更进一步地把企业的文化、品牌理念、价值观融入顾客的内心，加深用户对品牌的好感，有效提升用户忠诚度，增强用户黏性；其次，社群所建立的生态环境也会促使用户自发自主地为企业宣传品牌与产品，从而提升产品的品牌价值，产生良好的传播裂变和销售裂变。

当罗振宇强化"爱读书"这一标签，并通过微信将人群聚集在一起时，一个新的社群"罗友会"诞生了。"罗友会"通过微信这种"强关系、强到达、强交互"的形式，凝聚了一批爱智求真、积极上进的年轻人，在广泛传播宣传后，罗辑思维"爱智求真"的品牌理念被进一步深化，并形成了巨大的生命力与影响力。

目前，知乎是国内最大的知识分享平台。信息爆炸的时代，有价值的信息绝对是稀缺品。知乎将众人聚集起来，搭建了一个分享和传播高质量信息或知识的平台，并为人人所用，这正是知乎的品牌价值所在。截至2018年3月，知乎的注册用户已达1.4亿，月累计页面访问量达230亿。[①] 未来，知乎将致力于成为涵盖所有知识、见解、经验的普惠型智慧社区。2017年知乎所完成的1亿美元融资，就是知乎这一知识社群品牌价值的最好呈现。

（二）从关注到社群：深度用户的转化

社群文化和社群领袖是影响用户从关注转化为深度用户的两大关键因素。产品是会过期的，但唯有文化长盛不衰。所以社群要想持续不衰、保持对新用户的吸引力、完成用户向深度用户的转化必须形成一套有鲜明特征、打上自己烙印的文化体系。这套文化体系对内将能发挥凝聚人心、对外将能彰显品牌价值。因此，社群的灵魂是文化，构建社群一定要遵循互联网"平等、开放、协作、分享"的精神，形成共同的价值认知，不断提升用户的参与

---

① 腾讯深网.知乎"快走"：从流量变现到实现用户价值商业闭环[EB/OL].（2018-04-23）[2018-05-24].https://www.pintu360.com/a51023.html.

感与优越感，用户才会长期留下，自觉地传播社群文化，成为社群的深度用户和代言人。

年轻人喜爱的文化社区 B 站致力于为喜欢二次元的用户提供服务，实时评论的"弹幕"功能更是满足了用户彰显个性、进行实时交流互动的需求。B 站多元、开放、包容的社群文化，使众多喜爱二次元或亚文化的用户找到了"组织"，成为 B 站的深度用户。

苹果社群是把品牌文化和产品理念贯穿到社群中的典范。苹果始终坚持替用户发现需求，始终坚持以卓越的眼光、简洁的设计来满足这样的需求，果粉在社群中充分地寻找志同道合的果友，一起交流探讨苹果产品的知识及应用，苹果的企业文化和社群氛围深深地吸引着果粉。此外，如果你喜爱文学艺术，那么豆瓣这款 APP 你一定不陌生，甚至会深深地"中毒"。很多人会把豆瓣评分作为衡量一部影片优劣的标尺，豆瓣评分甚至会在一定程度上影响观影人次及票房收入。故而，在豆瓣这个社群中，口碑经济真正地发酵，对影片的营销及票房收入产生深远影响。

社群构建需要领袖，而非所谓的去中心化，社群领袖的人格魅力及能力也是影响社群用户完成深度用户转化的另一关键。希望和比自己更有能量的人或群体交往是人的社交本性与基础需求。这样，大家才会觉得花费时间社交是有价值的。社群需要灵魂人物示范引导，而社群领袖的禀赋、魅力人格和情怀初心会影响社群的影响力与凝聚力。故而雷军为小米四处站台，大家基于对这样的社群领袖的信任和崇拜，会加深对产品的信任与好感。

（三）用户的信任是社群的凝聚力

信任是社群最核心的凝聚力，在此，必须介绍小米社群的经典案例。小米自创业以来，已经由行业颠覆者转变为持续领跑者，小米的辉煌得益于"米粉"的忠诚、信任、黏度和米粉社群高度的活跃性，而这之中，最为重要的便是信任——社群经济最核心的东西。

小米真正的核心竞争力和实力在于米粉社群。小米先做软件，并通过软件集聚用户，与用户每周定时沟通，满足用户的需求。与用户共同研发 MIUI，最后用户和 MIUI 有了深厚的感情，当与软件所配备的手机生产后，其销售自然"水到渠成"。2015 年的米粉节上，小米创下了多项令人瞩目的成绩：8 分 30 秒破亿，并且还成功挑战了"单一网上平台 24 小时销售手机最多"的吉尼斯世界纪录！[①] 小米社群是如何一步步推动公司创造这些辉煌的呢？

小米通过论坛先找到了第一批"实实在在"愿意为测试 MIUI 软件而刷机的人，由于"刷机"相当于给手机换大脑，对于手机来说非常危险，出于对小米软件 MIUI 的信任，这 100 人完成"刷机"，成为 MIUI 的首批测试人员，也就是小米的第一批天使用户、小米社群的起点。可见，小米社群成立之初，就因用户的信任累积起超高的社群凝聚力。后来，为感谢这 100 位天使用户，当小米手机推出第一版时，将这 100 个人的名字设计在了开机页面中；小米三周年庆典时，还为这 100 个人拍了一部微电影。

小米社群还通过打造线上线下多元活动，增加用户在产品制造中的参与感，增强社群的凝聚力。例如小米通过发起话题讨论，为小米社区聚集了一大票铁杆"米粉"，这些"米粉"都是手机发烧

[①] 环球网. 雷军晒米粉节战绩：8 分 30 秒销售额破亿 [EB/OL].（2015-04-08）[2018-05-24]. http://tech.huanqiu.com/digi/2015-04/6126006.html.

友,他们懂手机也懂小米,为小米的产品研发提供了源源不断的建设性意见,同时不断地为小米积累良好的口碑。这就是小米粉丝社群的力量。雷军说:"小米销售的是参与感。小米就是要将众人的智慧聚集起来,打造一款大家能够共同参与设计、研发的手机,这种荣誉感是推动'米粉'不断对产品进行'精雕细琢'的动力,也相应地推动了小米的发展。"今天以公司为中心的创新已经落后,应该让产品最活跃的使用者来推动创新与产品研发。至少有10万人参与到小米的MIUI操作系统的研发中,他们不但成了产品测试员,更成为真真切切的小米品牌消费客户群和推广者。

(四)案例——凯叔讲故事:中国最大的互联网亲子社群

社群将一群有共同目标、共同爱好和共同需求的人聚集在一起,进行学习、交流和资源合作。通过情感连接,群成员之间相互"交叉感染",并且社群的协同行动相叠加将会迸发新的能量,涌现出新的价值创造。

"凯叔讲故事"微信公众号由央视原主持人王凯创建,这是一个以音频为主要形式、以为儿童讲故事为主要传播内容的平台,包含免费故事和付费故事两大部分。先基于微信公众号,推出了亲子教育咨询服务、电子商务、亲子互动社群等多维功能,还开发了儿童故事动画、儿童故事硬件产品等。王凯关注到母婴亲子类产品的不足,并深耕这一领域,运营至今,微信关注用户积累超过600万,2033个故事内容,总时长超过2万分钟,"凯叔讲故事"已经成为国内一流的儿童内容品牌和全国最大的互联网亲子社群。

"凯叔讲故事"的成功很大程度上也源于频繁的社群互动,通过提高用户的参与感,加大用户的黏性,不但形成了对产品的优化也促发了营销推广。目前,"凯叔讲故事"共拥有超过 3000 个用户微信群,且多数成员是儿童家长。在这些微信群中,核心成员作为管理者维护秩序,"去中心化"被更多地鼓励与提倡。在社群中,用户还可以通过互动,定制"凯叔讲故事"的专属内容;此外,社群还具备了内容测评的功能。在"凯叔实验室"中,用户会对王凯发在群中的故事进行检测并提出修改意见,其后,将根据意见对故事进行修改;此外,"凯叔讲故事"还将社群互动延伸到线下,开办了实体书店——凯叔书屋,提供故事播讲、绘本借阅、幼儿绘画课、英语课、音乐课等多项服务,受到家长及孩子的热烈欢迎,搭建了一个线上连通线下的亲子平台,营造了一个以亲子阅读为主题的家庭社交中心。

由此可见,"凯叔讲故事"已经突破了自媒体,而走向更为活跃的互动社群,通过形式多样的丰富活动,不断调动用户的参与度,加强与用户的联系,进一步满足用户的个性化需求。

五、共享经济模式:剩余资源的利用

当下,共享经济无疑成为互联网最引人注目的经济模式之一,以其独有的理念改变了原有的生产及分配方式,而且对整个社会的思维认知进行了一场深刻的更新,为商业的发展迎来了新的可能。共享概念早已有之,但在传统社会,当时的共享受制于两个主要因素,一方面是空间的限制,另一方面当时的共享需要建立在彼此信任的基础上才能达成,所以无论在范围上还是理念上都与今日的共享经济相去甚远。1978 年,在马科斯·费尔逊(Marcus Felson)和琼·斯潘思(Joel Spaeth)两位美国教授联合

发表的论文中,共享经济首次被提出。简单来说,共享经济就是通过将个体的闲散资源进行整合,个体将使用权暂时让渡以获得一定报酬的商业模式。

全民接入互联网,互联网技术的发展是共享经济诞生的基础。全民的移动化进一步释放和保障了共享经济的前端供给。第三方共享经济平台对线下闲散资源进行整合,完成需求方和供给方迅速匹配,促使双方收益达到最大化。移动支付的全面应用也成为共享经济发展的最佳注脚,存在于供给方和需求方之间的互评机制、动态定价机制,进一步保证了共享经济平台的便利性。在此背景下,国内外一大批以共享理念为核心的互联网企业纷纷建立,它们的出现甚至撼动和颠覆了传统行业领域。比如,优步和爱彼迎可谓共享经济的龙头公司,两家虽都不直接持有任何固定资产,但通过撮合交易的形成,获得了巨大的经济收益。两家成立不到10年的企业,不但颠覆了传统行业生态,更成为当前估值最高的互联网巨头公司。

共享的理念现已延伸扩大到教育、医疗、金融、传媒等各个行业领域,成为推动行业发展的一股新生力量。不断涌现出新的共享型公司,新颖优秀的共享型产品与服务供给也层出不穷。艾媒咨询数据显示,2017年中国共享经济市场规模已经达到57220亿元。

未来的共享经济将在前端进一步整合资源,提升资源的利用效率,并在供给端进一步发力,形成丰富多样的供给样态,共享经济大有可为,值得期待。

(一)过剩资源的利用

共享经济产生的基础是闲置或空余资源,基于闲置或过剩资源的暂时让渡,加速资源的流通性,推动资源再利用效率最大化,为资源供给方与需求方创造价值，使生活更加便捷、美好。近年来，共享经济高速发展，共享已经变成了一个时髦的词汇，越来越多的产品可以实现共享，雨伞、图书、充电宝、汽车、服饰、衣橱，甚至奢侈品、知识等也开始搭乘共享的快车，走上了共享经济之路。共享经济被推到了风口，渗透到生活的多个领域。

提及共享经济，打车软件优步无疑是其中最杰出的代表。优步是全球领先的移动互联网创业公司，为消费者提供出行服务。优步通过搭建平台，整合线下的出行资源，并在出行需求方与出行供给方之间建立链接，车主将闲置的资源共享给别人，不但实现资源的充分利用，车主也能从中获得一定回报；而对于出行需求方，则以较低的价格实现了自身的出行计划，优步作为建立链接的第三方平台也从中获益，最终实现了三方共赢。就这样，由于出行资源供给端的迅速打开，优步重新"定义"了出行方式和出租车行业。自2009年成立至今，优步已将业务开展至70多个国家和地区的400多个城市，成为交通领域的颠覆者。

二手市场，仿佛距离我们的生活已经很遥远了。然而互联网的出现给这个概念带来全新的发展空间。随着共享经济渐进式的拓展，人们已经普遍能够接受共享经济模式，将自己的闲置物品放在二手市场进行交易，也顺理成章受到了广大用户的追捧。既可实现物尽其用、避免资源浪费，也让消费者相对合理地获得资金回报。我国二手闲置交易市场发展潜力巨大，借助互联网的包装，共享经济的这个分支已经成为一个全新的万亿元级别的蓝海市场！

当前，互联网巨头BAT已纷纷入局二手交易市场，此外还有众多创业公司也加入其中，完善二手交易平台将进一步提升闲置资源的再利用效率。以阿里巴巴旗下的二手物品交易平台闲鱼APP为例,在闲鱼APP上,用户可一键转卖个人淘宝账号中的"已买宝贝",还可以自主上传二手闲置物品照片,完成线上交易等。此外,闲鱼APP背靠阿里的资源优势,帮助卖家获得最多的曝光量,最安全高效的支付体系,更快的速递服务,更加安全高效地完成交易。此外,闲鱼还是由一个个"鱼塘"构成的,鱼塘就像闲鱼里一个个小论坛,是基于地理位置和兴趣建立的网上社区,可以理解为相同爱好者的聚集地,既增强了用户的黏性又让用户在一个相对封闭的环境下安全地完成互动交易。截至2016年3月,闲鱼的鱼塘数量已经达到12.5万个,而到2017年3月,鱼塘已增至41万个,进一步捍卫了闲鱼在二手市场的优势地位。[①]

共享经济在加速资源流转,提升资源利用效率,促进资源合理配置等方面发挥了重要的作用。此外,共享经济也为大众实现多种方式灵活就业提供了一种新的可能。比如共享经济下的家政服务,提供家政服务的人员无须是家政公司的员工,也并不要求整月、整年等完整时间段内提供家政服务,而更可能是在许多家庭有某些急切需求的时候提供服务,利用空闲时间赚取部分收入,对于已经退休在家的人员或者拥有空余时间、精力的人群来讲就是一个很好的就业机会。当然服务需求方也会根据服务方的服务经验和过往口碑来决定是否雇用对方,这一点已经成了互联网公司的"标配"。在认识到共享经济为我们的社会生活带来极大便利与改变的同时,我们同样需要思考共享经济发展当前的困境与瓶颈。

---

① 搜狐财经.上亿90后要在这里赚"13薪",闲鱼把二手市场做成了社区[EB/OL].(2017-03-30)[2018-05-28].https://www.sohu.com/a/131109772_635114.

在资本的逐鹿之下，共享经济的某些细分领域呈现了一种"非理性繁荣"，甚至造成了一定的资源浪费，与共享经济提高资源利用效率、低碳环保的初衷、高效便捷的定位相背离。以共享单车为例，据报道，2017年，共享单车共投放近2000万辆，如果这些单车在将来大量报废，将产生近30万吨废金属。那么，如此大体量的资源浪费与环境污染的责任将由谁来承担？这是第一个问题。第二，原本作为低碳环保代表的共享单车，却因投放量过大，占用了大量的城市公共交通，为行人及汽车的畅通出行造成了极大的不便。如果"共享单车"仍旧在缺乏规划的前提下非理性扩张，那么，将不但违背共享单车的初衷，还会造成新的城市交通拥堵隐患。

此外，因个人过剩资源及集体资源界定不清而造成的公共利益受损，也在一定程度上使共享经济的"名誉"受损。比如，中国创业公司拌米网就因个人过剩资源与集体资源含混不清而在硅谷"闯祸"。伴米网是一家提供个性化旅游方案的平台，充分利用海外华人的闲暇时间及丰富的本地化经验，为出境游游客提供个性化的旅游体验。"闯祸"事件发生在2015年9月，脸书的一位华人员工将游客带入至公司参观，并带领游客享用了公司的午餐。最终事件导致三名华人员工被开除。虽然，伴米网的初衷是让游客真实地感受和体验海外生活，但应当明确，共享的资源应是属于自己的闲置资源，而公司的或公共的资源，则不能随意分享并以此获利。这涉及公司的保密问题、公共资源侵占问题，这是共享经济的"红线"，应始终绷紧这根线，各方对此都应高度关注。

共享经济作为一种依托互联网的新兴经济模式，需要始终把握的核心是盘活存量经济,加强对闲置资源的再利用,促使资源再利用效率最大化。而业界则需要认真思考,力避共享经济陷入"非理性繁荣"的怪圈;充分用好闲置资源,提高社会资源的利用效率,降低社会运行成本,探索出一条推动经济结构调整、创造更大价值、最终惠及民生的可持续创新发展之路。

(二)顾客是"上帝"也是"服务者"

共享经济中的参与个体既可以是享受服务的"上帝",也可以是提供资源的"服务者",而第三方平台所搭建的互动互评机制,则保障了交易与消费的顺利进行,通过去中介化和再中介化过程,每一个个体都可以在平台上进行两种身份的"自由切换"。比如,在"滴滴"平台里,我们可以是享受一键叫车服务的消费者,也可以是提供"顺风车"服务的"老司机"。

首先,对共享经济中"人人都可为服务者"作出阐释,这需要完成"去中介化"和"再中介化"两个过程。由于第三方共享经济平台的出现,使劳动者与传统的商业组织相脱离,劳动者或服务提供者可以直接面向用户进行沟通、提供服务,即完成了所谓的去中介化过程。无疑,这将打破过去由于商业组织的高度组织化所带来商品或服务单一化、标准化的瓶颈。

其次,个体服务者"脱离"商业组织后,还需要完成"再中介化"的过程,即再次接入互联网共享经济平台,才能尽可能多地接触需求方。过去,优秀的个体劳动者脱离商业组织往往会有较多的忧虑和牵绊;现如今,由于第三方共享经济平台的出现,能够有效地帮助他们解决办公场地、资金、客源、营销等非常繁多的问题,这样,越来越多的人开始让渡出自己的知识和能力,加入共享经济的时代浪潮中。在这里,他们能够更加灵活地调节服务提供时间，还能使之前在大商业组织中易于被忽视和埋没的能力才华得到进一步彰显，获得更大的心理满足感与成就感。

接下来，我们回归老话题——顾客是永远的"上帝"。以致力于为用户提供特色住宿体验的Airbnb（中文名爱彼迎）为例。爱彼迎起源于两位设计师在艺术展会期间出租自己的床垫，其基础功能是帮助用户预订有空余房间的住宅，其特色服务是租客能在其平台上预订世界各地的特色民宿，收获难忘的旅行和住宿体验。

在平台上完成注册的房东为了在众多竞争者中脱颖而出，"想方设法"地满足"上帝"的需求、吸引他们的关注。为此，有的房东在房屋的布置、装潢上花费更多心思，有的租客则打出"服务牌"，为房客准备详细的入住指南，将最本地化的旅游和餐饮建议加入其中，甚至有的房东还会邀请房客参加他们组织的派对等，力争为游客创设最具本地化和人情味的独特体验，以期赢得租客的"芳心"。

越来越多的房客开始加入爱彼迎，通过线下住宿资源的不断扩充，爱彼迎已经在住宿行业内迅速崛起，其预订量与房屋库存甚至与希尔顿等跨国酒店集团不相上下。截至2018年1月22日，希尔顿酒店总市值为274亿美元，而爱彼迎255亿美元的市值或将证明未来是共享经济的时代。

（三）案例：滴滴打车的共享经济模式探求

2012年6月，滴滴成立。最初的滴滴并无十分明确的战略目标，只是关注到消费者在高峰期间打不到车这个市场痛点，滴滴将其作为出发点，希望通过自身的探索与努力，能使这个行业有所改变。就这样，滴滴通过出租车切入市场。前期安装了"滴滴"软件的司机少之又少，当时，滴滴难以"敲开"出租车企业的大门,更有不少司机认为"滴滴打车"是骗子,在骗他的流量。

在融资多次碰壁之后,滴滴于2012年11月终获首轮融资,来自金沙江创投300万美元。此后,滴滴又获得多轮融资。凭借对市场的精准把握,通过初期以补贴的方式拓展用户规模以及与"快的"的合并,截至2015年,在出租车市场上,滴滴占有率已达99.8%。本着为更多人服务的愿景,滴滴推出了更多元的服务,包括快车、顺风车、代驾等,截至2015年9月,滴滴融资30亿美元。①

滴滴的成功首先来源于技术的突破。滴滴通过供给侧的创新,让供给侧的势能充分释放,依托大数据、云平台等高新科技,不断增强公司的匹配与调度能力,也使供给和需求完成瞬间匹配,为乘客出行提供多样化的解决方案。此外,滴滴还加强了人与人之间的互动与情感链接。滴滴认为这是吸纳整个社会提供供给的核心的因素之一。比如滴滴的顺风车业务的理念就是分享,抱着一颗分享的心上路,顺路带一个人,分享同一段行程,是共享经济的真正的代表。

截至目前,滴滴出行虽还未上市,但已发展为全球领先的移动出行平台;为超过4.5亿用户提供全面的出行服务,日订单突破2500万,成为中国出行领域最具潜力的独角兽企业。

---

① 财经中心. 滴滴快递合并后市场占有率达99.8%[EB/OL].(2015-02-15)[2018-05-28].http://tech.chinaso.com/detail/20150215/1000200032755061423964697595416496_1.html.

第四章 "互联网+"颠覆传统行业

古老的种子,它生命的胚芽蕴藏于内部,

只是需要在新时代的土壤里播种。

——泰戈尔

第一节 传统行业的"互联网+"≠"+互联网"

关于"互联网+"与"+互联网"的不同之处,大家普遍认为这两者在本质上是相通的,但是通过二者在行文顺序上的前后不同可以反映出,它们在具体含义上存在细微区别。主要体现在两个方面:一方面是"逆势创新"与"顺势创新"的创新方式的不同;另一方面是二者在自身优势方面存在的一些差异。

一、站位不同:逆势创新和顺势创新

"互联网+"更多的是强调"逆势创新"。一般来说,电子商务是互联网对传统商业的"反击",互联网金融是互联网对于传统金融业的"反击"。这种由互联网新技术新思维向传统行业的突入

式扩张,对整个传统行业的未来发展具有重构和颠覆式的影响。

与此同时,伴随着"互联网+"这一趋势的兴起,新兴企业与平台逐渐从思维、技术、商业模式等各个方面倒逼传统行业。比如滴滴打车等在线打车平台的出现,暴露出了传统打车行业现存的弊端;支付宝和电子商务的出现,促使着传统零售业的进行人性化服务的改革。大批的"互联网+"新业态就像是传统行业的一面镜子,反射出了传统行业现存的许多问题,看似对传统业态有所冲击,但其实是为传统行业转型提供良机。

"+互联网"则更多地强调"顺势而为"的创新。例如,工业互联网和金融互联网主要是指利用互联网的技术和思维来提高企业为用户服务的效率和质量。比如"传统物流+互联网",物流行业互联网化是基于物流交易信息、车辆调度,资源整合和管理以及大数据分析于一身的平台,用来提高物流运输和管理的效率,以此来帮助第三方物流企业。通过构建基于移动互联网高效地运营"在线平台",从而为司机和货主的交易提供更加优质的保障。同时以最高效的方式,为司机和货主提供最合适的匹配策略,从而推动整个货运领域实现良性循环。这就是在传统行业自身的基础上,随着互联网技术的不断进步,顺势而为地进行创新,其主体依然是行业本身。

二、优势不同,各有千秋

"互联网+"有新技术优势、体制机制优势,以及更广泛的社会、政府和资本的支持,容易形成爆发式的增长。互联网技术是基础,通过技术优势优化用户体验,缩减运营成本,从而吸引更多的消费者。如果再在体制机制上做一些突破，往往会收获意想不到的效果。比如，互联网金融行业在利率管控的大背景下，一些互联网金融产品就能以资金回报率上的小小差异，把原本在银行的庞大存款吸引过来。①

以阿里旗下的余额宝为例，这个曾经处于风口浪尖的互联网金融代表，其收益一度让普通投资者趋之若鹜，成为平民理财的"首选"。货币基金在过去10多年中一直处于不温不火的状态，但是近年来余额宝一经出现，货币基金行业的现状即发生了前所未有的变化。现在国内货币基金的规模大概有1万亿元，其中余额宝一家平台就占到了4000多亿元的份额，因为本质上还是互联网公司，但是通过"互联网＋"的方式与传统基金相结合，二者互相赋能。

相比之下，"＋互联网"拥有的则是存量、行业标准以及公信力等方面的优势。由于外部环境压力尤其是互联网原生企业的压力，以及其自身内部存在的问题和压力，传统企业近来积极引进互联网的新兴技术福利以求提升自己的综合竞争力。"＋互联网"这种形式虽然没有"互联网＋"看起来那样如火如荼，但其实它所涉及的范围和领域并不小。从国际上看，德国的"工业4.0战略"和美国的"工业互联网"等"传统制造行业＋互联网"的形式都可以归为这一类别。

将互联网潜入制造业是互联网深度应用的又一表现形式，无界限、全民化、信息化、传播速度快等互联网特性推动了传统行业创新自身发展模式、整合现有生产资源、提升生产效率，从而全方位实现转型升级。这是典型的"传统行业＋互联网"的模式，

---

① 本刊编辑部.迎接"互联网＋"时代[J].中国建设信息，2015（6）：8-9.

德国倡导的"工业4.0"战略,其根本目的就是要立足德国制造业的坚实基础,发挥自身传统优势,大力推动物联网和服务型互联网技术在制造业的新应用,形成完善的信息物理系统,以求在向未来制造业迈进的时候可以保持优势,从而与美国争夺新一轮工业革命的领导权。

最后是主导者之间存在的差异。根据以上两点不同之处可以看出,"互联网+"的引领者往往是大型互联网企业。在技术、商业模式、资金、人才等方面都是互联网企业主导整个进程。但是,"+互联网"则与之相反,其融合过程主要是以传统企业为主导。①

第二节 "互联网+"教育:技术助推教育方式变革

2018年3月22日,教育部等五部门联合印发《教师教育振兴行动计划(2018—2022)》的通知。这一行动计划的出台,也标志着传统教育迎来了转型升级时期。在"互联网+"背景下,教育与时俱进,将信息技术融入课堂教学,给教学方法带来深刻变革,积极探索更加准确高效的课堂,提高教育教学质量,运用现代技术进行创新教学,精准教学将是每个教师的职责。

随着云计算、大数据、物联网、人工智能等新一代信息技术的快速发展和深入应用,推动人类社会逐渐步入了信息社会和智能社会。人类的生产方式、生活方式、思维方式和学习方式等受

---

① 国际金融报 认清"互联网+"与"+互联网"的异同 [EB/OL].(2015-03-25)[2018-05-22].http://finance.ce.cn/rolling/201503/23/t20150323_4896309.shtml.

到了颠覆式的影响。信息技术不仅仅在改变当前的教育模式,也在为未来的教育提供更多的可能。未来的教育是建立在网络环境下的开放教育的基础之上的,比如前几年出现的"慕课"和2018年刚刚出现的"知乎大学"。互联网时代的教育更加注重学生的个体化和多样性,互联网时代的教育更加注重引导孩子们愉快地探索和学习。互联网时代的教育不再局限于传统教育的受众,而是注重培养终身学习的观念。新的时代背景和新的现实问题对未来教育改革和发展提出了新的要求,同时,也为培养高素质人才、创新型人才、复合型人才提出了更高的要求。更新教育观念,转变教育模式,重构教育体系,培养创新型创业人才,是信息社会发展的必然要求和现实选择。

一、失败的教育模式

(一)当前教育体系的缺陷

缺少创造型人才,教育问题值得深思。这让我们不禁想起了"钱学森之问",为什么我们拥有丰富的教育资源,优质的学生和教师资源,却还总是培养不出杰出人才?虽然这个问题的提出在当时是针对学术研究领域而言的,但在现在的时代背景下,这个问题可以推广到各个领域。换言之,相比于我们对教育领域的投入,相比于我国的人口规模,相比于我国目前的经济总量,为什么经过我们的教育模式培养出来的,具有创造力的人才会如此稀缺?

当前的教育体制有它自身的长处,正是因为在一定时间里持续且高效地向学生输出相关知识,培养专业人才,所以才有我国迄今为止的高速发展。但与此同时,它自身也存在不可忽视的短处，尤其是不利于创新型人才的成长。其中最主要的问题就是大家对教育的主观认识，过于局限和聚焦在"知识"学习上。教师传授知识，学生获取知识，用考试的成绩衡量知识的掌握情况，这些好像就是目前教育的全部内容。"知识就是力量"这句话伴随着一代人的成长，大家耳熟能详。这句话很难说是不对的，但其观点至少是存在一定片面性。因为我们可以反问自己一句，知识就是力量，那么创造知识的力量又是什么？单凭现有的知识就能创造出新知识吗？就能产生创造力吗？其实不然，创造力需要有知识，却也不仅仅是知识。

2017年7月31日，美国《纽约时报》的一篇文章报道了一个有趣实验。该实验源于中国、俄罗斯和美国的教育家正在进行的一项研究。在初步比较了各国电子工程与计算机科学的本科生的"批判性思维"后，教育家们发现了一个有趣的现象。在三个国家的一年级大学生中，中国学生所具有的批判性思维能力是当中最高的。但是，在对三年级学生的批判性思维的能力进行测试时，美国和俄罗斯学生的批判思维能力明显高于他们一年级学生。而在中国，三年级学生的批判性思维能力却低于一年级学生。这个实验可以说明一个问题，中国的大学教育在学生的批判性思维能力的发展过程中似乎起到了负面作用。

在此基础上，我们可以尝试回答一下"钱学森之问"。从上述案例可以看出，现在的学校并不是无法培养出优秀的创新人才。主要是因为在目前的教育模式下，学校在教育的过程中将注意力放在了教授知识上，同时有意无意地弱化了学生创造力的培养。在学校的教育中没有重视和保护创造力所需的必要元素，比如好奇心和想象力，这些能力本是与生俱来的，并不需要老师过多地培养。如果按照这样的思路进一步思考，大学的教育改革所面临的核心问题其实是：学校除了教学生专业知识或技能外，还要营造一种环境，力求保护和鼓励学生的好奇心和想象力，让它们在学生的思维中生根发芽。

（二）应试教育与职业发展的脱节

应试教育往往被认为是以提高学生考试能力为主要目的的教育模式，考试成绩一直受到家长和老师高度重视。这种与素质教育相对应，以背诵和解题为主要教育方式的教育模式是中世纪和现代东亚唯一通行的教育体系，因为它可以通过严苛的培训和考试加速人才的培养进程。但近现代欧美国家在资本主义改革中，素质教育体系出现并日趋成熟，而目前东亚国家仍然坚持考试制度。

一方面，应试教育体制的存在有其合理性。首先，它最大的优势是可以让学生在较短的时间内掌握基本的知识与技能。主要通过老师直接传授的方式，而非像西方一样采取老师启发学生自行探索的方式。一定程度上，这种方式能够节约时间，提高学习的效率。其次，符合中国的国情。中国用于教育事业的资金尚不够充足，还无法为全面素质教育提供足够物质保证。最后，通过应试来选拔人才，对于中国这个人口大国来说，是相对最能体现公平且缩小区域和贫富差距的方式。[①]

但另一方面，应试教育与学生职业发展所需技能存在脱节现象，不能很好地满足新时代下的人才需求。比如，每年的毕业季都会出现"史上最难就业季"的相关报道，但是依然有许多企业存在大量的人才缺口，部分行业人才市场的供需关系处于失调的

---

① 刘恒.地方高校英语教师职业倦怠和自我效能感关系研究[J].现代交际，2017(11)：123-122.

状态。从教育和培训的层面出发，我国一些院校的应试教育模式对于培养具有较强创造性思维的创新式人才起到的作用微乎其微甚至会禁锢和束缚。传统的教育模式在互联网时代到来后，已经无法很好地满足企业的人才需求。在互联网的推动下，未来教育的方法模式、专业设置等环节都将迎来变革和颠覆。

二、"互联网+"教育走向未来

一所学校、一间教室、一位老师，这是传统教育。一个互联网、一部移动终端，不限量的学生，自由选择学校和老师，这是"互联网+教育"。"互联网+教育"可以颠覆传统教育的"固定模式"——由固定教师在固定地点、固定时间内完成固定的学习内容。学生可以借助互联网随时随地、随心所欲学习自己感兴趣的知识，进一步打破限制，拓宽了学习的广度。互联网突破了教育的时空限制和突破空间限制，推动了教育资源的共享，带来了真正公平且高质量的教育方式。

（一）让大众教育真正变为可能

在北京鲁迅故居的小四合院内，著名儿童作家、国际安徒生奖得主曹文轩通过一个远程直播平台为全国的平安希望小学的学生们带来了一堂精彩生动的经典文学课，数百个偏远乡村学校的孩子们在古典文学作品中感受文化的魅力。

优质教育资源与边远贫困地区之间的距离由最初的千里缩小到一屏，网络教育开辟了现代教育的新模式。根据数据，截至2017年第三季度末，全国89.8%的学校拥有独立的多媒体教室。互联网建立的多元化信息渠道极大地提高了贫困地区的教育教学水平,为当地的儿童开启了一扇"未来之窗"。目前,互联网已经成为推动教育公平,促进素质教育均衡发展的重要力量。

比如,学大教育推出的"e学大"平台。据其最新公布的数据,他们的网络教育产品覆盖了1万个知识点、2万多门微型课程,网络和云存储将使这些学习资源突破地区的空间界限,使偏远和欠发达地区的学生也可以通过网络共享资源,进一步促进学习资源的公平配置。过去虽然"有教无类"这句话已经被孔夫子呼喊了数千年,可囿于技术、时空等限制,教育公平仅仅是一种理想,在农业时代只有拥有财富和地位的人才有机会接受良好的教育。在工业时代,高等教育是那些少数考取高分的人的专利。今天,在信息和互联网快速发展的浪潮中,依托不断进步的互联网技术,传承数千年的理想化教育已经开始逐步变为现实。

(二)无边界的教育资源——慕课

2018年初教育部推出首批全国精品在线开放课程。在选定的490门课程中,有超过70%来自国内知名高校并由知名教师领衔。

在线开放课程其实就是中国版的"慕课"(MOOC,英文直译"大规模开放在线课程"的缩写)。2012年被公认为世界慕课元年,2013年教育部就出台一系列政策和指导性文件,中国不少大学在国际著名课程平台上开课。截至目前,我国有460余所高校建设的3200多门慕课上线,数量稳居世界第一,比排在第二名的美国多近1000门。[①]

翻转传统课堂,打破校园围墙,不仅仅是有利于学生跨校选课,还有助于学生打破知识的空间局限,促进高质量教育资源的共享。当大部分课程都可以从教师扩展到不同地区的学生的电脑和手

---

① 张永生.慕课:共享优质教育的新方式[N].安徽日报,2018-01-30(005).

机等终端时，中国教育的东中西部教育资源差异问题就可以有所缓解，所有的学生都可以平等地听到国内一流大学优秀教师课程，并且与他们互动。过去几年实践的成功经验表明，教育部推动了各高校优质资源的流通和联动，为学生分享优质教学资源提供了新的渠道。例如，东西方大学课程共享联盟迄今为止已经让数千万学生受益，其中近1/3的学生来自国外。从这个意义上来讲，慕课未来的发展应该继续从提高质量和促进公平两个方面寻求突破。质量是实现优质共享的基础，公平是实现广泛共享的保障。没有质量的共享是没有价值的，缺乏公平的共享也终究只能是"纸上谈兵"。

（三）教师角色的转变

在"互联网+"时代，不仅教育资源更加丰富，而且学生接受教育的渠道也更加的多元和灵活。除此之外，教育行业的另一个主体——教师的角色也在悄然间发生了转变。

首先，教师这一角色由权威变为非权威，课堂逐渐呈现去中心化的趋势。互联网拓宽了学生的信息来源渠道，传统教育模式下，老师教什么学生学什么，很难提出质疑。但时至今日，信息爆炸的当今社会使学生每天接收大量各类信息，从而生成个人的观点。老师们在传授知识的过程中也需要根据时代的变化和发展不断汲取新的营养从而进行自我革新。在传授知识的过程中由原来的单向传播转为互动性传播，老师不再代表着课堂的权威，而是与学生在讨论的过程中进行思想的碰撞从而推动双方的进步，正所谓"师不必贤于弟子，弟子不必不如师"。

其次，互联网加速了社会的更新速度，要求老师也要时时紧跟趋势。除了学生群体的多样性和学生个体的复杂性以外，教育的复杂性还体现在其行业本身的多变性。这就决定了学生的学习和老师的教学是永无止境的，因此也决定了教学本身也是一个共同成长的过程。只有不断学习和思考，及时更新知识储备，更新教育观念，改进学习和教育方法，才能不被时代的浪潮所淘汰。这也要求教师必须把自己的想法和方法纳入时代的要求，才能尽可能做到和学生共同成长。面对日新月异的社会发展，墨守成规的教师已经无法满足社会的需求。

再次，从信息源转换为信息平台，教师不再是学生获取知识的唯一渠道，而是对学生进行引导和启发。信息技术飞速发展的时代，教师要学会与时俱进，着力激发学生求知的兴趣。从某种层面上来看，这样的教师已经不再是信息的源头，而是逐渐演变为提供信息的平台，他们将原本纷繁复杂的信息筛选、加工、整理，然后带给学生启发。

最后，从园丁的身份转为引路人。老师不仅要教书，更要育人。"广大教师要做学生锤炼品格的引路人，做学生学习知识的引路人，做学生创新思维的引路人，做学生奉献祖国的引路人。"习近平总书记在考察北京市八一学校时如是说。不仅是传道授业解惑，更是人生的引路人，从幼儿园到大学，教师这一角色一直伴随我们从儿童到少年再到青年，这段时间也是人格塑造的主要阶段，因此教师带给学生的不仅是书本的知识，更是生活的智慧。

第三节 "互联网+"旅游：连接线上与线下

一、传统旅游业的脱胎换骨

随着国民消费升级步伐加快，消费者越来越不满足于传统的旅游观光方式。国家旅游局发布的《2016中国旅游投资报告》显示:"2016年全国旅游总投资超过1万亿元,在线旅游超过1000亿元,且在线旅游投资呈现高度集中。在本次发布的报告中,2016年旅游总收入达4.69万亿元,尽管互联网对旅游业的影响不言而喻,但相比国外而言,中国旅游互联网基础仍相对比较薄弱,目前处于信息化、电商化、数字化齐头并进的特殊发展时期。"①

目前,制约我国旅游发展的因素还很多,主要体现在制度不完善、体验性差,信息化程度明显滞后于行业整体发展速度等方面。与此同时,硬件和软件等方面也仍然存在问题,比如旅游信息资源分散,共享能力差,旅游信息资源开发水平低下,服务不够人性化,旅游信息技术相关人才存在大量缺口等也是行业未来发展的瓶颈。另外,交通、住宿、餐饮、旅游景点等资源配置和利用也呈现不均衡的现象。旅游城市的基本服务系统相互孤立,各种配套服务滞后等都导致了游客在旅游过程中经常存在着出行难、住宿难、吃饭难等问题。显而易见,在今天的信息化社会,继续依靠传统方式发展已经不合时宜。②

(一)传统旅游业遭遇发展瓶颈

我国历史悠久、幅员辽阔,旅游资源也因此相当丰富。旅游逐渐走进寻常百姓家是从20世纪80年代开始的,但最初仍然属于奢侈消费,普通人的参与度不高。在传统旅游业中,旅游信息受到传播方式的限制。游客获取途径主要是传统报纸、广播和旅

---

① 中国经济网. 2017年中国"旅游+"互联网产业研究及趋势报告[EB/OL].(2017-06-16)[2018-05-25].http://money.163.com/17/0616/10/CN21BDE6002580S6.html.
② 经济参考报. 在线旅游社交化欲破"上车睡觉下车拍照"[EB/OL].(2014-06-27)[2018-05-25].http://www.banyuetan.org/chcontent/zx/shxw/2014627/105109.shtml.

行社的纸质资料，旅游信息非常浅显且多处于单向传播的状态。消费者只能获取最基本的信息，比如旅游路线、交通工具、价格等。因此，传统旅游行业最大的痛点，归根结底还是信息化程度低，以及其导致的信息不对称、产业链运行效率低下，线上线下难以无缝结合，市场诚信体系无法有序建立等问题。

一方面，就自身来说，传统旅游业信息严重不对称导致乱象频生。每当像黄金周这样的小长假来临时，旅游问题总是占据着各大媒体的头版头条，揭露了目前国内景区存在的各种乱象，游客在社交平台上曝光和投诉的现象也屡见不鲜，比如"青岛天价虾""雪乡宰客"等事件都在网络上引起了轩然大波。原因是国内传统旅游行业经历了很长一段时间的"野蛮生长"，在这个阶段因为信息不透明和供求关系失衡等原因使游客一直处于相对弱势的地位。景点强买强卖，景区餐饮价格虚高等现象都暴露了传统旅游行业的弊端。因此，迫切需要利用互联网、大数据等手段提高传统旅游服务质量。因为互联网本质就是消除信息不对称，甚至可以畅想未来区块链技术的成熟和普及可以让信息更加透明，从而使旅游行业运行更加规范有序，给游客更好的旅行体验。

另一方面，就外部环境来说，以电商为代表的新型旅游对传统旅游业产生了巨大冲击。在电子商务还没有成为主流平台之前，大多数的人外出旅游所需的相关信息主要来源于旅行社。但是现在人们信息的获取来源越加广泛，比如在线旅游平台甚至是社交平台。人们挑选和订购产品都是通过线上手段完成，而传统旅游行业注重线下的商业模式受到了前所未有的冲击。曾经随处可见的中青旅等旅游行业的实体门店如今已经被大大小小的旅游电商平台所取代。

与此同时，电子商务催生了个性化旅游的趋势。互联网技术的应用为各行各业积累了大量有价值的数据，在此基础上可以对游客提供更加个性化和定制化的服务。另外，在互联网时代，供应商整合资源的能力也大大提高，而提供个性化服务的成本大大降低。这就不难理解为什么近年来定制旅游可以迅速发展，且日渐呈现主流化趋势。但是这样的趋势对于行业来说又是一次全新的洗牌期，原本强势的大公司们凭借自身的数据、资金等资源优势可以进一步扩展自己的版图。但是对于中小企业来讲，由于数据的局限导致其定制化产品也许无法很好地对接市场和消费者需求，因此面临着被收购甚至是破产的风险，但是洗牌期也是机遇和挑战并存的，中小企业也有可能在这样的变革阶段实现"弯道超车"。

（二）智慧旅游助力传统旅游业突破瓶颈

智慧旅游是在信息化智能化的时代背景下，通过物联网、云计算、大数据等最新技术，充分提高目前的感知和利用信息的能力，及时传递、整合、交换和利用旅游目的地的各种信息，如经济、文化、公共资源、生态环境、饮食、生活、旅游、购物、娱乐等，使物与人、人与人、物与物之间的关系更加紧密。这样可以大大提高政府和企业的旅游管理水平，提高企业的服务和运营效率，为广大游客提供极大的便利，增强旅游业的体验。这些优势使智慧旅游成为下一波"互联网+旅游"的发展热点。

智慧旅游强调旅游与信息技术的融合，搭建智慧旅游平台，利用"互联网+"的方式介入传统旅游产业。通过沉淀大数据，打造旅游大数据等方式为旅游业的各方参与者提供优质服务。智慧旅游的核心竞争力是通过数据分析获取消费者的市场需求，只有把准市场的脉搏，才可以为目标人群开出对症的药方。

目前智慧旅游系统主要包括以下几个组成部分。第一，智能导览，只要打开手机的定位功能就可以通过手机APP或者微信给自己定制个性化的旅游路线并提供沿途景点的语音讲解。第二，虚拟拍照系统，游客只需站到蓝色背景墙前，选择自己喜欢的景点，根据面前的显示屏调整好拍照位置和姿势，通过手势选择拍照即可。第三，游客互动系统。比如南京博物院的一个展厅里面，放置了很多触屏的背景。可以进行一些问答类小游戏或者信息咨询等互动，可以回答一些与展厅展览的主题或展品相关的益智问答之类。第四是客流分析系统。客流分析系统最大的作用就是可以分析出单个区域的客流人数、客流密度和客流方向。如果密度超过一定数值的时候，就很可能会引起踩踏事件的发生，这就需要及时对人群导流，同时合适的客流密度也会为游客带来更好的旅行体验。

虽然智慧旅游的应用已经逐渐成为行业发展的共识，但是其自身依然存在不可忽视的短板和瓶颈，可以简单归纳为以下几点。第一，数字景区建设没有科学实用的规划和总体框架，没有适合不同层次、不同类型景区的完善建设和运营模式。比如自然风光类景区和历史人文类景区对智慧系统的要求是各不相同的，但现在的数字景区系统大部分无法因为实际情况进行"私人定制"，因此在智能性上会大打折扣。同时，目前市场上的各大智能旅游平台提供商所提供的产品和相关服务上存在明显的同质化倾向。基于其无法适应市场多元化需求的现状，在未来的发展过程中，各个企业可以考虑深耕垂直领域的发展路径，从"大而全"向"大而专"过渡。第二，中国智能旅游项目的规划、建设、投资和运营大部分都是由当地政府主导。许多数字景区的建设和日常运营维护的资金都不能得到充分的保障。因此，未来可以广泛吸引市场和社会力量的参与，拓宽资金来源的渠道。第三，目前我国还没有形成统一的数字景区建设标准体系和行业规范，致使不同标准之间的不协调性和不兼容性的问题更加突出。整体的信息系统缺乏协同与共享，"信息孤岛"现象依然频频出现。因此，未来的发展需要打破现存信息壁垒，实现产业链各环节的互联互通。

虽然经过梳理后发现智慧旅游的未来发展依旧布满荆棘。但是，上述问题的出现是非常正常的情况。智慧旅游本身作为一个新事物，也代表着传统旅游业在互联网时代的未来发展趋势，其出现到成熟总要经历漫长的过程，相信在经过市场洗礼和社会检验后会逐步走向完善。

二、"互联网+"旅游新玩法

对于旅游行业来说"大数据"和"互联网思维"的出现，为传统旅游业注入了新动能。传统旅游业在经历了高速发展的阶段后，市场逐渐趋于冷静，而互联网的加入重新定义了旅游行业。

互联网与传统的旅游业融合发展已经越来越成为一种不可阻挡的趋势，这也是新的时代特点对传统旅游业提出的要求。相关数据显示，目前将近九成的有出游需求的游客是通过网络平台或手机客户端进行相关数据搜索，五成以上的游客选择通过在线平台及手机客户端预订旅游产品，如机票、酒店、门票等。随着我国旅游市场的主力消费人群逐渐向"80后""90后"甚至"00后"青年一代倾斜，在线旅游市场渗透率会进一步大幅度提升。以出境游为例,据统计在 2017 年,每 5 个中国出境游客中,就至少会有 1 位是在手机客户端上进行相关产品和服务的预订。①

与此同时,现代旅游业一直高度依赖大数据、人工智能等技术,用其来满足大规模旅游迁移的需要。如国内旅游网络平台共聚集了近 3 亿的用户,每天都要在线进行搜索、浏览和预订,由此产生的数据大约在 50TB。各大平台可以通过这些数据来了解客人来自哪里、想去哪里、想住在什么地方,直到将客人送到相应的旅游目的地,没有互联网技术是不可想象的。

此外,互联网为打造全域化旅游服务体系提供了基础性和技术性的支持,也是推进旅游供给侧结构性改革的重要工具之一,同时有助于实现传统旅游企业由最初的独享转化为全行业的共建共享。目前,我国旅游业通过运用互联网、人工智能、大数据等新技术将全国乃至全世界消费者的旅游消费需求和现存的服务供给相结合,打造"全域化""全球化"旅游服务体系,并取得积极进展。如携程开发的 SOS 全球救援体系,涵盖全天候呼叫中心、专业的导游领队和当地向导以及遍布全球的专业救援服务供应商。在印尼火山爆发和美国校园枪击案等重大公共安全事件中提供了及时的应急救援,经受住了严峻考验并获得了广泛的好评。

(一)平台化旅游

随着互联网的下半场来临,人们对于互联网的使用度和依赖性远胜于前些年。比如,人们越来越喜欢利用互联网来规划自己的假期旅行。随着顾客的需求,在线旅游服务变得更加复杂和多

---

① 人民网. 2017 中国出境旅游大数据报告 [EB/OL].(2018-03-02)[2018-05-25].http://bbs1.people.com.cn/post/129/1/2/166526825.html.

元,"平台化"特征日益明显。面对这样的现象,许多人一定会问,旅游电商难道不等于互联网平台化吗?

答案其实是否定的,因为随着互联网走进千家万户,用户群体越来越庞大,消费习惯越来越成熟,在线旅游市场将出现一个巨大的长尾。最明显的表现就是消费者对旅游产品差异化和个性化的需求越来越旺盛,旅游平台逐渐代替旅游电商成为用户的首选,这一现象的实质就是互联网技术的不断成熟和互联网精神的不断渗入旅游行业。

市场中目前存在两大阵营:一是以携程、艺龙、途牛等公司为代表的传统OTA(Online Trave Agency,在线旅行社)企业。二是以阿里旅行、去哪儿为代表的在线旅游平台。在以上两个阵营中,OTA公司专注于线下产品的开发,从商业模式来看,这一阵营更像传统的旅游公司借助互联网进行了渠道整合。相比之下,阿里旅行(飞猪)和去哪儿等平台服务提供商拥有更加纯粹的互联网基因,并且真正做到了轻资产,将注意力专注于线上平台建设。线上数据的积累使它们对客户需求更加敏感,平台灵活的商业模式使其更容易整合各类渠道商和旅游产品。从本质上来看,OTA更加倾向于是一种在线旅行社即作为代理商直接与酒店或航空公司等产业链其他环节合作,来赚取利润的商业模式。而类似飞猪和去哪儿等旅游平台,它们倾向于通过整合行业内的中小OTA企业的产品信息,然后面向用户提供各个OTA的线上销售的服务,是连接传统OTA企业和消费者的一种桥梁和渠道。

总体而言,虽然OTA公司在网上旅游行业一直占据着不可取代的地位,但是在线旅游平台的迅速发展使这些公司看到自身的缺陷,以携程为代表的传统OTA企业也在悄然向在线旅游平台过渡。一方面，OTA本身拥有众多线下渠道，其思维方式与"重资产"的传统旅游企业有着千丝万缕的联系，一时难以适应新注入的互联网基因。另一方面，将原本以产品开发为核心竞争力的公司转化为以平台搭建为主的公司，这样的转型并不容易。[①]

（二）社交化旅游

社交化旅游的概念是欧美兴起的，在国内的旅游领域还处于初级阶段，表现形式以团队游为主。随着消费者个性化需求的不断增强，自由行愈发成为一个趋势，而自由行又与社交旅游息息相关。比如，驴友之间的组织、游记的分享等。其实旅游本身有一定的社交和分享属性，而社交和分享密不可分，但目前国内的几大旅游网站距离真正的社交旅游还有很长的路要走。

因为出现时间较短还没有明确的定义，在笔者来看所谓的"社交旅行"是指以旅游为载体，通过团队出游、社交平台分享等手段满足消费者社交需求的旅行方式。社交旅游的形式最早是伴随着社交平台一同出现的，前几年在欧美国家十分盛行，尤其是脸书等社交平台上存在的大量旅游博主，通过更新旅行照片和游记的方式吸引粉丝。最早兴起于欧美是由于欧美国家有相对成熟的旅游产业，但是近年来社交旅游登陆中国市场并产生较大影响。目前，在微博、抖音等社交平台上也出现了大量的旅游博主且粉丝众多。

社交旅游的实质是对生活质量的一种追求，因此用户对低价机票、低价酒店的关注度并不热衷，反而是关注更加适合自己、更具个性或更加新颖的旅游产品。这种旅行方式往往更受年轻人

---

① 陈杰.在线旅游"平台化"趋势明显[N].科技日报，2015-04-22（009）.

青睐，而年轻群体对于社交平台的使用也是相对高频的。

因此，在社交类旅游产品的开发和设计过程中会着重考虑时下年轻人的需求，并结合当下最受年轻人欢迎的社交平台进行推广。比如，因为抖音而成为旅游"爆款"的西安和重庆洪崖洞等，虽然原本就是家喻户晓的旅游目的地，但因为社交平台的助力，吸引了年轻人的目光，激发了年轻人的出游欲望并在旅行过程中、在各大平台上自发进行口碑传播，这样一传十十传百，很快就成为"爆款"，这是传统旅游业无法实现的。

在线社交平台具有聚集流量和较强的渗透性等特征。为什么大家难以接受支付宝开发社交功能，而能接受微信开发支付功能？其主要原因在于，支付宝的社交功能对于用户来说是被强加的，在没有用户社交需求的情况下显得十分多余。而微信的支付功能则是按照消费者的需求自然衍生出来的，两者的因果逻辑存在本质上的区别。而旅游服务平台开发社交功能又和支付宝的情况截然不同，因为旅游这一行为天然具有社交属性，人总是喜欢把有趣的经历与他人分享，所以是在用户的潜在需求的基础上进行开发。

（三）定制化旅游

2016年是中国定制旅游的元年，当年相关创业公司的数量达到数千家。27000家有旅游资质和相关资源的传统旅行社中的大部分也开始进行业务升级和转型。[①] 有趣的是，他们不约而同地将目光锁定在定制旅游领域。面对这一不太熟悉的新业态，我们首先

---

① 国家旅游局. 2016中国旅游上市企业发展报告[EB/OL].（2017-05-22）[2018-05-29].http://tripvivid.com/articles/10397.

要明确,"定制旅游"究竟是什么?

定制旅游是指以客户需求为中心,满足旅行者个性化体验需求的一种旅游方式。旅游企业通过与消费者进行深度交流和沟通,让他们全方位地参与到旅游线路的设计、旅游主题的拟定、配套服务的筛选等环节,并且由专门的旅游定制师根据专业知识提出意见,共同设计出符合消费者需求的高品质方案。由此在大量的定制服务中,寻找不同消费者的核心需求,并逐渐在此基础上进行模块化生产。

传统旅游的核心是旅游资源和渠道资源。如何精准地预测出消费者的出行需求,然后安排一系列的诸如酒店、航班、景区等配套设施,这是打造传统旅游产品的主要方式。但定制游彻底颠覆了这种方式,其核心从最初的资源转移到客户需求。因此行业内在设计定制游过程中普遍遵循以下四个原则:首先是以客户需求为目标导向。其次是注重互动性,使消费者的意见和需求被充分尊重和满足。再次是基于目前旅游市场消费者的复杂性,定制游要满足多变的需求。最后是要体现出明显高于传统旅游的水准,因此定制游的成本普遍较高,且面对的人群也主要集中于中高端收入者;但未来随着模式的成熟,边际成本的逐渐下降,定制游会逐渐成为大众化的选择。

定制游的出现也带来了旅游服务方式的变革。主要表现在互动性方面,消费者不再是被动参与而是主动交流,将自己的想法意见实时反馈给专业的定制师,并融合定制师的意见,形成相对完整和成熟的旅行计划。

随着不同旅游行业消费市场的细分,消费者的要求会越来越细化和垂直,这就需要产品可以随时根据客户需求进行改变。从市场调研的结果来看，定制游的客户通常希望得到高于普通跟团游和自助游的服务。因此需要定制游产品的规划者拥有丰富的专业知识和相关经验，而复合型人才的缺乏也是未来定制游发展的主要瓶颈之一。

目前在我国，一切以客户需求为导向的旅游形态都可以归结为定制游。除了狭义上的私人定制和包团外，商旅定制、特色自由行、主题游等也都在这一范畴之内。其中，主题定制是个极具潜力的市场。主题定制旅游产品又可以根据人群的特点和兴趣进行分类。比如，从人群的角度出发，可以分为亲子游、闺蜜游等；从兴趣爱好的角度出发，又可以划分为体育旅游、电竞旅游以及摄影旅游等。在每个主题领域又可以继续再向下进行细分，如体育旅行中的高尔夫、攀岩、自驾等不同主题，结合不同主体的需求提供最后精准和聚焦的产品是未来的一大发展趋势。因为，在互联网时代，旅游业除了头部的传统跟团游，还有一个巨大的长尾，这是未来定制游发展的一片巨大蓝海。

若将上述这些都规划到定制游潜在市场中，根据目前旅游细分市场规模来看，不难发现这个市场的覆盖面将包括近三成的中产家庭和高端人群。所以定制化旅游是未来旅游产业逐渐细分后呈现的又一大趋势。

第四节 "互联网+"公共文化服务：让群众触手可及

互联网的浪潮不仅仅影响了文化市场和相关行业的发展，同时对公共文化服务领域也带来了深刻的影响。从公共文化服务的供给层面到内容层面再到传播渠道,都可以看到互联网的渗透与影响,同时也可能使传统公共文化服务领域存在已久的问题得到缓解。尤其是各地公共文化服务网络平台的出现,进一步推动了互联网与公共文化服务融合发展的脚步。

一、让公共文化服务带上人情味

长期以来,公共文化服务多是一种"给你做菜"的供给模式,单向投入、服务低端、样式重合。近年来,多地开展起了"菜单式"服务,若"菜单"上的"菜品"不对味,或是"菜品"长期不变,也很难引起民众的品鉴兴趣。而"互联网+公共文化服务"的做法,等于是居民"想吃什么菜自己定",真正让"菜单活起来",自然能更好地对接各种差异化文化需求,让公共文化服务带上人情味。[①]

(一)精准化:满足不同主体的需求

互联网时代,通过"互联网+公共文化服务"的形式推动了政府精准对接群众基本文化需求的新模式,成功打通了政府和群众之间的"最后一公里"。近年来,国家依法制定公共数字文化整体建设体系,构建统一规范、互联互通的公共数字文化服务网络,建设公共文化信息资源库,实现公共文化信息资源和基本公共文化服务的共享。国家支持发展数字化的文化产品,支持运用宽带互联网、移动互联网、广播电视网络、卫星网络等手段提供多元

---

① 济南文明网."互联网+"应成为公共文化服务"标配"[EB/OL].(2016-03-28)[2018-05-29].http://www.wenming.cn/wmpl_pd/yczl/201603/t20160328_3241900.shtml.

化的公共文化服务。这也预示着大数据、人工智能等前沿技术在不久的将来将全面应用于公共文化服务，尤其是需要对人们的需求进行识别并提供对应的精准服务。这些都将带来公共文化服务资源的聚集方式、共享方式、分析方式、互动方式等一系列的深刻变革。

在充分了解群众的真实文化需求后，再瞄准需求进行公共文化服务的量身定制和量体裁衣，更加容易提升群众的满足感和幸福感，从而达到公共文化服务的初心。与此同时，公共文化服务均等化的过程，其实就是政府通过公共文化服务的输出满足大众需求的过程。在市场上，企业常常强调供给与需求的一致性和对等性，其实延伸到公共文化服务领域这个原理依旧适用。如果公共文化服务的输出能够很好地满足大众的需要，那么公共文化服务和资源就没有被浪费。但是，如果公共文化服务只凭相关部门的主观看法或冷冰冰的规章制度提供，而忽视群众的需要，非但会造成严重的公共资源浪费，同时也会让公共文化服务走到"徒有其表"的尴尬境地。这一点在许多基层公共文化服务单位体现得尤为明显，比如之前大规模建设的"农家书屋"，在书籍选择上没有考虑到当地群众的现实需求，使农家书屋的使用率低下，造成了一定程度上的资源浪费。

由此可见，如何让政府在提供公共文化服务时可以听到广大群众的声音，从而制订与之对应的工作计划，变得越来越重要。互联网因为其自身的特性，在捕捉大众需求的过程中有着不可比拟的优势，尤其是在大数据技术日趋成熟的今天。美国一家超市早在十年前就可以通过大数据预测到消费者的需求，并将相关产品的宣传页和优惠券快递给消费者。亚马逊也在很早之前就用大数据技术，分析用户需求从而进行精准推送。可见，互联网和大数据在政府相关文化部门分析群众目前的文化需求时，可以提供强有力的支撑。

在了解群众对于公共文化服务的需求之后，如何进行供给也是未来工作的关键。互联网平台和大数据技术，不仅仅为政府了解群众需求提供了有效的途径，更为我国公共文化事业带来了改革和发展的途径和灵感。目前需要考虑的是，在互联网的下半场背景下，如何在现有基础上对公共文化服务的互联网化进行进一步的升级。通过在知道群众的需求后，用更加人性化、多元化的手段将其他学科的公共文化服务送到人们的身边，这是未来亟待解决的问题。知晓群众的需求只是工作的第一步，满足好这些需求才是根本目标。打造完善的"互联网＋公共文化服务"的模式，可以让公共文化资源"物尽其用"，有效解决现存的资源不足和资源浪费的问题。

公共文化服务的发展直接关系到未来民生问题。在公共文化服务均等化推进的过程中，相关部门需要充分利用新信息和新技术，对公共文化服务的供给方式进行转型升级，这是新的时代背景和发展阶段所提出的新要求。终极目的是使公共文化服务以更加契合新时代的形式，更好地为人民服务。同时，因为网络环境与现实环境存在一定差异，网络环境相对比较开放和复杂。在面对市场利益的强有力吸引时，公共文化服务要"洁身自好"。做到不被市场利益所干扰甚至左右，要对目前文化市场中存在的文化垃圾和文化糟粕有所甄别。同时也不能"投鼠忌器"，因为还需通过市场的活力，激活公共文化服务的"一池春水"。

以"文化上海云"为例，这是一个以打造"一站式服务"为目标的数字公共文化服务平台。平台上涵盖了大量的上海市公共文化相关信息，并力求将一些线下活动转移到线上。同时，该平台还有一个十分完善的 PC 终端和移动应用，使上海市公共文化信息的传播方式更加立体和广阔，也符合现代人获取信息的习惯。目前，"文化上海云"这一平台已经成功覆盖市、区、乡镇、街道等不同层面，共计包含有 547 个文化馆、图书馆、展览馆、美术馆和社区文化中心，成为社会文化机构的公共文化云计算平台。其注册用户累计近 170 万，发布 22.3 万场的各类活动相关信息，总共服务人次超过 2200 万。① 尤其值得一提的是，依托收集和分析当地的公共文化和群众的相关数据，打造的"政府配送、百姓点单、社会主体提供服务"的模式已经初步成熟，并有望成为互联网时代公共文化配送的成熟模板，进行广泛推广，从而进一步畅通享受公共文化服务的渠道。现在，当地政府部门可以通过"文化上海云"这一大数据平台，加强对公共文化服务供给机构的引导，及时按需调整和优化相关内容，提高服务与群众需求的匹配度，以期让公共文化服务进入一个新的发展阶段。同时，当地还依托云平台，推动各级公共文化服务机构和部门积极收集群众的需求，并利用大数据对信息进行归类和分析，深入了解大部分群众的深层次文化需求。从而有效地提高公共文化服务的数字化水平和质量，进一步统筹加强整体规划，盘活各级各类公共文化资源。

（二）拓宽传播渠道，让群众触手可及

当前的日常交流方式已经实现了全面的数据化、网络化、平

---

① 千龙网. 公共文化服务迎来"云时代" [EB/OL]. (2017-11-21) [2018-05-29]. http://www.sohu.com/a/205619891_161623.

台化。国家最新国民阅读调查数据显示，我国 2014 年成年国民图书阅读率为 58.0%，而数字化阅读方式的接触率为 58.1%，数字化阅读方式的接触率在 2014 年已超越传统纸质图书。[①] 但是反观我们的公共文化服务宣传的渠道和媒介，依然主要依靠纸媒、广播、电视等单向度的媒介。传统媒体与"自媒体"时代的信息传播方式在交互性和便捷性方面存在较大差距，且人们获取信息的习惯也在悄然间发生了改变，因此，传统的传播渠道已经不再适应目前的发展现状，甚至会制约其未来发展。在"互联网+"新常态下，文化与技术的融合成为趋势。从目前的发展现状来看，增强信息传播的及时性、生动性和高效性，以及微博、微信等新兴传播和社交工具的导入已经成为未来发展的必然趋势。传播方式上在过去一直存在一些无法解决的问题，比如单项传播缺少互动、传播范围受限等问题，在新技术的加持下都能得到有效解决。

除此之外，公共文化服务所面向的主体逐步由"50 后""60 后""70 后"人群向"80 后""90 后""00 后"的人群过渡。后者的文化消费呈现时尚化、个性化的特征，这使文化事业单位在供给公共文化产品时，面临着新对象所带来的全新挑战。这一点在信息传播渠道上体现得尤为明显。相比于传统的报纸、广播、电视等渠道，新时代的年轻人更加倾向通过网络获取信息，尤其是通过手机移动端，比如微博、微信等。因此，许多政府服务类机构开设了官微、官方公众号等，有效地增加了公共服务相关信息在年轻人中的传播力度，用更加贴近年轻人、更加"接地气"的方式提供服务。

---

① 我国成年国民图书阅读率 [N]. 中国新闻出版报，2015-04-21.

二、公共文化服务的治理变革

2017年7月7日文化部印发了《"十三五"时期公共数字文化建设规划》，对截至2020年的公共数字文化建设做了全面的规划和周密的部署。其中提到在公共数字文化服务网络方面，到2020年时公共数字文化资源总量达到3500TB以上，可供全国共享使用的资源达到1500TB以上。还突出强调其中的特色资源要达到880TB以上。从以上数字可以看出，未来公共文化领域与移动互联网服务融合发展时，可利用的数字资源比例明显提升。

那么，如何利用好现有的丰富数字资源，更好地为人民群众提供公共文化服务？举个简单的例子，比如可以通过大量的数据分析得知哪些公共资源在基层公共文化服务中最受欢迎、使用频率最高，哪些资源一直处于"休眠"的闲置状态，可能已经过时。这样就可以敦促相关部门在提供公共文化服务时更加注重质量，而非一味追求数量。依靠自身的文化资源，通过合理的数据分析并制订完善的计划，为普通百姓创造一个文化空间。在有限的空间里人们可以享受多元的文化服务，感受浓厚的文化氛围。那么，要如何达到这样的理想状态？

（一）向"服务型政府"转变

依靠互联网技术，推进政府部门"简政放权"。简政放权是政府职能转变的重要一环。但简政放权、放管结合等终究只是手段和路径，其最终目的和落脚点还是提供更加优质的服务，从根本上解决群众难题。因此，可以通过互联网平台实现政务信息透明公开，避免了群众四处询问、多次往返的现象。服务型政府的转型，贵在坚持"宁愿自己多辛苦,也让群众少跑路"的服务宗旨。全方位将政务服务的相关信息公示出来,既提高群众办事效率,也提高自身工作效率,减少不必要的资源浪费,同时又接受群众监督,促使各职能部门优化自身的工作流程。当政府的政务大厅不再大排长龙,当服务窗口不再人满为患,当工作人员的服务不再因繁忙而敷衍,政府部门就会有更多的时间和精力来处理核心工作。

智能化的服务手段恰恰可以帮助政府完成"简政放权"的工作,用数字化和技术化的手段代替人工,完成大部分工作。比如,通过建立"互联网+政府服务"平台,实现政府服务向服务创新化、智能化、人性化的方向转变。运用智能数据分析、云计算、人工智能和智能检索等新一代信息技术,实现政府相关管理信息的数字化。在"互联网+政府服务"信息平台上群众可以根据自身的需求和选择进行快速精确定位。平台将基于该用户的在线行为分析所得出的结论与自身资源相结合,更加科学、更加个性地为其定制服务、推送服务,比如,提供基于个人身份信息和历史服务信息的提醒服务;也可以使人们更好地感受到服务的主动性和准确性,比如网上预订、快递服务、网上支付等服务项目。但是,所有的服务项目均需建立一套统一的标准规范和应用条件。比如企业或个人在申请材料时,要明确程序和期限以及相关要求。只要条件达标,材料符合就可以在线完成,并且是在承诺期限内完成。如果不能处理,要详细解释原因,以便下次申请。按照"一号受理、网络转接、协调监督、限期运行、反馈回访、全程监管"的运作模式,解决企业生产和群众生活中可能遇到的问题。

互联网加持下的服务模式相比于传统模式,拓展了服务范围。合理的流程和便捷的申请方式,让人们感受到流畅、高效、有序的网络办公服务。未来,可以进行在线办理的业务全部上网,办事材料可以通过网络上传。电子签章、电子证照、电子档案等的大规模普及,都将极大提高服务效率,同时促进无纸化办公的推进,真正实现政务服务事项的绿色高效办理。各地各部门各统一身份认证平台、共享基础数据库等方式,也将推动实现政务服务申请的"一口受理、多部门并行办理、跨区域办理",进一步解决群众办事难、办事慢、办事烦的现存问题。这一整套平台或系统,以网上办事大厅为核心,打造集移动客户端、微博、微信、支付宝等多种应用渠道的"互联网+政务服务"体系。确保能够在有效满足群众和企业不同的政务服务需求的同时,进一步扩大服务平台的影响力和受众人群,既照顾老年人也兼顾年轻人,既服务城市居民也要深入乡村和偏远地区。

除了上述优势,网络化的政务服务载体还需要加强监管。每一项技术都是一把"双刃剑",大数据和互联网也不例外。在提供了优质便捷的服务的同时,信息数据的安全和网络环境的监管问题同样不容忽视。同时,"互联网+政府服务"平台,提供实时在线留言、公共邮箱、即时通信工具、微信互动、政府热线、人工助手等咨询和监督渠道;将服务时长由原来的8个小时,拓展为全天候的24小时,方便广大群众和企业通过"互联网+政府服务"随时随地进行沟通和反馈,及时发现问题、沟通问题、解决问题。

2014年6月,浙江政务服务网正式上线并开放,成为全国第一个通过构建云平台实现省、市、县一体化建设管理的"互联网+政务服务"平台。开放两年来,浙江政务服务网不但提升了群众办事效率,而且推动了"智慧政府"建设。该网站已经集聚了浙江全省3300余个政府部门、1400多个乡镇,省、市、县行政审批事项全面汇入一个平台运行。① 截至 2017 年 10 月，浙江政务服务网实名登记注册的用户超过 300 万人次，网站平均每天点击浏览的总数也超过了 300 万。同时，该网处理的相关服务申请近 3000万件。这个在线一站式政府服务的平台，已经开始向村一级延伸，努力早日实现省、市、县、乡、村政府服务的五级联动。

（二）大数据助力政府职能转变

数据正在日渐成为人类可以掌握和调节的重要资源。人类社会正在由互联网驱动进入了数据时代。大数据的出现颠覆了互联网思维，为人类认识问题和解决问题提供了新的研究模式，带领我们重新认识了宇宙、物质、生命和社会，并在此基础上，带来了科学技术、管理决策和社会发展的巨大变化。舍恩伯格（Victor Mayer Schoenberg）被称为"大数据时代的先知"和"大数据之父"。他的著作《大数据时代》是对大数据进行的第一次系统性研究，是了解这一全新领域的入门级读物。《大数据时代》前瞻性地指出：大数据带来的信息风暴正在变革我们的生活、工作和思维，大数据开启了一次重要的时代转型。

面对大数据时代的浪潮，公共文化服务体系建设再一次面对挑战。政府相关部门应该为迎接新技术的发展做好充足准备。我们不能被技术的革新推动着向前，而是要努力迎合趋势，与技术的发展齐头并进，为文化的伟大繁荣打下坚实的基础。这就需要政府自身谋求转变：一是转变观念，将公共文化服务体系建设从原来的提供者主导型转变为需求导向型，实现受众细分和服务细分，以求迎合

---

① 网易新闻. 省长开八次专题会推进浙江政务服务网，万余人上网答公众疑问[EB/OL].（2016-06-20）[2018-05-29].http://news.163.com/16/0620/17/BQ17VVJP00014AED.html.

未来群众的个性化需求。二是扩大参与主体,将社会力量引入公共文化服务领域,比如引入优秀企业先进的管理和服务理念,引进社会志愿者等。三是扩大和充实高端技术人才储备。当前的公共文化机构主要集中在图书馆、文化馆和博物馆,这些传统的文化单位缺乏大数据时代所需的拥有数据收集和分析能力的复合型技术人才。因此,加强技术培训和人才引进是非常必要的。

国内学术领域和商业领域的大数据应用日趋普及。从长远发展来看,政府职能转变也可以从大数据入手。同时,对于新时期的公共文化服务体系建设来说,大数据的影响依然不容小觑,这一技术的普及将为整个体系带来新的生机和活力。

第一,大数据技术的运用可以帮助政府提升公共文化服务相关工作的效率。比如,目前有些科技公司通过"爬虫"的方式对公共文化数据进行收集、整理、分析,然后运用这些庞大的数据资源和大数据系统的处理能力以及统计技术,判断出公共文化服务领域提供的各个形式的产品和服务会对市民带来哪些影响。相比于传统方式,它可以更高效、更及时地反馈信息并作出决策。

在公共文化服务领域,有大量纷繁复杂的信息,大数据系统可以为政府决策提供更快捷、准确的信息支撑,并在现有信息的基础上对未来提供具有参考价值的预测。在传统的各地政府公共文化服务满意度评价体系中,普遍采用由专业调查机构对居民进行问卷调查和访谈,并对文化场所进行实地考察的方式。这项工作的核心是引入第三方组织和群众满意度调查,但是过程中肯定要耗费大量的人力、物力和财力。试想一下,如果未来可以开发一个针对公共文化服务的数据分析软件,通过居民搜索"附近的场馆"和"如何去文化场馆"的频率和时间等数据,来分析居民对文化场馆的熟悉度,然后通过移动定位系统来确定居民去文化场馆的最终达到率,进而基于此对公共文化场馆的居民使用频率进行相对准确的估计,这样将有效降低调查过程中的人力、物力、财力等资源成本,并在一定程度上减弱主观因素带来的影响。

第二,大数据技术有助于构建以需求为导向的公共文化服务模式。目前,公共文化服务的对象呈现出基数大、多元化等显著特点。如果公共文化服务的供给不能做到有的放矢,那么不仅会造成资源的浪费,也会导致大部分人的基本文化需求得不到很好的满足,从而不得不抑制自身需求或者转向市场购买服务。在公共文化领域,运用大数据技术建立一个智能分析系统,通过收集数据进而分析群众的文化需求,并基于此提供有针对性的服务,进行后期效果追踪,以期建立需求反馈机制,这将大大提升公共文化服务的效能和群众满意度。

第三,大数据助力政府提升公共文化相关决策的合理性和普适性。2017年,成都市世联广慧科技有限公司利用大数据云平台,将成都图书馆、科技馆、博物馆等公共文化场所的信息资源进行整合,并针对其进行系统的数据分析。在此基础上,成功为市民推送了精准且符合市民需求的公共文化服务项目。同时,经过数据分析得出的结论,也对政府的工作具有借鉴性意义,比如哪些项目更加受居民欢迎,哪些场馆需要改进,哪些服务使居民感到便捷,这些都将为相关部门接下来的工作重点提供很好的参考。

第五节 "互联网+"娱乐产业:打造泛娱乐生态链

中国经济的高速发展使人们日益注重精神层面的消费,大众对于物质的追求已经上升到一种符号化消费,甚至是情感消费层次。这就催生了互联网时代下的一种新的娱乐产业的商业模式——泛娱乐。这一概念最初是在2011年左右，由腾讯首先提出，后来随着其自身的不断完善和成熟，逐渐成为全行业的共识。泛娱乐模式最核心的理念是，以IP（知识产权）开发为核心打破娱乐行业全产业链各个环节间壁垒，构筑泛娱乐生态系统。以腾讯为例，其泛娱乐生态体系十分完善。其旗下阅文集团是IP的主要来源，并进一步通过腾讯视频、腾讯游戏对IP进行全产业链开发，从而实现多领域同时变现。

一、泛娱乐——互联网+领域共生+明星IP

泛娱乐概念的提出是基于文娱产业的全面兴起，从而赢得了资本的广泛关注。自2014年起，以BAT等巨头为代表的互联网企业纷纷入局文娱行业。通过与文娱企业投资、合作、扩展业务等方式，全方位入驻影视、音乐、文学等领域。互联网互联互通的优势，是其天然的优势。那么互联网企业在面对旗下的各类产品与业务时，最先想到是将各类产品和业务串联起来，形成共生共赢。互联网与文娱产业的碰撞发生的化学反应，就顺势形成了泛娱乐模式。泛娱乐出现的另一方面原因是，IP开发的路径日趋多元化。早在2009年，《杜拉拉升职记》电视剧版和电影版陆续与观众见面并引起热烈反响，为IP的多领域开发奠定了基础，并成为受到广泛关注和认可的商业模式。《杜拉拉升职记》模式也被许多文娱企业争相效仿，企业们纷纷开始找寻好故事，并将其改编为电影剧本、电视剧剧本甚至游戏的故事架构。随着网络文学逐渐被主流接纳并产生巨大流量，网络文学作品成为极为重要的IP

生产源，IP的概念成熟并开始大热。《花千骨》《微微一笑很倾城》《三生三世十里桃花》等网文作品都相继成为IP改编的成功范例。由此，泛娱乐模式成为备受认可和推崇的IP开发模式。[①]

（一）多领域共生

泛娱乐的多领域共生模式更倾向于一种生态思维，即打破行业内各环节间的壁垒，打造融合共生的新生态环境。从泛娱乐模式的生态理念来看，知识产权在整个生态处于核心地位。几个由大IP改编的游戏和影视作品获得的巨大成功，使全行业都认识到了IP开发时影游联动这种多领域共生的方式所带来的强大影响力和表现力。同时，也逐渐认识到消费者对于优质内容的渴求。因此，各大文娱企业纷纷开始囤积IP。但随着高质量的IP逐渐成为稀缺资源，内容的创新速度和多元产品的开发速度已经逐渐无法满足泛娱乐产业发展需求，行业中出现了一批粗制滥造的IP作品，使外界消费者对于泛娱乐生态产生了许多负面评价。随着市场和受众逐渐回归冷静，如何提升和丰富泛娱乐作品的内涵，提高产品质量，成为整个行业的当务之急。

在过去的一段时间里，无论IP以什么样的形式或内容进行输出，都更偏向于对产品进行"单一化"开发，对内容进行相对孤立的解读。到了2017年，以腾讯的内容开放平台为例，该平台对媒体输出的文章和视频等内容进行系统的汇总和统一分发。当用户接受到大量自己感兴趣的内容时，其注意力自然而然地被吸引，此时用户也不再单纯地充当"旁观者"，而是可以通过弹幕、评论

[①] 人民网.看融合与扩张加剧之下的泛娱乐产业[EB/OL].（2017-12-19）[2018-05-27].http://cartoon.southcn.com/c/2017-12/19/content_179714539.htm.

区、社交媒体等方式参与讨论，甚至可能将自身也变成媒体进行二次传播。这无形中就造就了2017年整个泛娱乐产业的发展新趋势，即全民关注、全民参与、全民讨论的现象，出现了一批极具影响力的现象级文娱产品。文娱产业中的每个消费者，不再单纯的是进行被动消费，更是一个主动的分享和传播者。

在泛娱乐生态的各个领域中，电子竞技行业与其他领域的结合，表现最为亮眼。随着电子竞技行业的成熟其影响力也日益扩大，原来的职业选手的身份也不再仅仅只是选手，他们成为平台的热门主播、比赛的明星解说，还在各大社交平台上写文章、发视频，与粉丝互动。同时还频频客串各类综艺节目、影视剧。许多大家耳熟能详的明星也不再是原来遥不可及的样子，而是活跃在各大直播平台上，和普通人一样玩着游戏，用更加平易近人的方式与粉丝互动，某种意义上游戏在泛娱乐生态里具有了社交属性。同时，电竞本身也可以作为一个优质IP，其自身具备大量的玩家，和网络文学的读者粉丝一样，都是其开发后期的变现主力。行业中不乏这样的案例，比如《王者出击》等综艺以及《微微一笑很倾城》等影视剧；国外也有许多成功的案例，比如近两年大火的《魔兽争霸》和《头号玩家》等电影。在泛娱乐生态里，受众、角色、玩家等身份都不再单一，而是逐渐相互交融，在内容的生产者、传播者和接受者的多重身份上不停转换。

前几年，《花千骨》开创的影游联动的开发模式大获成功，让许多影视作品涌入了游戏市场，形成了泛娱乐生态最具代表性的一种新型业态。打破了原本处于相对孤立状态的游戏行业壁垒，通过资源的整合和共享，实现了真正意义上的互联互通。自《花千骨》系列产品出现，三年时间过去了，影游联动的IP开发模式越来越被市场接受，并以其为基础衍生出许多开发模式比如先影后游、先游后影或影游同期。有数据显示，由IP改编的游戏总占比近一半，而其中大部分采用的都是影视IP。

影游联动模式是由"游族网络"率先提出的，以推动影视和游戏协同开发为核心的IP开发创新模式。随着互联网用户日趋达到饱和状态，互联网娱乐产业的流量红利逐渐消退。同时，游戏产业尤其是手机游戏行业也随之进入了存量期，用户数量趋于稳定，新晋用户逐渐减少，尽管各大手机游戏开发商在不断地推出新产品，但除了二次元手游和一些垂直领域的游戏新产品外，其他类型的移动手游想要成为爆款变得日趋艰难。面对影游联动这一行业新模式，游戏开发商又获得了一片内容新蓝海。同时基于IP自带的流量效应，让移动手游的变现能力进一步增强，从而盘活整个处于市场冷静期的产业链条。

除此之外，每个游戏一般的生命周期在半年到一年，当然也存在像《英雄联盟》《魔兽争霸》这样长盛不衰的经典游戏。随着互联网的快速发展和现代娱乐方式的多元化，游戏玩家的注意力无法长时间集中，因此游戏的生命周期也在不断缩短。此时影游联动的优势就凸显出来，我国电视剧播出一般会持续3个月左右，这就持续吸引观众和游戏玩家的注意力，既巩固玩家群体又推动了收视率。但是，许多影视开发商为了游戏而开发游戏，不注重质量，反而会起到负面作用。与此同时，这种影视和游戏互动开发的模式对于目前盈利方式相对单一的影视行业和游戏行业来说，无疑是其未来拓展盈利渠道的重要抓手之一。《花千骨》《择天记》《倩女幽魂》等移动手游在市场上的成功都证明了影游联动模式的价值。

影游模式的变现能力主要是依靠粉丝经济。被改编成影视作品的IP在网文连载阶段就积累了大量读者粉丝，比如唐家三少的系列作品。在改编为影视剧的过程中又能通过不同的传播渠道获得一大批新的观众。这些新老粉丝群体在阅读网文作品或观看影视作品后会产生在游戏中进行实景体验的需求。在此基础上推出的游戏产品可以很好地满足观众的体验需求，增强参与感，实现影游的互相赋能。

比如 2017 年的《择天记》，这个网文领域的经典作品，继续以泛娱乐模式进行全产业链打造，经典 IP 和流量明星的组合再一次展现出强大的粉丝吸引力。还有比如《九州海上牧云记》从网络视频平台诞生的原创作品，在爆红后选择与游戏合作，这种先影后游的方式也成为当下影游联动的重要组成部分。同时，随着网络原创视频的持续发力，未来影游联动的"影"，也许就不会局限于现在的电视剧和电影等形式，网络大电影、网络自制剧、网络原创综艺等都有可能成为下一个影游联动产品的内容蓝海。

未来，一个优质 IP 可以通过游戏、文学、音乐、影视等不同形式实现相互融合，以期可以达到粉丝经济的快速增长和变现。同时也可以与新兴的互联网平台合作，如社交平台、内容平台等。用不同的推广方式全方位地扩大覆盖面和影响力，并最终形成一种相对成熟的泛娱乐生态下的 IP 全产业链开发模式，并且可以复制类似好莱坞的"电影工业"。其实泛娱乐生态不仅仅局限于游戏，而是产业链上的所有环节的互联互通，只不过是因为目前影视行业和游戏行业发展势头强劲，所以率先进行了融合。相信在不久的将来，影游联动会发展成为影游音文以及衍生品的全方位联动。

（二）IP 开发是泛娱乐战略核心

1."文化＋科技"泛娱乐解锁民族 IP 开发新路径

20 世纪 80 年代的中国，旅游对于普通人来说还是一项难以负担的奢侈活动，像敦煌这样的民族瑰宝，大部分人囿于现实原因无法到现场亲身感受。但技术的进步带来了影像时代，使许多成年人通过《敦煌》这部电影作品了解了敦煌，让儿童们通过《九色鹿》这部动画作品知道了敦煌。可见，正是通过电影和动画片等现代的传播手段，普通人才能跨越时空的屏障，拉近了和敦煌的距离，也使敦煌成为那个时代的"网红"和"大IP"。①

进入互联网时代，敦煌再次面临新的技术挑战。这可以追溯到20世纪90年代，甘肃省科委支持敦煌研究院与相关单位实施"敦煌壁画计算机存储与管理系统研究"科研课题，当时已经考虑到壁画的脆弱性和不可再生性，设法以其他形式保留这支文化火种。接下来的时间，就是漫长的"心有余而力不足"，技术条件的限制、科技水平的差距以及资本支持的力度，都约束了相关项目的发展。直到最近十年，敦煌壁画的数字化图像精度从75DPI提高到300DPI，才达到了超原大复制的印刷标准。加上丝绸之路重新成为一项战略需求，腾讯这样的企业也适时地进入，愿意承担技术和传播支持的工作，真正开启了以敦煌为核心IP的全产业链开发，比如敦煌的乐舞经过后期处理在视频网站上传播；敦煌壁画被重塑为"敦煌漫画"并进行衍生品开发；手游中也出现了许多敦煌的元素，譬如人物和视觉系统。腾讯用其最擅长的泛娱乐模式结合现代科技手段，在新时代演绎出新敦煌。②

---

① 范周.文化为核，娱乐为表[N].社会科学报，2018-05-31（006）.
② 第四届世界互联网大会分论坛 包容互鉴——网上文化交流共享[EB/OL].（2017-12-04）[2018-05-22].http://www.sxdaily.com.cn/n/2017/1204/c142-6293419.html.

传统文化大 IP 的开发方式，为未来民族 IP 携手科技提供了参考。一方面从商业效益的角度出发，它获得了巨大的收益，并开拓了新的市场。另一方面从社会效益的角度出发，数字敦煌使原本不为人知的文物和考古、原本静静尘封的历史走进了大家的日常生活。同时，除了数字敦煌还有数字故宫、数字长城，这种将现代科技与传统历史文化结合的方式，使虚拟现实、人工智能、云计算等新科技和敦煌、故宫、长城等民族 IP 互相赋能。科技的进步拓宽和创新了传统文化的传播渠道和方式，使其得以更加新颖和平易近人的形象出现在大众面前。而传统历史文化为新科技的运用提供丰富的落地场景，为科技注入灵魂。这些都为博大精深的中国传统文化在现代社会的发展，提供了全新的思路和范式。目前，社会和政府都对传统文化价值有了新的认知，在官方和社会力量的大力推动下，泛娱乐正在迎来参与文化复兴的最好实践契机。

泛娱乐模式与传统文化的融合，其核心目的是通过泛娱乐思维和互联网技术打造能够在新时期焕发出活力的代表我国优秀传统文化的"民族 IP"。但是，有优质的民族 IP 还不足以支撑整个泛娱乐生态体系，必须要有与之对应的完整产业链，必须要有多元化的符合当前受众习惯的传播和宣传渠道，这些都离不开源源不断的创意和互联网技术。与此同时，有部分人认为将传统文化以泛娱乐的方式进行开发，会造成"皮像骨不像"的问题。但这并不一定是坏事，毕竟相比于不变，变化才是永恒的。我国优秀的传统文化之所以能够历经千年流传至今，就是因为这些优秀文化能够适应不同的时代环境，一代一代人用自己的力量赋予文化独特的时代烙印。同时文化本身就是流动的、可塑的、兼容并包的。一个能代表民族文化的 IP，一定是随着时代的变迁而不断成长和丰富的。所以将当下社会的种种新现象、新思路、新方法注入传统文化中，也就是为这些"民族 IP"打上属于我们时代的烙印。

2. IP 开发的"文化＋科技"不等于"娱乐＋科技"

现代科技手段虽然为传统文化的表现方式和传播渠道带来了巨大的变化，但与此同时这些新科技催生的新业态，由于初期的野蛮生长，也滋生了一些行业乱象。尤其是在 2018 年，乱象集中爆发，引起了有关部门的高度重视，并对其中的部分平台进行了约谈和整改。比如一些网络直播平台，快手、火山小视频等，可以看到有数以百计的未成年妈妈的相关视频。因为一些直播平台的推波助澜，在互联网技术和大数据算法的推送下，这些未成年孕妇、未成年妈妈在网络上引起了很多关注，平均每个人拥有几十万甚至上百万粉丝。虽然泛娱乐提倡通过 IP 开发激发粉丝经济，但是这样的"粉丝经济"是以牺牲底线换取的，无法得到行业认可。①

面对现在的 IP 开发乱象，要明确 IP 的本质是一个文化概念而非商业概念，这也是泛娱乐产业如何做到"双效统一"的核心所在。但互联网自出现起一直以"迎合用户"为主要发展方向，却忽视了其自身具有的引领作用。特别是近年来，"只重娱乐、不重文化"的行业风气所带来的消极影响越来越突出。从字面理解，泛娱乐不等于泛娱乐化和过度娱乐化，"泛娱乐"和"泛娱乐化"虽只差一字，内涵却差之千里。泛娱乐是一种商业模式，是一种发展思路，是互联网时代文娱行业的发展共识。但是泛娱乐化则是将娱乐价值扩大到文化的一切领域，把是否有娱乐性、能否博

---

① 范周. 文化为核，娱乐为表 [N]. 社会科学报，2018-05-31（006）.

得眼球变为衡量文化产品价值的唯一标准。娱乐是文化的一部分，但却不是全部；文化需要娱乐，但更需要高于嬉笑怒骂的品相。

波兹曼（Neil Postman）曾对娱乐至死做出了这样的解释："现实社会的一切公众话语日渐以娱乐的方式出现，并成为一种文化精神。人们的政治、宗教、新闻、体育、教育和商业都心甘情愿地成为娱乐的附庸，其结果是人们成了一个娱乐至死的物种。"在新的历史背景下，要以"文化为核，娱乐为表"。这个原则应贯穿 IP 开发的各个环节，切忌本末倒置。

3. 激活泛娱乐，需释放年轻用户的 IP 原创活力

以网络文学为例，这一事物的从无到有，从草根到主流，从不被认可到家喻户晓，甚至重构了中国现代文学的生态。它的发展历程恰恰证明了互联网年轻用户令人惊奇的原创动力。中国网络文学行业媒体平均日更新量超过 1.5 亿字，各大平台的网文作者超过 1300 万，用户规模达到 1.5 亿。[①] 从这些数字上不难看出，近年来网络文学的火爆程度，同时也可以看出其受众之广。而在此网络文学 IP 的基础之上，根据其改编的电影、电视剧、网络游戏等产品也呈现井喷的态势。除了数量多，内容丰富也是其突出特点，题材涵盖内容包括现实题材、玄幻题材、军旅题材、悬疑题材等。与目前我国颇受欢迎的影视剧题材不谋而合，这为其后期的改编和开发奠定了基础。在目前我国各种类型的大众文艺领域，网络文学这个后起之秀率先走出国门受到海外读者的热捧，甚至在欧、美、日、韩以及东南亚等地出现了专门的中国网文翻译组织。

---

① 人民网. 网络文学 20 年：进入"品质为王"新时代[EB/OL].（2018-06-14）[2018-06-16].http://bbs1.people.com.cn/post/129/1/2/167843608.html.

同时，随着智能手机的发展，网络文学逐步进入了以"移动文学"为主导的3.0时代。许多"90后"和"00后"文学新人登上了网文舞台，他们活跃在校园，用手机写小说，并创造了一批极具人气的作品。相关数据表明，阅文集团目前最年轻的网络文学作者是1998年出生，新增作家中30岁以下者占78%，日销售过万元作家中，"90后"占据60%。[①] 这些与中国互联网行业共同成长的年轻一代，正在改变整个泛娱乐生态。他们使受众从最初的单纯消费者逐渐转变为泛娱乐行业的重要内容生产者，是未来PGC（Professionally Generated Content，专业生产内容）主力。除了网络文学，还有后来的直播，和现在正处于风口的小视频，年轻用户成为各大平台的内容创造者。由此可见，释放年轻群体的原创活力是未来提供优质IP内容的保障。

泛娱乐战略的成功，从表面上看是商业布局的成果，但是深究其背后的深层次原因，可以发现这是互联网时代激活和重塑文化的过程。"互联网+"时代，原本被束之高阁的文化变得十分鲜活和亲民，主要原因是互联网最大的贡献不单单是技术，更是基于技术所产生的互联网精神和互联网思维。将现实生活中的权威阶层、精英阶层和草根阶层的界限彻底颠覆，大家平等地在一个互联网平台上沟通交流。也正是基于这些信息能够实现平等交流，人们可以有机会打破过去的所谓程式化和权威化的社会管理，转而实现人与人之间的自由平等的交流、沟通和表达。尤其是对于年轻人而言，互联网赋予他们自由平等的话语权，使他们能够在

---

① 新华网.网络文学出海，会成为中国的"新文化现象"吗[EB/OL].（2017-03-28）[2018-06-16].http://www.xinhuanet.com/book/2017-03-28/c_129520416.htm.

各大平台上找到志同道合的伙伴沟通交流，形成不同的兴趣社区，有助于提高年轻人的原创能力。

4. 泛娱乐到新文创，树立 IP 开发新模式

2018年，腾讯将自己文娱板块的核心概念从最初的"泛娱乐"重新定义为"新文创"，两者最大的区别就是对于 IP 的理解。"泛娱乐"和"新文创"的核心都是 IP，但是腾讯意识到了泛娱乐行业目前遇到的最大瓶颈恰恰来自 IP，由于资本的追捧，IP 的商业价值被无限放大，而文化价值被日渐忽视。所以腾讯提出"新文创"，意在评定 IP 时，标准从最初单一的商业价值的维度，扩展到将文化价值作为考量标准的重要维度。这一变化可以看出，行业已经日渐认清文化才是 IP 的灵魂所在，产业则是文化发展的重要驱动力，二者相互赋能。灵魂与动力，缺一不可。

自互联网普及以来，中国逐渐兴起了 IP 概念，但最初也只是单纯地停留在概念层面。在 IP 变现的道路上一直缺少突破，甚至口碑不佳。之所以会出现上述问题，一方面是因为 IP 本身的文化内涵没有被充分挖掘，甚至是 IP 本身就缺少文化内涵，无法持续吸引消费者，激发其购买欲望，从而支撑起整个产业链条；另一方面也存在着相关产业未能全面融合，各环节间存在壁垒，导致其无法实现规模化等问题带来的消极影响。在资本都想借着 IP 变现快的特点挣一笔快钱时，"新文创"再一次展示了文娱行业巨头腾讯的野心，它要用"文化+产业"的方式重构 IP 开发模式。

关于 IP 自身的商业价值和文化价值的关系可以举一个耳熟能详的例子来进行说明。《西游记》作为最具代表性的中国经典国民 IP 之一，其艺术水准毋庸置疑，但这绝不仅仅是它成为经典并流传至今的唯一因素。《西游记》之所以能成为国民 IP，不容忽视的是其先天具有极高的商业价值。自从它几百年前问世之初,各大书商就争相出版,除了出书各种戏曲形式也对其进行改变,同时出现了相应的剪纸等艺术品,可见古代人早已对《西游记》这个IP进行了全产业链多领域的开发,颇具"泛娱乐"思维。

到现代社会,以《西游记》为主题的影视、动漫、游戏等作品层出不穷。这个作品经久不衰的背后,一定有一个重要原因是《西游记》的故事叫好又叫座,通俗点解释就是——好卖。现在的影视出品公司、游戏开发公司,面对一个IP也会做出同样的考量,即这一IP的开发是否会带来相应的经济效益。在IP开发过程中注重经济效益并不意味着单纯的"逐利",也正因为这些商业行为的推广,才可以使《西游记》的受众范围不断扩大,被不同的形式进行表达,并最终变得家喻户晓,如动画片《大闹天宫》、'86版《西游记》电视剧、电影《大话西游》,甚至还有《龙珠》《最游记》这些国外演绎的版本。但是为什么《西游记》可以跨越时间空间、跨越文化差异,在不同时代和国家都被认为是一个好故事?最根本的是,不管孙悟空说的是汉语还是日语,不管他念的是台词还是京剧对白,他所代表的自强不息精神才是IP最本质的文化内核。在不断被演绎的过程里,这部诞生了超过500年的作品,已经远远超越了吴承恩最初创作的传奇话本的内容。一次又一次的改编和演绎,不但带来了丰厚的经济效益,还将自身的文化内涵不断丰富。可见一个好的IP,商业价值和文化价值一定能产生强大的共振。

二、泛娱乐与粉丝经济

"粉丝经济"通常是指商家通过激发粉丝的购买欲望,获取经济效益的商业模式。一方面粉丝经济的核心是针对粉丝追随的明星、名人等推出粉丝定制产品，从而实现精准营销。另一方面也可以理解为利用明星效应促使粉丝进行消费，主要是抓住粉丝对明星其人其事的追随与喜爱的心理和情感。在粉丝经济逐渐成为主流的今天，IP就像是站在舞台上的明星，它可能是一个游戏，一个角色，一首歌，一个作品，甚至一个名词。通过在某个特定领域的成功或突出表现，吸引了众多粉丝的眼球，而后对粉丝群体进行一定时间的沉淀和运营，最终让粉丝获得心目中的归属感。于是当这个IP推出其他领域的衍生产品时，相比于普通用户粉丝就会展现出更加强大的购买力，从而形成具有一定规模的市场。

（一）什么是粉丝经济？

中国的"粉丝经济"可以追溯到2005年，那一年湖南卫视举办的现象级选秀节目《超级女声》，催生了包括李宇春、张靓颖等偶像，也催生了一大批新生代粉丝，使"粉丝"这个词出现在大众的视线中，并逐渐成为一个社会群体的标签。在《超级女声》的赛程中，主办方与中国移动合作，粉丝可以通过短信为选手投票，由此产生千亿级的费用，因此2005年可以看作中国粉丝经济爆发元年。2006年末，全球首个以"粉丝"为主题的节庆在中国正式创立。其主办方曾明确地表示这一节庆活动举办的主要目的在于培育本土健康的"粉丝文化"，撬动潜力巨大的"粉丝经济"。2009—2012年，互联网行业处于上升期，信息呈现出去中心化和零散化的特点，在人与人相互交往的过程中，逐渐呈现出裂变式的新型传播状态。由于各大平台的出现，人与人之间的点对点联系方式被打破，转化为一对多和多对多等形式。基于此，粉丝群体的数量实现爆炸式增长，为粉丝经济的未来发展奠定了坚实基础。如今在进入互联网的下半场后,粉丝不再单纯地意味着影响力和号召力,还意味着庞大的市场和日趋提升的消费能力。各大平台和商家正在努力打造IP,扩大粉丝群体,打造完善的粉丝产业链,寻求多元化变现的可能,并最终形成真正意义上的"粉丝经济"。①

从产品营销和用户管理的角度出发,"粉丝经济"是基于用户黏性产生的,并且可以进一步提升用户黏性。用户黏性就是指消费者和企业之间的互动的频率。企业之所以注重维护用户黏性,就好比我们日常生活中注重社交,注重维护好人际关系一样。用户黏性包括以下几个方面:一是顾客对品牌的依赖度;二是顾客对品牌的忠诚度;三是顾客对品牌的使用频率。一般情况下,用户黏性和品牌价值呈现正相关关系。用户黏性越好,品牌价值越高,反之亦然。维护品牌形象的重要途径就是增加用户黏性,维护IP形象的主要路径就是维护粉丝黏性。只有粉丝与IP本身的互动处于比较频繁的状态,才有可能进一步激发粉丝的消费能力。而粉丝黏性的提升,在目前的条件下最有效的方式是借助粉丝社群的垂直性和交互性的特点。在此基础上,可以使粉丝逐步形成规模的同时加强粉丝互动,最终实现粉丝黏性的维护和粉丝经济的开发。

从网络营销的层面来看,"粉丝经济"与人们常常提到的口碑营销在某种程度上十分相似。口碑营销,是指在品牌建立的初期,企业通过提升自身产品质量,丰富宣传渠道使消费者自发通过现实中或网络中的社交圈将自己的品牌、产品和相关服务的信息传播出

---

① 李文明,吕福玉."粉丝经济"的发展趋势与应对策略[J].福建师范大学学报(哲学社会科学版),2014(6):136-148.

去。简单来说,口碑是指消费者在进行消费后对于产品产生的正向评价。在产生良性口碑后,消费者通过不同的社交平台和渠道将良好的口碑在自己的社交圈层中进行传播,我们可以称为口碑传播。口碑营销基于这种口碑传播的途径,实现自我营销推广的现代营销方式。"粉丝经济"很大程度建立在消费者和受众的口碑之上。在粉丝群体中,进行口碑传播最终达到营销的目的,从而产生"粉丝经济"。IP的口碑主要依靠粉丝的力量,通过多种渠道进行分享,对IP本身及其系列产品产生良好口碑的发酵,提升与优化IP的品牌效应,进一步扩大影响力,从而获得相应的经济效益。

综上所述,在笔者看来"粉丝经济"的本质是一种精神消费。它是一种由自身某种精神或心理需求而引发的消费类型,其载体产业应为文化产业,其经济类型则属于注意力经济。因为,粉丝经济的主体——粉丝追求的是一种精神与情感层面的诉求,而非纯粹的物质需求。"粉丝经济"使消费者获得的不一定是商品,而有可能是人心。所以从某种层面上来讲,随着粉丝经济未来发展日趋成熟,其精神属性有可能会演变成为一种粉丝文化。

(二)粉丝经济助推泛娱乐产业发展

粉丝经济作为近年来的新生事物,一直保持快速发展的状态,并一度成为市场热词引发了行业的广泛关注。粉丝经济的未来发展依旧以互联网为基础,同时为未来的泛娱乐产业提供了新的发展方向,粉丝经济也日趋成为泛娱乐商业模式的重要支撑。因为泛娱乐产业的核心是IP,而未来IP的变现主要依靠的就是其自身的粉丝经济,粉丝黏性越大,变现能力越强。

粉丝经济与泛娱乐产业联系密切,涉及电影、电视、综艺、游戏、直播等领域。相关产业数据显示,从2011年到2017年,我国泛娱乐产业的总产值从 1888 亿元上升到 5000 亿元，最直观表现的是电影票房市场，这几年一路高歌猛进，创造了无数的票房奇迹。此外，互联网巨头们纷纷入局，传统的娱乐产业大亨们也在努力向互联网行业靠拢，全行业呈现出新的发展势头。

"粉丝经济"给整个泛娱乐产业带来的最直接的变化就是 IP 的商业价值的估算模式。在"互联网+"的时代大背景下，IP 的商业价值可以基于互联网上的数据被无限量化。比如，"今日头条"就是一个十分善于利用互联网数据的平台，他们整合了某个明星的微博热搜频率、品牌代言频率及其类别等，并进一步作出归纳和分析。基于这样的"大数据分析"，就可以更加直观和清晰地将该明星的"人设"定位和品牌的广告相连；并可清楚地知道该明星的粉丝群体主要集中于哪种人群，以及其吸引粉丝的方式和特质也一目了然。

泛娱乐倡导的 IP 的多领域跨界开发，使许多优秀的作品具有快速吸引大量粉丝群体的能力，并通过自身的粉丝效应、针对粉丝的营销推广活动，对其系列产品的消费催生出更加具有影响力和规模的粉丝经济。2015 年，腾讯原创的国产动漫作品《尸兄》上线，推出两年来浏览次数超过 70 亿，让开发商看到了其背后庞大的粉丝群体，所以开始筹备后续的电影和游戏等相关产品，以期进一步激活粉丝经济。2016 年 IP 大剧《微微一笑很倾城》开始在各大平台热播，同时开发商还与同期品牌游戏《倩女幽魂》合作，在游戏中植入电视剧的剧情，在电视剧中植入游戏的内容，为游戏带来了一批新的粉丝，也扩大了电视剧的影响力。数据显示，在电视剧开播后游戏玩家的数量创造了前所未有的历史新高，再一次印证了 IP 强大的粉丝号召力。

虽然IP的热度持续了几年并未见颓势，但目前市场上的大多数IP的运营模式仍然停留在初级的粗暴收割阶段。而市场和资本以及消费者对于IP的认知也逐步走向成熟，打造明星IP的粉丝经济逐渐成为泛娱乐产业未来发展的行业共识，因为这是IP商业化走向成熟的必经之路。从我国的国内市场来看，粉丝日趋个性化的娱乐需求为步入瓶颈期的娱乐产业带来了创新的动力。但由于行业整体的创新能力不足，导致粉丝经济的潜力并没有被充分地开发出来，未来仍有巨大的发展空间。

虽然粉丝经济进一步推动了IP的发展，粉丝的不同需求使IP的定位逐步清晰和精准，也让资本的投资目标更加明确。与此同时，粉丝经济也给目前的泛娱乐产业带来一些负面影响。由于市场对IP的商业价值和变现能力过分追求，IP本身对市场的依赖日趋严重，许多原创者因为各种现实原因缺乏独立自主开发的能力，因此不得不迎合资本和市场。这些因素都导致泛娱乐产业的主体——内容或者是IP本身，逐渐沦为商业价值的附属品，就导致了资本因为其"逐利"的本性而催生了大量的粗制滥造的作品。

第六节 "互联网+"文物保护：赋予文物第二次生命

在信息化时代，网络平台已经成为人们交换信息和文化传播的重要手段和渠道，整个文化传播的环境随之产生变革。随着数字化技术与新媒体技术的成熟，以及计算机、智能手机与网络的广泛覆盖，数字化和信息化带来的革命正在席卷全球。这场看似距离我们很遥远的技术和思维的革命，正深刻影响着人们生活的各个方面。博物馆文化资源的数字化保护与开发已经成为文化传承与创新的有效和必要途径。2016年，国家文物局、国家发展和改革委员会、科学技术部以及财政部联合发布了"互联网+中华文明"三年行动计划，并在此基础上开展一系列的活动，初步形成了多部门合作、多措施并举、多领域融合、多模式合作的良好开局。未来，如何运用网络平台更好地传播中华优秀传统文化，是博物馆文化传播亟待解决的重要议题。

一、探索"互联网+"时代的文物保护之路

文物是人类在社会不断发展和变迁的过程中遗留下来的，具有文化、艺术、历史和科学价值的印记和证明，它是前人留下的不可复制的珍贵遗存，其社会价值和文化价值不言而明。因此，这些宝贵的历史遗存，需要我们对其加以保护，确保其进一步传承。为此，我国还专门出台了相应的文物保护法，将文物保护这一重要命题提高到法律层面。当"文物保护"遇到"互联网+"，他们一个是标准的传统文化，而另一个是新兴的现代行业，二者的碰撞和融合会产生怎样的新的火花，值得期待。

（一）"互联网+"中华文明，让文物走出"深闺"

1. 你有多久没去博物馆了？

你有多久没去博物馆了？你对博物馆的认知，是否还停留在古老、肃穆的展厅等"旧思维"上？博物馆总给人以严肃、厚重之感，常常令人敬而远之。街头随机拉住一些路人问到是否经常或者喜欢参观博物馆，得到的答案想必以否定居多。移动互联网时代，如何以符合年轻受众的方式唤醒公众对博物馆文化和中华

文化遗产的热情与关注，发挥博物馆在文化传承与建立民族自信上的重要使命，显得尤为关键。

早在2016年，国家文物局发布的《"互联网+中华文明"三年行动计划》中就明确提出：要把互联网的创新成果与中华传统文化的传承、创新与发展深度融合，深入挖掘和拓展文物蕴含的历史、艺术、科学价值和时代精神，彰显中华文明的独特魅力。

由于在商品经济时代缺少市场价值和使用场景，加之多以"口耳相传"的形式进行相传，不少宝贵的文化遗产都濒临失传的困境。而以技术为内核，"今日头条"为非物质文化遗产在移动互联网时代的传承与发扬提供了新的思路与创新模式。"今日头条"的内容精准分发依托于AI Lab的人工智能技术，可将优质的传统文化内容推送给匹配的受众。得益于强大的信息分发和传播能力，包括"非遗"在内的中华传统文化得以深度触达更广泛的用户群体，让原本逐渐淡出公众视野甚至濒临失传的非物质文化遗产以更加鲜活、灵动的方式，传递给年轻受众。目前，知名文物学家马未都、天津传统木工手艺人辛全生都开通了头条号，通过"今日头条"平台展现中国传统文化的博大精深和巧夺天工，赢得用户普遍好评。而推广名著《红楼梦》的头条号"少读红楼"则让越来越多的"95后"通过手抄本的形式，重新感受到中华古典文学的出神入化。

此外，抖音也一直致力于通过"音乐+短视频"的形式，吸引广大用户尤其是年轻群体关注中华文化瑰宝。2018年国际博物馆日，文物创意视频《第一届文物戏精大会》在抖音平台上的播放量累计突破1.18亿，点赞量超过650万。这一播放量数字相当于大英博物馆2016年全年参观总人次的184倍。据了解，抖音已推出全新栏目"传统文化了解一下",将持续扩展并深耕传统文化垂直领域,从国画、书法、戏曲等八大领域切入,将传统文化融入抖音用户的日常创作中,以更加符合年轻人表达习惯的创新形式,让传统文化走进用户的日常。

2."互联网+中华文明"成为发展新蓝海

"互联网+中华文明"有潜力成为传统文化领域未来发展的新蓝海,主要有以下几点原因。第一,我国传统文化资源禀赋相对独特。中国作为有着5000余年历史沉淀的世界文明古国,其文物资源十分丰富。经过普查所记录在案的不可移动文物有76.7万处,可移动文物有1.08亿件/套。[①]从绵延不绝的长城到各色古遗址,从作为世界奇迹的秦俑到徐徐展开的"清明上河图",这些文化瑰宝拥有着无可比拟的历史价值和文化价值。第二,基于上述丰富资源以及其目前尚不成熟的发展现状,可以推断出其未来的发展潜力巨大。目前,我国正在实施的网络强国战略和"互联网+"行动计划,都展现了国家对于促进互联网和经济社会融合发展的迫切要求。这就要求,在传统文化领域进一步推进文物资源的数字化,并将相关数据开放共享。互联网的飞速发展,单纯靠技术是远远不够的,还需要大量的好故事和优质内容,传统文化刚好可以满足这一需求,这些都是"互联网+中华文明"计划未来发展的优势所在。第三,消费者的需求日趋旺盛。新时代中国社会主要矛盾是人民日益增长的美好生活需要和不平衡不充分的发展之间的矛盾,人民对美好生活的需要从传统的物质需求逐渐扩展到

---

① 搜狐网."互联网+中华文明"将成风口[EB/OL].(2017-12-07)[2018-06-02].https://www.sohu.com/a/209229353_226408.

更加广泛和高层次的精神需求。

（二）文物是属于民族文化的大 IP

有人曾说："一个民族的文化史其实就是一个民族的 IP 史。"因为文化是人类所有物质精神的总和，绝大多数的文化产品随着时间的流逝都会逐渐被抹平。经过时间和历史的大浪淘沙，最后留下来的传承到今天，往往就可以作为 IP。因为其不仅承载了中华民族的文化基因，更是一种民族精神的显性表现。文物作为传统文化和历史的物质载体，它本身就可以看作一个民族文化的大 IP。

在过去的几年中，IP 是文化产业领域非常风靡的一个概念，尤其是在影视以及游戏行业。IP 作为一个舶来词汇，原意是指知识产权（Intellectual Property），而目前在中国，我们谈论的 IP，往往是使用它的引申义。即 IP 是经过市场验证可以承载人类情感的符号，这是由腾讯的程武首先提出的，并逐渐被业界和学界认可。从这个定义中可以抓住两个要点。第一，IP 并不是冷冰冰的符号，它具有情感内核。这也是 IP 之所以会具有社会价值和文化价值的基础。第二，IP 的产生和发展要经过市场检验。这个定义，一方面在客观上说明了 IP 自身具备的商业价值，同时也解释和印证了 IP 所承载的情感，不是单体的情感，而是大众集体的情感，因此才可以通过市场的考验。而文物恰恰跨越了千年，承载了一代一代中国人的民族情感和价值观，因此文物是民族文化的大 IP。

（三）文物衍生品受追捧，让文物"活起来"

博物馆衍生品是与博物馆相关联的一种文化产品，和博物馆的收藏、展示、研究等有着很强的关联度。它在博物馆中是不为专业的专业，属于博物馆中的"另类"。因为它是让观众"把博物馆带回家"的具体而实在的内容。显然，这些衍生品与博物馆的藏品和博物馆的展览之间有着特别的关系，它们或是博物馆的镇馆之宝，或是某个展览中的代表性作品，而这些作品的意义和价值反映了博物馆的社会影响和知名度。因此，世界上很多博物馆都设计和生产了许多衍生品。这是一种潮流，反映了博物馆发展的水平和高度。

近年来，国内的博物馆也很关注衍生品的开发和生产，博物馆的商店因此而丰富起来。客观来说，目前各级博物馆中衍生品的开发和生产还只是处于初级阶段，有个别产品获得了社会关注，但不具有普遍性。实际上，博物馆的衍生品能够成为"时尚潮品"的可能性非常有限，因为它的局限性也正在博物馆之上。核心问题是："时尚""潮"都不重要，重要的是与博物馆的关联及其关联度。

可以想象的是，没有一流的博物馆，就没有一流的产品；没有一流的展览，也不可能有一流的衍生品的设计。博物馆的衍生品与博物馆的藏品、展览之间的关联是最为浅显的道理，可落实到现实之中，如果没有足够影响力的藏品、没有能够让城市居民趋之若鹜的展览，衍生品的开发就没有根基。

当下比较热门的博物馆衍生品的开发正形成影响博物馆主业的潮流，其实际上走入了一个误区。事实上，能够吸引公众关注让人们真正将博物馆带回家的产品非常少。当然与过去相比，我们看到了进步和成长，但是也必须看到自身的不足。

第一，博物馆缺少自觉。在一些博物馆高度发达的国家，不管是文创，还是衍生品都关系到许多博物馆的生存。比如像荷兰的凡·高博物馆与巴黎的罗丹博物馆，其衍生品的销售是博物馆生存与发展的重要经济支柱，大概占到1/3。而衍生品的内容也有很多，包括专业复制和授权等。

第二，衍生品的开发依附于藏品和展览。因此要求博物馆能够有具备广泛知名度而又能被公众所接受的藏品，比如，卢浮宫有《蒙娜丽莎》。哪怕是像荷兰海牙的皇家博物馆只有一件著名的维米尔的《戴珍珠耳环的少女》，就足以让博物馆处身立地。可是，我们缺少像凡·高、罗丹这样具有广泛知名度和国际影响的著名画家，如此，与之相关的衍生品开发就成为问题。

第三，停留在衍生品的通用性的层面，缺少有针对性的开发。中国的不少博物馆一年往往有几十个展览，而有的只办一两周，如果对其中每一个展览都进行衍生品开发是不实际的。国外绝大多数博物馆一年就办几个临时展览或一两个特展，所以，有可能针对展览而开发与展览相关的系列衍生品，有的展览衍生品多达数百种。我们的衍生品则显得缺少与展览的关联，有的也只有几件、十几件而已，没有系统性。

国外一些做得好的博物馆，与展览相关的衍生品的开发是常规的手段。因此，配合展览的开发往往会提前一年左右，等到展览开幕，展现在人们面前的是一个与展览相关的延伸，是一个系列的产品线。而这一系列产品会带动人们去关注博物馆中的展览，因为这些衍生品展现了展览中最精彩的内容和展览中最有代表性的展品。

博物馆文创想要做好难吗？其实很难。首先，你需要有一个吸引人的创意，这个创意要具有文化内涵还要兼顾功能需求，这是做好衍生品的关键。其实，就需要进行市场分析。没有商业价值和市场受众的创意，就没有实现的基础。因此，需要一个懂得市场的团队来进行市场调查并分析得出结论。最后，专业化的运作比如宣传、推广等是必不可少的。所以，做好博物馆文创作品，绝不能仅仅依靠博物馆。但是很遗憾，目前行业都看好文创产品的市场，却没有人愿意花很大的精力和成本真正地去培育其专业的创意团队。不过，相信在不久的将来，年轻的网生创意群体会为这个行业注入新的活力。

二、案例：故宫博物院

2016年下半年伊始，一个新颖的H5火遍了朋友圈。这是来自腾讯创新大赛的"Next Idea × 故宫"的《穿越故宫来看你》。在这个H5中，在博物馆的画像上一脸严肃的朱元璋皇帝，打破了人们对他的固有认知和刻板印象。配合着说唱的节奏，一边律动一边自拍、发朋友圈并进行互动，再搭配改编过的现代诗《但愿人长久，千里共VR》，让人眼前一亮，耳目一新。这个作品中还夹杂了动漫表情、智能硬件、游戏创意等现代流行元素，并且很好地诠释了故宫一贯的"卖萌"的风格。从此故宫这位即将迎来600岁生日的老者，在互联网的加持下迎来了新生。

（一）电商渠道：故宫淘宝

《穿越故宫来看你》并不是故宫第一次"藏品活化"的尝试，近几年来，故宫博物院一直都十分注重其数字化的活化开发，不论是游戏创意，还是各种周边文创产品的设计和销售，故宫都有所涉猎。"故宫淘宝"的官方企业微博一直持续着充满个性与创意的风格，有的是将历史人物卡通化，比如道光皇帝的"奥特曼"手势、李清照的"剪刀手"、康熙皇帝戴眼镜等，有的则是十分有个性的推广文案，比如2017年"故宫淘宝"的一篇卖骨瓷杯子的文章《她比四爷还忙》，不仅是一个创意十足的广告，同时也用生动幽默的语言风格为人们普及了历史。故宫一改博物馆传统的刻板、枯燥的宣传方法，抓住时代的特点和年轻人的兴趣点，用现代、活泼的表现形式，让原本严肃的传统文化变得更时尚、更接地气，让紫禁城里的文物活了起来，活在网络世界。

（二）技术手段：数字故宫

首先，科技助力故宫建筑和文物的修缮。随着计算机技术的发展，采用各种数字方式记录和保存数据已经成为当今古建文物预防性保护的一大方向。近年来，故宫应用三维影像技术，快捷准确地采集古建信息，得到直观全面的三维数据，同时利用VR技术为研究人员建立可视化展示平台，应用于虚拟修复、研究等多个方面。不仅对古建筑修缮采用高科技，对文物也是如此。故宫成立了世界第一所文物医院。文物医院汇集了200多名文物医生，故宫针对这所文物医院建了23个科研实验室，支撑230种文物修复的平台。为文物医院配备了先进的科学仪器，比如分子结构分析设备、三维打印设备、热电能处理设备、造纸纺织纤维分析仪、逆光扫描系统。

其次，打造数字故宫平台。作为全世界博物馆里最强大的数字化平台之一，数字故宫社区功能还在不断完善，如公众教育、文化展示、参观导览、资讯传播、社交广场、学术交流、电子商务，同时还在尝试增加其互动性。此外，故宫端门的数字博物馆，采用声光电技术，紧扣故宫的文化、古建筑，深入挖掘藏品信息，将之展示给参观者。

最后，科技拓宽了故宫的传播渠道。截至2018年5月，故宫博物院有官方网站、微博、微信以及9款APP，其总下载量超过600万次，每款APP都是当月、当季、当年苹果商店免费教育类的最佳 APP，甚至还获得过德国著名的红点 IF 设计奖。

（三）影像资源：虚拟展示

在充分利用技术展示文化的方面，故宫不仅在网站开设"虚拟展厅"，还制作了相当精彩的影像作品。故宫文化资源的数字化应用研究，大多利用目前处于前沿地位的数字化技术。以虚拟现实作品为载体，全面、直观、翔实地对故宫古建筑及文物的三维数据进行记录。目前已经完成五部大型虚拟现实作品，即《天子的宫殿》《三大殿》《养心殿》《倦勤斋》《灵沼轩》。从历史建筑风貌的再现到琳琅满目的文物展示再到非物质文化遗产的重现，以及浓厚历史文化氛围的营造，都吸引人们对故宫的文化内涵进行不断的深入探索。

第五章 "互联网+"引领新业态

网络正在改变人类的生存方式。

——比尔·盖茨

第一节 互联网产业的新业态

一、"网生一代"

(一)依附互联网而生的新业态

在全球范围内,互联网信息技术不断发展,并且已经深入应用到人们的日常生活和工作中,对社会进步产生了非常大的积极影响,不断引发出人们新的消费需求,由此不断催生出新的业态满足人们的日常需求。

互联网催生的新业态,使互联网技术与各产业更加融合,生产结构也更加合理,推动了生产技术的进步,基于互联网技术提高了生产效率,并且形成了更加多样化的新型产业结构。比如,互联网与金融业的融合是对传统金融业的创新,互联网对传统物流业的渗透实现了物流及供应链一体化等。

1. "互联网+"新业态的特点

在互联网技术的影响下,新业态有不同于传统业态的新特点,主要表现在四个方面的创新。

(1)在创新互联网平台产品方面。受到互联网技术的带动,各行业领域的产品不断地适应了市场需求,满足了消费者的个性需求。比如,网络印刷平台"e盒印"充分利用互联网资源来收集印刷订单,然后利用分类技术把众多订单分类合并,最后进行急速生产,从而满足客户的个性化印刷需求。"e盒印"一方面直接接触客户,在第一时间接收其需求;另一方面直接联系线下工厂,节省中间成本,从而为客户带来更为实惠与便捷的互联网印刷模式。

(2)在创新组织结构方面。互联网时代市场发展瞬息万变,各企业会更加主动地利用互联网变革与创新组织结构,以便在残酷的市场竞争中形成明显的竞争优势,从而在市场上立于不败之地。

(3)在创新客户服务管理方面。互联网新业态的主要服务形式是通过主动接受的方式更好地满足顾客的需求。首先是因为互联网打造了多渠道的客户服务体系,顾客可以从各种网站和客户端反馈自己的意见;其次是因为互联网提供的服务方式是人工在线服务和网络智能服务结合的方式。

(4)在创新交易模式方面。金融交易新模式在互联网精神的引领下应运而生,这些交易模式为人们的日常交易提供了便利。第三方支付是当前重要的网络金融模式,这一平台在我国有两大类:第一类是网上交易型企业,属于用户黏性平台,比如支付宝、财付通。第二类是金融支付企业,如汇付天下、快钱等都属于此类企业。

2. "互联网+"新业态面临的关键问题

新业态的出现丰富了人们的生活,促进和颠覆了行业的发展,同时也显现出了一些问题。第一,一些方面或某领域的立法或制度空白，如在线租车行业存在难以保障消费者权益和服务质量参差不齐等问题，但是在线出租行业目前又发展迅速，因此亟需完善相关制度。第二，互联网新业态的创新应用面临落后管理模式的羁绊，如当今的跨境电子商务对许多环节都提出了许多新的需求，包括支付结算、海关商检、物流等，但是现行的政府服务与监管方式是略显滞后的。第三，互联网新业态规模的快速扩张使高素质的复合型人才短缺成为日益突出的问题。由于互联网新业态的发展是瞬息万变的，而且跨界特征明显，所以对人才的知识结构和综合素质有更高的要求，不过当前这样的人才很稀缺，培养符合时代发展需求的高素质复合型人才，对于我们形成新的国家竞争优势大有裨益。

（二）传统产业发展的裂变

当前我国经济发展进入了新常态发展阶段，互联网产业、通信产业以及其他相关产业正在成为经济发展和居民消费的主要推动力之一。互联网的快速发展对传统产业带来了挑战的同时也带来了机遇，传统行业由此发生了裂变，不少传统企业纷纷试图利用互联网求解，使传统产业重焕生机的同时也改变了人们的思维和行为方式。

在互联网的影响下，传统产业出现了裂变，主要表现在两个方面。

一方面是互联网引领了传统产业的转型发展，主要包括互联网促进了信息对称，使生产效率得到极大提高、降低了交易成本、分工的专业化和精细化程度加深、资源配置得以深度优化。也就是说，传统商业的生产、渠道、用户等信息通过互联网更为流畅和对称，从而大大提升了企业运作效率，这就是互联网最有价值的地方，它并不是用互联网自身生产东西，而是通过充分利用互联网来深入挖掘传统行业的潜力，从而重新提升传统行业，使其重获新生。例如，目前传统广告行业就进行着一场大变革，由大规模投放广告发展为利用网络大数据精准定位投放。Google Adwords（谷歌广告关键字）就可以很好地说明互联网时代下广告的精准投放，它通过使用Google Adwords或者谷歌遍布全球的内容联盟网络来推广网站的付费网络，从而逐步成为互联网广告的领头羊。广告投放者除了可以进行关键词投放，还可以自由选择投放的时间、地点、模糊关键词、完全匹配关键词等。此外投放于网站联盟内的广告也十分注重精准，如果消费者在百度或淘宝等软件搜索过相应商品关键词，当消费者进入网站联盟的其他网站后也会出现一些相关产品的广告。可以说，这种大数据思维在广告界的运用，为传统广告业的发展提供了新方向和新思路。

另一方面是当"互联网+"与传统产业融合后，裂变生成新业态。由于"互联网+"的大力推动，传统业态由此进行了业态重组，传统的业态因此具有了网络化新特征，在带来物理意义上的增量的同时，也对传统行业进行了跨界推动，即新业态的产生。比如，"互联网+传统零售业"就发展成了如今的电子商务的新业态，"互联网+金融"就催生出小微金融新业态等。以阿里金融为例，其微贷业务充分利用了云计算技术，运算众多小微企业的大量数据对接客户服务，对于那些无法利用传统金融渠道获得贷款的小客户，阿里金融会根据支付宝和淘宝等平台上客户的行为数据和信用数据等相关数据，确认企业和个人的信用评价，经过信用交叉检验技术检验后，再进行第三方验证，以便审核企业或者个人的信用评价的真实性，以此为基础发放小额贷款。

由此看来，传统产业在互联网技术的引领下正在发生着裂变，它重新塑造了传统产业，许多传统企业为了适应时代发展也随之发生裂变，各行业必须主动融进时代发展的大潮，紧紧依靠互联网技术不断地推陈出新，才能构建好自身战略生态体系。互联网时代的竞争不再局限于产品和渠道，更多的是资源整合能力和终端消费者的竞争，企业拥有了多方资源和消费用户，才能形成自己的竞争优势，获得持续发展的能力。

（三）技术创新的支撑

新业态的形成有很多方面的原因，但主要原因有三。除了产业升级以外，还包括信息技术革命和消费市场需求。这其中新技术是产业重塑的催化剂，目前已经出现或者将要出现的新业态是在信息技术发展的产业化和市场化应用中形成的。随着互联网技术如大数据、物联网和人工智能等的发展，由新一代信息技术引领的新一轮技术革命会对传统产业和过去的经济模式进行颠覆和重塑，促使其不断产生新业态。

首先，互联网技术的发展不但推动了电子信息产业的发展，同时也引发了产业形态和模式的创新。20世纪后期飞速发展的电子信息产业成为互联网新业态出现的强大动力。从PC到互联网，到如今的物联网、云计算和大数据，再到蓬勃发展的基于4G的移动互联，甚至即将到来的第五代移动通信网络"5G"时代，都可以看出，电子信息产业的每一次向前发展都会催生出许多新业态。

其次，互联网技术和第一产业、第二产业及其他服务业融合以后催生了大量新业态。其在制造业方面表现明显，以人工智能的运用为例，目前，人工智能结合汽车产业的发展，促进了无人驾驶汽车的出现。无人驾驶汽车基于高精地图和智能感知进行智能控制从而实现最优的规划路径,通过对行人和车辆的意图、行为进行预测,从而依此做出正确的反应,即做出正确的行车决策,最终保证汽车正常安全行驶。在这一领域,百度成为国内行业先驱,百度拥有最完备的核心技术和资源积累,包括行为预测、环境感知、人机交互、规划控制、高精定位等无人汽车行业发展所必需的诸多核心技术,因而使百度在无人驾驶汽车行业中取得了先发优势,并且遥遥领先于其他企业。

最后,互联网技术自身的发展与传统产业进行融合互动,使产业链不同环节之间、不同产业链之间的互动关系得以强化,在这一过程中,企业之间的关系网络也在互联网技术支持下发生变化,而这种变化同样会催生新业态。

可以预见,未来颠覆性技术将会不断出现,并且继续推动产业不断发生重大变革,同时成为社会生产力飞跃的重大突破口。新一代信息技术的实用程度将会得到极大提升,随着大数据的持续发展和普及,全面数据化的人类活动是未来发展趋势。新网络形态会不断涌现,如能源互联网、车联网和太空互联网等,一些应用技术如智慧城市、智慧物流、智慧地球等的发展,有利于人类世界真正实现智能化的"地球村",为人们的生活带来极大的便利,对人与人之间的交流以及人们日常的各项工作和生活需求作出智能响应,从而在最大限度上推动人类的生产、生活以及思维方式发生深刻变革。更为重要的是,科技创新活动将会日益社会化、大众化,创新门槛有所降低,创新平台日益增多,从而掀起新一轮的创新创业热潮。未来互联网信息技术将会发挥更大的作用,实现社会的重塑,使人类文明继农业和工业革命之后迈向新的"智业革命"时代,推动全球发展迈入一个新的时代。

（四）新兴消费的需求

除了技术的发展进步，当前人们消费需求的升级也成为新业态产生的必要条件，以技术推动为基础，以消费者需求升级为着力点，使新业态和新经济发展模式不断涌现。

2017年中国经济发展数据显示，全年社会消费品零售总额36.6万亿元，其中实物商品网上零售额5.48万亿元，同比上年增长了28.0%；非实物商品网上零售额1.69万亿元，同比上年增长了48.1%。[①] 从数据可以看出，2017年非实物商品的增长远超过实物商品，可见"新消费"时代悄然来临，目前新消费的市场主要集中在文化、旅游、健康和养老等领域，并且具有时尚化、个性化和品质消费的特征，消费者的购买过程历经买商品到买体验，买便宜到买品质，从众消费到个性消费。基于新消费阶段的新特点，一对一推送和精准营销成为行业无法回避的商业现实，可以说，谁抓住了消费者的需求，谁就赢得了市场。消费者需求的多样化倒逼企业调整其提供的产品和服务，使企业的价值主张产生了变化，催化了新业态的产生，所以说，市场需求发生变化，可以成为企业拓展新业态的重要依据。

以传统零售业为例，由于消费需求的升级使传统零售业开始转变发展模式，寻找新的商业契机，由此催生了许多新业态，比如复合业态模式、社区店、无人便利店、自动售货机、小型超市、便利店以及生鲜专业店等。社区店更加注重体验，最大限度地实现便民利民，并且有利于更快触达消费者和黏住消费者，从这些

[①] 中国产业经济信息网.2017年我国社会消费品零售总额达到36.6万亿元[EB/OL].（2018-03-31）[2018-04-08].http://www.cinic.org.cn/xw/tjsj/427770.html.

优势来看，这些新业态将会成为未来新零售的主流业态。同时，互联网技术的发展为无人便利店的发展赢得了机遇，Amazon Go无人零售商店的推出对国内外探索零售小业态具有一定的意义，更多的无人零售店开始出现，虽然目前无人便利店的发展在一定程度上还不太成熟，存在着用户信息安全防范、技术模式不成熟、管理盲区等问题，但是相信随着技术的持续发展和升级，无人便利店的落地将逐渐完善，运作也将会更为成熟。

更能说明消费需求打造新业态的例子是当今时代人们对碎片化消费市场的需要。当今人们生活节奏快，工作繁忙，拥有大量的碎片化时间，比如人们乘坐交通工具、排队、餐厅等位时的时间都是碎片化时间，为了使这些时间不在无聊中度过，新的商机开始产生，比如网络购物、视频APP、有声阅读、喜马拉雅电台的出现，就充分利用了客户的碎片化时间，在人们乘坐公共交通工具时，随处可见使用喜马拉雅和淘宝APP的人们，这些APP精准化地识别了消费者碎片化的消费需求。此外，手机小游戏的出现也可以很好地说明这一点，以2017年掀起游戏狂潮的《王者荣耀》为例，利用每局10—20分钟的游戏模式设定，满足了玩家在碎片化时间内对于游戏"短平快"的需求，同时也实现了人们利用游戏进行社交的心理，以上原因使得《王者荣耀》成为2017年的游戏爆款。另一爆款游戏《旅行青蛙》的某些常规游戏动作比如"割草""搭帐篷""备粮"等充分利用了玩家的碎片化时间，当游戏玩家用"劳动"换取到"明信片"时，就会大大地激发玩家的参与热情。另外，一些线下的实体商业也开始关注消费者碎片化的需求，比如娃娃机在过去只设立在游戏厅里，用来满足小孩子的猎奇心，如今的娃娃机开启了独立运营模式，通常设立在商场，各个年龄段的人们都可以用它消遣碎片化时间。

二、新业态打破消费市场格局

（一）新业态呈现几何式增长

中国有着巨大的人口规模，形成了广阔的消费市场，当互联网技术与商业模式结合后，广阔的消费市场为新业态发展提供了适宜的成长环境，使新业态在市场中迅速铺开，迎来发展的春天，在生产和生活方面都呈现出几何式的增长，并且成为近年消费增长的新动力，改变着居民的消费方式，推动了消费热点的转换，激发出与以往不同的新的消费需求，更好地满足了现代人们多样化、个性化的消费需求。

首先，在生产方面，由于数据处理和存储、信息技术咨询以及集成电路设计等各项服务技术的快速发展并且加快渗透到生产价值链的各个环节，推动了生产行业从研发产品到消费产品实现了全过程的数字化转型，整个行业都出现了颠覆式变革。比如，在一些特色手工业领域，其销售服务环节就充分利用了互联网优势，逐步走向电子商务平台销售，并且基于互联网平台为消费者进行个性化定制。如手艺门平台，它是手工艺品线上制作、展示和销售的渠道，前期以手艺门公众号为母体，聚集优质的手艺人设计师工作室品牌的作品产品，进行平台传播，做线上造物馆；当线上产品达到一定的积累以后，就开始开展城市造物馆的空间合作，并且每个城市仅此一家，给城市团队提供最大的空间和运营支持，推动城市团队整合当地的手艺资源，选人、选器、选物设计研发，同时组织线下的体验沙龙分享会等,这不但使手工制作技艺在现当代得到了传承,而且满足了人们个性化的消费需求。此外,还有一些企业借助信息化手段进入服务领域,这些企业通过大数据收集用户的个人信息,包括性别、职业、年龄等,甚至深入提取用户曾经使用的产品信息或维修情况,经过数据处理之后,企业会相应改变产品的某个功能参数,进而满足客户对个性化需要。

其次,在生活方面,如今互联网新业态对人们衣、食、住、行等各个方面进行了全方位的渗透,比如目前出现的滴滴打车、外卖、远程教育、远程医疗等和人民生活息息相关的服务新模式,一方面使人们生活更加便捷;另一方面也拓展了消费新渠道。比如在出行方面,共享单车的出现打通了人们出行的"最后一公里",为人们出行减少了阻碍的同时也更大程度上丰富了人们的出行方式。从2012年开始,我国网约车的数量呈现爆发式增长,人们出行不用像以前站在街边长时间招手等车,现在只要在手机上发出约车订单,在客户附近的驾驶员只要看到订单信息就会快速接单,大大提高了人们的出行效率。可以说,网约车新业态的出现,打破了旧有的市场格局,一些私家车主只要获得平台许可也可以上路接单,以此增加家庭收入。另外更重要的是,网约车新业态的发展还推动了我国监管的创新升级,2016年7月网约车新规出台,为有效规范网约车提出了顶层解决方案,我国因此成为全球首个在全国范围内承认网约车合法地位的国家。[①]同时,随着一些网约车乱象的出现,国家对于行业的监管问题收紧,推动行业健康发展。

---

① 刘志强."网络约车 真快捷"[EB/OL].(2017-09-27)[2018-04-10].http://society.people.com.cn/n1/2017/0927/c1008-29561086.html.

再次，在医疗方面，通过互联网的运用使医疗资源在一定程度上为更多人使用，为看病难、看病贵提供了更多解决方法。与之前不同，现在人们可以网上看病，通过医院的远程医疗平台就能享受到北京、上海等大医院的专家实时诊断，可以有效避免异地就医的麻烦，还可以减少花费。并且目前许多医疗APP和微信公众号都具有在线挂号和在线缴费等多种功能，比如京医通和北京114预约挂号等平台为人们看病提供了许多方便，这种便利性对想到北京看病的外地病人来说尤其明显，只要挂号成功后就能充分安排合理的出行时间，为人们省去了许多麻烦。

（二）鼓励创新：让新业态茁壮成长

互联网新业态出现几何式的增长状态，离不开人们的创新需求和极大的创业热情。表现在两个方面：首先是社会生活的变化日新月异，新事物不断涌现，人们对创新的需求和要求也越来越多。我国把创新作为引领发展的第一动力，并结出了丰硕的成果，促进了新业态的产生和茁壮成长。其次是人们的创业热情得以激发，一方面国家大力支持创新并颁布多条鼓励创新的政策。另一方面政府简政放权、放管结合、不断深化优化服务改革，不断加强知识产权保护，同时人才培养机制和人才流动机制也逐步健全，逐渐完善的创业生态激发了全社会创业创新的积极性，使创新创业主体迅速扩大，为新业态的产生提供了智力支持，让中国成为全球瞩目的创业热土，新业态的产生是必然趋势。

中国经济的希望之一就在于创新，业态创新就是其中的一部分，因此需要积极研究产业发展的规律，找出其中的发展特点，在此基础上充分挖掘产业资源优势，积极鼓励创新，从而培育出更多的符合市场需求的新业态，实现产业转型升级，进而推动我国经济又好又快健康可持续发展。研发业态创新对于产业创新具有引领和提升作用,因此要鼓励创新,在全社会形成创新热潮。

第一,国家要有所行动,转变发展观念,合理开展制度创新和管理创新,营造良好的创新氛围,为全面推动业态创新建立公平竞争的环境,更好地发挥市场在资源配置中的决定性作用,对于新业态创业的准入门槛要适当地降低,在部分领域的监管需要适当放宽,适当鼓励社会力量进行新业态的创新。最要紧是国家要重视创新型人才的培养,出台相关人才激励政策,对拥有创新想法和创新成果的人才予以奖励,努力建立创新型社会。

第二,政府部门要有所作为,认真履行自己的职责。有关部门需要加快下放和取消更多行政审批权限,提高办事效率,将资源配置的决定权充分交给市场;履行好监管职能,并且允许企业和市场自主决定产业发展的方向。加强对新业态的扶持力度,鼓励积极创新,对新业态发展情况进行一定的追踪与监测;需要鼓励一定程度的市场竞争,并要努力营造公平有序的市场环境,从而使每一个企业都可以在公平有序的环境中参与市场竞争。同时支持社会组织如产业联盟、行业协会等参与到新业态的创新发展中;对有思想、有创意的创业者或创业团队进行奖励,推动创新人员推陈出新、大胆突破。

第三,企业和个人也要积极行动起来,充分发挥主观能动性进行创新实践。对企业而言,要善于寻找一切可能的合作,联合科研机构等开展颠覆性技术的研发,争取实现原创性的突破,研发出面向市场的全新产品,在新技术的基础上逐渐衍生出新业态;企业对于市场的变化要具有灵敏度,抓住市场需求,努力提供具有个性化的产品和服务。对个人而言，要以积极向上的心态融入新业态时代的发展中，响应国家提倡的"大众创业、万众创新"，努力解放思想，以积极的进取精神和开拓精神以及强烈的竞争意识来培养自己的创新能力，不断进行科学的创新实践，在实现自身价值的同时，还能为当今时代新业态的发展注入个人成果，为社会发展添砖加瓦，实现社会价值。

第二节　互联网催生数字创意产业新业态

一、网络文学：中国当代文学的诞生地

（一）通俗文学 VS 经典文学：雅俗秩序之争

经典文学是指具有极大的精神价值的传世之作，有着极高的权威性和典范性。它们是经过历史选择出来的最有价值的、最能表现时代特点的、最具代表性的文学作品。经典文学的评判标准是它所蕴含的文学价值，即其价值内容具有永恒性和普适性：在表现生活时，它映射社会的方方面面，关心社会各阶层尤其是弱势群体的生存状态，敢于批判社会的黑暗势力，字里行间表现着社会正义；在塑造各种形象时，它尊重历史事实，记录真实的历史事件，揭示历史发展规律。经典作品以其独特的魅力使读者不知不觉被吸引，并能撞击读者的心灵，使读者产生共鸣。

通俗文学既包括历史上的民间文学，也包括现实创作的通俗化和大众化的，能够满足读者消遣娱乐需要的文学作品。通俗文学更符合大众口味，更加贴近大众生活，更容易受到普通百姓的

欢迎。比如《水浒传》《三国演义》等作品，虽然现在是人们熟知的文学名著，但在问世之初它们产生于草根阶级，深受民众喜爱，因此是通俗文学，有着社会最大比例人群的支持和拥护。

从古到今，经典文学与通俗文学的争论几乎从未停止，"阳春白雪"和"下里巴人"的争论成为文学发展史上从未间断的话题。特别是在现代随着网络文学的发展对这一问题的争论就更加深入，网络文学作为当代通俗文学的一个大的映射，是指以互联网为展示平台和传播媒介，通过超文本链接和多媒体演绎进行表现的文学作品和类文学文本等网络艺术品，在这其中以网络原创作品为主。① 网络文学与经典文学的关系并非对立，网络文学以其年轻化的特点，成为青少年作者创作和发表的途径；但也正是因为年轻化导致了网络文学缺乏厚重和沉淀，而许多正处于价值观和人生观形成阶段的青少年们基于网络文学的便捷和有趣而怠慢了对传统名著的阅读，因此在文学界引起了巨大争论。

一直以来学界对通俗文学和经典文学秩序之争的焦点主要集中在两个方面。一是双方谁更能推动文学的发展；二是哪一种文学更能满足人们的精神需要。但是无论哪种观点，都不能完全表述通俗文学和经典文学之间的关系。第一，毋庸置疑的是经典文学在历史的长河中经过长久冲刷而光彩依旧，在作品内容和精神价值来看其影响更加久远，它能够吸收通俗文学的精华，是通俗文学的升华。经典文学承载着很大的社会责任，是历史的明镜，是历史的大百科，对历史、社会、人类等方面产生了深远影响，这是通俗文学无可替代的。第二，从历史发

---

① 陈元.网络文学对传统文学的挑战与超越[J].文艺生活：中旬刊，2012（2）.

展来看，不可否认通俗文学是经典文学产生的必要根基，比如由通俗文学而来的《国风》，经过了许多文人的润饰和长久的历史锤炼发展成为如今经典的文学作品。通俗文学更多地产生在老百姓身边，是人们喜闻乐见的，并且在民间能够得到广泛传播，它比经典文学更具有当下生命力和影响力。因此不能把二者割裂开，无论是通俗文学还是经典文学在文学领域里都有自己的一席之地，都有自己的忠实读者，并且都为文学的发展发挥了自己的力量，满足了人们不同的精神需要。第三，如今网络文学的发展极为迅猛，首先要认识到它是社会发展和网络技术进步的必然结果，最大限度地满足了人们在精神文化层面的多样化需求，虽然目前网络文学作品普遍存在有"高原"缺"高峰"的现象，但它仍然是读者在闲暇时间的最佳陪伴，为此需要逐步建立关于网络文学的评价体系以及有效地推介机制，优化网络文学的发展环境，那么网络文学也可以朝着经典文学大步迈进。

（二）生产—分享—评论

互联网基础设施的普及使越来越多的人能接触到网络文学，并且随着经济社会的发展和人们文化素养的提高，越来越多的普通人也开始创作网络文学，创作主体逐渐变大。因为网络文学的价值核心是技术传播，所以它在生产、分享和评论的各个环节都带有网络属性，符合当代人的消费习惯并且能满足人们自由表达的需求，因而受到极大青睐。

首先，在网络文学的生产方面，由于网络文学基于互联网创作，较低的创作门槛吸引了许多有创作意愿的用户，使得真正喜欢创作的群体有了发挥才华、直抒己见的平台。从创作主体上来看，传统文学的作品创作只集中在少数精英人士和知识分子手中，平民百姓几乎无缘创作，而网络文学的创作主体十分泛化与多元，网络文学世界除了已经成名的文学大腕之外，还有许多草根阶层都参与其中，真正是全民创作的时代。当前网络文学逐渐形成了自己的创作趋势。第一是个性创作，网络世界具有极强的开放性和随意性，并且作者的创作会带有很强的主观性，在创作过程中把具有很强个人色彩的内容加入作品，使创作成为个人的自我展示。第二是互动创作，当读者通过网络对作品发表评论、推测和修改意见后，会对读者的写作方向产生影响，同时也加强了读者黏性，能使作品更加受欢迎。第三是轻阅读创作，作者可以创作小篇幅的文字，读者可以在电子阅读器、手机等载体上轻松阅读，这符合当今人们碎片化时间消费的需要。

其次，在网络文学的分享与传播方面互联网属性表现尤为明显。第一是网络写作主体和传播主体的泛化。网络文学的发表操作简单且程序简洁，发表作品只需要上传至网站就可以，并且不受现实社会中编审机制的影响。另外，平民百姓只要是有创作热情都可以投入网络文学的创作，打破了精英创作的特权，成为普通百姓的日常生活方式，此外，由于互联网天然的包容属性，人们在创作理念、动机、题材、小说体裁和主题、表现手法等方面，都可以无所顾忌地畅所欲言。因此，人们更愿意在互联网上发表自己的作品或者分享自己认为不错的作品，这种交互式的网络分享体系使网络文学发展迅速。第二是网络文学的分享和传播非常迅捷。在互联网世界，文章一经发表，在全球的任何一个角落的读者都能找到这篇文章并且随时进行阅读。这与传统书籍的阅读完全不一样,传统书籍由于存在运输、发行、销售等环节,因此在读者拿到书之前会有一段阅读空白期,但是网络文学具有传播的迅捷化和阅读的全球化特征,因此很好地解决了空白期问题。第三是网络文学传播的超文本性与多媒体化。网络文学通过数字技术将文本扩展成为多媒体数据,并且把文字表达与视频、音频很好地整合起来,在文本中嵌入声音、图片、视频等多媒体资料,从而使读者有了不同于传统文本的阅读体验。

最后,可以说网络文学批评引领了文学批评领域的一场革命,表现在三个方面。一是文学批评权利在不断地扩散,批评主体不再限于专业批评家或学者,更多普通读者参与,由作品的点击量来反映作品的受欢迎程度,在一定程度上消解了评论家的话语权威,使其不再是文学作品的唯一发言人。二是批评的过程更具开放性和互动性,形成了"跟帖化"文体,也就是说相对于以前的批评文体而言,网络文学批评抛弃了引经据典、矫揉造作和故弄玄虚的成分,增添了更多清新、自然和直率的成分,并且允许开放性的互动讨论,因此形成了一种新的批评风格。三是批评的语言非常幽默生动,并且追求变化和新奇,把文学批评变得自由轻松和生动有趣,后现代色彩比较明显。

(三)明星 IP 最初的起点

网络文学逐渐发展起来,优秀的网络小说被改编后进入影视领域,由此开始了网络文学 IP 的开发,之后开发领域逐渐拓展到手游、端游、动漫、话剧等领域,大获成功以后,网文 IP 的价值持续攀升,资本巨头开始争抢市场蛋糕,以 IP 联营为核心的泛文娱市场发展迅速。因此可以说,网络文学是明星 IP 最初的起点(见图 5-1)。

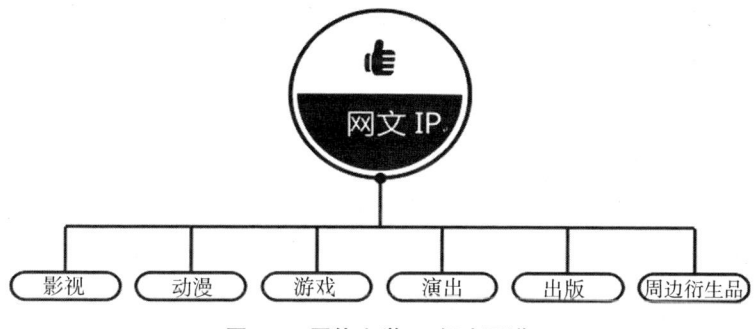

图 5-1 网络文学 IP 衍生图谱

从 2017 年的网络文学 IP 市场来看，由 IP 改编的影视剧达到了 3271 部，在这其中由网络文学改编而成的有 272 部，占比 8.3%。而且网络播放量最高的 10 部影视作品中，由网文改编的占半数，包括《楚乔传》《三生三世十里桃花》《择天记》《欢乐颂 2》以及《孤芳不自赏》。除此之外，网络文学 IP 还积极向娱乐产业的其他方面进行了广泛渗透，比如动漫《斗破苍穹》3D 动画首季点击量就破 10 亿，动画《全职高手》开播一天全网播放量就突破了 1 亿。2017 年游戏领域根据同名小说改编的手游《全职高手》《剑王朝》和《择天记》等先后上线，受到粉丝的广泛关注。[1]

由此可见，处于整个泛娱乐产业的最上游的网络文学，凭借着其自身丰富的内容储备资源为整个产业链输送故事和内容，通过网络文学 IP，把影视、动漫、游戏、演出等不同内容形式串联起来，用多元化的开发方式形成多元化的表现方式，从而满足了人们的个性化需求，使泛娱乐生态链上的各个环节都能产生联动

---

[1] 言之有范.年终盘点 风云变幻，洞悉 2017 网络文学新风向 [EB/OL].（2018-02-01）[2018-04-21].https://mp.weixin.qq.com/s/oG2jWUDIbJjOzllutdl7Tw.

效应。在未来，网络文学 IP 将得到更加强劲的发展，其未来发展趋势包括以下几个方面。

1. 网络文学 IP 影响力全方位渗透娱乐产业

从目前情况来看，网络文学 IP 用户的忠诚度和黏性都比较高，使得网络文学的各种内容表现形式都有一定的用户基础，这不仅是能够将其开发成不同产品的转化率依据，也在一定程度上放大了网络文学作品及相关开发产品的影响力。同时网络文学 IP 在一个领域的扩大程度也会不断加深，以影视领域为例，2015 年发布"一剧两星"（指一部电视剧最多只能同时在两家上星频道播出）政策之后，很多的影视制作公司变得更加谨慎，不会像之前一样轻易开拍新作品。并且由于优秀剧本匮乏，题材开拓难度大，国产电视剧开始借助网络寻找故事以及与传统电视剧不同的题材，导致了知名网络小说成为影视制作公司争夺的对象。网络文学 IP 起初进行影视剧的改编，后来随着利益的扩大和市场的需要，网络文学 IP 逐步扩展到网剧、网络大电影等领域，未来对网络文学 IP 在影视、动漫、游戏、音频等领域的开发将会愈加蓬勃，实现全方位渗透。

2. 网络文学 IP 开发关注新锐、垂直领域

一方面，当前资本对经典 IP 的追逐渐趋市场饱和，因此，各大公司开始开拓新领域，这时填补市场空缺的是新锐人气 IP 以及垂直领域的 IP 作品。另一方面，经典 IP 虽然有着很强的影响力和粉丝基础，但是改编投拍花费的经济成本和时间成本也十分巨大，所以在市场需求饥渴的情况下，投资门槛低并且风险小的新锐人气 IP 作品成为另一条出路。而属于精细化运作范围的垂直领域，由于其清晰的定位、能直接满足差异化领域用户的需求，因此其性价比极高，各大公司也愿意投资。

3. 网络文学 IP 开发和运作更加精细化

IP 产业诚然发展火爆，但是真正的重中之重是如何进行有效的 IP 运作，经营好一个 IP，从而使资源得到有效利用，不会因为粗浅开发而导致资源的浪费。目前网络文学 IP 的运作从内容、制作和运营等层面都更加精细化，并且可以预见未来仍会继续朝着这一方向发展。在内容上，各种产品会对小说内容进行合理开发，在尊重原著的基础上进行二次创作。在制作上，进行诚意改编，提高各个产品的制作水准。在运营上，从产品的研发初期到市场推广再到后续开发，实现全程精细化运营，全维度助攻 IP 价值最大化，形成并扩大品牌效应。

（四）付费阅读大势已成

《2017 年度中国数字阅读白皮书》显示，中国数字阅读用户数量接近 4 亿，市场规模约为 152 亿元，人均阅读电子书的数量达到 10.1 本。调查发现，有 63.8% 的用户愿意为电子书付费，其中"80 后""90 后"的付费意愿最强烈，付费意愿超过六成，他们会因为优质的阅读体验付费，也会为喜欢的作者付费。[①] 可以看出付费阅读已经成为阅读行业的发展大势，阅读服务未来会不断发展，即更精品化的内容制作、更加公共化的服务体系、更为多元化的传播渠道、更加精细化的版权运作以及更加体系化的价值评估，付费阅读行业将会更加蓬勃发展，从而迈入一个新的文化消费时代。

1995 年，以论坛原创文学板块形式存在的网络文学雏形开始出现，如今历经 20 余年的发展，网络文学已经形成相对稳定的产

[①] 搜狐网.《2017 年度中国数字阅读白皮书》发布：2017 年我国人均阅读电子书 10.1 本 [EB/OL].（2018-04-15）[2018-04-22].http://www.sohu.com/a/228319235_119038.

业格局，与此同时用户付费这一商业模式也走出持续多年的低付费率状态，并且广泛普及各个原创网络文学平台，也成为如今网络文学平台重要的收入来源，付费模式也发生了相应的改变，从传统的向用户收费为主的模式逐渐转变为全版权运营、打造泛娱乐生态的变现模式。通过网络文学商业模式的转变可以了解到文学付费的未来发展趋势，主要包括以下方面。

1. 生产流程标准化程度和市场透明度提升

网络文学是内容生产者个性化的脑力劳动成果，具有极强的个人色彩，非标准化程度较高，因此，衡量其价值并没有统一的标准。严格有效的质量把控和用户心理预期合理范围内的控制在当前显得十分重要。未来，网文的质量将不断得到提升，并且随着市场透明度的提升和市场教育程度的不断改善，用户将更加理性地看待产品和进行预期，最终用户期望与产品实际体验的差距将会缩小，从而带来更高质量的阅读体验。可以预见当前盛行的某些"标题党"式的通过制造噱头过度抬高了用户预期，而实际服务体验却很差的产品，在这一趋势下的生存空间必将被挤压。

2. 三四五线城市拓展潜力巨大

由于各个城市社会经济发展存在差异性，因此不同梯级的城市知识付费用户的付费目的与意愿存在差异。三四五线城市的人群是我国网民的主体，这一基数强大的群体为互联网产业的发展提供了巨大的潜力市场。因此这为在线知识付费行业的未来提供了一个可以关注的方向，即根据这些人群的知识获取需求进行内容和产品方面的具有针对性的设计，实现差异化发展战略。

3. 版权保护将进一步加强

首先，平台内版权的归属。在平台内，版权的归属基本形成了行业惯例，即具有原创内容的用户在平台上传作品的过程中，便同时授予了平台长期免费和不可撤销的非独家使用许可。其次，平台外版权的保护。目前付费阅读行业的版权保护政策和措施还很不完善，存在着对正版付费内容进行盗版复制，之后低价打包售卖以此赚取差价的侵权行为，这对正版付费内容的二次销售来说会产生很大的不利影响。鉴于这些问题频发，未来在这些方面会有相关措施进行改善，版权保护政策会更加细化、各平台的技术能力和监管措施也会日渐完善，进一步加强正版付费产品的版权保护以及内容监管。

（五）案例：起点中文网——国内最大的原创文学门户网站

2002年成立的起点中文网是目前国内领先的原创文学门户网站，以推动中国文学原创事业为发展宗旨，长期以来专注从事挖掘和培养原创文学的作者，该平台在2003年10月开创了在线收费阅读的新模式，由此开始进行商业化运作。现在该平台已经建立了集创作、培养和销售为一体的电子出版机制，且经过多年发展后，目前已成为国内优秀的文学作品在线出版平台，在行业内确立了领导地位。根据《中国网络文学市场季度监测报告》数据显示，起点中文网的用户覆盖率达到了31.9%，位居行业第一。[1] 起点中文网取得如此大的成就，离不开其独特的发展思路和正确的盈利模式。

1. 起点中文网的发展思路

起点中文网在发展过程中建立了平台思维，即定位为一个沟通平台，为读者、作者、出版方和游戏公司、影视公司架好沟通

---

[1] 中国产业发展研究网. 2015年第4季度中国网络文学市场分析：起点中文网人气最高[EB/OL].（2016-04-02）[2018-04-22].http://chinaidr.com/tradenews/2016-04/94962.html.

的桥梁。首先对于作者而言，该网站拥有一套完善的挖掘、推荐、奖励体制；其次对于读者而言，起点中文网从用户角度出发，努力提供最佳阅读体验。该网站积极发挥桥梁的作用，鼓励作者与读者进行交流，实现了传统出版难以做到的互动体验。为此，起点中文网多方实践。

首先，开创了网络文学"经纪人"模式，这包括首创挖掘写手系统和给予作者完整的保障和激励政策。为了充分挖掘真正优秀的作品和作者，该网站成立了专门的编辑审核团队，通过严格审查，筛选并推出有影响力的作品。团队用读者的点击数以及收藏量这两个指标来衡量作品内容，对于其中脱颖而出的文学作品，在这之后审核团队会进行第二轮内部宣传，也就是说在网站醒目的位置给予优秀文学作品"强力推荐"。不仅如此，团队同时还注重可以重新焕发生命力的老作品，如小说《鬼吹灯》最早在天涯社区连载，编辑们经过讨论，决定与天下霸唱合作，将《鬼吹灯》引入了网站，结果受到粉丝的喜爱。起点中文网形成了有效的激励政策，为作者提供了有丰厚回报和上升通道明确的激励机制。比如在2013年时该网站就推出了全新的作家等级划分，将作家分为了九级，从一级的赤钻到最高级也就是九级的金钻，每一级都分别对应不同的福利政策，使作家的上升通道更为明确化、公平化和公开化。起点中文网正是凭借这些基于作家和行业需求的机制创新才赢得了众多优秀的作家队伍，因此才发展到了现在如此庞大的规模。

其次，提供以用户为中心的阅读体验，鼓励读者与作者双方进行多种形式的互动，包括打赏、月票和催更等形式。以读者催作品更新为例，如果读者认为某部作品更新速度慢，那么读者就可以使用更新票来催促作者尽快更新内容，如果次日作者的更新量达到了更新票要求的更新量，也就是说更新票发挥了作用，那么作者就会获得相对的收益。

2. 起点中文网的盈利模式

该网站盈利模式最重要的特点就是全版权运营，实现多元营收。第一是收费阅读，2003年10月，该网站首创了在线收费阅读模式，发展到如今形成了一定的体系，按照读者类型对同样的作品进行不同的收费；普通用户为每人每千字5分钱；初级VIP为每人每千字3分钱；高级VIP为每人每千字2分钱。第二是VIP制度，等级越高收费就越优惠。第三是广告收入。第四是图书出版收入，起点中文网单独设立了实体出版频道，频道界面附有"出版推荐""出版信息公告"以及"强力出版推荐"等信息，其中呼声较高的作品可以进行出版，除此之外，起点中文网目前已与近50家出版社进行合作，实现了线下营收。第五是版权运营，当拥有优秀作品的作者与网站签订版权转让协议后，网站就可以对作品进行全面运营，实现版权收入。以小说《鬼吹灯》为例，截至2017年10月，其版权总收入已经超过1000万元。除了小说的正版销售外，周边版权的销售也极为火爆，包括对漫画、影视、游戏、音频等的授权改编，许多衍生产品的销量甚至远远超出了网站的预想，带来了极大的附加价值。

二、网络游戏：参与感爆棚的互联网原生力量

（一）可持续的参与式经济

受移动互联网浪潮带来的前所未有的媒介迭代效应的影响，网络游戏的普及率及渗透率被进一步放大，当前网络游戏已被社会大众尤其是新生代群体作为休闲娱乐、社交互动的重要方

式。在我国的网游行业中，2016年市场规模为1655.7亿元，同比增长17.68%；2017年市场规模达到了1893.5亿元，同比增长了14.36%；截至2018年2月底，整个网游行业的用户已突破6亿[①]，如此庞大的数据显示出游戏逐渐成为大众喜闻乐见的娱乐方式。

网络游戏如此受欢迎，有着多方面的原因：第一，网络游戏是互动性和参与性极强的活动，可以满足玩家的各种心理需要，包括熟人关系间的互动与彼此共同记忆的快乐、竞技中对个人实力的肯定、角色配合、各司其职时产生的团队默契、共同语言，同属一个小世界的归属感；第二，随着网络技术的不断发展，网游的制作越来越精良，悦耳的音乐、优质的画面和震撼人心的电脑特技给人高质量的视听享受，最大限度地满足了玩家的各种虚拟幻想，一旦进入了游戏角色就很容易被吸引。

网络游戏独特的盈利模式在于玩家的持续性参与：首先，最核心的盈利方式就是道具出售。为了能够持续生存，玩家通过购买积分或者增加游戏时间以赢得更多游戏币来购买道具。其次，广告收入。在网络游戏中植入广告，被称作"网游发展的下一座金矿"。游戏开发商以及运营商除了进行隐性广告植入，利用简单粗暴的弹窗广告也成为另一个增加广告收益的重要渠道。最后，网游周边产品的销售会带来更大的附加收益，随着玩家对游戏的参与度不断加深，游戏情节逐步深入人心，以及网游用户量的增加达到了一定规模后，游戏经营者为扩大收入就会进行游戏周边产品的研发和销售，但较之国外成熟的游戏衍生品市场，国内衍

---

① 中国产业信息网. 2017年中国网络游戏行业发展趋势及市场规模预测 [EB/OL].（2017-02-15）[2018-04-25].http://www.chyxx.com/industry/201702/494498.html.

生品的开发和营销潜力还没有得到完全释放。

基于我国游戏市场目前的盈利模式,网游经济要持续发展,需要进一步开发市场潜力。游戏经营者要解放自己的思维,不能只注重经济效益,而是要坚持"玩家至上",要掌握三个关键要素:首先,加强对玩家的认识。注重游戏的可玩性以及玩家体验才是制胜法宝。其次,要拓展广告合作方式。游戏过程中过多的广告植入会破坏玩家的游戏体验,引起反感,因此,游戏经营者与广告合作方要积极拓展广告合作方式,比如在游戏中对合作方进行冠名、内置合作方广告或者对周边产品进行销售时加入合作方的产品元素等。最后,注意开发女性玩家的市场。虽然从市场调查的结果来看网络游戏玩家以男性为主,但也可以看出女性玩家的增速十分明显,在网络游戏用户中,女性玩家已超过了20%。最后更重要的是要进一步扩大衍生品市场,充分了解玩家的游戏情怀,开发创意性的游戏衍生品,实现多渠道收益。

(二)从线上到线下

经过几年不断地发展,我国游戏行业正在进入成熟期。过去简单的在线活动推广宣传已被更进一步的在线和离线深层交互所取代,通过线上线下互动培养新的增长点,已成为中国游戏行业的一个新的发展趋势。以最为火爆的线下活动电竞游戏为例,据《2017年中国游戏产业报告》显示,2017年我国客户端电子竞技游戏市场的实际销售收入达到了384.0亿元,同比增长了15.2%;移动电子竞技游戏市场的实际销售收入达到了346.5亿元,同比增长了102.2%。[①] 由此可见,网游线下活动有着良好的发展态势,需

---

① 中国音像与数字出版协会游戏工委.2017年中国游戏产业报告(2017)[R]. 2017-12-19.

要进一步挖掘市场潜力。

如今，网游运营商的利益增长点不再局限于线上活动，随着游戏市场的逐步成熟以及玩家现实体验的需要，企业开始组织多样化的线下活动。除了进行线下游戏的推广外，还积极开发新的商业模式，将线上和线下活动紧密结合，会最大限度地调动游戏玩家的积极性，从而实现用户的有效转化，加强了用户黏性，从而扩大了品牌影响力。线上线下深度互动模式将成为线上游戏公司发展的新方向，引领业界再创新高。

总的来说，线上活动包括一些节日活动、PK类活动、击杀BOSS、以行会和帮派为基础的活动、以物换物活动、升级奖励或冲级比赛、长时间在线的奖励活动等，更注重的是网络虚拟世界中的交往。如今，为了增加用户黏性，注重现实生活的互动，使游戏的社交功能进一步扩大。游戏运营商开发了线上线下结合的游戏活动，主要包括以下内容。

第一，游戏竞技比赛活动。比如，世界范围组织的"魔兽"赛事、我国比较流行的"地下城与勇士""英雄联盟职业联赛"等都属于线下竞技比赛的范畴，同时还会设置高额奖金吸引游戏玩家的参与。第二，玩家见面会。作为线下以互动交流为主要形式的互动，玩家见面会将游戏中的玩家从线上请到线下，在增加玩家的热情的同时，还能加强各方的沟通，包括玩家之间、游戏玩家与开发商之间的沟通，有利于实现行业的良性发展。第三，游戏社区系统。游戏开发商建立的社区系统是为了促进玩家之间的交流，鼓励玩家从线上走向线下。比如《大话西游》就有着发达的社区系统，玩家通过这一系统可以很容易地进行线下的交流，在花费不多的情况下依然取得了很好的效果。第四，实物道具。

包括两种：即游戏开发中的道具可以在现实中换取实物、购买现实中的物品也可以在游戏中获得道具。第五，开发游戏周边。游戏衍生品的开发与销售嫁接了游戏的附加价值，对于玩家来说很愿意用实体衍生品找寻自己的情感归属，因此，游戏衍生品的开发成为连接线上游戏和线下活动的桥梁。第六，线上线下广告植入方式的结合。二者的结合有多种多样的方式，比如使游戏玩家玩游戏时把产品或产品信息当作必不可少的一种工具、装备或手段来使用；再比如让玩家在游戏中购得的游戏虚拟产品可以在现实中得到使用或变现成产品；反过来说在现实中只要购买产品也能在游戏中兑换道具或虚拟货币，从这方面来说有效地实现了虚拟和现实之间的联动。

（三）从 PC 端到移动端

随着用户访问互联网的主要端口从 PC 转向移动设备，目前移动游戏的市场份额已经超过了 PC 端游市场份额，手机游戏分得了网游市场的最大一杯羹，成为网络游戏市场中最大的细分市场。据《2017 年中国游戏产业报告》的数据显示，移动游戏市场的实际销售收入达到 1161.2 亿元，同比增长了 41.7%。与 2016 年类似，2017 年移动游戏市场收入保持着超 300 亿元的增长幅度，这表明当前我国移动游戏依旧处于高速发展的阶段。数据显示，2017 年中国客户端游戏用户规模达到 1.58 亿人，同比增长 1.7%，这表明中国客户端游戏的用户数量趋于平稳。[1]

移动端和 PC 端游戏的关系是相互依存和相互竞争的。相互依

---

[1] 中国音像与数字出版协会游戏工委. 2017 年中国游戏产业报告（2017）[R]. 2017-12-19.

存是说，PC端厂商凭借自身游戏IP资源主动研发移动游戏，有效地拓展盈利渠道，同时使移动端游戏在承接PC端玩家的同时也吸引了新玩家。但PC端在转化为移动端时，也面临着一些问题。首先，移动端设备只有一块小的屏幕，不像PC端拥有完整设备（屏幕和键盘），怎样在有限的平面空间内设计出能够满足玩家需求的游戏元素，成为一个难题。此外，在游戏画面上，移动设备画面不如大号电脑显示屏的画面具有震撼感和场面感，这都是亟待解决的问题。其次，对于火爆的手游，为了提供更加细腻的画面享受，也可以将其开发成为PC端游戏。以《终结者2：审判日》为例，它是由网易出品的一款快节奏枪战竞技手机游戏，自推出以来吸引了无数玩家，习惯于PC端游戏的玩家受到手机屏幕尺寸的限制总会感觉游戏操作受到了束缚，不能最大限度地发挥自己的技能，更无法玩得尽兴。基于这样的用户反馈，网易特地推出了《终结者2：审判日》的PC互通版，还为PC端的玩家架构了专属服务器，PC端游戏不仅延续了超过百人同场的超大规模的战局，而且延续了紧张刺激的战术竞技玩法，此外网易还对游戏的内容进行了更为细腻的展现，呈现出了更为广阔的游戏视角，更加清晰的视野，尤其重要的是在拓展了游戏的操作空间以后，玩家可以尽情地挑战超远距离的火力交锋，得到更加优质的游戏体验。

竞争方面，争抢游戏市场份额是不可避免的。但由于二者各自具有优劣势，使这场争夺的走向难以预料。首先，PC端的一些天生的优势是移动游戏所无法超越的。"键盘+鼠标"的完美搭配能够让玩家享受到极强的代入感，并且愿意花大量时间沉浸于游戏情节和优质画面中，心甘情愿为之付费。其次，利用用户的碎片化时间是移动游戏的一大优势，玩家可以在排队等待、乘坐公共交通时通过手机玩游戏打发无聊的时间，但是如果在较短的碎片时间内没能完成通关，那么大多数玩家则会选择中断或退出，这种游戏体验的不完整性可能会让玩家产生游戏产品缺乏可玩性的抵触心理，从而会影响到游戏产品的留存率。

总的来说，虽然移动端游戏蓬勃发展，但 PC 端设备在人机交互方面，相比移动设备存在难以替代的显著优势，因此移动端游戏虽然在蚕食 PC 端游戏市场，但并不会完全取代 PC 端游戏。二者虽然在玩家的游戏时间上呈现了竞争关系，但由于双方都有各自的生态系统，所以它们实际上是相互交流和相互促进的关系，共同致力于提升游戏 IP 的价值。PC 端游戏和移动端游戏只是网络游戏在不同平台上展现出来的不同表现形式，对应的是用户在不同时期不同场景的不同需求。最终能不能吸引用户，能不能真正地给用户带来快乐，进而让用户愿意继续玩这款游戏，关键还是要看游戏本身带来的体验，以及它的可玩性和创新度。

（四）游戏直播的兴起

2013 年，随着 LOL、DotA 以及其他网游的火爆，引发了对游戏进行直播的需求。2014 年是游戏直播的爆发年，大量的资本开始注入游戏直播平台，在这种情况下各个直播平台开始对知名主播以及赛事版权的争夺大战。在 2016 年，中国游戏直播行业的市场规模增长率达 120.3%，2017 年增长率有所下降，降到了 43.5%。[1] 但也可以由此看出，2017 年游戏直播行业开始进入成熟期的发展阶段，市场逐渐趋于稳定，各平台开始比拼的是精细化运营。

---

[1] 中国投资咨询网．2017 年游戏直播行业发展趋势及市场规模分析报告[EB/OL]．（2018-03-15）[2018-04-25]．http://www.ocn.com.cn/touzi/chanye/201803/mdlaq15185157.shtml．

由于过度追逐利益,游戏直播行业在发展过程中产生了一些问题,主要包括:第一,一些主播为了让观众进行打赏而不择手段,比如在观众人数方面进行造假,形成人气很高的假象,并且直播低俗的内容诱导青少年。以游戏直播平台斗鱼TV为例,某些衣着暴露的女主播经常用挑逗性的言行诱导观众,使其做出打赏行为,这不但严重污染了直播环境,而且严重危害到了观众的心理健康,特别是不利于我国青少年的健康成长。第二,在主播之间和平台之间存在着恶性竞争。比如某些直播平台经常雇用网络水军到竞争对手的平台对某些高人气的主播进行人身攻击,不但损害对方声誉,也严重危害了直播市场秩序。第三,价值观导向有偏差。主播作为公众形象,言辞行为等会对观众造成影响,如果主播自身没有正确的价值观,就会间接影响到观众,尤其是会影响到思想还不成熟的未成年人。比如,斗鱼女主播"笨笨笨狐狸"在未告知的情况下闯入了重庆大学,对该校女生宿舍楼进行了全程直播,并多次发表了对学校的侮辱性言论,这严重损害了该校的声誉,而且造成了极其恶劣的社会影响。

随着观众对高质量直播内容需求的增加,游戏直播行业的内容发展一片向好,粗制滥造型平台的淘汰率将大大增加,使目前游戏直播行业度过野蛮生长的阶段;各平台的投融资也更趋理性,融资金额大幅缩水,之前签下千万级大合同的游戏主播现在已经屈指可数,未来游戏直播将会朝着越来越好的方向发展,行业前景一片光明。

首先,移动直播将成主流。《王者荣耀》和《绝地求生刺激战场》等现象级游戏的持续火热在很大程度上推动了大量投资进入该领域,也推动了我国移动电竞直播的发展,中国移动直播已经超越端游成为第一大游戏市场。在未来，随着智能手机的持续普及，全民化的移动电竞终将实现，移动直播也许将会成为一个相对独立的游戏市场。

其次，内容多元化、精品化。观众对直播的内容要求越来越高，一味地哗众取宠早已不符合现在人们的审美。未来，游戏直播行业将致力于内容生态的建设，以优质的内容永葆平台的生命力，用更先进的科技为用户打造更佳的直播体验，在未来我们会迎来一个更为成熟和更加健康的游戏直播环境。

再次，与电子竞技行业的合作将更加紧密。电子竞技满足了玩家交流和互动的需求，同时也能带来极大的流量收益，因此未来游戏直播行业与电子竞技行业的结合将会更加紧密，只要某一平台能够拿下具有高关注度的赛事的版权，那么它将会获取更多的长期流量。另外，对竞技赛事进行赞助也能够给用户留下良好的品牌印象，因为一场主流赛事的影响力要远远超过一个大主播。

最后，市场监管强化，行业规范化。目前为了规范行业发展，维护游戏直播行业的正常市场秩序，网络直播行业的主管已经持续出台多项重磅政策，开展多次执法检查以及专项清理整治工作，并且取得了一定的成效。但是游戏直播行业要实现规范行业发展任重而道远，有关部门需要一直发力，为游戏直播提供健康的行业环境的同时，对其发展进行有力的监管也是一项迫在眉睫的任务。

（五）案例：《魔兽世界》从线上到线下的蔓延和《王者荣耀》的爆红

首先，以《魔兽世界》为例，2012年该游戏被《时代》杂志评为对整个游戏产业具有重大影响的三大游戏之一，可以说它在游戏界有着不可撼动的地位。它通过各种线上线下的活动，形成了非常强大的网络社群，玩家们都有高度的社群情感卷入，就像所有《魔兽世界》的玩家都知道的一个口号——"无兄弟、不魔兽"，正是这种共同的游戏追求，将全球的游戏玩家聚集在了一起，从而产生了极其强大的网络社群规模。

线上的《魔兽世界》：它的故事背景是完整并且宏大，同时充满细节的世界，在这片世界里每一个常见的NPC（非玩家角色）都是有故事的人，甚至每个种族的历史都非常丰富，整个游戏充满了可玩性。另外，《魔兽世界》这个游戏中的场景设置都给玩家以极致的体验，细节铺排也让人惊叹，小到诸如缓慢行走的速度、与现实时间保持的一致性、天气的变化、武器装备的外观以及来历的考究等，大到丰满的人物形象、感人或者热血的人物故事，以及游戏地图里的各种地貌特征的描摹等，都为玩家带来了不一样的体验效果。此外《魔兽世界》还通过一系列的线上节日活动、道具促销活动等吸引了大批玩家。

线下的《魔兽世界》：围绕着《魔兽世界》有着太多的线下互动，包括许多衍生产品，比如经典的联盟部落徽标、职业主题与熊猫人特色T恤，魔兽世界官方小说以及相关联的许多同人小说，制作方暴雪娱乐出品的各种可爱的玩偶、武器、游戏迷们自制的泥人、陶人，数不清的有关魔兽的漫画、视频等。此外还有多场线下电竞赛事，为玩家提供了线下互动的最佳场地。值得一提的是，2016年6月，由《魔兽争霸》与《魔兽世界》系列游戏改编的电影《魔兽》上映，为玩家带来了一场超豪华的视听盛宴，更重要的是使玩家们的游戏情怀得到了极大满足。

其次，以《王者荣耀》的爆红为例。它是由腾讯游戏开发的一款手游，主要运营在Android和iOS平台上，由于这款游戏的风靡程度使它被视为移动电竞时代的里程碑。而在此之前，还没有任何一家游戏公司可以仅靠一款产品就在短期内开启一个时代。该游戏的爆红带动了一个产业链，养活了周边多个产业，围绕《王者荣耀》的直播、视频、电竞、媒体、地下产业链等越来越繁荣。2016年这款游戏的日活跃用户超过了5000万，创造了腾讯平台上的智能手机游戏的新纪录。据《2016年中国电竞产业报告》数据显示，该游戏2016年的全年收入为68亿元，占当年全国手游总收入的17.7%。[1]

分析《王者荣耀》迅速蹿红的原因，离不开它对现代人的各项需求的满足。首先，满足人们的社交需求。用户可以通过微信账号、QQ账号来登入游戏，这不仅简化了繁杂的注册步骤，而且可以和已有的好友组队进行赛事。亲朋好友这种强关系可以移植到游戏中，很能让玩家投入其中并获得乐趣。其次，满足人们的碎片化时间消费需求。《王者荣耀》一局游戏时间较短，大概20分钟，几个好友互相配合到最后取得胜利，可以使玩家获得群体荣誉感与满足感，从而加强了群体认同，也就更好地达到了社交目的。再次，满足人们的娱乐和宣泄需求，还满足了人们对于公平的渴望。王者荣耀主打公平竞技，相比于其他的游戏，它的游戏规则相对公平，玩家与玩家的区别只在技术，不在充值与否，让玩家可以忽略现实社会中的经济地位差距，只需认真投入积累游戏经验。最后，满足人们劳有所得的需求。王者荣耀有一套独

---

[1] 中国音像与数字出版协会游戏工委.2016年中国电竞产业报告（2017）[R].2017-02-28.

特的奖励系统，每天登录签到就有奖，取10个人头有奖，推五座塔也有奖，打完获得mvp也有奖，并且都是当下立刻就奖，通过各种小礼品来锁定用户，增加用户黏性。

虽然《王者荣耀》持续火爆，但也伴随着抄袭和对青少年有不良影响的争议。值得肯定的是，腾讯目前也在不断地调整以完善游戏。因此，现阶段的《王者荣耀》还处于一个上升发展期，或许未来其活跃渗透率还将更高，成为点燃电竞市场的旺盛火苗。

三、网络视频：从未结束的PGC与UGC之争

（一）网络视频平台网站的崛起

在互联网技术与视频媒体相互融合下，新型媒体网络——网络视频诞生。它综合了互联网、文学和艺术等所具有的属性特征，成为新时代下流行并发展迅速的新兴文化产业。

网络视频基于自身优势发展迅猛，成为网络娱乐生态的重要组成部分，各种各样的网络视频平台已经成为满足人们精神文化需求、进行文化消费娱乐和获得信息的主要形态之一。

当前我国网络视频市场基本形成了垄断竞争的格局。可以从广告市场份额的占比看这一竞争格局，其中爱奇艺占21.4%，腾讯视频占21.2%，优酷土豆占20.5%，但三家平台的广告市场份额比都在20%左右，可见三者之间存在势均力敌的竞争情形，三者瓜分了大部分的广告市场份额，在网络视频产业中占据主要地位。

另外，网络视频平台竞争具有同质性的特征。各大网络视频平台不断探索的领域主要包括频道内容、终端、衍生应用服务、用户服务、运营策略等。虽然各平台都在强调差异化的竞争战略，但实

际上各平台在内容的大体布局上是趋于完全同质或交叉式同质的，也就是布局整体以视频为核心采用不同的形式向周边衍生。爱奇艺由单一视频门户向泛娱乐门户扩展转变。融入阿里大文娱平台，同时结合其他生态模块是优酷的发展形式。芒果TV依靠湖南卫视通过内部推动向外衍生服务……可以看出，各平台都在以视频为核心分别以扩展、融入和内部推动的生态发展形式向外衍生。

基于激烈的竞争和各网络视频平台的差异化发展，可以预见未来网络视频的发展趋势。

1. 内容与硬件的升级

一方面，从网络视频的内容发展过程来看，其生产模式从单纯UGC（用户生产内容）向与UGC+PGC（专业化生产内容）融合过渡。经历了残酷的市场竞争以后，各视频网站开始意识到单纯依靠自身强大的用户群来支持平台运营难以实现永续发展，优质的内容才是支撑平台发展的永动轮。因此各大视频网站未来将致力于培育由自身平台衍生的UGC内容，通过向PGC借力，即加强与传统广电人才、影视公司的合作，用专业自制来获取优质内容版权，提升自身品牌。另一方面，从硬件来看，未来视频行业的智能硬件会成为新热点，朝着"平台+内容+终端"的方向发展。网络视频对用户群体的吸引也逐渐从之前的内容转移到能带给观众的体验，而通过软硬件结合的布局将成为网络视频平台抢占市场的关键。

2. 运营管理更加平台化

由于人们的多样化内容需求的发展，用户对网络视频平台的要求也越来越高。因此，各平台将在两方面进行运营管理的布局：第一，围绕用户需求的生态布局策略将会越来越明显。第二，将努力优化平台本身，以便为用户提供更好的体验和服务。

3. 节目传播智能化

节目传播智能化首先是通过推荐优质内容来满足用户偏好。一方面，当用户打开一种网络视频时，该平台将根据用户打开的视频的类型推荐用户最可能喜爱的其他视频；另一方面，推荐用户最近访问视频的相关视频。节目传播智能化其次是智能自动识别。目前，许多用户观看网络视频时只想看到自己想要的视频内容，而智能自动识别技术将主动识别到用户想看的内容，这就为用户带来良好的用户体验。例如，爱奇艺平台上的绿色镜像编辑功能，就能智能地识别到用户希望看到的视频剪辑片段。

4. 消费体验沉浸化

未来，网络视频行业的重要努力方向之一是增强用户的沉浸感受和体验。通过各种硬件技术的进步使用户的体验更加具有实感，提升平台的核心竞争力。

（二）网剧、网综与网络大电影的活跃

阿里文娱大优酷的总裁杨伟东曾说："以网剧、网综为代表的网生内容，必将成为中国乃至世界新一轮文化娱乐产业大发展的最大驱动力。"[①] 目前，网络视频正朝着这一方向发展。网剧、网综、网大作为网生三大核心内容，成为如今网络原创内容的主要方向。

网剧方面，2017年以《热血长安》《无证之罪》《河神》等为代表的网剧凭借电影级别的品质成为网剧爆款，也代表着我国网剧的制作水平达到了新高度。此外网剧《白夜追凶》的海外发行权被

---

① 搜狐网.电影级制作标准——网剧网综开始"名利双收"[EB/OL].（2017-03-20）[2018-04-26].http://www.sohu.com/a/129479069_534657.

美国流媒体巨头、世界最大的收费视频网站网飞买下，海外输出的成功，表明我国的网剧正向全球发展的良好态势，也带动了网剧的持续火热。现在网剧正处于变化发展中，从资本到主创人员，不断有新力量加入网剧，为其发展带来了新生力量。未来网剧发展呈三大趋势：第一，IP改编剧依旧会是网剧主力，其内容更加类型化、精品化，并且季播化的播出特点更为明显。由于IP改编自带粉丝基础，并且受众市场较大，因此IP改编剧依然火爆，为了形成差异化竞争优势，未来制作公司会优化投资比例，更加注重创作力。相对于传统电视剧，网剧的类型化道路将会走得更远，比如《河神》和《白夜追凶》等网剧都在自己的独有范畴中做到了最好，因此能获得观众的喜爱和认可，未来也继续会朝这一方向发展。剧二代大部分是品质剧的延续，如《琅琊榜2》《军师联盟2》等，这对于国产剧创新、拓展边界来说都有积极意义。第二，破除流量明星桎梏。回看《河神》《无证之罪》《热血长安》等爆款网剧都没有按照行业内用流量明星吸引观众的套路，而是将重心放在了剧本本身的品质上。网剧《河神》没有邀请一线大咖加持，但是李现、张铭恩、王紫璇等年轻演员的精彩表现受到观众的喜爱，证明了网剧和优秀的年轻演员是可以互相成就的，未来这一趋势将会更加明显。第三，网台的界限更加模糊。比如灵活排播是网络平台特有的优势，但现在由于视频网站的内容更加丰富和多样，规律的播出被提到了日程上，在一定程度上更接近电视台的播出方式，所以在这方面两者的界限更加模糊。

网综方面，2017年网综生态逐渐恢复常态，成为爆款频出的井喷之年。如《吐槽大会》《中国有嘻哈》等某些网综的综合收视率可比肩甚至超越卫视综艺，拥有超高的话题度和热度。网综在影响力、传播力以及投资额等方面都呈现出阶梯式的成长态势。2018年及之后的网综将会持续发力。第一，各大平台将会整合资源，抢占先机。比如腾讯将继续覆盖王牌综艺节目，如《奔跑吧兄弟2》《中餐厅2》《演员的诞生2》等，除此之外，将继续打造舞蹈偶像、团体偶像的真人秀等节目内容。第二，内容创作更加有据可依。要在最大限度上生产出符合用户需求的内容，需要掌握数据的平台方继续在未来进行对垂直内容深耕，并且使创作者、制作方和平台方共同参与到内容方案的策划。第三，未来网综的发展要不忘初心、回归主流。在综艺节目向纵深发展的今天，网络综艺节目只有积极传递具有正能量、主流价值和人民群众喜闻乐见的健康向上的内容，打破审美疲劳现象，提升综艺的文化价值，才能创造出超越观众期待、赢得观众信赖的经典作品。[①]

网络大电影，在2014年诞生，当年全网上线的网络大电影总共有450部。经过三年的发展之后，2017年全网全年上线网络大电影总共1892部，与2016年的2463部相比减少了571部，但随之而来的是网络大电影的质量得到了提升，比如仅一部《斗战胜佛》就获得了2655万元的票房分账。[②] 此外，网络大电影目前在题材探索上更加多元化，在内容制作上也更加精耕细作，说明网络大电影行业正逐渐趋于成熟，开始走上了理性以及良性发展的道路。未来，网络大电影的发展前景一片向好。首先，市场趋势与院线将互为补充。其次，网络大电影的内容将更加优质化，那

---

① 言之有范.2017年终盘点：爆款频出，网络综艺的井喷之年[EB/OL]. (2018-01-26)[2018-04-26].https://mp.weixin.qq.com/s/_JHRcd77sXXpVG2CUjTTHg.

② 言之有范.年终盘点：褪去浮华，整装待发，2017电影产业深度观察[EB/OL].(2018-01-22)[2018-04-26].https://mp.weixin.qq.com/s/vpkp3MKT4CMva5q7mkgf4Q.

些试图打擦边球以及有软色情内容的网络电影将会难以生存。最后，各平台将逐渐增强排片的差异化，营销投入在成本中的占比不断增大。比如，爱奇艺在这方面做出了新的尝试，首推的独播影片的营销补贴模式，吸引了制片方增大投资规模，在一定程度上带动营销投入在网络电影的成本中的占比增大。

(三) 网络视频直播与网红经济

网红经济是以时尚达人为形象代表，以她们的品位和眼光为主导，依靠其在社交媒体上聚集的人气，向粉丝群体进行定向营销，从而把粉丝群体转化为实际的购买力，带动产品消费，而网络直播为网红经济的发展提供了不可替代的载体。

当前网红经济有一套十分经典的变现模式。一是广告。这是网红变现的首选方式。比如，薛之谦的微博广告就是典型代表。二是卖会员、VIP及粉丝打赏。当粉丝量积累到足够多的程度后，浏览量也会相应地提高，使用这种变现方式产生的收益就更加直接明显。比如，大号原创内容每篇的浏览量在10万以上，如果按概率计算，至少会有800—900人打赏，最终一个单链接使网红收入过万就不是难事。三是微电商模式。这种变现方式具有一定难度，需要网红通过引导粉丝来实现。以罗辑思维为例，按罗辑思维微信公众号平均打开率5%来算，那么平均每天就会有30万人打开回复的链接进行阅读，假如按照1%的购买率计算，则每天的交易额都是一个很可观的数字。除了以上的变现方式以外，还有其他诸如做形象代言人、商业合作、品牌策划活动、微商、出演网剧网大等变现方式。

目前网红经济存在着内容不优质、影响不持久、商业结构模式不完善和缺乏有效的管理机构等问题。在未来网络直播和网红经济要提高内容质量，延伸产业链条，并且建立监管机制，才能发展得更持久。

总之，经历过几年发展的网络直播和网红经济如今已初具规模，形成了产业发展的雏形，并且许多网络红人做网络直播积攒了人气后，开始纷纷转向线下发展，比如成立独立工作室为自己寻找和吸引资源，获得更高的收入，所以网络直播能给线上线下都带来很大的效益。但是任何一种经济模式都不是十全十美的，我们需要正确面对网络直播和网红经济，引导其输出具有正确价值观的内容。

（四）"草根"的新娱乐：短视频

短视频也称作网络短视频或者网络微视频，意思就是简短的视频，时长大约在30秒到20分钟。它的最大特点就是"短、快、精"，即时长短、传播快、内容精，可以随时随地观看、转发以及分享。如今网络小视频深受人们的喜爱，一方面是因为互联网时代的高频率、快节奏使"碎片化阅读"流行，而微视频的特点正好迎合了人们的需求；另一方面，小视频展示的大多是轻松有趣的内容，可以解除人们的心理负担，缓解精神压力。另外，上传和观看小视频的门槛较低，因而成为"草根"的新娱乐场地和全民娱乐的工具。

2016年短视频兴起并在2017年进入集中爆发期，行业存量增速加剧。数据显示，截至2017年第三季度，短视频用户使用总时长同比增速达311.3%，渗透率为4.1%，领跑其他所有细分行业，短视频移动端用户日活达6300万，市场规模达到了57.3亿元，同比增长183.9%。① 2017年3月，短视频APP快手获得了腾讯领投的3.5亿美元战略投资，土豆也宣布将转型短视频领域……大量资

---

① 艾瑞咨询. 2017年中国短视频行业研究报告 [EB/OL]. (2018-01-25) [2018-05-24]. http://www.ce.cn/culture/gd/201801/25/t20180125_27899034.shtml.

本的进场推动了短视频行业快速发展。

激烈的市场竞争使各平台寻求差异化竞争优势，积极探索盈利新模式。比如，花椒直播用特色优质内容在直播市场开拓出一片天地，始终致力于对绿色健康直播平台的打造，花椒通过"明星战略"邀请了范冰冰和张继科等明星入驻直播，还推出"造星计划"，为有才能的主播搭建了通向演艺圈的上升通道。此外，花椒直播着力打造"直播+公益"，不但向公众传递了公益理念、增加了公益的参与度，而且也为平台带来了优质的内容，有利于平台向绿色健康的方向发展。值得一提的是，花椒直播在内容审核方面走在了同行前面，除了采取强硬措施惩治不法主播，花椒还宣布进一步扩充目前已有的600人审核团队，力图加大对内容的监管和审核力度，同时，花椒还积极鼓励广大网民进行内容监督，建立了内容举报绿色通道，发动广大网民、媒体及时举报有不良言行的主播，而且获得了一定成效。

但是如此庞大的市场规模和亿级的用户规模为网络小视频行业的发展带来了许多不利因素：第一，某些产品无创意无定位，导致小视频平台同质化严重；第二，单一的盈利模式，即单纯依靠广告获得收益，使其发展受到限制；第三，存在着低俗和色情内容。

从现状可以预见，未来短视频行业发展有四大趋势。第一，会在内容上做很多努力：一方面在内容制作上将会更多地联合上游内容制作商打造更有创意的优质内容；另一方面在内容推广上将更多地应用大数据思维，更加智能精准地为用户推荐内容。第二，未来网络小视频行业将会深耕垂直细分领域，如美食、搞笑等领域，继续探索用户的个性化需求。第三，继续利用短视频平台探索新的营销和新的盈利模式，在小视频的5—15秒创造的内容需要高度集成、高效输出和突出的视听刺激，利用这一特性植入软性广告就更容易被用户所记住，从而在增强互动性的同时引发用户进行二次传播。第四，行业竞争加剧将是难以避免的，整合、出海和下沉将会是平台突围之路。未来用户流量将会逐渐涌向内容制作较为优秀的少量头部平台，而大量中长尾平台将面临被整合甚至淘汰，实现市场的优胜劣汰。

（五）案例：爱奇艺视频网站

从 2016 年下半年开始，国内的几个视频平台通过集体品牌更新的方式来创新自己的内容布局。首先是在 2016 年 10 月，优酷推出了自己全新的广告语——"这世界很酷"，随后腾讯也在 2016 年年底推出新品牌主张"不负好时光"，2017 年乐视视频推出了"就视不一样"的品牌精神。从各个视频网站的品牌主张可以看到，它们都在努力形成自己的差异化竞争优势，以自身鲜明的优势和特点抢占市场份额。

爱奇艺是内容付费的探索者，在 IP 生态的货币化能力上爱奇艺已经探索出"一鱼七吃"的策略，即形成了广告、出版、发行、用户付费、游戏、电商和衍生业务授权的文化生态格局。经过多年发展，爱奇艺形成了自己的内容布局和内容战略：第一，爱奇艺三思而行，不盲目抢独家。近三年，爱奇艺主打自制内容战略，所以其以更加理性的态度来采购独家版权，对优质的独家版权如《奔跑吧兄弟》《歌手》等综艺果断出手，也成功采购了热播海外剧，如《来自星星的你》和《太阳的后裔》等剧。第二，爱奇艺孵化自制剧，进行全品类布局。比如其自制综艺《奇葩说》成为全网第一档现象级纯网综艺，在全行业都引起了波澜，该节目不仅在影响力、变现力方面达到了新高度，而且从制作、风格等几个层面对纯网综艺的基本准绳进行了重新定义。第三，细分垂直内容成为爱奇艺内容版图的重要补充，目前爱奇艺旗下拥有超过30个频道，主要包括动漫、生活、财经、旅游、体育、母婴等，满足了不同消费群体的内容需求，也为社群经济的构建提供了可能。最后爱奇艺重视人才的培养与引进，充分保证智力支撑。该平台较早地从传统广电吸收优秀人才，成立了几大工作室，孵化了诸多优质节目。

我国网络视频行业也历经了十多年的拉锯战，虽然网络视频的中场激烈战事已过，不再局限于一城一池的争夺，但是行业比拼转向了系统机制的优越性之争，战斗依然在继续。各视频网站只有在内容领域不断探索出新的生产体系和合作机制，做好人才储备工作，才能在激烈的市场竞争中始终保持优势。

四、网络音乐：生活中无处不在的BGM

（一）优质音乐版权资源争夺激烈

当前数字音乐在音乐市场中占据重要的份额，行业报告数据显示，2016年中国音乐产业总规模达3253.22亿元，其中数字音乐的产业规模达到529.26亿元，同比增长6.2%，成为规模仅次于卡拉OK的细分行业。[①] 音乐行业的加速升级，使人们越来越重视正版优质音乐版权的规范化发展，这也成为各大平台争夺的重点。

从行业发展情况来看，我国互联网音乐行业曾经长期遭遇盗版侵袭，国家采取措施整治了这一乱象。2015年国家版权局发布了《关于责令网络音乐服务商停止未经授权传播音乐作品的通知》

---

① 中国文化传媒网. 2016年中国音乐产业总规模3253.22亿元[EB/OL].（2017-11-10）[2018-05-01].http://www.ccdy.cn/chanye/201711/t20171110_1363720.htm.

（以下简称《通知》），这也被称为史上最严版权令，随后百度、阿里和腾讯等音乐平台把未经授权的220余万首音乐作品下架，这成为我国数字音乐正版化的标志性事件，并且以此揭开了数字音乐市场的版权大战。在《通知》颁布之后，音乐平台间的版权大战此起彼伏，与此同时数字音乐市场马太效应凸显，之后战场上只留下腾讯、阿里、网易、百度等几个大玩家。经历了几年正版化发展后，就开始演进到了各大音乐平台争相烧钱对独家版权资源的争夺阶段，并且伴随着对音乐独家版权的价格哄抬，各大音乐平台的版权争夺战在现实中越演越烈，破坏了正常音乐市场秩序。环球音乐的独家版权转授就是个很好的例子，在当时各家音乐平台几乎都参与了这场音乐版权之争，导致授权费一路高涨，从起初的三四千万美元最后涨到了3.5亿美元现金还要外加1亿美元股权，几乎10倍的溢价，这与其本身价值并不相当。

在近两年的音乐版权争夺中，成为赢家的最主要因素在于拥有更多的独家音乐版权，尤其是优质的独家资源。另外，正是由于存在这种独家版权模式，可以极大地提高用户活跃度和黏性，发展较好的头部音乐平台将二线音乐平台推向边缘，比如多米音乐就在这场战斗中倒下。激烈的版权战争使得独家版权模式备受诟病，呼吁理性的声音日渐高起。

可以说，充足的版权只是音乐平台在初期吸引用户的关键要素之一，但它有利也有弊。一方面，独家版权对于产业环境的进化、公众付费意识的培养、内容收益的增加、作品创新的推动都有积极意义。另一方面，从反垄断的角度看，如果任由网络音乐服务平台的独家版权采购或独家授权继续发展，未来难免会出现一家独大的格局，而当这一行业被某个平台"垄断"后，之后再次购买音乐版权时，由于有效竞争的缺乏，就会出现不公平的低价购买等滥用市场支配地位的行为,由此独家版权反而不利于音乐市场的发展。

因此,激烈的版权之争在未来会随着音乐市场的发展成为过去时,各大平台更加注重的是原创音乐内容的生产,从刚开始的只会单纯地比阔气、掷巨资买独家版权,到现在转向拼服务、拼原创音乐资源。音乐产业的立足之处将会转变为优质内容和深度交互的用户体验,产值挖掘会更加切合消费者的心理需求,音乐、新技术将各种应用场景多元、广泛、深度融合到一起,这将推动中国数字音乐平台走向一条更长远的可持续发展之路。

(二)从互联网音乐生态到物联网音乐生态

传统音乐产业在互联网的加持下不断地被拆解、重构,使数字音乐产业链的价值更多地体现出来,使不同格式的音乐内容有了足够的开放性,也让音乐产品和服务具有了差别化特征,更加重要的是使用户能够以更加轻松便捷的方式接收音乐信息。

互联网对音乐产业链的各个环节都产生了至关重要的作用。第一,最大限度地降低了音乐创作的门槛,人人都可以成为音乐创作者,他们可以在音乐平台或视频平台发表自己的音乐作品,这在传统音乐产业是很难实现的。第二,音乐传播更加便捷快速,通过分享、评论,人们可以自由地实现音乐的传播。互联网有力地改变了音乐人和粉丝的互动方式,比如某些优秀直播平台就实现了音乐主播和粉丝的近距离互动,使两者可以实时互动。第三,在互联网的加持下,音乐产业的盈利模式正在发生极大的飞跃。其主要在三个方面进行盈利,即付费下载、流媒体订阅服务和个性化音乐定制服务。据统计,我国每5个网民中就有4个在网上听音乐,可以看出我国音乐市场有着庞大的用户规模。音乐产业乘着互联网的快车不断向前发展,会根据顾客的实际需要、购买行为和消费习惯等数据，把音乐市场细分为若干个消费者群体，实现精准化营销以及个性化的音乐定制服务。[①]第四，互联网的发展能够延长音乐产业链并形成较大的经济规模。以音乐节为例，作为产业链延伸的典范，互联网的应用使当前的音乐节玩法多样，并且带动了旅游、餐饮、交通等相关产业的发展。

值得一提的是，物联网的发展促生了音乐新生态。它在很大程度上推动了不同产业间的融合发展，为音乐内容提供了各种各样的载体。比如，智能家居产品的背景音乐系统就是一个很好的例子，通过背景音乐系统可以将优美的音乐传送到家里的厨房、阳台、卧室、书房、卫生间等各个空间，然后通过不同的控制方式来满足不同空间内的用户对不同音乐的需求。

不难看出，基于互联网技术的许多新应用正在为音乐产业打开市场的新途径，这不局限于物联网，还会有更多的新技术产生，并且将助力中国音乐产业实现更好的创新发展。

（三）腾讯QQ音乐：拥抱任何可能的合作

QQ音乐2005年上线，旗下主要产品包括QQ音乐及全民K歌，凭借腾讯集团的支持，QQ音乐一直以来都处于在线音乐市场的龙头地位，它对中国音乐版权的正规化起到了很大的推动作用。2017年5月16日，腾讯音乐娱乐集团与环球音乐签订了数字版权分销的合作协议，这就意味着腾讯拥有了世界三大唱片公司的独家版权，即环球音乐、索尼音乐、华纳音乐，因此，毫无疑问QQ音乐成为我国音乐行业内的版权帝国。在QQ音乐的发展历程中，

[①] 光明网-文艺评论频道.新形势下数字音乐如何破局[EB/OL].（2017-03-09）[2018-05-04].http://wenyi.gmw.cn/2017-03/09/content_23931513.htm.

不断寻求合作成为其鲜明特点，拥抱任何可能的合作为其自身发展不断注入活力。

以2017年的合作为例，QQ音乐通过与各个领域的联合推动了自身发展，通过与不同品牌的跨界，不断打通新的场景和内容，从而吸引了新的粉丝和用户。首先，QQ音乐与摩拜单车的合作，这次合作打通了线上线下的互动体验，活动以"音乐骑行，一路有音乐"为主题，在具体操作上双方推出了一场绿色出行活动，让城市中的人们放慢快节奏的生活，享受骑行的乐趣、感知生活的无限"乐"趣。其次，在5月20日，QQ音乐与知乎进行合作，QQ音乐在知乎上发起了一个问题：喜欢你用一句歌词怎么翻译？这一问题引来了众多网友的回答，活动开始当天超过了120万人浏览该话题，共收到了2582条回答，这次"520在知乎用音乐表白"活动也成为2017年520活动中最成功的营销活动之一。再次，值得一提的是QQ音乐与中信银行的合作，二者合作推出了联名信用卡，用户只要办理联名信用卡，就可以获得多项银行优惠，并且根据QQ音乐的登录和听歌时长，还可使消费积分翻倍。这次合作同时把物质消费与精神消费结合起来，并且实现了两者的相互转化，使QQ音乐"Music Your Life"的价值主张更加凸显。

由于人们生活节奏变快，因此人们对娱乐体验的需求不断增加，QQ音乐抓到了这一市场需求，开始不断探索和调整自身发展战略，在扩大产品差异化属性和释放品牌价值方面取得了许多突破进展。比如基于用户的零点情感需求，QQ音乐在2018年1月发起了"零点行动"，让用户通过零点音乐信箱分享彼此的零点故事，在外漂泊的人们获得了情感上的共鸣；2018年2月，QQ音乐以"音乐连接爱"为主题，在北京三里屯打造了"QQ音乐·站"，发布了与春运相关的四部音乐短片以及用户在春节的听歌动态，发布后的一天之内，整个网络播放就超过了 6000 万次，满足了用户情感需要。

2018 年 2 月 8 日，经过国家版权局积极协调推动，腾讯音乐和网易云音乐就网络音乐版权合作事宜达成一致。双方相互授权音乐作品，达到各自独家音乐作品数量的 99% 以上；与此同时还商定进行音乐版权长期合作，并且积极向其他网络音乐平台开放音乐作品授权，这次合作为音乐领域的版权合作提供了一个正面范本。

由此可见，QQ 音乐通过丰富的流量与曲库，积极加强与各方领域的合作，运用大数据秉承"为用户着想"的经营理念，用心做用户体验，从生活细节入手，带动了音乐内容在泛娱乐大环境下的进化与融合，真正地满足了用户的心理需求。

第三节　高新科技给未来更多的可能

一、技术搭台，文化唱戏

（一）技术为文化助力

纵观世界文化的发展历程，科技与文化的联系从来没有像今天这样紧密。二者日益相互渗透和促进，已然不可分割。当前，科技对文化的助力作用更加凸显，出现了一种由科学技术所塑造的新文化，即以科技为基本要素的科技文化，可见技术对当今文化发展的重要推动作用。科技对文化的助力作用表现在如下方面。

首先，在文化装备方面，科技使文化装备得以升级换代，为受众创造了全新的视听享受。大到舞台、建筑、展览的场景布置，小到 3D、VR 眼镜等观影设备都在文化装备的范畴之内，这些文化装备的升级换代提升了受众的文化体验。例如，在过去的 2017 年中，大量的舞台美术设计引入了新的科学技术，为文艺演出增添了非常多的亮点。比如，"一带一路"国际合作高峰论坛的文艺晚会《千年之约》，就运用全息影像技术产生了极佳的舞台效果，在演出中，飞天的仙女与投射的全息影像共舞，色彩的变化神奇美妙，观众仿佛穿越到了当年的莫高窟。

其次，在提供的文化产品和服务方面，科技的助力使文化产品更加丰富，文化服务的提供也更加便捷和多样。以目前出版领域为例，VR 与出版的结合有两大方面：一是 VR 出版物，比如北京少年儿童出版社出版的《恐龙世界大冒险》丛书，该丛书附赠 VR 眼镜，并提供众多以恐龙为主题的 VR 场景。小朋友戴着 VR 眼镜在 VR 场景中畅游时，可以自主控制行动，想走到哪里就走到哪里，还可以全方位地观察场景中的恐龙。这种体验不同于传统纸质书，VR 图书的内容更加生动，互动性更强，很多购书的家长反映这套书激发了孩子对恐龙的兴趣。二是由出版单位开发的 VR 教育。比如，凤凰传媒旗下的凤凰壹创研发的 VR 教育云平台——100 唯尔教育网在 2015 年 12 月正式上线；青岛出版集团正在推进"青版 VR 教育云平台"项目，并已经推出了"VR 海洋教育"等课程，该课程把海洋知识融入虚拟海底、全景海洋地理等场景中，学生戴上 VR 眼镜就可以身临其境，这相对于传统课堂的教授方式来说可以让学生的学习过程更加生动有趣、更加高效。

最后，科技在文化保护方面做出了更重大的贡献。智能机器人可以 24 小时无休巡逻以及进行 360° 无死角监控，成为保护文物的一大帮手。虚拟展厅使年代久远的宋画、丝绸等优级文物得以展示和传播。AI算法识别技术在古籍文字的辨识和修复方面发挥了重要作用。2018年1月，腾讯携手敦煌研究院，开拓了数字丝绸之路，未来将会利用腾讯的平台和技术优势，帮助敦煌打造出与其文物和文化价值对等的数字文化体验，让更多人可以感受到敦煌文化的魅力。总之可以说，当今迅猛发展的人工智能、大数据、虚拟现实等技术对传统文物保护、传统文化传播带来了新的可能和想象。

（二）传统文化产业或乘良机

随着互联网技术的不断升级，大数据、云计算等技术极大地改变了文化产业的生态，传统文化、娱乐、新闻、出版、金融等产业持续跨界融合，同时新兴业态的拓展速度在加快。在这一时期，文化与科技进一步融合，VR技术、AR（增强现实）技术、人工智能、区块链技术、新材料等在文化产业领域的应用不断增多，这大大有利于传统文化产业的优化升级。

传统文化产业已经因为科技的发展发生了巨大的变化，以现代科技为核心的文化产业已经在行业内占据主导地位。例如，动漫、网游、数字音乐、数字电影等产业已经成为未来文化产业发展的方向，3D、4D、虚拟现实和增强现实技术被引入历史文化的保护以及传承中，这些现代科技不仅突破了非遗保护和传承的瓶颈，与此同时也增加了观众的体验性和互动性，有利于激发群众的文物保护意识。

以传统旅游业为例，科学技术的广泛应用给传统旅游业带来了翻天覆地的变化。首先，改变了旅游业的格局，许多互联网旅游企业集团得以产生。比如携程、去哪儿、同程、途牛等OTA闯入了传统旅游业，为游客提供了$7\times24\times365$的实时旅游信息查询以及机票、酒店和旅游路线的快捷预订，带来了前所未有的便利，这些企业以较快的速度在旅游行业攻城略地，成为旅游渠道的主流。其次，改变了旅游营销的方式。比如上海充分利用VR技术进行宣传营销工作，采用最新的VR和4K技术打造了上海形象宣传片《我们的上海》，观众戴上VR眼镜后，仿佛亲身体验游览上海，激发了潜在游客来沪旅游。最后，高新技术的运用改变了人们的旅游体验。比如大型高科技主题乐园——芜湖方特东方神画就利用各种高科技，如实景特效、立体电影、机械特技和动感平台等为游客展示了一幅中华五千年历史文明的壮丽景象：女娲补天、大闹水晶宫、烈焰风云和牛郎织女等在东方神画里立体再现。

未来经济发展会越来越多地依赖文化竞争力和科技竞争力，新技术正在并将继续引领传统文化产业走创新发展之路，文化创意领域对人工智能的应用将会更加广泛，新材料与文化创意结合将驱动更多形态的产品创新。[①]总而言之，文化科技融合的发展态势将会继续加强，以便为文化领域相关产业的发展拓宽载体和渠道，文化产业与高新技术产业的协同发展终将成为推动"中国制造"走向"中国智造"以及"中国创造"的关键所在。

二、虚拟现实＋文化产业：沉浸式体验

（一）案例一：VR推动教育变革

虚拟现实（VR）综合了人工智能、3D立体显示、人机交互、

[①] 未来网.文化与科技融合的八大趋势.[EB/OL]（2017-02-11）[2018-05-16].http://news.k618.cn/tech/201702/t20170211_10289476.html.

计算机仿真技术、传感等技术的最新发展成果，通过各项技术的融合生成逼真的三维视、听、嗅等感觉，使人可以不受时空的限制如身临其境般去观察三维空间内的事物，形成一种沉浸式的体验。通俗地说，VR技术就是通过计算机算法创造出一种能使人身临其境的世界，可以让人们实现时空穿越。

虚拟现实的概念从2015年、2016年广泛传播，如今已得到广泛应用，涉及教育、水电、煤矿安全、消防安全等多个方面，短短几年时间的发展给我们的生活带来了翻天覆地的变化，尤其是VR与教育的结合颠覆了传统的教学模式，引领了教育行业的变革，并且在一定程度上弥合了教育资源分配不平衡的现象。

教育机构林立，学生群体规模庞大，再加上新一代家长教育理念的升级，使我国教育市场的需求日益旺盛，特别是在教育部发布的《2018年教育信息化和网络安全工作要点》中，明确指出要把VR技术明确纳入教育信息化重点工作，在国家政策的支持下，VR教育将会在全国教育体系内推广与应用，以虚拟现实为代表的"沉浸式教育"在未来将成为教育事业中体验式学习的新标杆。

在传统教学方法中，受教育的一方无法有趣地参与和互动，VR教育很好地突破了这一瓶颈，不仅能够为学生提供诸如人体模型的构建、化合物的分子结构显示等生动形象和逼真的学习环境，而且还有效地节省了教育成本，避免了学生在实际操作中的风险，激发学生知识学习和创新潜能。虚拟现实技术在教学中的运用，使微观世界呈现出宏观化，平面世界呈现出立体化，抽象世界呈现出具体化，解决了传统教学中的很多困难和瓶颈。例如，惠言公司推出的"秦始皇兵马俑"项目，通过HTC的Vive Focus设备，将秦始皇兵马俑真实地呈现到师生们的"眼前",通过360度逼真的观赏角度和辅助穿插的文字解释,让学生们生动地感受到2200年前的历史场景,增进对历史知识的理解。这种运用体现了VR教育的两大优势,即促进教育资源的公平性和提高教育环境的趣味性。一方面,长期以来,教育资源一直无法分享的主要原因就是物理空间,虚拟现实技术能够把优质资源输送到教育落后的地区,可以让更多的孩子享受到更多的教育资源,贫困地区的孩子也可以通过虚拟现实技术感受到同等的学习体验,可以说VR教育为教育公平做出了很大的贡献,虽然不可能完全弥合这种差距,但至少很大限度地改变了教育资源不公平现象。另一方面,中国的课堂一直是较为僵化单调的教学氛围,主要依靠书本和老师的单方讲授,特别是物理和化学等自然学科由于缺乏生动灵活的教学方式,因此很难激起学生的学习兴趣,VR教育正好可以解决这一问题。

目前,VR教育产业面临着专业知识体系不健全、制作软件复杂以及设备昂贵的发展问题,但VR作为教育行业的一个潜力股,使教育行业充满无限可能,并且许多VR企业正在努力提升VR技术,加强内容和控制设备制作成本以降低产品的价格,努力让更多学生获得更好的学习体验,因此未来在巨大教育需求和机遇面前,拥有专业知识体系、简单制作软件和低廉硬件的VR教育行业依然会前景广阔。

(二)案例二:光明网全国两会的VR直播

VR直播是指佩戴相关硬件设备,利用虚拟现实技术并通过平台提供的APP进行直播而吸引受众观看,使用360°全景拍摄设备捕捉到多角度的画面以后进行画面传输,使观看者如身临其境一般,

VR直播与以前直播的不同之处在于全景、3D和交互三个特点。

目前，VR用户规模正在不断增加，VR直播也将会在短期内成为VR主流应用之一。原因有两个：首先，VR直播为人们找到了较好的参与以及互动的方式，并且解决了用户的时间和空间问题，此外厂商也不需要付额外的带宽费用。其次，网红也十分乐意用新技术吸引观众，达到更好的宣传效果。

近两年，随着VR技术的日益火爆，VR这股旋风也吹进了全国两会与"媒体大战"中，使全国两会与原来传统的大型会议大有不同，媒体席成为了多媒体技术的秀场。2017年的两会期间，《光明日报》推出的"多信道直播云台"引起高度关注。该设备集信息采集和发布功能于一体，其中在采集方面包括视频和VR等内容的同步直播与录制；在发布方面该设备可以同时为16家平台提供实时直播视频和VR信号，观众通过手机就能了解到两会的实时情况。这实际上是VR直播首次进入两会，观众可以直接裸眼观看，相比之前需要佩戴设备才能进行观看有了很大的进步。除此之外，光明网还与红云融通共同携手，打造了一种可视APP，从而开启了一种全新的新闻播报形态。通过这一APP现场的新闻工作者即可直接实时报道现场，让观众可以通过页面、移动端直接收看报道，并参与实时互动，发表评论、留言甚至是弹幕，与两会代表零距离交流，如同在现场一样。这也使在两会现场的新闻记者们的角色发生了相应的改变，从传统的新闻事件报道者，更加自发地成为事件的生产者、推动者和参与者。

可以看出，VR直播的沉浸式和交互式的展现方式，为观众带来了更加客观与真实、更具影响力和更富冲击力的内容体验。利用VR技术报道新闻就是要把受众"带到"新闻现场，达到仿佛在事件发生现场的感觉，可以说这是虚拟现实技术要带给人们的效果，同时也是新闻媒介的初衷。VR与新闻的结合改变了新闻报道形式、新闻传受关系和新闻制作方式，这不仅契合了VR产业发展的方向，而且使新闻传播形态发生了极大的改变，为未来传媒行业的发展提供了新的发展思路。

目前，VR直播新闻报道还没有走进千家万户，要真正实现它的普及，还需要多方面的条件，主要包括：第一，各项相关技术如制作技术、传输技术、显示技术和传感技术有待成熟；第二，传播的内容有待丰富，当前VR直播新闻大部分存在于大型会议中，还未普及于各种新闻事件的报道中，需要进一步的内容丰富，以满足人们多样化的需求；第三，提升用户体验，使其摆脱现在常见的使用设备时的眩晕不适感，在生理上和心理上都产生舒适感。

三、人工智能+文化产业：从人机交互到人机共生

（一）案例一：百度"复活"张国荣，与粉丝"隔空对话"

近年来，人工智能（AI）的发展越来越迅速，应用也越来越广泛，并且受到了国家政策的大力支持。2017年11月，国务院发布了《国务院关于印发新一代人工智能发展规划的通知》，表示将着重布局人工智能重大科技项目，使我国人工智能产业竞争力到2030年达到国际领先水平，届时AI核心产业的市场规模将超过1万亿元，带动相关产业规模超过10万亿元。[①] 这表明我国非常重

---

① 国家政府网.国务院关于印发新一代人工智能发展规划的通知[EB/OL].（2017-07-20）[2018-05-12].http://www.gov.cn/zhengce/content/2017-07-20/content_5211996.htm.

视人工智能的发展和运用。

人工智能是用于模拟、延伸和扩展人类的智能的一整套的理论、方法、技术和应用系统的技术科学。其研究的领域包括语言识别、智能机器人、自然语言处理、图像识别和专家系统等。我国 AI 产业发展迅速，2017 年市场规模达到 216.9 亿元，同比增长 52.8%。2014—2016 年是 AI 创业企业的涌现时期，在 2015 年达到顶峰，新增 150 家，在 2017 年，这股 AI 创业的热情开始回归理性，预计在 2018 年 AI 市场的增速将会达到 56.3%，整体规模达到 339 亿元，[①] 可见其市场前景十分广阔。

文化与科技的融合程度越来越深，人工智能与文化产业的结合也迎来了春天，与此同时，一系列的国家规划和政策支持，为二者的深度融合创造了良好的环境。事实上人工智能已大量应用在文化产业领域内，当前主要集中在音乐、新闻出版、旅游、视频等领域。例如，2016 年 3 月 29 日，在纪念张国荣诞辰 60 周年的一场活动上，百度语音团队用合成的张国荣的声音与粉丝进行了对话。这段"似乎"来自张国荣的语音回复，是百度通过机器以及人工在全网双重搜集"哥哥"的原声以及众多的采访资料，对其生前留下来的各种音频和声频资料中的原声进行建模，利用最新的"情感语音合成技术"合成出了张国荣生前的声音。这封根据张国荣生前讲话风格编写的"天堂来信"，引发了无数粉丝的集体怀念，并成为 2016 年的标志性事件之一。

这仅是文化产业领域运用人工智能的一个具体案例，二者的结合在未来将体现在更宽泛的领域，从而对文化产业产生越来越

---

① 中国通信院. 2017 年中国人工智能产业数据报告 2018[R]. 2018-02-27.

大的影响。未来随着企业内部运营数据和第三方平台数据来源的多元化以及算法的不断成熟，人工智能将会解决越来越多的问题，在文化产业领域的应用范围也将越来越广泛。

（二）案例二：今日头条新闻推送背后的智能算法

随着算法渗透到用户的媒介消费程度越来越深，今日头条作为算法分发模式的先行者受到了业界和学界的广泛瞩目。截至2017年7月20日，其用户规模已经达到了7亿，总日活用户超过了1亿，单用户日均使用时长超76分钟，另据 Quest Mobile 公布的2017年 Q2 移动互联网报告解读数据显示，2017年6月，今日头条月度用户使用的总时长位列 Quest Mobile 检测的所有应用中的第五名，仅次于微信、QQ、腾讯视频与爱奇艺。[①]能受到用户的如此喜爱，是因为今日头条能借助 AI 为每一位用户推送他们喜欢的内容，可以说今日头条比用户还了解他们自己。

今日头条不是内容生产商，它创造性地运用数据化思维，聚合起多方内容。也就是说今日头条聚合内部签约的创作内容、传统媒体授权内容、深度链接内容。然后将所有的内容经过审查，过审的内容将被个性化地推荐引擎分发到今日头条的客户端上，最终被用户接收，而每个用户看到的内容都和他个人的兴趣相关。今日头条产品的灵魂就是它的个性化推荐算法，号称"5秒算出一个人的兴趣"。今日头条个性化推荐算法的核心逻辑就是分别给用户和内容打标签，然后再根据标签对内容和用户进行匹配，做到

---

① 品途商业评论.多元化扩张的今日头条：一边焦虑，一边狂奔[EB/OL].（2018-01-09）[2018-05-14].https://www.pintu360.com/a43177.html.

"你想看的"就是"我要推的"。可以说，在这个平台上的一切内容分发行为都以这一套算法为地基，这也是今日头条与腾讯新闻、搜狐新闻等媒体的根本差异所在。

在人工智能时代，算法确实在某种程度上代表了更加先进的生产力水平，但算法也并不是万能的。2017年9月，人民网连续发表了3篇评论文章，主要批评了以今日头条为代表的平台，指出其单纯依靠算法推荐使平台价值观缺失，过度媚俗化且过于追求"眼球新闻"是不符合社会发展的。而这也正是今日头条目前所面临的价值观困境和算法瓶颈。业内领先的人工智能运用和数据化运营思维令今日头条发展蓬勃，许多新兴的商业模式也同样建立在这"千人千面"的个性化推荐算法之上，但是单纯依赖算法进行内容把关还存在着诸多弊病。作为一家资讯平台，今日头条应当积极承担企业社会责任，打造一个良性发展的"头条生态"。

将来，AI技术的应用会越来越广泛，技术的发展将更大程度推动经济的发展，更人性化地为人们的生活、工作和教育等服务。

四、大数据+文化产业：精准定位

（一）案例一：电影《小时代》的数据营销方式

大数据的技术应用主要表现在挖掘海量数据，然后通过特定的算法自动分析数据，得出结论后进行趋势的预测，从而能够揭示出数据中隐藏的规律，因此在文化产业领域大有作为。此外文化产业领域引入大数据技术有着多方面的内在优势：第一，文化产业所包含的多种数据极具消费价值。因为文化产业的大部分产品是和消费者直接相关的,因此这些数据有着明确的直接消费价值。第二,文化产业本身就是创造数据和内容的行业,在这个过程中它可以不断产生和获取新的数据,进行数据分析将成为文化产业转型的重要条件。

大数据的运用颠覆了传统文化产业的发展,这主要表现在以下几个方面:推动文化精品建设、实现广告投放的精准性和营销社会化、重塑优秀 IP 制造过程、延长文化产品的产业链、解决文化产品定价难题、提升文化产品改进速度等。以大数据助力文化产业的营销为例,大部分的传统文化企业出于种种原因缺乏用户思维,广告投放时只能广撒网,但如今文化企业可以轻松地利用数据采集、数据分析挖掘的核心技术,绘制清晰的用户画像,帮助企业实现精准广告投放和社会化营销,减少广告成本。

比如电影《小时代》,其用 2000 多万元的成本换取了近 5 亿元的票房,并不是因为影片质量过硬,很大程度上是因为影片的营销策略充分利用了大数据抓取观众的喜好。第一,影片发行方利用大数据进行了市场定位。该影片的数据调查公司在自身拥有的数据基础上,结合市场数据和地面营销系统收集的影院观众相关数据之后,对这些海量数据进行全面的综合分析,从中挖掘出有价值的信息,得出结论之后为《小时代》做出十分准确明晰的市场定位。比如当时通过数据分析得出结论,将会有 40% 的观众是高中生,因为他们是一众主创的忠实粉丝,属于影片的冲动型消费者;30% 是白领;20% 会是大学生,可以通过传播来影响这一群体。[①] 基于以上分

[①] 周南焱.大数据分析运用到电影产业环节或将产生深刻影响[N].人民日报,2013-07-04.

析，该影片的档期便确定在学生们放假的暑期。第二，宣传方根据目标受众的特点进行精准营销和充满互动性的推广。比如当时影片的微博搜索数量高达3100万，众主创微博粉丝之和超过了1亿，以此就做出了"微联动"的营销方案，具体做法是让众主创和各大媒体，以及旗下影城的微博在同一时间进行联动宣传，并不断抛出相关话题制造噱头，引起了极大关注。

从《小时代》的营销策略中可以看出，通过数据分析对目标受众进行定位，打通线上线下，实现营销一体、宣发协同的营销模式，非常有效地迎合了数字时代消费者的消费偏好。但同时必须注意，精准营销只是较好地抓住了市场需求，是推广电影的有效手段，我们仍然不能忽视电影本身品质的重要性，真正成功的电影必定是注入了相当心血和创造力的优质作品。

（二）案例二：网飞用大数据造就《纸牌屋》

大数据对影视产业链的作用在于受众画像的描述。它主要通过观众的多种"标签"来实现，比如观众的年龄、性别、地域等信息都是受众画像的一部分，通过对这些信息的抓取进行算法分析，从而促进影视项目的立项、策划、制作、宣发和播映等环节的循环联动，这与传统影视生产模式的单向传播大有不同。打开影视生产应用大数据阀门的是美剧《纸牌屋》，该剧的最终火爆使网飞成为数据革命的代表，被誉为电视剧行业通过互联网挖掘用户行为数据的第一次战略应用，自此大数据在影视业的应用受到大力推崇。

网飞本身是拥有全球最优秀的用户推荐系统的大数据运营商。一般而言传统的收视率的统计抽取的样品用户只有几千个，而网飞以包括3600万用户的收视选择、400万条评论和300万次主题搜索的信息量为支撑，制作了《纸牌屋》，可以说是大数据造就了《纸牌屋》。这些数据来自网飞多年来的积累，当用户使用网飞的账号登录网站时，后台就实时把用户的位置、搜索词条、设备、收藏和分享等数据记录下来，依据这些数据，网飞在剧本选择和剧情调整上都迎合了市场的需求，从而使《纸牌屋》具有了划时代意义。

在第一季《纸牌屋》中，大数据更多影响的是投资与风控。为了预测市场反应，网飞进行了"电视剧消费习惯数据库"分析，并且得出结论：喜欢观看BBC版本《纸牌屋》的观众，也同样是导演大卫·芬奇（David Fincher）的粉丝，网飞同时还发现，这些观众也是奥斯卡影帝凯文·史派西（Kevin Spacey）的忠实影迷，有了强大的大数据分析支持，网飞已经完全可以预测受众和市场的反应，因此网飞决定投拍新版的《纸牌屋》，并且该剧播出后一炮而红。

在第二季《纸牌屋》中，大数据影响的则是该剧的制作和剧情设置。比如网飞的数据追踪到第一季里出现的女记者总让观者快进、暂停，到第二季的第一集索性就让女记者死掉了；在后来的几季里，《纸牌屋》还根据观者的反馈意见，把一些很热的社会问题都纳入剧情中，使剧集更多地受到了市场关注。

用大数据参与定制影视剧，是未来影视创作的一个趋势，但是不能忽视真正的"匠心"作品的创作，大数据只能为影视行业提供一定的数据参考，但它的结果并不等于成功的作品。从海量的数据中找出平衡点，匠心制作影视作品并且懂得创造惊喜，这才是正确运用大数据的方法。

五、区块链＋文化产业：泡沫、巧合抑或趋势

（一）案例一：暴风新影推出暴风播酷云，将区块链技术应用于视频产业

区块链在 2018 年成为互联网金融界最火的概念，它是指通过去中心化的方式集体维护某个可靠数据库的技术方案，不必再依赖第三方。这项技术也被称为分布式账本技术，形象地说，它是一种数字经济的新式记账方法，基于密码学技术，通过特定的算法和一定的共识机制，使点对点的交易可以快速得到确认，信息存储在各节点，无须信任单个中心。区块链有五大特点：即去中心化、自治性、信息不可篡改、开放性和匿名性。

当区块链应用到文化产业领域，会给文化产业的发展带来巨大的变革，对文化产业链上各个环节现有的弊病都能有远超之前所有技术平台的解决方法。比如对于目前文化产业领域存在的盗版猖獗问题，区块链就有解决之法。由于区块链特性之一是信息的不可篡改，因此基于区块链平台产生的每个版权从创设之日起，就可以严格确定版权权属的唯一性，涉及内容和形式的增减等也会进行唯一性认定。在区块链技术产生之前，由于无法准确指认版权权属经常会导致版权纠纷，而区块链构建的版权确权体系将会彻底解决这些纠纷。不可否认的是，区块链不能直接解决盗版问题，它只是提供了一个无法抵赖的事实证据使盗版者受到应有的惩罚，在一定程度上减少或消除盗版。

区块链在文化产业领域的应用目前正在进行中，比如 2017 年 12 月，暴风影音宣布进军区块链行业，推出了硬件产品暴风

播酷云，在视频产业与区块链结合的领域发力。首先，暴风播酷云为 NAS 存储库，是一台存储解码设备，并不具备播放功能，需要另配暴风高清播放机。官方介绍显示，这台机器主要定位是私人电影终端，可以自动为用户下载高清影片，下载的影片均为分辨率高、带有次世代音轨的超高清文件，与暴风 BFC 高清播放器和组合音响配合使用就可以为用户提供高级的家庭观影体验。其次，该设备还能够进行"挖矿"，其闲置存储空间及带宽可以用于赚取 BFC 积分——这是一种积分奖励计划，客户未来可以凭赚取的 BFC 积分使用暴风相关服务，比如可以用来观看高清正版电影，也可以去未来暴风影院享受服务以及兑换一些活动门票、会员等。

区块链在文化产业领域的应用越来越广泛，但同时也暴露出一些发展的问题，比如创作者利用区块链绕过中间商直接达到用户，对其作品的传播度是否有不利影响。此外，目前各国对区块链技术还没有形成明确的法律框架和统一标准，其长远发展有待考证。因此，区块链技术在未来还有很长的一段路要走。

（二）案例二：基于区块链技术的 Fans Time，将重塑粉丝经济

粉丝文化是当前非常流行的文化，基于粉丝文化下的粉丝经济有着极为庞大的规模。粉丝经济是明星们最大的收入来源，但是在当今粉丝消费力旺盛的现象背后也产生了许多市场乱象，比如在 BigBang 的某一场演唱会中，门票被黄牛炒高了十多倍，并且还有贩卖假票的现象，粉丝包票后被组织者卷款潜逃，最后导致部分场次被取消；王菲"幻乐一场"的演唱会的票价也被炒到高于市场价多倍的情况。此外，整个娱乐行业还存在透明度低、各种暗箱操作和潜规则等问题，粉丝与明星之间穿插着各种中介，因此明星很大一部分的收益被中介收入囊中，行业发展较为混乱，……伴随着区块链技术在粉丝消费中的运用，这些乱象可期被整治，娱乐界的游戏规则将会被整个颠覆。

Fans Time（粉丝时代）是依托世界顶级明星资源打造的全球首个粉丝价值链，目的是实现明星个人 IP 价值资产化。粉丝时代的整个生态系统项目运行由位于新加坡的基金会负责，基金会名誉主席由泰国王室担任，管理执行团队汇聚了多国专家和精英，因此粉丝时代具备许多国家的娱乐市场核心资源以及跨国媒体运营推广的经验，从而更好地为粉丝价值链保驾护航。粉丝时代旨在重构粉丝经济形态，为偶像和粉丝提供一种最为安全和便捷的交互通道。通过区块链技术的运用，实现粉丝和偶像的实时连接，从而最终实现明星变现，构建粉丝追梦的一站式生态体系。[1]通过基于区块链技术的各种手段，可以有效地解决中介化导致的资源过度集中，缺乏透明平台引起的虚假交易泛滥，资本控制下的文化偏见等粉丝经济中存在的诸多问题。

比如 2018 年 3 月 5 日，粉丝时代携手粉丝网举办了首个全球粉丝应援活动。活动的主题是共建粉丝时代，以社交媒体转发、打榜以及演唱会应援为实现方式，开启了全球粉丝大联欢。这场活动不但开启了撒币模式，而且还提供纽约时代广场纳斯达克屏视频投放、应援花墙、全球范围内视频推广等支持，可谓开启了粉丝应援的新篇章，引领粉丝经济主力军正式步入区块链时代。

---

[1] 搜狐财经. 首个全球化粉丝经济区块链项目——Fans Time 正式上线 [EB/OL].（2018-01-31）[2018-05-20].http://www.sohu.com/a/220006338_100089020.

可以看出，利用区块链技术让粉丝更好地为自己的"爱豆"（偶像）进行应援有很大的市场需求，但是发展过程中也出现过一些问题。比如2018年2月，一个名为"TFBoys.one区块链粉丝团"的网站悄然上线，用来打造TFBoys粉丝应援新生态，但是TFBoys的经纪公司时代峰峻表示公司从未授权过任何组织或人士发行相关产品，并怀疑是某些人借用区块链概念盗用组合名义进行非法牟利活动，因此，区块链在市场上的应用需要谨慎而行。

第六章 互联网文化企业的转型与突破

没有人能够左右变化,唯有走在变化之前。

——彼得·德鲁克

第一节 传统文化企业的转型升级

一、传统文化企业的瓶颈与困境

(一)企业思维的滞后

在数字经济时代,大部分传统企业面临的首要问题就是企业思维的转型问题。许多传统企业依赖着早已熟知的行业资源、运用着墨守成规的操作模式、倚仗着多年的经验积累,蜷缩在自己的"舒适区",面对越来越少的订单或项目,自我安慰地细数着自己为数不多的竞争优势,抑或是悲观地埋怨互联网及新兴技术所带来的冲击。然而数字经济的浪潮早已势如破竹,饱受冲击的传统企业想要生存必须把互联网思维当成一件利器将自己武装起来,结合企业与行业的实际情况,因地制宜地运用这一利器以实现从传统向数字零的突破。

要实现这一突破，首先要清醒地认识到这是一次壮士断腕的创举。转型中可能遇到不计其数的困境，不仅要坚定企业转型的动力和决心，更要在困境中积极拥抱变化、直面风险。从产品生产、传播渠道、人才结构、资本募集到组织体系，互联网不断颠覆着传统企业的产业链条。单从企业的销售渠道来分析，传统企业与消费者是由层层的经销商连接起来的，分销渠道是传统企业之间竞争的重要资源，而在互联网时代下，企业通过电商平台直达消费者。当传统企业与互联网联姻，建立网上销售渠道，触及线下经销商的利益，线上渠道与线下渠道的冲突往往在所难免。传统企业的互联网转型必然伴随着阵痛，但这也是一次传统企业获得重生的重大机遇。管理学大师彼得·德鲁克在《管理未来》一书中提出要有计划地主动淘汰，才能赢得战争。传统企业只有经过断臂之痛，才能赢得涅槃重生。

其次，传统企业的思维转型不是对互联网思维的简单嫁接、生搬硬套，而是剖析其本质，再适用到传统企业上。迅雷公司CTO 陈磊在 2015 年移动互联网大会论坛上提出"互联网大忽悠"的五招："第 1 招，画大饼，给你一个宏伟的目标；第 2 招，批判不够互联网；第 3 招，堆砌专业名词；第 4 招，不解决困局反而说这是机遇；第 5 招，生搬硬套成功案例。"[1]正如陈磊所描述的一样，许多传统企业挣扎在互联网转型的泥沼中，将互联网思维当成了企业"最后一根救命稻草"，认为互联网思维是一剂包治百病的灵丹妙药，决定了企业转型的成败。然而，当传统企业真正将互联网思维直接运用于推进转型，却收效甚微。例如，许多传统

---

[1] 陈磊.迅雷 CEO 陈磊：互联网思维会害死很多传统企业[EB/OL].（2015-07-06）[2018-04-09].http://www.askci.com/news/chanye/2015/07/06/85958bsgz.shtml.

企业梦想打造自己的电商平台，从零开始，建立自己的电商网站、APP 和微信公众号。这既浪费了企业原有的行业资源、资金积累，又无法累积流量转化为企业的销售利润。由此可见，如果不能深刻理解"互联网＋"的核心内涵，不能掌握互联网思维的背后逻辑，互联网思维就无法在传统企业身上进行有针对性的转化，传统企业也就无法适应互联网的时代浪潮。

（二）企业经营方式上的路径依赖

部分企业除了经营理念落后，在经营管理上也受路径依赖的制约。传统企业就像一只负重前行的乌龟与互联网企业这条身形灵活的鱼共同在数字经济的浪潮中迎风而上。传统企业拥有丰富的行业资源、大量的资金储备和优秀的人才积累，但在互联网转型升级的道路上，这些优势很多时候成为制约传统企业向前发展的包袱，如同鸡肋，食之无味、弃之可惜。

传统企业往往满足于企业自身发展现状，对企业已有资源产生强烈的依赖。第一，传统企业对原有用户的依赖，造成互联网转型过程中用户转化的失败并耽误了新兴的市场培育，最终造成用户的流失。例如，在报业集团的数字化转型过程中，中老年消费者是纸质版报纸杂志的消费主力，数字阅读并不符合老一辈消费者的阅读习惯，一味追求报纸杂志的数字化进程，压缩纸质版印刷成本及发行数量，只会造成中老年读者的流失。年轻的消费者表面上的确更适应数字阅读方式，但其更倾向于自己感兴趣的垂直领域的新闻媒体报道，而不是在带有传统报纸基因的数字报上"闲逛"。第二，传统企业对传统销售渠道的依赖造成线上线下销售冲突难以调和。例如许多企业的中间渠道商对于逐渐被电商取代的发展趋势感到危机，电子商务的广泛应用，使企业直接将生产的商品销售给消费者，减少了实体店面租金等成本费用，也刨除了层层中间渠道商的利润。中间渠道商受到了致命的打击，对企业分成收益问题提出质疑，线上线下两条销售渠道矛盾激烈。第三，传统企业对产品推广渠道的依赖使许多传统企业依然将大量的资金投入到传统媒体的广告中，这种"广撒网"的广告模式与互联网时代下精准定位的思维方式背道而驰。美食行业的"一只鸡"和"一只鸭"：德州扒鸡和周黑鸭常被拿来类比。仅从企业营销的角度看，德州扒鸡坚持传统布局，广告宣传主要以交通线路为主，比如将广告投放在火车里、高速路的休息区里等。而周黑鸭将产品定位在休闲零食类别上，消费群体锁定"80后""90后"及"00后"的年轻人。在传统媒体宣传基础上，周黑鸭不断拓展新媒体营销，在微博和微信都有周黑鸭的官方账号，与消费者直接进行互动。针对学生群体，周黑鸭在校园中投入大量广告，举办相关选秀活动，得到了数十万大学生的广泛关注。如今，周黑鸭已于2016年在香港上市，而德州扒鸡还在生死边缘徘徊。正是互联网思维与传统思维指导下的两种截然不同的营销推广方式逐渐拉开了两者的差距。

（三）传统文化产品内容本身失去关注度

在传统企业困境中，传统文化企业因其传统的产品属性导致许多传统文化产品渐渐失去了消费市场，阳春白雪却无人问津。比如，据全国性非物质文化遗产普查结果显示，全国非物质文化遗产资源总量约为87万项。[①] 这其中，依旧活跃在人们视线中的非遗门类却屈指可数。许多传统文化门类因为社会发展失去了生

---

① 文化部.全国非物质文化遗产资源总量共87万项.[EB/OL]（2010-06-02）[2018-04-20].http://news.163.com/10/0602/10/685S80A2000146BD.html.

存土壤,仅仅依靠政府扶持并不是长久之计,只有借助商业的力量,参与到市场竞争中,被消费者认可,才能获得生机。

文化企业通过创造传统文化产品担当着消费者与传统文化对话沟通的桥梁,拉近消费者与传统文化之间的距离。如何将"高冷"的传统文化产品转化为"接地气"的亲民的文化产品并重新回到人们的视线中以赢得市场,一直是传统文化企业,尤其是注重历史文脉传承的传统文化企业转型升级中最棘手的问题。无论历史还是传统都不是僵化的,需要注入新的活力。为了保持传统文化的生命力,拉近其与当代人的感情距离,就必须深入当代社会生活,让传统文化与当今时代和时尚形式融为一体。

瓷器,自古以来便是中国的象征,也是中国古代劳动人民智慧的结晶。而在今天,绚烂多彩的瓷器日渐成为日常生活中人们随处可见的生活用具。创立于2001年的法蓝瓷(FRANZ)品牌则致力于继承东方瓷器艺术美学并将其融入当代时尚。在技艺的打磨上,法蓝瓷追根溯源,回到中国千年瓷都江西景德镇,在那里兴建法蓝瓷生产基地,利用当地瓷器发展千年的历史资源与深厚的文化艺术底蕴,为法蓝瓷的诞生增添了一份历史的厚重感;在设计的理念上,法蓝瓷中西合璧的表现手法,为其赢得了广大的消费市场。法国著名设计师让·包吉尔(Jean Boggio)的加入,使法蓝瓷品牌更加多元化。双方携手共创的副品牌 JBF(Jean Boggio for Franz)被东西方消费者共同认可,确立了其在时尚家饰界的地位。在创作元素的挖掘上,法蓝瓷崇尚"以物载道",将小小的瓷器赋予宏大的文化价值。例如,法蓝瓷与台北故宫博物院合作,2011年出品的"富春山居"对瓶、2016年推出的台北"故宫三宝"瓷瓶等,皆是从丰厚的文化遗产中挖掘灵感,通过当代的二次设计与技术工艺再次呈现经典之作,是历史文脉的延续,也是当代精神的传递。

二、互联网为传统文化企业赋能

(一)改变思维,放低身价:一切从消费者出发

传统企业在转型升级的道路上进退维谷,但是如果能够坚定转型思路,以正确的方法论为指导,顺应时代的发展,那么互联网将成为传统企业腾飞的翅膀,助力传统企业转型。当前,以互联网为代表的新技术力量正不断解构着旧的商业社会,颠覆着传统的商业规则。与之对应的消费市场也发生着重大的改变:消费下沉,三四线城市打响市场扩张之战;消费新生代崛起,"80后""90后"和"00后"逐渐成为消费主力军;消费升级为人们带来更多选择,也出现更多新的商机。

消费市场的变革从商业的源头倒逼着传统企业的转型与升级,同时,也要求传统企业更加重视消费者。互联网思维所倡导的"用户思维"的核心是:企业应当重视产品用户,从用户角度出发思考问题、做出相关决策。传统企业在转型升级的过程中,更应当抛弃过去高高在上的优越感,将消费者的意见及建议重视起来,寻找重新触达消费者的机会,缩短企业与消费者之间的距离。

互联网出现之前,传统企业的商品价值传递按照单向的线性方式进行,主要经过八个步骤(见图6-1):产品研发—产品生产—产品批发—产品零售—消费者购买—消费者使用—消费者反馈—产品售后。其中,企业占据主导地位,决定了产品的研发生产,中间渠道商则决定了产品的供给,消费者处于被动地位。互联网时代

一直强调去中心化，消费者开始拥有发言权，也开始强调身份的平等。企业运用互联网平台直接触达消费者，消费者参与到企业产品研发、营销推广、品牌传播和渠道布局等多个环节中，企业的商品价值传递也形成了一个良性的闭环（见图 6-2）：产品研发—产品生产—产品推广—产品销售—消费者购买—消费者使用—消费者反馈—产品售后—产品研发。

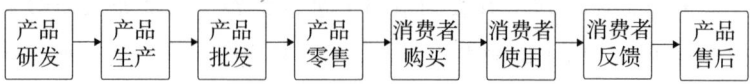

图 6-1 企业传统商品价值传递流程图

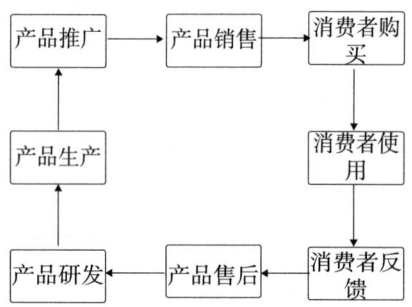

图 6-2 互联网时代下企业商品价值传递流程图

从产品研发和生产的角度来看，企业由原本"自说自话"的生产方式变为通过分析消费者大数据，将消费者进行细分，再根据消费者需求进行定制化研发生产的模式。前文提及的网飞公司通过分析用户数据投拍《纸牌屋》即是这种模式的经典例证。[1]从产品营销与销售角度看，消费者由原本被动接受购买的角色转成企业的

---

[1] 俞陶然.《纸牌屋》背后的大数据应用——"2014 科技前沿"系列之一 [N]. 解放日报，2014-02-24.

"代言人",只要产品有口碑,消费者通过社交媒体分享的产品使用心得将是互联网时代下最具有传播力的广告。更有走在前端的企业,在尝试开放式创新的商业模式下,将消费者作为企业优质的外部资源引入公司,借助消费者的力量,让企业迈上新的台阶。

数字经济时代下,消费者的需求是企业发展的最大动力。互联网企业如此,传统企业依然如此。传统企业只有打破固有思维,重新认识消费者的重要性才能在转型升级路上走下去。

(二)创新是企业变革的核心

传统企业的转型除了从消费者出发之外,还需要把创新作为企业的核心。在企业变革的过程中,创新是永恒不变的话题。在互联网的加持下,企业的技术创新被提升到前所未有的高度。彼得·蒂尔(Peter Thiel)在其著作《从0到1》中指出:"科技创新就是垂直进步,即探索新的道路,是从0到1的进步。"[①]无论是产品方面的技术创新,还是营销方面的技术创新,都将赋予企业新的生命力。

从产品创新的角度看,企业生产的商品正不断地被快速迭代,摩尔定律也被数字技术的迅猛发展反复验证。正如手机行业里的"机海战术",各企业不断推出新的产品满足消费者对机型与外观迭代的需求。小米公司的手机系列不断地迭代更新,平均6个月推出一款新手机,每周进行软件系统升级来适应市场不断变化的需求。

从营销创新的角度看,销售终端由于技术的进步,一直在发生着改变,从传统的零售商以及商业门店销售,到1925年自动售货机的出现再到互联网时代下电子商务的出现,以天猫、京东为代表的

[①] 彼得·蒂尔,布莱克·马斯特斯.从0到1开启商业与未来的秘密[M].高玉芳,译.北京:中信出版社,2015:5-6.

线上交易平台的普及,以及近期基于社交网络的微信微商的出现都是技术不断更新引发的改变(见图6-3)。同样,消费者支付方式也迎来了变革,由传统的现金支付到"一卡天下"的银行卡支付,再到由支付宝所开创的线上支付时期,再进化到今天移动端二维码支付,将线上线下融会贯通等(见图6-4),都可以看出未来技术依然将引领企业创新趋势,商业发展也将更多样、更丰富、更智能。

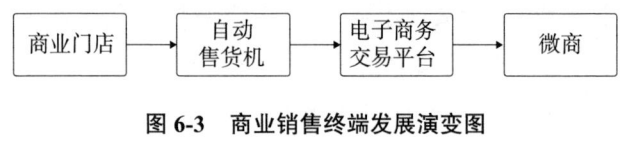

图6-3 商业销售终端发展演变图

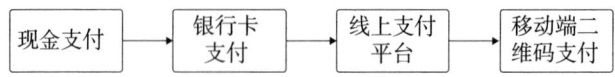

图6-4 消费者支付方式发展演变图

那么未来是否会出现我们所期待的在虚拟现实场景中购物呢?淘宝AR Buy+已经开始内测,相信这一天的到来并不会太远。淘宝AR购物主要针对线上的相关商品种类,结合AR及3D技术,给消费者带来新颖的互动体验模式,从而代替以往线上购物单一的图文及视频浏览模式。未来在线下商场购物可以利用AR Buy+查询商品详细信息和相关评价再做购买决定,淘宝成功地将购物习惯从线下搬到了线上再将两者进行融合。正如马云所说:纯电子商务时代已经过去,未来十年是结合了线上、线下和物流在一起的新零售时代。①

---

① 新浪VR.独家专访淘宝AR BUY+团队:AR剁手黑科技是如何炼成的?[EB/OL].(2017-09-04)[2018-04-22].http://vr.sina.com.cn/news/zf/2017-09-04/doc-ifykpysa3189928.shtml.

无论是大数据技术、人工智能、增强现实还是虚拟现实都是企业技术创新的趋势和方向，也是传统企业转型升级的助推器。需要注意的是，在传统企业转型升级的过程中不能盲目追求企业创新的速度，更应该因地制宜，根据企业自身状况，分析企业原有资源，有方向、有目标地逐步推进。

（三）传统文化的再包装

对于传统文化企业来说，互联网能够帮助传统文化产品进行再包装与再创造。许多传统文化企业具有传播与延续中国传统文脉的历史使命，产品常常会出现传统与现代的矛盾冲突，如何让包含传统文化因子的产品在当今社会的商业竞争中仍有一席之地，这就涉及传统文化再包装的问题。

首先，数字时代下，企业传播传统文化应当合理摒弃仪式化的形式，适度的碎片化、娱乐化。在过去的意识形态教育中，传统和非传统的界限非常清晰。娱乐以及碎片化的模式是非传统的。微信的碎片化阅读、网络小视频的传播等一系列的社会现象说明在如今的数字经济下，人们生活的文化传播方式正在改变，娱乐化与碎片化正向主流方向演变。博物馆是中国传统文化的守护者，馆内的文物藏品是中国历史的见证者。多年来，人们并没有参观博物馆的习惯，导致中国的博物馆门可罗雀，浪费了如此宝贵的文化资源。近年来，数字博物馆的建立，以及博物馆衍生品的开发让博物馆重新热闹了起来。2017年末，中央电视台一档综艺节目——《国家宝藏》让博物馆又火了一把。这档节目里邀请了9家全国重量级的博物馆，选出27件国宝级文物，由27位明星"国宝守护人"以舞台剧的形式演绎出千百年的历史故事，讲述文物前世今生的历史传奇，再由9位博物馆馆长现场进行专业解说。

《国家宝藏》在豆瓣评分网站上获得了9.3的高分，第一期节目在哔哩哔哩视频网站上线的第二天就获得20多万的点击率和2.9万的弹幕评论，[①]显然《国家宝藏》收获了年轻一代的青睐。《国家宝藏》娱乐性与专业性并重，叫好又叫座，可谓将传统文化合理包装的典范。

其次，全民参与让传统文化更接地气。互联网时代人们的参与性极为重要，曾经大众没有话语权，但是从"超女"的诞生，大众终于开始自主选择这个时代最喜欢的好声音，此后类似的选秀类节目纷纷占领市场，2012年的音乐类节目《中国好声音》、2015年《燃烧吧，少年》少年才艺养成节目，以及2018年《创造101》女团选秀节目等不胜枚举，大众通过网站、手机短信投票等方式为自己喜欢的偶像助力，这些选秀节目带动了一波又一波的收视热潮。近年来，快手、抖音等短视频平台的出现及流行，又让原本的草根群众由单纯的文化的消费者转变成文化的创造者和传递者。可见，大众已不满足于原本被动地接受文化的消费形式，更想要拥有主动权，参与到文化活动中。同样是草根群众之前难以涉足的领域，艺术品消费市场在过去无论是价格因素还是欣赏门槛，都将普通大众隔绝在艺术神坛之外。如今，互联网赋予艺术品全新的内涵，消费者对艺术品拥有了全新的理念，艺术品消费核心价值不是投资或升值而是体验感。互联网平台的出现极大地推动了艺术品消费市场的发展，为大众消费者提供个性化、定制化的服务，也为艺术品消费市场的发展提供了更多路

[①] 悦读进化论.豆瓣高分9.3，燃爆B站！央视清流《国家宝藏》狂刷屏，这是年底最该追的综艺啊！[EB/OL].（2017-12-06）[2018-04-22].http://www.sohu.com/a/208851208_664990.

径选择。

再次,企业宣传传统文化,不能拘泥于单一渠道,需要打破主流媒体意识,开辟多角度传播渠道。传统媒体是一种自上而下的单向信息输出源,大多数用户习惯性被动地接收信息,而融入互联网之后的媒体形态则是以双向、多渠道以及多屏幕互动等形式进行内容的传播与扩散,用户参与到内容传播中并成为内容传播介质。当下媒介的传播中,打破主流媒体的意识正越来越强,并向着全方位、多角度的传播渠道开始发展。人人都有麦克风、人人都是记者的时代已经到来,"自媒体"的出现,让普通群众可以站在大众面前,变成舆论的焦点。网络直播现象的崛起刮起了一阵网红经济的旋风,这个正在迅速延伸的新业态造就了无数普通人的传奇,无数的网络红人崛起,带领着大批粉丝,形成了网红经济,这种模式展现了互联网全面融合的无限活力,也展现了网络媒体蕴含的庞大能量。

最后,传统文化的传播同样需要依靠新业态,互联网平台为人们学习、传播传统文化带来了新的可能。例如,在线教育平台使人们不受学历限制、地点限制和时间限制,都可以获得学习专业知识的能力。IP授权即内容全产业链已经趋于完善,网文、影视、动漫、游戏四级联动,早已屡见不鲜。正是在这样一个历史时期,在线交流、智慧体验、文化交流、情感沟通都能成为传播传统文化最好的载体,企业应牢牢把握这个机会,让传统文化适应今天的传媒手段。

总而言之,传统文化企业与一般传统企业不同的是,其担负着传播与延续中国传统文脉的历史使命,不能一味追求产品经济效益,更要注重产品的社会效益,当好传统文化的"传承者"。

三、案例

（一）江苏奇美乐器有限公司：以电商转型打开通往新世界之门

1. 从"中国制造"走向"中国智造"

乐器行业一直是我国文化产业十分重要的组成部分。从改革开放初期起，我国乐器行业借助了中国制造业发展的"东风"，开始飞速发展。由于人口红利、成本低廉等因素，我国乐器行业的生产和利润长期保持增长态势，并且在国际上也保持了很高的市场占有率。2016年，我国乐器行业规模以上企业241家（见图6-5），比2015年增加了10家，累计实现主营业务收入达392.33亿元，同比增长7.56%（见图6-6）。[①]国际市场上，世界乐器有一半是由中国制造，中国已经超越美国成为乐器市场上主要产品产量、营业额和出口量世界第一的国家。数据显示，从主要乐器产品产量看，中国生产的钢琴、西洋管弦乐器（小提琴、吉他等）、电子乐器等均占世界产量的50%—70%。[②]然而，根据 *Music Trade* 杂志发布的2016年乐器行业生产厂商排名，前5名中并没有中国企业，前20名内仅包含音乐集团（Music Group）和珠江钢琴集团两家中国内地企业，这与国际市场占有率明显不符。[③]

[①] 2016年乐器行业生产和利润均保持增长态势 [EB/OL].（2017-04-10）[2018-04-23].http://www.clii.com.cn/zhhylm/201704/t20170410_3906790.html.

[②] 2016年中国乐器行业发展概况 [EB/OL].（2016-08-12）[2018-04-23].http://www.chyxx.com/industry/201608/437452.html.

[③] 数据权威 *Music Trade* 杂志发布2016全球乐器行业权威排行榜！[EB/OL].（2017-12-24）[2018-04-25].http://www.sohu.com/a/212433058_142772.

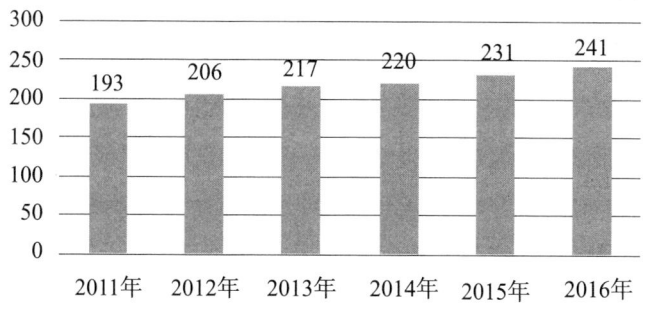

图 6-5 2011—2016 年中国乐器行业企业数量[①]

图 6-6 2011—2015 年中国乐器行业销售收入[②]

国际品牌的缺失背后所隐藏的是我国乐器行业，乃至整个制造业的问题。创新能力薄弱、高水平人力资本的制约、对人口红

---

① 2016 年中国乐器行业发展概况 [EB/OL].（2016-08-12）[2018-04-23].http://www.chyxx.com/industry/201608/437452.html.

② 同上.

利的依赖、市场竞争逐渐激烈等因素，不断制约着传统制造业的发展，传统制造业的改革迫在眉睫。

那么，在"中国制造"向"中国智造"的转型过程中，在"制造业大国"向"制造业强国"的过渡转变中，该如何实现制造业的产业升级？传统的制造类企业又该如何转型？聚焦到乐器制造行业，传统企业同样在努力跟上互联网时代的步伐。江苏奇美乐器有限公司作为行业内的典范，从未停止过前进的脚步，以电子商务为突破口，打出了大数据以及社群营销的互联网转型组合拳，破解了传统制造类企业转型升级的迷局（见表6-1）。

表6-1 2016年全球乐器厂商前20排名[①]

排名	公司名称	2016年收入（估算值）/美元	员工数量	公司类型	国家或地区
1	雅马哈公司（Yamaha Corporation）	3,820,000,000	20400	制造类	日本
2	吉普森公司（Gibson Brands）	1,660,000,000	5000	制造类	美国
3	哈曼公司（Harman Professional）	1,014,463,000	3700	制造类	美国
4	森海塞尔（Sennheiser Electronic）	778,000,000	2375	制造类	德国
5	卡瓦依乐器制作所 Kawai Musical Instruments Mfg. Co.，Ltd	608,000,000	2868	制造类	日本
6	舒尔公司（Shure Inc.）	565,000,000	2400	制造类	美国
7	先锋电子（Pioneer DJ）	550,000,000	280	制造类	日本
8	芬德公司（Fender Musical Instruments）	545,000,000	1800	制造类	美国

[①] 数据权威 Music Trade 杂志发布2016全球乐器行业权威排行榜！[EB/OL]. （2017-12-24）[2018-04-25].http://www.sohu.com/a/212433058_142772.

续表

排名	公司名称	2016年收入（估算值）/美元	员工数量	公司类型	国家或地区
9	音乐集团（Music Group）	480,000,000	4000	制造类	中国
10	果酱工业（Jam Industries）	435,000,000	690	制造类	加拿大
11	乐兰公司（Roland Corporation）	400,000,000	1200	制造类	日本
12	施坦威乐器（Steinway MusicalInstruments）	385,700,000	1839	制造类	美国
13	KHS功学社集团（KHS）	380,000,000	3300	制造类	中国台湾
14	柏斯音乐（Parsons Music）	356,000,000	4500	代理销售类	中国香港
15	InMusic公司（InMusic：Akai，Alesis，Numark，MAudio）	340,000,000	450	制造类	美国
16	铁三角公司（Audio-Technica Corporation）	281,930,000	550	制造类	日本
17	珠江钢琴集团（Pearl River Piano Group）	233,790,000	1800	制造类	中国
18	QSC公司（QSC Audio Products，Llc）	220,000,000	455	制造类	美国
19	卡西欧公司（Casio Computer Co.，Ltd.）	210,000,000	N/A	制造类	日本
20	三益乐器株式会社（Samick Music Instruments Company Ltd.）	190,000,000	2900	制造类	韩国

2. 奇美公司的电商之路

江苏奇美乐器有限公司主营业务为乐器制造，包括竖笛、口琴、口风琴等乐器的生产及加工。就是这样一家传统的乐器制造企业，却深谙互联网思维之道，以电子商务为突破口，打通了线上电子商务与线下传统分销渠道，以线上大数据指导线下生产、以线上社群连接线下活动，建立起传统制造业线上线下融合模式，对企业价值链的各个环节进行重构与升级。

（1）从渠道入手：线上线下相互支撑。奇美公司对于互联网技术的敏感度非常高，领导层将企业与互联网融合摆在十分重要的位置上，相对于同行业其他乐器生产商，其加入电商的时间较早。在2007年国内电商进入迅猛发展时期之前，奇美公司已经意识到企业必须走互联网转型之路，并在2008年开始了与淘宝经销商的合作，成功试水电商。2009年企业正式入驻天猫旗舰店，打响了奇美公司转型升级的第一战。随后公司又入驻了京东商城、唯品会、拼多多等多个国内主流电商交易平台。经过了近10年的努力，如今，奇美公司线上销售额以每年40%左右的速度递增（见图6-7），同时带动了中高档产品的销售，扩大了国际与国内市场。与以地域划分的传统销售方式不同，电商彻底突破了空间与时间的限制，解决了传统分销渠道不同类型、层次和运作模式混杂的现象，让企业与消费者直接交易成为可能，也为企业带来了丰富的信息资源。电子商务的简单、快捷、高效以及低成本的运营方式迅速获得了奇美公司内部人员的支持。

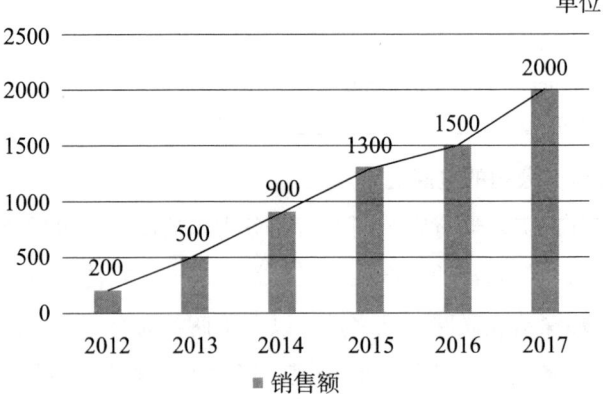

图6-7　奇美公司2012—2017年度电商销售额（估算）

在电商出现之前，奇美公司销售渠道以传统线下销售为主：公司—省级经销商—市级经销商—批发市场或商店或学校。在互联网时代，尤其是在运作电商模式一段时间之后，奇美公司认识到传统线下销售渠道依然非常重要。作为传统企业的奇美公司，在线下销售渠道有着一定的竞争优势，相比互联网公司，传统企业销售渠道下沉优势明显。首先，在经济欠发达地区，由于技术限制，线上渠道很难拓展农村市场，而传统企业更容易通过经销商将商品深入农村基层。其次，近年来，我国网民数量增速变缓，线上人口红利正在消退，互联网公司也开始意识到电商野蛮生长的时代已经过去，线上渠道并不像人们想象中的毫无边界。就奇美公司来说，其主营业务以教学仪器乐器为主，公司与各地区教育集团及学校都有合作。多年来奇美公司与各地重点学校逐一对接，布下了一张独一无二的销售网络，这是公司辛苦经营积攒下的资源优势，也是单纯依靠电商模式所无法具备的渠道优势。

为了企业更快地升级转型，同时更好地突出资源优势，奇美公司基于线上渠道与线下渠道融合发展的思路，制定了差异化、个性化、定制化的"渠道分层战略"，精准划分市场，有目的、有计划地发展各类销售渠道，锁定各类消费人群（见图6-8）。第一层是电商平台直销模式，以天猫旗舰店、京东自营、唯品会以及拼多多为代表。奇美公司通过电商平台将商品直接送达消费者手中，或委托电商直营平台将商品卖给消费者。这一层中，参与主体只有奇美公司、平台企业与消费者三方，奇美公司借助电商平台直面消费者，以口碑培育为重点，通过加强线上客服售前和售后服务，着重提升消费者心中对于奇美品牌的信任感。第二层是电商平台经销商模式，以天猫和淘宝平台上的第三方经销商为主。

第二层的参与主体有奇美公司、电商平台、线上经销商与消费者，与第一层相比，增加了线上经销商。虽然其降低了交易的透明度，也会造成企业与消费者之间信息不对称的问题，但大量淘宝经销商下线的加入，为奇美公司提升了品牌热度，扩大了品牌影响力。第三层是以线下销售渠道为基础的传统销售模式。奇美公司很好地保留了其线下渠道的优势，主要由各个区域的线下经销商向不同的区域进行售卖，构建奇美公司独特的线下销售网络。这是奇美公司线上销售渠道的基础，目前线下销售量占比依然较高，这与传统企业资源优势相关，符合企业转型升级过程中的发展规律。

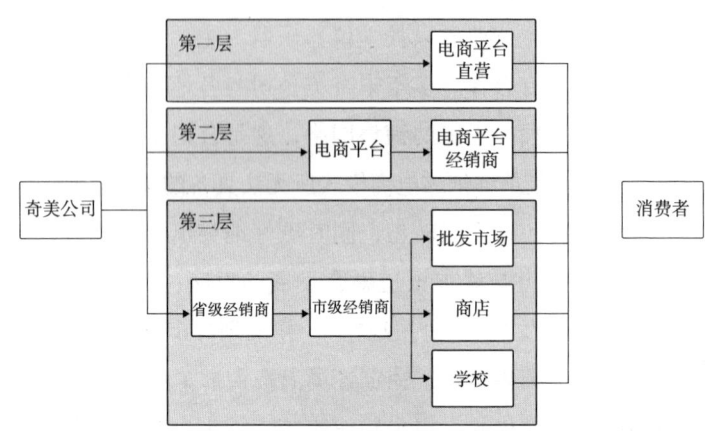

图 6-8　奇美公司的"渠道分层战略"

奇美公司的"渠道分层战略"对新兴的线上渠道与传统的线下渠道进行了有效细分和合理定位，在中心城市销售市场上，积极引入线上渠道，加强企业品牌效应，同时以传统销售渠道为辅，深化部分差异化细分市场，加强与线上渠道的协同能力，提高市场份额。在经济欠发达地区的二、三级市场上，奇美公司主要以传统线下销售渠道为主,发挥企业资源优势,引入深度营销管理模式,有利于覆盖国内差异性巨大的二、三级区域市场。奇美公司将线上渠道与线下渠道相结合的营销方式,给不同的销售渠道以不同的定位目标,这在一定程度上解决了线上渠道与线下渠道的矛盾,发挥了合作优势,达到企业与经销商双赢的局面。截至2017年,奇美公司线上销售额占比由2012年的1.81%增长到2017年的23.52%,电商成果斐然(见图6-9)。线上销售额与线下销售额占比差距逐渐缩小,预示着奇美公司电商转型升级渐入佳境。

图6-9 奇美公司销售额占比图

(2)立足于产品:**大数据指导生产**。电子商务带来的不仅仅是销售额的增加,线上销售所产生的大数据信息为奇美公司的产品生产提供了参考依据。从2009年,奇美公司进军电商开始,便利用电商所提供的数据对产品的市场占有率、产品热度、热销型号、购买人群、买家地域分布等多项关键指标进行持续跟踪分析。并且,把消费者对于产品的体验和意见及时反馈给公司生产部门,以便对产品进行升级改造。

此外,奇美公司利用大数据,将消费者市场进行细分,针对不同目标群体,开发相应的产品。目前,奇美公司拥有五大品牌:DHS 系列(低价普及型)、奇美系列(中端主力型产品)、钻石系列(高端型产品)、国光系列与英雄系列(口琴百年品牌),旗下拥有超过 300 个品种的不同产品,有效覆盖了所有客户的需求。

尤为值得一提的是,在 2014 年奇美公司研发了一款"网红口琴"——奇美 24 孔复音 C 调五色口琴。这款口琴因互联网而生,从研发、生产、定价到销售环节,奇美公司在这件产品上结合互联网做了诸多创新与突破。在研发过程中,奇美公司基于全网数据分析,以及人群画像定位,将网红产品锁定在最受消费者欢迎的 24 孔口琴上,并增加了五种不同的外形,改变了传统口琴只有一种银色外壳的单调局面;在定价问题上,奇美公司依托阿里指数,分析客户消费水平,将这款口琴的终端销售价定位在 32 元,属于口琴定价的中低等价位,有利于产品新市场的开拓。这款产品投放市场一炮走红,2014—2017 年,连续三年蝉联全网口琴销量第一名。奇美公司并没有就此止步,2017 年随着消费习惯的改变,公司又依托大数据,进行重新定位分析,结合消费者的反馈意见,在"网红口琴"的基础上,研发了奇美 24 孔纪念版口琴(见图 6-10),在概念上突出了新版口琴具有限量版的特殊意义;技术上进行了提高,使用了最新的套筒螺丝,不仅有效防止了螺丝松动,而且增加了口琴的气密性,在演奏方面,相比于以前的 24 孔口琴有了质的飞跃;在包装上,将口琴传统的不锈钢盖板材质,升级成了烤漆盖板,并且拥有中国红、宝石蓝、雅典黑三种限量颜色。

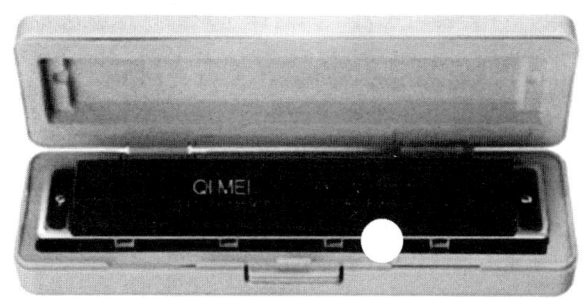

图 6-10　奇美 24 孔限量版 C 调口琴（雅典黑）

（3）社群营销：提高参与感和体验感。拥有稳定的消费市场是企业的有利资源，而拥有一批忠诚度较高的消费者是企业的一笔巨大的隐形财富。企业的转型中常常会遇到消费者有效转化的问题，这不仅是线上平台在发展线下实体店时所遇到的困扰，传统企业在互联网升级转型时也面临同样的问题。2016 年，马云提出的"新零售"的概念强调，要建立以消费者体验为中心的数据驱动的零售形态，消费者体验显得越来越重要。如何提升消费者体验从而达到消费者线上与线下的有效转化？奇美公司在这点上有着自己独特的思考和做法。

奇美公司基于产品的特殊性，建立了线上音乐爱好者社群以及线下以学校为单位的学生群体消费者社群（见图 6-11）。线上社群以奇美公司聘请的相关领域的专家为核心，主要依托微信为交流平台，囊括全国口琴、竖笛以及口风琴领域的音乐爱好者。专家会定期在微信群里为大家答疑解惑，交流产品使用心得，分享产品使用技巧，解说该领域的前沿资讯以及推荐音乐片段。这一举措，增加了消费者黏性，提高了消费者对产品的忠诚度，也为奇美品牌的专业性做了最好的宣传。线下社群主要由各地重点学校为单位,奇美公司主营产品是课堂乐器,这就决定了学生群体是奇美公司的主力消费群体之一。奇美公司每年在各省市举办"奇美杯"课堂乐器教学比赛,与学生近距离交流,扩大了品牌知名度的同时,也得到了消费者的反馈信息。

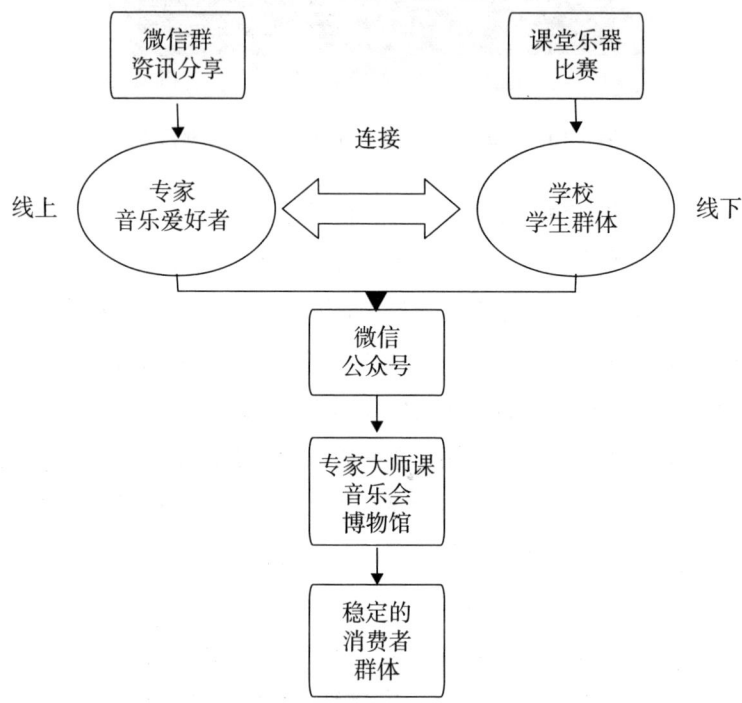

图 6-11　奇美公司线上线下消费者转化流程图

为了让线上消费者与线下消费者更好地融合,奇美公司建立了官方微信公众号作为消费者集聚中心。企业在公众号发布相关活动信息以及粉丝福利,例如音乐专家讲座和大师班的相关信息、口琴博物馆的赠票服务,以及一年一度的奇美口琴音乐会的相关信息、赠票服务等。奇美公司以粉丝福利的方式鼓励线上消费者参加线下活动，同时也积极邀请使用产品的学生和授课老师加入微信群中，成功地实现了消费者导流。在微信号中还包括奇美线上商城，以最简便的方式，让消费者更快速地享受到奇美的一条龙服务，为奇美公司建立稳定的消费者群体起到了画龙点睛的作用。

正是奇美公司这种孜孜不倦的钻研精神，使企业在互联网转型升级的道路上奋勇前进。目前，奇美公司竖笛和口风琴的国内市场占有率达到了80%，电商年销售额已突破2000万元。未来，奇美公司把重点放在国际市场上，立志将产品远销欧美、亚太等国家和地区，打破中国乐器品牌难登国际舞台的僵局，与日本铃木、德国和来（Hohner）等国际一流品牌同台竞技，成为中国乐器行业的翘楚。

（二）廊坊日报社全媒体"中央厨房"的探索之路

2015年，廊坊日报社提出建设全媒体传播平台中央控制室，简称"中央厨房"，从报业的源头，新闻的内容生产进行改革，这是报业改革的一剂猛药，也是一剂良药。2017年，廊坊日报社营收总额突破1亿元，[1] 在报业整体断崖式下滑的今天，实现了营收的逆势上扬，堪称中国报业转型的典范。

1. 中国报业的"严冬"

在互联网及其他新兴技术的打击下，作为传统媒体的报刊行业如今进入了衰退期，报业的影响力和规模都在萎缩，报业广告和发行量都在大幅度下降。如今，传媒产业生态格局受到互联网的影响，发生了巨大的变化，从传统纸媒到PC端新闻门户网站、再到移动端新闻APP，以及微信公众号的出现，消费者数字化、碎片化阅读趋势也越来越明显，传统报纸早已不是人们获取新闻消息的唯一选择。

---

[1] 赵乐新．廊坊日报社：融合驱动实现双效兼收[N]．中国新闻出版广电报，2018-04-10．

根据国家统计局数据,2016年,全国报纸印刷总数为394亿份,比上年的430.1亿份减少了36.1亿份,下降了8.39%。自2013年起,全国报纸年度总印刷量就已经呈现逐年下降的趋势。2015年各类报纸的零售额同比下降41.14%,知名报刊停刊或休刊的数量扩大到30家左右,较2014年增加了20家左右,[①]另外,报纸的忠实读者在2015年流失最为严重,纸媒老龄化趋势越来越明显。

相比之下,数字阅读前景光明,2012—2016年数字阅读市场收入逐年增高,预计2017年,中国数字阅读市场规模将达到160亿元人民币,增长率有望达到18.52%。[②]由此可见,在数字时代下,传统报业需迫切寻找新的发展空间,亟待转型。

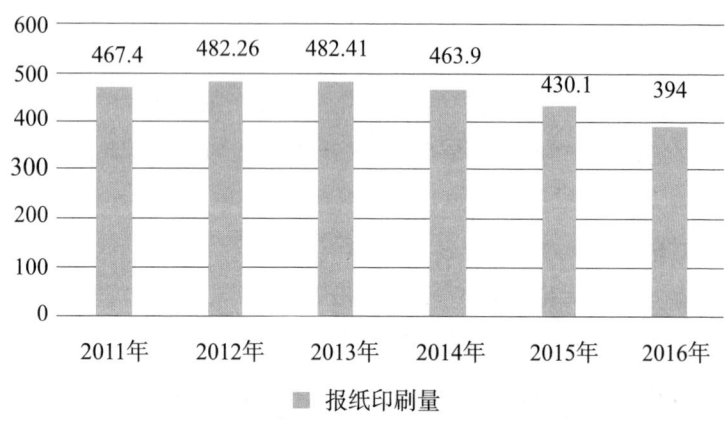

图6-12　2011—2016年报纸印刷量及增长率[③](智研咨询整理)

---

① 2017年中国传统报业发展现状分析及未来发展趋势预测[EB/OL].(2017-09-06)[2018-04-26].http://www.chyxx.com/industry/201709/559191.html.

② 同上.

③ 同上.

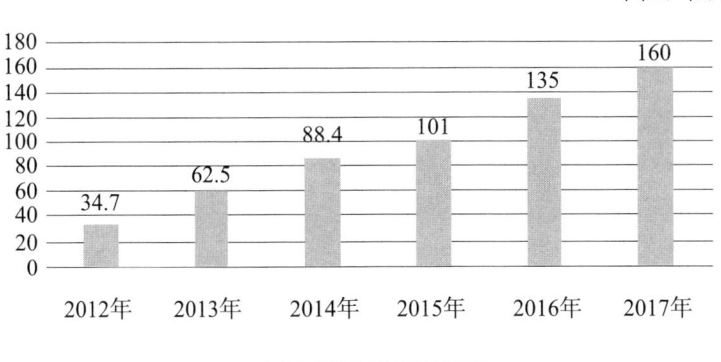

图 6-13　2012—2017 年中国移动阅读市场规模及增长率①（智研咨询整理）

2. 中国报业改革面临的困局

在如此严峻的大环境下，中国报业转型主要面临四大问题：传统思维的僵化、管理模式的挑战、盈利模式的困境，以及人才队伍的匮乏。首先，传统思维的僵化是报业集团最沉重的枷锁，互联网时代改变了人们的阅读习惯，碎片化的数字阅读变成了发展趋势。纸媒的转型并不是简单地将报纸数字化，其传统思维需要从根本上发生转变，例如将纸媒内容直接复制到微信公众号上，用户的阅读体验感会大大降低，传播效果自然不好。这就要求传统的报业在转型时从根源上转变思维，抓住互联网的基因，做出符合现代消费者阅读兴趣和阅读习惯的内容。

其次，管理模式的挑战使报业集团改革举步维艰。在传统报业转型过程中，对原有体制机制的变革一般都过于谨慎，特别是

---

① 2017 年中国传统报业发展现状分析及未来发展趋势预测 [EB/OL].（2017-09-06）[2018-04-26].http://www.chyxx.com/industry/201709/559191.html.

许多报业集团涉及国企改革的问题,牵涉过多。在对报业集团原有的资源、人员等重新整合的过程中又会影响现有业务的发展,报业集团的管理模式架构复杂,改革之路困难重重。

再次,盈利模式的困境是"压死"传统报业的"最后一根稻草",传统的报业盈利模式是广告加发行,这恰好与互联网商业模式背道而驰。新媒体主要依靠免费模式的流量变现获得收益,而传统纸媒在互联网阵地进入相对较晚,原本的消费者很难进行转化,创建的自媒体没有流量与点击率,自然无法获得收益,相反在自媒体的建设上又会投入大量人力、物力,可谓"赔了夫人又折兵"。

最后,人才队伍的匮乏是报业改革中最容易被忽视的问题。传统报业集团中人人各司其职,但在互联网时代需要具有新思维的全能型人才,例如传统报刊的"八股文"已经过时,在网络上更能博眼球的是具有新意的"标题党",这就要求编辑记者具有新媒体思维。同样匮乏的还有新媒体类的互联网技术型人才,今日头条的火爆离不开新闻精准推送背后严密的技术算法。因此,人才是报业集团转型升级中值得重视的一环。

3. 廊坊日报社的破冰之举:"中央厨房"的诞生

在传统报业萎靡不振的大环境下,廊坊日报社曾经也是改革"困难户"中的一员。2005年,廊坊日报也面临着经济困难,职工待遇低,上访不断,没有读者,没有市场的窘境,全年的营业收入1000多万元。[①]

2005年7月,廊坊日报社组建了新的领导班子,在新任廊坊

---

① 赵乐新.廊坊日报社:融合驱动实现双效兼收[N].中国新闻出版广电报,2018-04-10.

日报党委书记、社长张宝富的带领下，廊坊日报社痛定思痛，很快更新观念并转变了思维方式，提出了"媒体融合发展、经营转型升级"的发展思路。在先进理念的指导下，廊坊日报社积极顺应互联网发展趋势，创建了全新媒体生产传播指挥调度系统——"中央厨房"（见图6-14），并以"中央厨房"为内容处理中心，打造全媒体数字综合平台，形成了"三报一刊、一网、一端、十四微、一屏、一栏、一台"这8大类28个媒体发布终端，创造了"以报纸传播为基础，以网络和系列新媒体传播为两翼"的融合共生的新闻媒体传播新格局。①

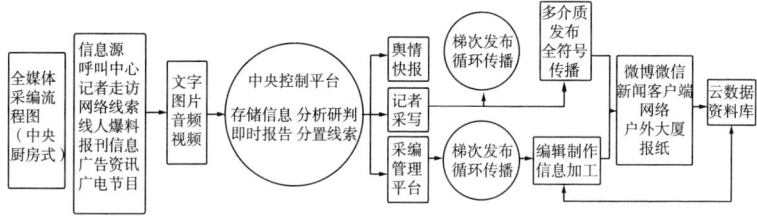

图 6-14 全媒体采编流程图（中央厨房式）②

"中央厨房"模式的出现，正是廊坊日报社立足自身资源优势、顺应互联网趋势改革的最好体现。首先，"中央厨房"模式将廊坊日报社传统的资源效益发挥到最大。在体制机制方面，"中央厨房"模式打破了传统报业固有的组织形式。传统的报业集团在自己所在行业深耕多年，在专业性上具有新媒体及其他综合媒体

---

① 打造融合共生的"新闻联合舰队"[EB/OL].（2017-11-16）[2018-04-27]. http://wb.qdqss.cn/html/qdwb/20171116/qdwb283979.html.

② 廊坊日报社：在媒体深度融合中趟出一条特色发展道路[EB/OL].（2017-07-07）[2018-04-27].http://www.xinhuanet.com/zgjx/2017/07-07/c_136424314.htm.

无可企及的行业优势。例如，廊坊日报社旗下原本各个日报、都市报等机构都有属于自己的采编平台，每个平台都是独立不互通的，这给记者发稿增加了很多不必要的麻烦，也容易出现稿件重复的情况。"中央厨房"将原本零散的新闻资源、人力资源聚集在一起，统一调度，实现了资源共享，发挥了传统媒体的行业优势，达到了"1+1>2"的效果。其次，"中央厨房"提高了报刊行业的运行效率。在新闻采集方面，新闻采集人员配备移动终端设备，"中央厨房"中的调度指挥人员在后方进行远程遥控，当出现新闻线索时，能够能及时地安排附近的新闻记者前往，省时省力。最后，"中央厨房"对报业专业人才提出了新的要求。社长张宝富认为：媒体融合程度不应该以高新技术为先决条件，而是应该以一支具备融合传播素质的媒体队伍为中心。[①]在张宝富的领导下，廊坊日报社提出"人人讲融合、经营讲转型、工作讲创新"的思想原则，不断加强人才队伍建设。"见第一就争，见红旗就扛，见冠军就夺""不换思想就换人，不换面貌就换人"是廊坊日报社提出的口号，不断激励报社传统人才向互联网人才转型。

4."中央厨房"的成功经验

廊坊日报社的"中央厨房"是覆盖新闻策划、采集、编辑、发布、传播效果评价、考核等环节的全媒体内容生产系统。"中央厨房"作为廊坊日报社转型升级的突破点，从传统报业最核心的内容生产环节进行彻底颠覆，将传统的报刊行业与新兴媒体融合，深深植入了大数据和互联网的"DNA"。2017年廊坊日报社传统媒体与

---

① 赵乐新. 廊坊日报社：融合驱动实现双效兼收[N]. 中国新闻出版广电报，2018-04-10.

新媒体总共创收达到近2000万元,其中新媒体用户已将近200万人,影响用户近800万人。不仅如此,廊坊日报社广告部突破传统思维,不断营造新的增长点,2018年开年以来,实现创收300万元。[①]

廊坊日报社"中央厨房"的成功,在业界造成不小的轰动,也为其他转型升级中的传统报业集团找到了方向。从廊坊日报社的成功经验来看,有以下几点值得借鉴之处:第一,从组织架构方面来看,领导层的思维转变是企业转型的首要前提,廊坊日报社正是由于2005年领导班子的重新组建才将转型升级正式提上日程,随后在党委书记、社长张宝富的带领下转变思维,付诸实践。第二,坚定改革决心,迎着困难前进。国企改革最困难的往往是体制机制的突破,"中央厨房"不仅仅是传统报业的资源合并,或是传统媒体与新兴技术的融合,最重要的是从生产端开始打破传统报业原有的体制机制,打破原有僵局,将人力资源有效整合。第三,传统企业转型要"因地制宜"。廊坊日报社作为党媒,拥有对重大时政新闻的官方采访权等特殊资源,报社牢牢抓住这个专业优势,投入大量资源,将时政新闻内容做深入加工。在盈利模式上,廊坊日报社并没有抛弃原本的广告创收,转投互联网加入"流量大战",而是利用新型传播平台寻找广告新的增收点。第四,人才队伍是传统企业转型升级的支柱。廊坊日报社极其注重新型人才的培养,每年进行各种形式的集体培训约50次,科研室讨论100多次。

"没有落后的行业,只有落后的企业。"廊坊日报社通过转型升级走出了传统报业的困局,进入了报社发展的新阶段,也为行业内其他企业做出了表率。

---

① 赵乐新.廊坊日报社:融合驱动实现双效兼收[N].中国新闻出版广电报,2018-04-10.

第二节　互联网巨头向数字创意产业领域的延伸

一、互联网巨头在数字创意产业领域的探索

（一）企业的梦想——商业生态圈

"生态圈"一词源于自然科学领域，主要指代地球上的生物系统。这一概念相对较晚才被引入商业研究相关领域。1993年，穆尔（James Moore）在《哈佛商业评论》中首次提出了"商业生态系统"的概念，他认为社会的组织运转与生物学领域的生态系统有相似之处。他指出"商业生态系统是一种由客户、供应商、主要生产商、投资商、贸易合作伙伴、标准制定机构、工会、政府、社会公共服务机构和其他利益相关者等具有一定利益关系的组织或群体构成的动态结构体系，这些单位通过利益共享、自组织甚至偶然的方式聚在一起"。[①] 此后，越来越多的学者从生态系统以及生态圈等角度来研究企业相关问题，通过众多学者的逐步完善，"生态圈"正在成为商业关系构建上的一场革命。如今的商业生态圈，对于商业巨头们来说，更多的是一个循环的商业价值网络，以公司核心业务为中心，通过并购、联盟、开放等形式，横向扩展、纵向深化，利用成员间优势互补与资源共享共同建立联盟参与市场竞争。全球知名商业企业，例如特斯拉、微软、亚马逊，早已开始了生态圈的布局计划。国内企业从马云提出阿里巴

---

① 刘曦子，陈进，王彦博. 互联网金融生态圈构建研究——基于商业生态系统视角[J]. 财政金融，2017（4）.

巴将构建阿里生态圈开始,也正式打响了生态圈之战。以 BAT 为首的公司都在大张旗鼓地筹建着各自的商业生态圈,小米、海尔、乐视、万达等,虽然各有侧重,但都秉持着生态圈"共生、互生、再生、新生"的共赢精神。

将商业生态圈与自然生态圈类比,其特征有一定的相似性。

首先,自然生态圈有生物多样性的理论,商业生态圈的多样性表现在参与主体的多样性以及参与方式的差异性。商业生态圈需要有异质性的参与者来丰富生态圈的功能。传统的商业合作是以企业价值链为基础,引入价值链上下游的合作商,包括生产商、渠道商等。而商业生态圈则打破这一定律,积极引入传统企业价值链之外的伙伴,极大地扩展了生态圈价值创造的空间。以索尼公司与亚马逊在阅读器领域的竞争为例,索尼公司沿着创造电子阅读器的价值链上下游进行合作伙伴的开拓,比如阅读器的生产商(飞利浦与 E-ink)以及销售渠道商(Target、Waterstone 等)。亚马逊则跳出价值链之外,引入网络服务商(Sprint),突破性地在阅读器内加入在线书店,大大提升了消费者的使用体验,丰富了生态圈的功能。[①]

其次,商业生态圈具有关联性,各参与者之间并不是彼此独立,而是彼此依存的。当前颇有争议的特斯拉公司正在摸索的生态圈路径很好地说明了这个特点。长久以来,特斯拉在消费者心中就是电动汽车的代名词。2016 年末,特斯拉收购了 SolarCity 公司,为其生态圈的完善添上了新的一笔。SolarCity 是一家专门发展家用光伏发电项目的公司,从太阳能发电到电动车的供电方式的改革,SolarCity

---

① 廖建文.撬动企业的商业生态圈[J].商业文化,2016(09).

为特斯拉电动汽车的未来发展提供了新的技术支持,特斯拉也为SolarCity带来了新的业务发展方向,二者相互促进,共同发展。

再次,商业生态圈具有进化性。生态系统中物种进化是自然现象,与达尔文进化论所提出的理论相类似,商业生态圈也在不断进化着,各主体间也存在着资源的重新整合。小米的生态链与许多大型企业的生态圈有些许的不同,它通过整合相关第三方企业将其纳入小米生态链旗下,通过小米与生态链公司的共同参与,将成型的产品聚集在小米电商平台——"米家有品"进行销售。小米公司通过生态链,对旗下公司资源进行有效整合,在电商销售渠道方面表现不俗,根据美国权威杂志《互联网零售商》(*Internet Retailer*)的报告《全球 1000 强:全球零售电商的革新》中显示,早在 2016 年,小米已跻身全球第八大电商平台,成为国内仅次于阿里巴巴与京东的电商平台。[①]

最后,商业生态圈也承袭了自然生态圈生生不息且具有孵化性的特点。在数字经济时代下,技术的进步不断催生新业态的出现,而商业生态圈为新业态的发展提供了赖以生存的土壤和充足的养分。例如阿里影业利用阿里生态圈的资源,为自制电影项目做前期预热,推出了娱乐宝众筹产品及理财产品,这对阿里生态圈来说是电影与金融的首次结合,是其孵化出的新业态,也是阿里发展的新机遇。

商业生态圈的特点与自然生态圈"共生、互生、再生、新生"的精神不谋而合。商业生态圈不只是多个企业的重新整合,也不

---

① 全球十大电商排行:阿里夺冠,小米全球第八![EB/OL].(2016-08-25)[2018-04-28].http://www.sohu.com/a/111987119_468651.

是企业之间单纯的合作与竞争。商业生态圈是利益相关者通过一个共同的价值平台实现生态价值的最大化,更强调生态圈内部参与者之间的和谐与共赢以此提高整体效应。生态圈以产业的高度重新审视商业的发展,令企业从垂直领域的视角中跳脱出来,重新定位自身未来发展方向,具有重要的意义。

(二)BAT生态圈布局

在数字经济时代下,科技的力量逐渐造就了新的商业环境,互联网、大数据、云计算、人工智能等催生出了全新的商业体系,无论是生态圈还是共享经济,都意味着商业模式的改变和产业边界的突破。在此背景下,传统的企业单打独斗的竞争方式已经再难为继。作为市场的竞争主体,企业都努力成为生态圈中的一员,要么成为生态组织者,要么加入生态圈成为参与者。商业生态圈以生态型企业为中心,不断聚合相关中小型企业,向周边产业蔓延,参与者间相互促进、协同共进,不断优化结构效率,持续提升整体竞争力,从而形成健康和谐的商业生态链。可见,生态型企业既是生态圈的核心,也是生态圈形成的基础。

在我国,构建商业生态圈的概念由阿里巴巴最先提出,形成了以BAT为首的企业生态圈热潮。作为国内互联网商业巨头,BAT构建生态圈是企业自身发展到一定阶段的需求。如今,新的发展领域和经济模式不断涌现,企业想要凭借一己之力不断覆盖新兴领域,占据所有行业的领先地位难以实现。因此,利用自身强大的平台优势构建生态圈,向各个领域不断扩张,也是BAT未来发展的最优选择。BAT生态圈战略总结起来有三个层次:在自身主营业务发展领域,坚持自主创新,引领行业发展。例如,阿里巴巴的主营业务在电商,这也是其优势所在,坚持自己内部运营与创新,对现有业务进行巩固与深化。在其他市场发展已经较为成熟的领域中，BAT重点以投资的方式与处于行业领先地位的企业共同发展。例如，百度投资爱奇艺，在网络视频领域占有一席之地。最后，在新兴领域中，BAT以收购中小企业为主，利用自身资源优势帮助创业者成长。

BAT生态圈布局看似在每个领域都有涉猎，但由于三家公司自身业务的不同，在生态圈构建上也各有侧重。表6-2总结了截至2018年4月，BAT在流量分发、社交、金融、电子商务、生活服务、泛娱乐、体育、教育、医疗、硬件、工具、企业服务等领域的布局（见表6-2）。

表6-2　BAT生态圈布局[①]

一级分类	二级分类	百度	阿里巴巴	腾讯
流量分发	搜索	百度搜索（网页、图片、视频、音乐、新闻等）	一淘网（购物搜索）、神马搜索	微信搜一搜、搜狗搜索
	内容分发/生产	百度信息流、百家号、百度新闻	UC头条、大鱼号、第一财经、浙报传媒、36氪、虎嗅、21世纪传媒、南华早报	微信/QQ订阅号、企鹅号、腾讯新闻、天天快报、Zealer、创业邦
	浏览器	手机百度、百度浏览器、猎豹移动	UC浏览器	QQ浏览器、手机搜狗、猎豹移动
	应用市场	百度手机助手、91无线（含安卓市场等）、苹果园	阿里应用平台分发开发平台（含豌豆荚、PP助手、UC应用市场、九游）	应用宝

[①] 表6-2内容参照网站 http://mini.eastday.com/a/171105082835287.html 及其他公开资料进行整理。

续表

一级分类	二级分类	百度	阿里巴巴	腾讯
社交（SNS）		百度贴吧、百度空间、百度知道、百度经验、百度文库	新浪微博、陌陌、来往、Snapchat、Tango	QQ旗下社交服务（QQ空间、腾讯微博）、微信（朋友圈）、知乎、Kakao Talk、快手、Snapchat、开心网、Same、红点直播、呱呱视频、朋友印象
金融	支付	百付宝（百度钱包）	支付宝、Paytm（印度）	财付通（微信支付、QQ钱包）
	信贷	百度有钱花、借现金、易鑫资本、宜人贷	花呗、趣店&来分期、蚂蚁借呗、网商贷	微粒贷、微业贷、人人货、易鑫资本、微车贷
	理财/证券/股票	百度理财、百度股市通、百度财富、百金交	蚂蚁财富（含余额宝等）、天弘基金、数米基金、天津金交所、网金社	微信理财通、腾讯自选股、微众银行—理财、富途证券
	保险	百安保险	众安保险、国泰产险	众安保险
	众筹	百度众筹、百度百众	蚂蚁达客	——
	银行	百信银行	网商银行、邮储银行、浙商银行	微众银行、邮储银行
	征信	百度企业信用	芝麻信用、芝麻企业征信	腾讯征信
	投资	百度资本	阿里资本、云锋基金	腾讯基金
	金融基础设施	——	恒生电子、v-key（新加坡）	——

续表

一级分类	二级分类	百度	阿里巴巴	腾讯
电子商务	商城	百度微购、我买网、菠萝蜜全球购、蜜芽宝贝	淘宝（C2C）、天猫（B2C）、阿里巴巴（B2B）、聚划算、一淘、1688、苏宁、三江购物等	京东商城、好乐买、口袋706居、每日优鲜、美丽说、楚楚街
电子商务	物流	百度外卖配送、货车帮	菜鸟物流、百世汇通、圆通快递、海尔日日顺、万象物流、中国邮政、ShopRunner（美）、蜂鸟配送	京东物流、人人快递、汇通天下、美团配送、蜂鸟配送
生活服务	地图	百度地图、长地万方、Indoor Atlas（芬兰）	高德地图、易图通	腾讯地图、科菱航睿、四维图新
生活服务	团购	百度糯米、Peixe Urbano（巴西）	口碑网、丁丁网	QQ团购（停止运营）、美团点评、高朋网
生活服务	出行	易到用车、天天用车、51用车、Uber、优信二手车、易车	滴滴出行、快的打车、Lyft、神州专车、ofo小黄车	滴滴出行、摩拜单车、易车、人人车、Lyft
生活服务	旅游	携程、去哪儿	飞猪（阿里旅行）、穷游、在路上、酷飞在线	同程旅行、艺龙旅行、面包旅行
生活服务	外卖	百度外卖（已拆分）	淘宝外卖（口碑网）、饿了么	美团外卖、饿了么
生活服务	商场	——	银泰商业集团、喵街	王府井百货、新世界百货。华南城
生活服务	其他	美味不用等、e袋洗、齐家网、安居客、百姓网、链家	雅座、点我吧	58赶集、乐居、e家洁、e袋洗

续表

一级分类	二级分类	百度	阿里巴巴	腾讯
泛娱乐	影视	爱奇艺（拆分）、PPS、百度视频、百度糯米影业、Taboola（以色列）、星美影业	优酷土豆、芒果TV、Acfun（优酷投资）、淘票票、阿里影业、合一影业、大麦网、粤科软件、华谊兄弟、华数传媒、博纳影业、光线传媒、大地影院、新片场、文化中国、芭乐传媒、向上影业	腾讯视频、娱票儿、腾讯影业、腾影发行、华谊兄弟、柠萌影业、寰亚传媒、爱拍原创、文化中国、未来电视
泛娱乐	音乐	百度音乐（已出售）、Tonara（以色列）	阿里音乐、虾米音乐、天天动听（阿里星球）、SM娱乐（韩）	腾讯音乐、全民K歌、CMC（酷狗、酷我）、喜马拉雅
泛娱乐	文学	百度文学（已出售）、百度阅读	阿里文学、淘宝阅读、书旗小说、UC书城	阅文集团（含QQ阅读、创世、起点、云起、潇湘书院等）
泛娱乐	动漫	——	Acfun（优酷投资）	腾讯动漫、铸梦文化、艺画开天、动漫堂、糖人家、悟漫田、漫悦文化、丛潇动漫、乐匠文化、骏豪宏风、玄机科技
泛娱乐	游戏	百度游戏（已出售）	阿里游戏、UC九游	腾讯游戏、Supercell（芬兰）、西山居、漫游谷、擎天柱、乐逗、腾讯电竞、龙珠直播、斗鱼TV、虎牙直播

续表

一级分类	二级分类	百度	阿里巴巴	腾讯
体育		——	阿里体育、恒大淘宝俱乐部	腾讯体育
教育		百度传课、作业帮（已拆分）、沪江网、万学教育、好大学、智课网	湖畔大学、淘宝教育（淘宝同学）、VIPABC、VIPKID、超级课程表	腾讯课堂、易题库、企鹅辅导、ABC360、阿凡提、猿辅导、新东方在线疯狂老师
医疗		百度健康、拇指医生、百度医生（停止运营）、医护网（健康之路）、药直达、趣医院	阿里健康、未来医院、天猫医药馆、华康移动医疗、寻医问药网、恒生芸泰、U医U药、中信21世纪	春雨医生、好大夫在线、丁春园、妙手医生、缤刻普瑞、微医糖大夫、健康元
硬件	操作系统	百度云OS（停止运营）	YunOS	TencentOS（停止运营）
硬件	硬件	百度云手机、百度影棒、小度系列（度秘机器人、小度Wifi、小度路由）、渡鸦科技	天猫魔盒、天猫精灵、魅族、锤子科技、微鲸科技	Q影、腾讯"耳朵"、QQ物联、微信硬件平台、微鲸科技
硬件	智能汽车	百度智能汽车（含自动驾驶等）、Apollo开放平台、蔚来汽车、Velodyne	互联网汽车项目（上汽）、斑马智行（上汽）、Wayray	驾趣WeDrive、和谐富腾、蔚来汽车、特斯拉

续表

一级分类	二级分类	百度	阿里巴巴	腾讯
工具	安全	百度卫士、百度杀毒、乌云漏洞	钱盾、Lbe安全大师	腾讯电脑/手机管家、腾讯电池管家、知道创宇、安全管家。DNSPod、Itools、刷机大师、Lbe安全大师
	网络	16wifi	淘wifi、树能wifi、迈外迪	腾讯wifi管家、迈外迪
	美化	百度魔图	魔漫相机	天天P图
	其他	——	墨迹天气	
企业服务	基础云	百度云（计算、存储、数据库、网络、域名网站）、百度网盘	阿里云（计算、存储、数据库、网络、域名网站）、酷盘	腾讯云（计算、存储、数据库、网络、域名网站）、腾讯微云
	能力云	百度云（安全、人工智能、大数据基础服务、分析组件、通信服务、视频服务）	阿里云（安全、人工智能、大数据基础服务、分析组件、通信服务、视频服务）	腾讯云（安全、人工智能、大数据基础服务、分析组件、通信服务、视频服务）
	沟通工具	百度Hi	钉钉、阿里邮箱企业版	企业微信、腾讯RXT、QQ企业邮箱、foxmail
	数字营销	百度推广、百度网盟、百度统计、华扬联众、受教信息、PopIn（日本）	阿里妈妈、友盟	腾讯社交广告（广点通）、腾讯广告联盟、腾讯移动分析、华扬联众

通过表6-2，我们可以看出，BAT三巨头的生态圈边界之大、涉猎之广，基本在每个细分领域，都能看到三家企业之间的较量。无论是自称为大数据公司的阿里巴巴，还是致力于变身为AI公司

的百度，抑或是着力大文娱的腾讯都存在着共通点，那就是BAT生态圈建设都着眼于未来，尤其在涉及新兴技术领域，BAT三家企业都非常重视。例如，三家企业都推出了基于大数据和人工智能的云服务。无论是百度云、阿里云或者腾讯云，它们主要依靠各企业自有平台，以投资企业为辅。这说明，对云服务的投入并非是BAT抢占市场的行为，相反，是企业深思熟虑的结果，BAT都意识到高新技术领域是未来发展的趋势。

二、BAT在数字创意产业的布局盘点

相比其他领域BAT竞争焦灼，在数字创意产业领域，BAT的排位顺序则更加明朗一些。腾讯基于原本的QQ社交服务，成功转化年轻用户，将流量导入旗下娱乐业务，从QQ社交软件相关联的QQ游戏、QQ音乐、QQ视频、QQ阅读等不断延伸，内容产业逐渐壮大形成腾讯独有的数字创意产业的闭环，发展最为成熟。阿里巴巴是目前BAT三家中，数字创意产业布局最广的，从数字内容产业到硬件、再到广告营销等。通过不断的并购、投资，阿里不断尝试发展数字创意产业的新路径。百度相对于另外两家互联网巨头，在数字文化创意产业的发展相对集中，以影视产业为主。

（一）腾讯：以IP为中心，重视内容打造

从社交软件起家的腾讯，拥有发展数字创意产业的基因，年轻的用户群体是腾讯转移战场最有力的支援。2014年，腾讯互娱成立，旗下五大业务包括：腾讯游戏、腾讯文学、腾讯电影、腾讯动漫以及刚刚成立的腾讯电竞。五大业务互为依托，形成腾讯数字创意产业的支柱。作为领导国内数字创意产业发展的腾讯来说，无论是2011年提出的"泛娱乐"战略还是2018年提出的"新文创"理念，

腾讯始终重视内容资源的创造，坚持以明星 IP 为中心，构建影视、文学、游戏、动漫、音乐多领域、全方位的文娱生态链。具体来说，腾讯以腾讯文学作为 IP 生产源头，经过中游腾讯影业的 IP 影视转化与腾讯动漫的 IP "次元化"将 IP 进一步孵化，最后通过腾讯游戏将 IP 实现变现，形成了 IP 从挖掘、孵化到变现的闭环（见图 6-15）。

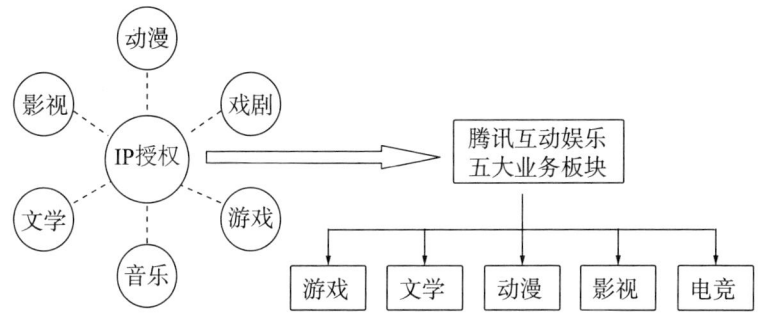

图 6-15　腾讯互娱全方位推进泛娱乐战略[①]

在网络文学方面，腾讯于 2015 年收购盛大文学，并与腾讯文学合并成立阅文集团，奠定了其网络文学行业第一不可撼动的位置。据有关资料显示，阅文集团每日活跃用户数量占比高达 48.4%，几乎占整个网文市场的一半。[②] 阅文集团旗下包括 QQ 阅读、起点中文网、创世中文网、云起书院、潇湘书院、红袖添香、小说阅读网、中智博文、华文天下等多个知名网络文学品牌。根据阅文集团 CEO 吴文辉在 2018 腾讯新文创生态大会公布的数据，

---

① 邰亚会，林起劲.深度解读腾讯的泛娱乐战略 [EB/OL].（2016-03-11）[2018-05-01].http://www.360doc.com/content/16/0311/17/30659864_541369633.shtml.

② 盈利快速增长，日活占半壁市场：阅文（00772）值得申购 [EB/OL].（2017-10-25）[2018-05-02].https://www.zhitongcaijing.com/content/detail/86835.html.

阅文集团共有原创文学作品 970 万部，创作者数量多达 690 万人，题材品类 200 余种，为 IP 后续选择及开发打下了基础。具体而言，2017 年阅文集团在 IP 培育方面成绩显著，对 100 多部作品进行 IP 授权改编，全网观看量达到了 880 亿次。[①] 阅文集团下一步将更加注重挖掘 IP 的文化底蕴，将社会效益与经济效益相结合。围绕 IP 价值开发"最大化"、IP 精品内容"旗舰化"以及 IP 共生运营"生态化"发展，任务重点放在 IP 的"影视化"与"次元化"，实现网络文学与多领域的融合共生（见图 6-16）。

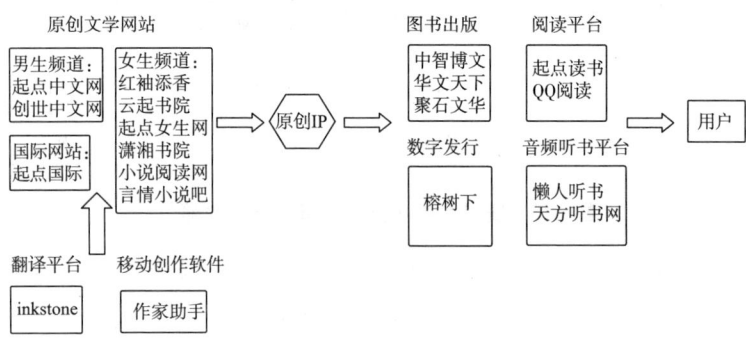

图 6-16　阅文集团生态示意图

网络视频方面，腾讯从影视内容挖掘、内容创造、出品发行、营销推广再到播放终端进行全产业链布局。如图 6-17 所示，腾讯通过线上线下两条线，将上游自制内容传递给消费者。上游内容生产端包含腾讯互娱业务的四大板块：腾讯影业、腾讯文学、腾讯动漫以及腾讯游戏，为腾讯视频播放平台提供了播放内容，同时腾讯在线下积极部署互联网电视，涵盖了终端硬件设备与智能

---

① 根据阅文集团 CEO 吴文辉在 2018 腾讯新文创生态大会演讲整理。

终端应用平台等领域。在腾讯影视布局中值得一提的是，2015年，腾讯先后成立了两家全资子公司：腾讯影业与企鹅影业。腾讯影业主攻电影市场，整合腾讯文学、腾讯动漫、腾讯游戏的IP资源，进行电影市场的开拓。企鹅影业以制作网剧为业务核心，围绕腾讯视频播放平台，将影视产品向互联网渠道输送。因此腾讯影业与企鹅影业实则是互补合作的关系，在不同的领域，共同开拓腾讯影视的江山。另外，腾讯视频作为腾讯大视频生态圈的核心，其作用十分关键，是连接上游内容生产与下游生态链业务的重要平台。目前，腾讯视频在网络视频平台市场中一直处于领先地位，截至2017年9月，腾讯视频平台每日活跃用户数量超过1.5亿，每月活跃用户数量超过5.4亿，每个月用户在腾讯视频平台上观看视频总时长超过32亿小时，位居行业第一。[①]腾讯视频平台的强大为腾讯大视频生态圈内容的输出打下了很好的基础。

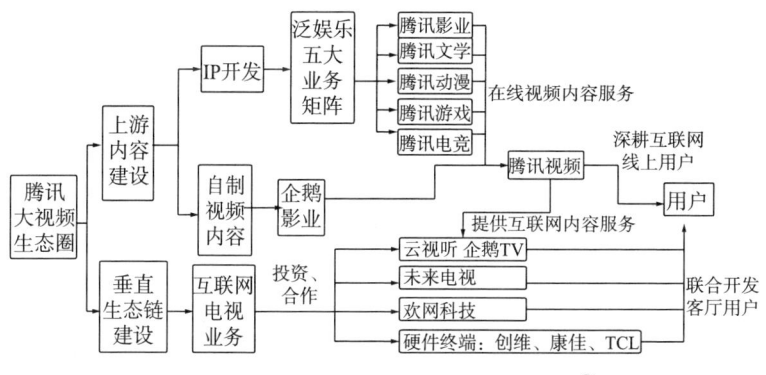

图 6-17　腾讯视频行业生态布局示意图[②]

---

① 2017腾讯视频年度指数发布：七大维度全景展示"企鹅影视"[EB/OL].（2017-12-02）[2018-05-02].http://baijiahao.baidu.com/s?id=1585668482137908494&wfr=spider&for=pc.

② 郜亚会，林起劲.深度解读腾讯的泛娱乐战略[EB/OL].（2016-03-11）[2018-05-01].http://www.360doc.com/content/16/0311/17/30659864_541369633.shtml.

网络游戏方面，腾讯游戏2017年营业收入达到1179亿元，这是全球第一家年营业收入破千亿元的游戏公司。腾讯游戏最初的成功，得益于社交软件QQ与微信的流量导入。如今，从PC端网络游戏到移动端手机游戏，再到主机游戏，腾讯游戏板块逐渐连为一体。尤其是腾讯从2016年12月成立腾讯电竞，涉足电竞产业。腾讯电竞填补了腾讯游戏专业竞技的空白，同时也将腾讯自制游戏IP推上了新的热潮。例如，基于腾讯旗下的游戏《王者荣耀》，腾讯电竞推动了新的赛事KPL王者荣耀职业联赛等。尽管涉足时间不长，但腾讯电竞依然尝试推动整体产业的发展，不断寻找新的合作伙伴，腾讯投资电竞直播平台斗鱼TV、龙珠直播以及虎牙直播，为赛事的传播助力。

在网络动漫方面，截至2017年底，腾讯动漫月活跃用户达到1.2亿，签约漫画作品达到888部，制作动画已有27部，投资超过10多家漫画工作室，总投资资金超过1亿元人民币。[1] 正是由于腾讯动漫等互联网动漫内容分发平台的加入，推动了国内动漫市场发展逐渐走向成熟。腾讯动漫将行业生态摆在了盈利之前，打造精品作品，完善版权体系，打造付费模式，扶持动漫原创者。为了更好地孵化作品，也帮助原作者运营商业IP，腾讯动漫采用"IP经纪人"模式，帮助动漫作品向优质IP过渡转化，再联合腾讯游戏、影视等其他板块，形成IP联动创造收益，以实现健康的动漫生态圈。

在网络音乐方面，腾讯音乐主张PGC（专业制作内容）与

---

[1] 从"扶持"到"激励"：腾讯动漫如何打造国漫生态圈？[EB/OL].（2017-12-12）[2018-05-02].http://www.sohu.com/a/209888018_237556.

UGC（用户制作内容）并重，线上线下共同发力。在 PGC 方面，为了应对国内数字音乐版权之争，腾讯于 2016 年 7 月将 QQ 音乐与 CMC（中国音乐集团）进行合并，丰富正版曲库。腾讯对 UGC 板块也非常重视，在 2014 年出品了全民 K 歌软件，充分调动了用户参与的积极性。截至 2017 年底，QQ 音乐注册用户已经超过 8 亿，全民 K 歌用户则超过 4.6 亿。为了将线上与线下打通，腾讯联合 K 米推出了"全民 K 歌自助店"开始抢占线下 KTV 市场。未来，腾讯音乐还要在音乐付费的方向继续努力以推动整个数字音乐行业的发展。

（二）阿里巴巴：从零开始，快速布局，用重金催熟文娱帝国

阿里巴巴由于没有文化产业的原始积累，发展数字创意产业只能从零开始，逐步积累资源。与腾讯的数字创意产业的生态圈相比，其文娱产业的布局充满了资本的印记，即不断通过投资、收购等方式，快速布局数字创意产业，抢占一席之地。目前，阿里巴巴成立了"阿里巴巴文化娱乐集团"，其业务构成主要包括阿里影业、优酷土豆、阿里音乐、UC、阿里游戏、阿里文学、阿里体育和阿里数字娱乐事业部，并计划建设规模约 15 亿美元的大文娱产业基金。

阿里文学是 BAT 网络文学相关业务部门中成立最晚的，2014 年，阿里全资收购 UC 书城与书旗小说，并在 2015 年与淘宝阅读进行整合，随之成立阿里文学。正如外界预测，阿里所带的电商思维对于运营网络文学并没有太多的优势。阿里文学提出"开放共享"的版权策略，尝试突破现有的网文生态，然而收效甚微。

在影视方面，阿里巴巴依然通过投资并购从创作环节、制作环节、发行环节、票务环节、放映环节等进行产业链的全布局（见图 6-18）。可以看出，阿里在影视方面布局很广，尤其在 2017 年将合一影视并入阿里影业后，拥有了网上视频终端；同时收购粤科软件有助于线下终端的发展。阿里还依靠淘票票分发平台的优势来孵化影视衍生产品，引入娱乐宝，发挥电商优势朝文化金融方向发力。

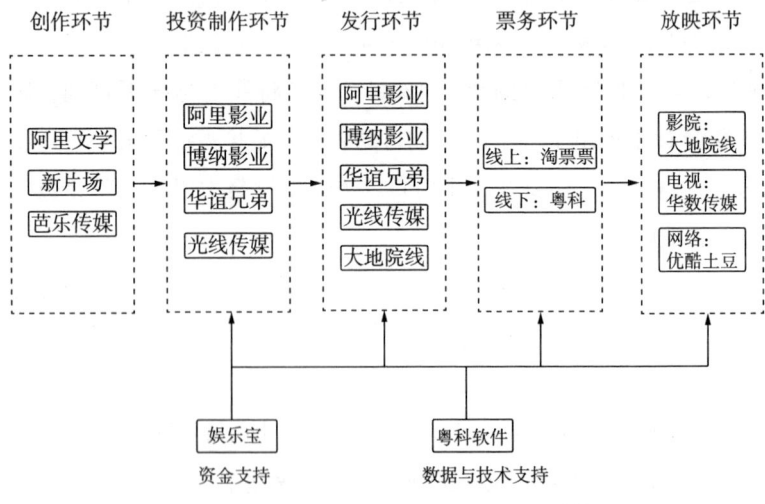

图 6-18　阿里巴巴影视娱乐产业布局[①]

阿里在动漫行业与游戏行业动作偏少，依然是通过投入资本的形式加入市场竞争，例如 2014 年，阿里收购 UC 优视，其中包含 UC 九游。2016 年，阿里正式将 UC 九游更名为阿里游戏，宣布正式进军游戏产业。阿里在动漫行业涉及更少，只有优酷旗下有些许的动漫业务。

（三）百度：蜻蜓点水的防御模式，投资步伐缓慢

百度在数字创意产业的布局侧重于影视和文学两部分。尽管百度先前拥有百度贴吧、百度文库等深度用户积累，但在用户转

---

① 图 6-18 参考公众号：娱乐独角兽。

化方面却不如腾讯,没有将其优势发挥出来,导致IP孵化缺乏底层基础。

目前,百度围绕影视布局,打算运用单点突破的战略进军数字创意产业。百度在影视行业方面,通过投资爱奇艺,形成以PGC为核心的内容布局,作为主要内容支撑。通过糯米影业进行下游变现。

百度文学基于百度之前的文学产品,例如百度书城、91熊猫看书等,加上纵横中文网整合而成,虽然有百度搜索以及贴吧带来的流量优势积累,但依然与腾讯旗下的阅文集团有着质的差别。主要原因是网文作品的质量与数量不足,用户活跃度和用户黏性没有突破,导致网络文学业务一直处于亏损状态,只得慢慢淡出竞争。

三、互联网巨头拥有发展数字创意产业的天然优势

通过梳理BAT在数字创意产业的生态圈布局可以发现,三家公司根据自身情况制定合适的生态圈战略,在发展方向上各有侧重。BAT作为中国互联网最具代表性的企业,虽然都不是做文化娱乐行业起家,但在发展数字创意产业上有着天然的优势,具体表现在资金优势、流量优势、平台优势以及资源优势四个方面。

(一)资金优势:抢占市场的基础

BAT进军数字创意产业,资金实力雄厚是其最大的优势之一。业界流传一句话,"中国企业分为两种:BAT与其他企业"。在并非自身优势的领域,BAT一直不停地通过投资、并购等方式联合市场中优秀的企业共同发展,这就需要背后巨大的资金支持。据

中国互联网络信息中心（CNNIC）发布的第41次《中国互联网发展状况统计报告》显示，截至2017年底，我国境内与境外共计上市互联网企业数量已达到102家，总市值为8.97万亿元人民币。其中，腾讯、阿里巴巴和百度公司的市值合计占总体市值的73.9%。[1]BAT与其他企业体量差距巨大，这也正是BAT最大的优势所在。

早在2015年，BAT就已经意识到了多领域共生的重要性，开始了向主营业务之外的其他领域的资本扩展，根据《福布斯》公布的"2015年中国移动互联30强名单"中，值得注意的除了BAT三家企业位居顶端之外，在其他27家公司中有近一半都有BAT参股。从数字创意产业角度看，文化娱乐一直是BAT关注的重点，这几年更是不断加码。据相关资料显示，截至2017年，腾讯对文化娱乐领域共投资了91次，远超阿里巴巴与百度。具体来看，百度投资风头虽不强势，但在2017年，百度投资了8家文娱类企业，是同年内投资最集中的行业。腾讯在"泛娱乐"战略的推动下，有规划地投资了28家文娱类企业。阿里巴巴投资6家文娱企业，并提出未来将在大文娱方面投入超过500亿元人民币，表达了阿里发展数字创意产业的决心。[2]

在互联网时代下，技术更迭加快，新兴行业不断崛起，BAT无法完全依靠自己触达到每个细分领域，因此通过巨额资本不断

---

[1] 中国互联网络信息中心.第41次中国互联网络发展状况统计报告[EB/OL].（2018-01-31）[2018-05-03].http://www.cac.gov.cn/2018-01/31/c_1122347026.htm.

[2] 2017年BAT投资成绩单：共197起，腾讯最多，阿里几乎每笔过亿，百度最爱它[EB/OL].（2017-12-23）[2018-05-03].http://news.hexun.com/2017-12-23/192066560.html.

收购中小企业扩大市场是 BAT 在壮大生态圈时采取的主要策略。在数字创意产业中，阿里巴巴表现得最为明显，其电商的基因并没有为其文化娱乐方向的发展做出太多的贡献。阿里在数字创意产业的发展从零开始，通过不断的投资、收购，已经渐成气候，形成了自己的大文娱板块。

（二）流量优势：稳定的用户

BAT 三家企业的主营业务虽各有不同，百度业务重点在网上搜索，阿里巴巴从电子商务起家，腾讯围绕社交软件发展。综合来看，BAT 主营业务带来的优势有一个共同点，即巨大的用户流量。根据易观智库发布的《中国移动互联网用户分析 2016》报告统计显示，腾讯的用户覆盖率高达 94.6%，其次是百度为 69.7%，阿里位居最末占比 48.6%。[①]BAT 牢牢把握住了用户流量入口，这为其数字创意产业的发展带来了巨大的帮助。

在用户转化方面，腾讯是 BAT 中的表率。腾讯旗下社交软件 QQ 与微信早已变成人们日常生活中的一部分。尤其在移动互联网的普及之下，对于年轻用户来说，微信早已是生活、工作与学习的重要工具，甚至将大部分时间都花在了虚拟世界里，而忽略了现实生活。正是基于这样的背景，腾讯在微信与 QQ 中开启了小游戏程序窗口，将社交软件用户成功转化为游戏用户，在游戏变现方面变现突出。例如，腾讯旗下王牌游戏《王者荣耀》成功将"微信好友"转化为"游戏战友"，在微信小游戏程序中可以直接点击跳转登录游戏界面，在每一周还会生成玩家与好友的战报

---

① 中国腾讯用户覆盖率高达 94.6% 完胜百度和阿里 [EB/OL].（2016-02-21）[2018-05-03].http://news.17173.com/content/2016-02-21/20160221080243507.shtml.

通过微信的方式推送给玩家,好友排名也是玩家攀比与持续游戏的动力之一。另外腾讯微信结合腾讯互娱最新板块——腾讯电竞,在微信中为其增开一扇窗口,引入虎牙直播、企鹅电竞、触手等资源,用户可以直接在微信程序内收看游戏比赛的各类直播。

与腾讯相比,百度搜索所积累的优势并没有爆发出来,例如百度贴吧、百度知道等业务背后隐藏着许多用户社群,但随着知乎、果壳网等网络问答平台的兴起,百度的优势也正在逐渐地流失。

(三)平台优势:独有的大型平台支撑

BAT的主营业务是其竞争力的核心,具备强大的平台优势。BAT的超级平台几乎达到了其所在领域的垄断地位,例如社交领域,除了腾讯的微信与QQ,其他社交软件很难再达到如此普及的程度。强势的超级平台为BAT数字创意产业的发展也带来了帮助。

淘宝在其电商平台的基础上,发展出了新的业务模块即淘宝直播。淘宝直播与其他直播平台区别之处就在于其根植于淘宝电商模式,电商平台上的商家直接转化为主播,通过直播的方式,向顾客介绍店里的商品,并发放优惠券增强与顾客的互动,有效地增强了商家与顾客的沟通。淘宝直播与淘宝电商达到了双赢的结果,一方面淘宝直播为淘宝电商带来了多样化的营销玩法和高效的变现能力。据淘宝官方透露,淘宝直播红人薇娅曾在一次5小时的直播中,帮助一个零粉丝的店铺创下了7000万元成交额,刷新了淘宝电商平台直播卖货的纪录。另一方面,淘宝电商平台也是支撑淘宝直播最主要的内容及流量来源。淘宝直播主播与近期爆红的斗鱼TV、映客、花椒直播上的主播不同,并没有经过专业的主播培训,也并不依赖于直播平台中观众的打赏分成收益。淘宝直播的主播通常是淘宝电商平台的商家自营自销,以淘宝直播代替传统的广告来"为自己代言",以吸引更多的眼球,从而达到扩大消费者市场,卖出更多商品的目的。

(四)资源优势:多元化业务结构

BAT除了自身业务之外,在其他领域涉猎广泛。尤其是阿里巴巴和腾讯,不断向新兴领域进行扩张,多元化的业务结构彼此支撑,真正达到了生态圈的和谐共生。数字创意产业内涵丰富,本身所包含的行业非常广泛,自身发展的同时又涉及许多相关领域。BAT的生态圈布局为数字创意产业的发展提供了优渥的生长环境,BAT在其他领域的扩展为数字创意产业的发展提供支持。

以阿里巴巴为例,2014年,阿里巴巴成立阿里影业后出品的第一部电影《摆渡人》得到了阿里生态圈内各领域资源的支持。在电影制作之初,阿里巴巴旗下金融平台娱乐宝开设了《摆渡人》众筹项目,将文化与金融融合,粉丝权益与票房挂钩,既解决了《摆渡人》电影制作的资金问题,也成功地推动了市场知名度。阿里巴巴旗下淘宝天猫的电商平台也为《摆渡人》的电影周边衍生产品提供了销售的渠道。

四、案例:从《择天记》看腾讯生态圈布局

腾讯一直走在国内文化产业的前端,在阿里巴巴、百度等公司还在大肆收购文化企业,不断进行IP挖掘时,腾讯已经先人一步,开始了自制IP的打造。《择天记》是腾讯旗下自创IP的试水之作,实现了腾讯文娱产业布局下文学、动漫、影视、游戏、音乐各业务板块的联动(见图6-19)。从《择天记》IP的创作到孵

化，腾讯亲力亲为，掷重金打造了这个明星IP，成为业界争相效仿的对象。

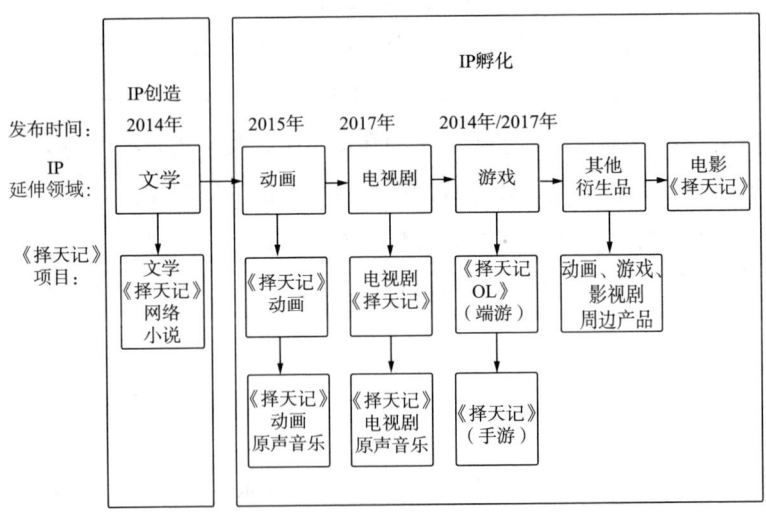

图 6-19 《择天记》IP 框架示意图

（一）IP 创作：创新掌握主动权

《择天记》是腾讯有计划、有目标地打造的经典IP。与其他知名IP不同之处是从它诞生之前，腾讯就已经介入。这样既省去了原创作者对版权授权的麻烦及纠纷，也从IP的第一形态，即网络小说开始进入IP打造与推广。

优质平台是明星IP诞生的基础，也是IP打造的前提。腾讯文学成立于2013年，在2014年4月以子公司形式独立运营，开始拥有单独打造文学IP的能力，《择天记》是其打造的第一部作品。2015年3月，腾讯文学与盛大文学进行共同整合，成立阅文集团。阅文集团的强大的用户资源为《择天记》的推广做了市场支撑。

与此同时，腾讯互娱旗下四大业务部首次亮相，成为《择天记》后续的影游联动、IP孵化的保障。

2014年5月29日，猫腻与腾讯文学达成合作协议，同时发布了作品《择天记》。猫腻是腾讯首次挖掘的顶级网络文学作家。之所以选择猫腻，主要因为其高超的写作水平与其作品深远的影响力。猫腻从2003年开始网络文学创作，先后发布了《朱雀记》《庆余年》《间客》《将夜》等作品，囊括许多奖项，例如，《朱雀记》获得了新浪第四届原创大赛·奇幻武侠奖一等奖、《间客》入选了"中国网络文学20年20部作品"且位列榜首、《将夜》获得了首届网络文学双年奖金奖等。在从事网络文学写作十多年中，猫腻拥有了大量的粉丝，其加盟腾讯文学也将粉丝转化成腾讯平台的用户，成为未来猫腻作品IP推广的保障。

优质的故事内容是成为明星IP最根本的要素之一，《择天记》在选题上非常励志、充满正能量也非常符合"90后"及"00后"的勇于追求梦想的主题。《择天记》小说讲述了男主角陈长生作为少年孤儿，为求得一线生机，希望改变自身命格，带着一纸婚约进入帝都，结交了一帮好友一同与各方强者势力周旋，逐渐成长为一代英雄，最后收获友情和爱情并拯救天下苍生的故事。故事内容传递出少年强则国强的理念，符合社会主流价值观，也符合大众审美，具备打造明星IP的潜质。《择天记》题材上是近年来非常热门的玄幻题材，带上了东方文化色彩（同类型作品如《花千骨》《三生三世十里桃花》等），因此在题材的选择上也为作品加分不少。《择天记》自从正式在腾讯文学连载以来好评如潮，获得的荣誉不计其数。从数据来看，《择天记》小说在创世中文网总点击量高达1780万次，席卷了百度搜索风云榜，创世中文网人气榜与推荐榜、玄幻奇幻类作品榜、付费排行榜等各大榜首,并且作为 IP 连载期间的峰值最高达到 45 万。此外,《择天记》还获得了 2016 中国泛娱乐指数盛典"中国 IP 价值榜—网络文学版前十名"。①《择天记》人气指数可见一斑,是通过市场检验的好故事,具有成为明星 IP 的潜力。这是小说《择天记》的成功,也是《择天记》成为优质 IP 的基础,为其后续动漫及影视作品奠定了粉丝基础。

腾讯为《择天记》超级 IP 的打造也煞费苦心,2014 年曾宣布投入 5000 万元对《择天记》进行同步动画制作,以开启《择天记》后续泛娱乐系列产品的打造,随后进行影视剧、图书、游戏等项目开发。腾讯为了与猫腻更好地合作,同时为了吸引更多成功的网络文学作家,推出了"作品制作人"制度,为加盟的网络作家配备专属团队,包括编辑、运营、商务等人员,全面配合网络作家的工作。随后,腾讯又提出"一人一千万"制度,为加盟网络作家提供专属的版权运营计划,鼓励更多优秀的网络作家加入腾讯文学中。

(二)IP 孵化:层层递进,步步为营

《择天记》网络小说是《择天记》这个超级 IP 的起源,其他领域产品的开发,都依赖于《择天记》小说的故事架构。在统一的 IP 框架下,腾讯选择在动画、游戏、影视剧、电影等领域,将《择天记》IP 做进一步延伸。

首先,在动画方面,《择天记》动画策划开始于 2014 年,与

---

① 腾讯力推之下,择天记 IP 能成为下一个"影游联动"范例吗? [EB/OL](2017-04-28)[2018-05-04].http://games.qq.com/a/20170428/016450.htm.

网络小说在腾讯文学平台旗下的创世中文网的连载同步进行,于2015年7月第一季正式开播,目前已经播放三季。改编动画是《择天记》IP孵化链的第一环节,之所以首先选择将作品"次元化"也是考虑到《择天记》受众群体大多为"90后""00后",动画作品能更好地吸引年轻粉丝。另外,动画版《择天记》也是为之后大投入改编电视剧进行的试水,主要策略是在维持粉丝的基础上扩大影响。虽然腾讯对《择天记》增加了5000万元的动画投入,但外界对其评价不一,引发了激烈的争论,提高了作品的热度,为后续IP的延展打下了基础。

其次,《择天记》电视剧是腾讯在打造其IP价值链时最重视的环节。在电视剧本身制作方面,腾讯打出了"明星演员+明星制作人+明星企业"的金牌组合,为电视剧内容质量保驾护航。演员阵容方面,既有鹿晗、古力娜扎、曾舜晞、吴倩等流量明星的加盟,也不乏陈数、曾志伟等资深演员的助阵。由于男主角陈长生的扮演者鹿晗人气强大,使电视剧未播先火,在新浪微博的话题中,"择天记"话题阅读量在电视剧播放之前已达10亿,"鹿晗择天记"微博话题阅读量高达22亿。2017年初,网络谣传鹿晗接拍《择天记》天价片酬事件,将《择天记》电视剧又推到了舆论的风口浪尖,变相为7月《择天记》电视剧的播放提升了热度。在《择天记》剧集制作上,腾讯联合旗下公司腾讯影业、企鹅影业、柠萌影业与传统媒体湖南卫视旗下芒果TV等共同为其背书。在剧集的发行上,《择天记》采用"传统媒体传播渠道+互联网视频平台"模式,该剧于2017年4月作为周播剧在湖南卫视青春进行时播出,收视率稳居周播剧第一,也创下了湖南卫视20个月以来的最佳成绩。在互联网播放平台方面,腾讯视频联合芒果TV、以及优酷、爱奇艺等平台进行同步播放。根据2017年4月19日，电视剧《择天记》发布的新浪微博显示，电视剧上线32小时，全网播放量突破5亿。另一组数据显示，截至2017年6月1日，电视剧收官，其网络播放量已突破257亿大关。[①] 总体来说，《择天记》在电视剧方面的成绩单虽拿得出手，但不如预期来的火爆，尤其是观众口碑方面不尽如人意，在国内知名评分网站豆瓣的评分只有4.0，遭到原著书粉的强烈抨击。

  在《择天记》游戏开发方面，腾讯似乎走过一段时间弯路。最早《择天记》开发的是客户端游戏，即端游。在2014年，腾讯将《择天记》游戏授权给了巨人网络，包括游戏的研发与代理权。巨人网络开创"书游同步"的IP打造模式迅速开发游戏，在两个月时间内制作出了端游《择天记OL》。游戏开始正式上线时，《择天记》网络小说刚刚连载七十多章，仅仅是故事的开篇，内容并没有完整呈现给读者，更谈不上拥有成熟的IP和大批量的粉丝基础了。巨人网络在《择天记》IP源头没有形成时，推出游戏以求变现是非常不明智的行为，运营情况落差较大，在2016年5月，宣布《择天记》端游关闭服务器，"书游同步"的模式也宣告失败。通过端游的惨痛教训，腾讯将《择天记》手游的改编权牢牢地掌握在手中。《择天记》手游由腾讯游戏发行，三七互娱负责研发，刚一上线，就挤进了iOS系统的APP下载榜前10位，同时，游戏上线第一周，就获得日均流水突破千万的好成绩。《择天记》手游的火爆得益于它自身优质的内容以及成功延续了电视剧的热度。

[①] 择天记结局 收视率创湖南卫视近20个月以来最佳成绩[EB/OL].（2017-06-02）[2018-05-05].http://www.dzwww.com/yule/nd/201706/t20170602_15998152.htm.

一方面,《择天记》手游在技术上下足功夫以给游戏玩家极致的体验,并把社群的概念引入了手游。另一方面,游戏中不光加入了大量《择天记》的IP故事线,还植入了《择天记》电视剧原声配音,电视剧里鹿晗原声配音的男主角陈长生NPC(非玩家角色)与古力娜扎配音的女主角徐有容NPC深受玩家喜爱,将属于二次元的游戏与电视剧做了巧妙的结合。至此,《择天记》在游戏环节打了翻身仗,将《择天记》IP热度又推上新高。

除了网文、动漫、电视剧和游戏等领域之外,《择天记》IP系列的其他泛娱乐产品也在不断更新,例如《择天记》动画原声带与电视剧原声带均已推出,并在QQ音乐上线;《择天记》的授权衍生品,已经在京东商城、天猫商城、娱票儿商城等各线上销售渠道同步上线。同时,腾讯也正积极筹备《择天记》的同名大电影。未来,《择天记》电影是否还会掀起一股热潮,再次带动《择天记》其他项目的热度,粉丝们拭目以待。

(三)IP热后的冷思考

优秀的明星IP都能将每一次的产品开发转化为给整体IP加分的节点。在《择天记》IP打造的过程中,不同领域的产品有目的、有步骤的层层推进,几大领域共享粉丝,实现了粉丝的多重利用。随着《择天记》IP化不断深入,小说原作者猫腻始终坚持深度参与到各项目的研发与生产中,例如在手游开发中,猫腻担任游戏世界观架构师,顺利延续了IP作品超高的人气。从时间轴上看,腾讯将各项目发行时间连接紧密,先期项目为后期项目造势,后期项目成功又重新带动前期项目热度,不断推动《择天记》向强势IP进化。

《择天记》作为腾讯互娱首部通力打造的明星IP,引爆了许多热门话题，IP 热度持续增高，舆论造势战略非常成功。但是，成功中依然存在不足，例如 IP 整体口碑不佳，尤其是电视剧引起巨大争议。腾讯也吸取了《择天记》IP 运营中的各种经验教训，更加重视 IP 的文化价值。2018 年 4 月 23 日，"UP2018 腾讯新文创生态大会"上腾讯集团副总裁程武提出"新文创"的发展理念，表明腾讯将更系统地关注 IP 文化价值构建，并将塑造 IP 的方式、方法升级，追求 IP 的经济效益与社会效益相统一，实现数字文化更高效、更快速地生产与传播。

第三节 根植于网络的互联网文化企业

一、互联网催生文化企业新类型：平台型文化企业

（一）平台型文化企业的诞生

在传统的商业背景下，企业发展的核心是不断提高自身的市场竞争优势。正如美国营销学学者杰罗姆·麦卡锡（Jerome McCarthy）在 20 世纪 60 年代所提出的 4P 理论所推崇的一样，企业以自身发展为出发点，从产品（Product）、价格（Price）、渠道（Place）、促销（Promotion）四个角度进行企业的市场营销活动，并没有考虑到企业外部环境的变化。20 世纪 90 年代中期，随着互联网技术的发展，企业逐渐意识到新时代的到来，开始有意识地发展与互联网相关的业务。在这段时期内，企业通过以互联网为技术手段吸引更多用户，扩大企业市场占有率和企业影响力。21 世纪初，随着纳斯达克指数疯狂下滑，互联网泡沫经济破灭，全球互联网经

济迅速进入冷却期。2003年左右，全球互联网行业逐渐复苏，迎来了新一轮的发展契机。互联网为经济增长构建了全新的平台，也为商业带来了更广阔的发展环境，同时互联网的复兴也给企业的商业模式提出了更高的挑战。在此背景下，互联网平台型企业顺势而生，国际上以谷歌、eBay、亚马逊、YouTube为代表，国内以百度、阿里巴巴、腾讯为首，翻开了新型互联网企业的篇章。

如今，数字经济时代下，平台型企业在市场经济中的地位与作用日益凸显，平台型商业模式也受到了业界越来越多的肯定。2017年全球公司市值排名前10中只有2家实体经济公司，其余8家都是互联网公司，其中包含苹果、谷歌母公司（Alphabet）、微软、脸书、亚马逊以及我国的阿里巴巴和腾讯7家互联网平台型企业（见表6-3）。对比传统企业，平台型公司的发展速度迅猛。譬如谷歌以每年近乎157%的复合增长率飞快地发展，脸书、推特、团宝网（GroupOn）等公司的年增长率也维持在150%上。传统企业中，可口可乐作为全球最大的饮料公司在2000—2010年的营业额年均增长率只有12.75%，这样的低增长还表现在通用电气、宝洁等其他传统公司上，福特汽车更是以每年4.21%的速度负增长。[①] 由此可见，平台型商业模式具有颠覆传统商业模式的潜能，其推翻了传统的产品价值传递链条，改变了交易主体间的地位与关系，重构了数字经济下的商业规则。平台型企业从逐渐兴起走入大众视野到不断壮大并在社会中占有一席之地，具备较好的发展前景。

---

① 王生金.平台企业商业模式的本质及特殊性[J].中国流通经济，2014（8）：106-111.

表6-3　2017年全球公司市值排名前十位

排名	公司名称	市值（亿美元）
1	苹果（Apple）	8150
2	谷歌母公司（Alphabet）	6370
3	微软（Microsoft）	5580
4	脸书（Facebook）	4850
5	亚马逊（Amazon）	4610
6	伯克希尔·哈撒韦（Berkshire Hathaway）	4380
7	阿里巴巴（Alibaba）	4150
8	腾讯（Tencent）	3940
9	强生（Johnson & Johnson）	3570
10	埃克森美孚（Exxon Mobil）	3230

互联网平台型企业是在互联网技术的助力下发展的产物，主要是指以运营网络平台为主要业务的企业。严格来说，互联网平台型企业分为单边市场型和双边市场型。单边市场模式下，平台对接海量大众用户；而双边市场模式下，平台型企业的用户分为两种，即入驻平台的第三方企业（或个体经营者）与使用平台的大众消费者。平台企业提供基础平台服务，包括搜索引擎、社交网络、视频网站、电子商务等，平台是用户沟通与交易的桥梁，通过收取交易双方或一方的费用获得收益。以阿里巴巴电商平台来说，无论是淘宝网或天猫，都入驻了许多第三方商家，与普通消费者通过电商平台产生交易，完成商品价值传递。

在数字创意产业中，互联网平台型企业是其中重要的组成部分。数字创意产业顺应互联网时代而生，与同样依附于互联网技术的平台型企业在发展思维上不谋而合，很少出现"水土不服"的情况。尤其在数字文化内容产业，互联网平台型企业彰显了其优势所在，不断带来惊喜。国际上，美国视频平台网站 YouTube 的成立开创了专业视频制造之外的另一条路，即大众同时承担视频制造者、视频分享者与视频观看者的三个角色。在文化众筹方面，美国 Kickstarter 众筹平台网站为设计、出版、游戏、艺术、音乐、电影、动漫、手工制作等行业的文化创意企业及其项目进行众筹，截至 2018 年 5 月 1 日，已经有 143166 个项目成功在平台上完成众筹。国内平台型文化企业也走在行业发展的前端，在网络文学方面，被称为"网文第一股"的阅文集团，旗下拥有起点中文网、创世中文网、潇湘书院等一批原创网络文学平台，打造完整的 IP 全产业链。2017 年，阅文集团年营业收入约为 40.95 亿元人民币，同比增长 60.2%，全年实现净利润约为 5.56 亿元人民币，同比增长 1416%，稳坐行业第一的位置。在文化旅游方面，"马蜂窝"搭建了一个集旅游信息、出行服务、自由行交流社群，产品服务交易为一体的网络平台。截至 2015 年 9 月，"马蜂窝"已经突破 1 亿用户，以精准的用户定位与定制化服务打开了消费者市场。

在数字文化创意产业中，这样优秀的案例不胜枚举，企业的成功更多地源于平台型商业模式。在数字经济时代下，随着技术的不断推进，平台型企业将会不断壮大，同时平台型商业模式也会向更加完善的商业模式进化，以适应社会经济大环境的变化。

（二）平台型企业提供更多可能

平台型企业的兴起主要基于互联网技术的普及，越来越多的主体可以参与到市场竞争中，用户对消费方式也提出了新的需求。

平台型企业的商业模式，具有"连接性"。平台型企业将海量用户与第三方内容提供商或服务商聚集起来，双方通过平台连接在一起。平台型企业在产品交易过程中所承担的主要角色就是为双方提供底层互联网技术服务与相应的平台服务。以"饿了么"订餐平台为例，早在2014年，"饿了么"平台加盟的餐厅数量已经突破了18万家，2017年，日均订单量超过900万。正是基于"饿了么"平台，大量的商家与用户得以进行交易。饿了么的创始人张旭豪一直专注于"饿了么"软件平台架构的设计与完善。保证用户与商家都有完美的使用体验，从最初的网站平台基础架构模型设计到网站服务拆分形成最终的服务框架，再到网站的服务治理问题，"饿了么"的程序设计团队从来不曾松懈。"饿了么"在团队的努力下，保持着行业第一的领先地位。2016年，"饿了么"市场占有率达到34.6%。[①] 有关数据显示，2018年，"饿了么"估值约91亿美元，随着"饿了么"不断扩张，相信依然会有提升。

平台型企业在全球迅速扩张，越来越多的大型企业选择平台战略，也有许多中小企业依靠平台不断壮大，这离不开平台型企业"开放性"的特点。从技术方面看，平台型企业会开放后台数据接口，也就是Open API（Application Programming Interface），供第三方开发者使用。例如，淘宝开放平台（Taobao Open Platform）就是以提供淘宝API接口和相关开发环境为主要业务，是淘宝电子商务基础服务的重要开放途径。淘宝开放平台开放1000余个API，把淘宝电商平台基础服务开放给商家、社区论坛等需要的第三方开发者，覆盖了淘宝电商、支付、LBS、数字娱乐、广告、健康等行业。淘宝的开放性策略使淘宝平台与第三方开发者获得了共赢，不但为淘宝电商平台提供了强大的技术支持，也为第三方

---

① 中国人2016年吃掉1700亿元外卖，饿了么领衔三巨头格局[EB/OL].（2017-01-25）[2018-05-06].http://www.sohu.com/a/125150162_115362.

企业的成功助力。另外，平台型企业本身的平台资源是具有开放性的，平台资源与平台用户和第三方企业共享。同样以淘宝电商平台为例，淘宝平台上超过百万商家，囊括8亿种优质商品，入驻的店家无论是品牌旗舰店还是个体户，都可以运用淘宝平台资源进行产品推广，例如微淘功能、淘宝直播等，包括阿里巴巴旗下各领域资源为电商入驻企业提供便利与帮助，例如移动支付类的支付宝、数字服务类的阿里妈妈等。

平台型企业拥有创新的商业模式，具有"平等性"的特点，平台以用户为核心，对传统的价值传递逻辑具有颠覆性，着重表现在用户及消费者地位的改变上。具体来说，传统企业运作思维下，产品的价值传递是经过企业生产、经销商销售到消费者购买来完成。在这个过程中，企业掌握提供产品的主动权，市场上商品定价等信息相对模糊，消费者处于被动接受的地位。平台型企业为海量用户带来了更多可能。由于互联网技术的不断普及，信息传递更加透明化，用户参与互联网平台的门槛也越来越低。随着参与程度的深入，用户对平台黏性不断增高，一部分用户将从普通消费者逐渐转变为平台内容提供者或是服务提供者参与到产品的生产与销售环节，变被动为主动。特别是在数字创意产业中，网络视频、网络游戏、网络文学、网络音乐等领域UGC平台受到大众的热捧。2016年，受到资本行业火热追捧的网络直播平台提供大量的UGC内容。例如，花椒平台拥有成熟的观众转化体系，从普通观众的沉淀到观众组织的社群化再到观众到主播的蜕变，以及主播成长培育，花椒直播平台以观众为核心，不断帮助观众成为平台的内容生产者，发展下属公会，对大众主播进行专业培训，引导大众主播向明星主播过渡，以一个个主播为核心发展线上与线下活动，将UGC内容向PUGC内容推进。花椒直播作为中国主要娱乐内容类直播平台，一直在行业内处于领先地位。根据艾媒咨询发布的《2017—2018中国在线直播行业研究报告》显示，2017年第四季度，花椒直播平台用户增长率达到17.0%，其中，活跃用户占比2.13%，居于行业第一的位置。①

（三）共赢还是竞争

平台经济是社会发展的必然，也是未来经济发展的趋势所在。超级平台企业一方面不断吸纳中小企业推进行业的资源整合；另一方面，大众用户也在平台上不断聚集。那么，平台企业为社会带来的是多方互利共赢的快速发展捷径还是具有"虹吸效应"的行业垄断？在业界也引发了白热化的争论。

平台型企业的成功正是取决于其是否能搭建一个多方共赢的平台环境，尤其是像BAT这种超级平台公司，以构建生态圈的形式为基础平台的建设与发展保驾护航。小米公司用生态链的模式营造了一个全球最大的智能硬件平台，截至2017年6月，基于小米MIOT平台的联网设备总量已突破6000万台。从2013年底开始，小米开始布局智能家居设备，推出生态链计划，并打造生态链品牌"米家"。到2017年为止，小米生态链共投资孵化了77家生态链企业，全年销售额已经突破200亿元。如今米家旗下有许多可圈可点的热门产品，例如小米空气净化器达到市场领先水平、小米吸尘器刚刚发布一天，众筹金额就已经突破2000万元。但早在2011年，小米刚开始尝试打造的一款产品——移动电源却在市场反应平平，究其原因还在于当时没有开始生态链平台的构建，

---

① 艾媒咨询.2017—2018中国在线直播行业研究报告[R].2018-01-25.

没有广泛的用户支撑。在 2013 年之后，小米生态链平台趋于完善，小米手机累计的 1.5 亿成熟活跃的用户群成功转化到生态链平台，小米智能家居产品一炮打响，在市场上享有盛誉。根据小米创始人、董事长兼 CEO 雷军先前的发言，"我们的想法是用小米模式切入 100 个细分领域，带动整个智能硬件的发展，把小米从一个大船变成整个舰队"。[①] 这里的"舰队"其实从宏观意义上来说更趋于建立一个以小米超级平台为核心的大型生态圈，小米的生态链商业模式吸纳了许多中小智能硬件企业，以小米的资源帮助、扶持它们成长并达成双方的共赢。同时，小米平台上的"米粉"也在享受小米手机服务之外，拥有了小米多款智能家居产品的选择。可以说小米生态链平台模式达到了多方共赢，形成一股合力，让小米品牌不断迈向新的台阶。

平台之间的恶性竞争很容易导致超级平台型企业在行业垄断的边缘游走，究其原因，主要在于平台竞争的主要策略一方面是通过定价调节，拉低价格、免费或提供补贴的方式给予第三方内容提供方一些支持；另一方面利用潜在的买方用户群体通过网络外部吸引第三方提供方在平台入驻，从而影响平台企业价格竞争。因此，平台型企业的定价具有非对称性，即对平台的一边参与者低于成本定价，另一边参与者高于成本定价。然而这种对市场的超高定价以及掠夺性定价已被我国反垄断法明确进行了规制。对于平台型企业是否存在行业垄断，业界也有许多争议。以打车平台滴滴出行为例，2013 年，滴滴出行就与快的打车、易到用车等同类型约车平台打

---

① 小米：生态链联网设备超 6000 万 成最大智能硬件平台 [EB/OL].（2017-06-28）[2018-05-10].http://tech.sina.com.cn/t/2017-06-28/doc-ifyhrxtp6283929.shtml.

起了价格战,斥资 8000 万元对司机进行接单奖励,随后的一两年里,滴滴对司机以及乘客都进行了不同程度的补贴。2015 年 2 月,滴滴打车与快的打车宣布两家实现战略合并,合并后占网约车市场份额超过了 95%。2016 年 8 月,滴滴出行收购了优步中国的所有资产,实现了网约车市场两大巨头的合并。不难发现,随着滴滴出行逐渐占领市场,其对司机和乘客的补贴逐渐减少,车价不断抬高,如今滴滴更是增加了动态调价功能,乘客经常遇到加价。滴滴旗下加盟的司机也叫苦不迭,认为滴滴出行的车费分成比例并不透明,滴滴公司抽成明显高于其对外声称的 20%。在这样的背景下,国家反垄断局已经多次约谈滴滴出行,开展反垄断调查,却迟迟未果。其实,同样的情况也发生在其他国家,同为约车平台的优步在海外市场的扩张很早就受到了质疑。美国华盛顿特区经济趋势基金会总裁杰里米·里夫金(Jeremy Rifikin)曾对约车平台进行相关分析,其认为优步的存在是一个悖论,一方面约车平台打着"共享经济"的旗号,而共享经济本质更倾向于扁平化、放权和自由度较高的管理制度。另一方面以约车平台来看,其内部是垂直化的管理体系,将国家相关资源进行分包。每当约车平台进入一个城市,便迅速发展,力图垄断该地区的私家车辆。[1] 面对各方面的质疑,滴滴明确表态公司未实现盈利,也不存在行业垄断。

平台经济模式对社会来说是一项新的尝试,它既是未来互联网企业发展的目标,也包含了许多发展的不确定性与模式的特殊性。在平台型企业不断壮大的过程中,政府更应该鼓励竞争,以市场这双无形的手进行调控。

---

[1] 滴滴被指成了垄断巨头:乘客不满,司机也抱怨 [EB/OL].(2017-08-15)[2018-05-10].http://tech.163.com/17/0815/09/CRSCFSGA00097U7R.html.

二、案例：猪八戒网——建立多方共赢的生态型平台

猪八戒网是我国最早的设计服务类众包平台之一，在其成立的十几年间，猪八戒网在发展历程的每个阶段都对自身商业模式、盈利模式、发展目标等做了许多调整和创新，尤其在平台架构方面，猪八戒网做了许多思考与改进。在"取经"路上，猪八戒网的创始人朱明跃带领着公司团队，闯过"九九八十一难"，不断自我革新，打破行业规则，升级平台模式，将猪八戒网打造成中国服务众包领域的独角兽企业。

（一）猪八戒网的"取经之路"

根据猪八戒网商业模式以及盈利模式的改变，大致分为四个发展阶段，分别为萌芽期、创业期、发展期以及战略升级期（见图6-20）。

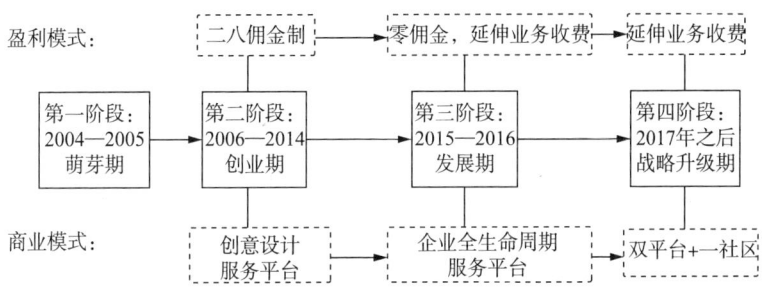

图6-20 猪八戒网发展历程

1. 萌芽期：威客模式的尝试（2004—2005）

2004年，中国新媒体开始萌芽，博客平台受到大众的追捧。朱明跃当时还是传统媒体《重庆日报》的首席记者，凭借多年从

事媒体工作的职业敏感性,他发现了设计类人才与企业供求之间的不平衡性。面对这样的难题,朱明跃决定进行一番尝试。他在网络上悬赏500元发布了一个制作论坛程序的帖子,这个网站就是猪八戒网最初的雏形。

猪八戒网的商业模式被称为"威客模式",是一种由互联网所引发的新型模式,即通过互联网将人的知识、智慧、经验、技能转换成实际收益的模式。其中,"威客"是指能够通过互联网将个人的智慧、知识、能力、经验转换成实际收益的人,"威客"群体可以利用互联网解决科学、技术、工作、生活、学习中的问题,从而使知识、智慧、经验、技能能够反映出经济价值。[①]猪八戒网正是为"威客"群体所搭建的无形的创意产品交易平台,这比传统的实体产品交易平台具有更重要的社会意义。

2. 创业期:交易平台的壮大(2006—2014)

2006年,朱明跃正式辞职,在重庆上清寺一个简陋的平房里创立了猪八戒网,创业团队只有6人。这一阶段,猪八戒网以做简单的创意设计服务平台为主,平台上最多的悬赏任务类型就是为中小企业设计公司的Logo(标识)。如何打开市场,这恰恰是此时猪八戒网面临的最棘手的问题。从2009年开始,猪八戒网启动了"腾云计划",从企业的运营体系到组织架构不断进行改变以适应企业的发展。平台的主营业务也从Logo设计逐步拓展到企业命名、营销推广、软件开发、品牌设计、工业设计等更广泛的创意服务领域。八年中7次"腾云行动"为猪八戒网带了更多用户,

---

① 刘锋,威客(Kitkey)的商业模式分析[D].北京:中国科学院研究生院,2006.

交易规模不断扩大，但始终没有达到预期。

在猪八戒网成立之初的这八年中，盈利模式以佣金抽成为主。具体来说，"二八佣金制"是指猪八戒网平台对交易成功的订单抽取20%的佣金。但这样的盈利方式需要大量的交易订单作为基础，2014年，猪八戒网全年收入约为8000万元，其中80%—90%来自佣金，[①]佣金收入一度占到了猪八戒网整个平台收入的90%。佣金制度是平台模式发展之初普遍使用的盈利模式，它在一定程度上保证了平台方的利益。但是，佣金制度也造成了平台运营的恶性循环，同时也打击了用户的积极性，猪八戒网前7次的"腾云行动"对企业运营方式、业务种类、平台架构等多方面进行了改革，但成果并不明显，没有激发大规模的用户增长。究其根本，猪八戒网始终没有触及盈利模式的改革。

3. 发展期：创业孵化平台的演变（2015—2016）

在猪八戒网不断发展的过程中，渐渐感受到了商业模式带来的瓶颈。于是，为了拓展用户市场，扩大平台规模，在接下来的"腾云"运动中，猪八戒网从根源着手重新布局。一方面，在盈利模式上推行"0佣金"策略，这为平台的买卖双方用户带来了福音，例如直接的收入提升，同时也为猪八戒网带来了更多具有黏性的用户群体。另一方面，猪八戒网改变了原本单一的商业模式，在保留原本设计服务平台业务的同时，不断进行新的业务延伸，提出了建立"一站式"企业生命周期服务平台的目标，探索出"数据海洋＋钻井平台"的新战略，在海量用户数据和作品数据的技术上，推出了八戒服务板块，包括八戒知识产权、八戒财税、八戒金融、八戒软件、八戒云等多个业务平台，为创业企业

---

① 董莉."二师兄"踏进产业互联网深水区[J].特写，2017（453）：12-14.

助力。八戒服务板块是建立在猪八戒网交易平台多年积累的大数据资源基础之上进行的业务延伸，既为公司带来了新的收入来源，又解决了雇主企业在创业过程中遇到的许多困难。

猪八戒网作为一家平台型企业将服务商与企业连接起来，为双方提供各类资源，逐渐从一个创意设计类交易平台转向了创业企业的孵化类平台，实现了平台孵化功能的升级，也为"双创"做出了贡献。

4. 战略升级期：从线上到线下的战略全布局（2017—）

目前，猪八戒网形成了"双平台＋一社区"的服务模式，"双平台"包括原本的猪八戒网，主打多元化业务；以及2017年推出的天蓬网，主要服务于大中型企业，进军中高端市场。"一社区"是指Zwork社区（八戒工场），是猪八戒网运营平台核心组成部分，包含全球范围内的知识工作者。猪八戒网在专注于自身平台建设的同时，不断提升行业整体发展水平，致力于建立起良好的行业生态，2017年推出的"天梯计划"与"天鹰孵化"是更具有针对性的战略，专注于平台孵化，以扶持平台大学生创业者与小微企业服务商为主。猪八戒网搭建起了知识工作者与雇主的双边市场，以实现平台、服务商与雇主企业的多方共赢。

另外，猪八戒网从2016年起，开始进行线下布局，启动"八戒城市"项目，联合地方政府，结合当地优势产业，在全国各城市开启实体孵化空间，成为大众创业的重要助力。到2018年初，八戒城市站点已遍布华西、华东、华中、华北、华南的21个省区，40多个城市。

（二）猪八戒网的成功经验

猪八戒网逐渐成长到如今市值超110亿元的"独角兽"公司

经历了许多风雨。截至2017年底，猪八戒网平台达到了1900万注册用户，线上平台创意人才超过1300万，囊括全球知识工作者与专业机构，孵化了超过10万家机构，实现了100万家机构与个人在猪八戒网就业。猪八戒网充分发挥了平台型企业的优势，达到了平台与服务商、雇主企业的多方共赢，实现了商业价值与社会价值的统一。

1. 平台不只是连接，更是共赢

猪八戒网在发展中深刻认识到，平台型企业仅仅做到"连接"买卖双方是远远不够的，成功的平台型企业往往给予用户活跃在平台的内生动力，不断提高用户黏性。仅仅强调平台的连接性，并由此获得佣金及会员费等抽成费作为企业主要收益是对平台价值的低估。

就猪八戒网的发展历程来说，2014年之前，猪八戒网还处在平台搭建以及吸纳用户的阶段。但无论是对威客模式反复的探索，还是一次次的"腾云行动"，都是为了突破单纯的连接属性，为用户提供超越连接的价值。直到提出"一站式企业全生命周期"的战略目标，猪八戒网正式进入了平台模式的2.0阶段，达成了服务商、雇主企业以及猪八戒网的多方共赢。

具体来说，猪八戒网平台升级主要体现在盈利模式的改变上。猪八戒网创始人朱明跃曾说过"看上去很美的佣金其实是'有毒'的"。因此，2015年前后，猪八戒网基本实现了基础设计服务交易免费、不收佣金，不断开辟增值业务拓宽收费渠道的创新式平台模式，使猪八戒网在市场上拥有强大的竞争力。盈利模式的改变让猪八戒网进入了企业发展的良性循环圈，在自身成长的同时，为平台上的服务提供商以及雇主企业提供更多的资源。对于雇主企业来说，从企业创立之初的商标注册、工商注册、记账报税等烦琐的手续到企业的品牌策划、市场营销以及推广等都能在猪八戒网平台寻找到专业人才的帮助，获得所需的服务。这对处于创业期的中小微企业来说尤为重要，猪八戒网不仅为创业企业节约了成本，也为创业企业提供了更多选择，在空间和时间的限制上提供更多便利。对于猪八戒网的服务提供商来说，他们其中大部分是兼职的"威客"，能力水平程度不一，对于网站黏度不高。随着他们在猪八戒网上不断地进行打磨，许多用户逐渐从创意设计的个体户开始转变为更为成熟的创意服务提供商，随着网站上排名的提升，收入水平不断提高，许多人将猪八戒网开店作为全职工作。在猪八戒网创办的十多年间已实现了10万人全职依靠创意分享来生活。可以说，猪八戒网在发展平台的同时为买卖双方提供了成长的土壤，孵化了许多创业企业，真正达到了平台型企业所追求的多方共赢的目标。

2. 猪八戒网"双统一"的价值观

猪八戒网在创业之初就定下了为创业者服务的公司使命，将社会价值与商业价值的和谐统一作为公司的价值定位。猪八戒网的创始人朱明跃曾表示，对于猪八戒网而言，满足商业逻辑实现商业目标是基础，但是如果一个平台只是实现商业目标赚取利润没有为社会做出任何贡献，则只是一个生意人干的事；反过来说，如果只有社会价值而不追求商业价值，则是政府为人民群众服务。因此，好的平台创造者不只是一个生意人。猪八戒网作为一个提供创意设计服务的平台在供求双边交易的过程中进行规模化运营，通过构建中小微企业创业生态，实现其社会价值。

猪八戒网作为分享创意的平台型企业，为分享经济助力，在引领创新，扩大就业方面做出了重要的贡献。根据中国互联网协会分享经济工作委员会发布的《中国分享经济发展报告（2017）》显示，2016年我国在分享经济市场中的交易额约为34520亿元人民币，比上年增长103%，共有6亿人参与。据估计，到2020年，分享经济的提供服务者的人数预计将超过1亿人。其中，约有2000万人是全职参与人员。未来10年，预计我国分享经济领域将出现5—10家巨型平台型企业。猪八戒网是文化创意与分享经济的有机结合，为我国创意经济添砖加瓦。目前，猪八戒网注册用户超过了1900万，并保持每年数百万的规模递增，每日发布订单量达到20000多项，总金额高达数千万元。猪八戒网不但带动了创意人才的就业，同时孵化了众多创业公司，实现了人才资源与企业需求的有效对接，其作用是传统的实体孵化器所难以企及的。

猪八戒网具有极为广阔的未来发展前景。一方面，猪八戒网将继续利用平台孵化功能，推动实现年收入过亿元的企业10家、年收入超过5000万元的企业100家，年收入1000万元以上的企业1000家，年收入过500万元的企业10000家，年收入超过100万元的企业30000家，以及年收入过50万元的企业10万家，为双创助力，推动行业生态的发展。另一方面，猪八戒网将深度挖掘平台上的数据，并向社会开放。成立八戒研究院，推出"八戒指数"对中小微企业进行研究，为未来政策的制定提供客观而准确的依据。猪八戒网将牢牢把握数据经济时代的机遇，让平台企业发挥出更多能力，不断超越目标、超越自我。但是随着同类型产品的出现，以及跨界创新带来的行业压力，猪八戒网未来的发展，依旧是机遇和挑战并存。

第七章　数字创意产业面临的挑战

这是最好的时代,这是最坏的时代。

——狄更斯

第一节　互联网文化治理与立法

根据国家版权局网络版权产业研究基地发布的《中国网络版权产业发展报告（2018）》显示，2017年我国网络版权产业规模达到6365亿元，同比增长27.2%。然而，数字文化产业在获得飞速发展的同时，延伸至游戏、综艺、音乐等多个领域的侵权现象也越演越烈。人工智能、云计算、大数据等新技术的广泛渗透为用户安全、网络版权保护工作带来了前所未有的挑战。互联网自制内容的不确定性、网络暴力、低俗等问题屡禁不止。网络政府应如何增强监督管理水平、行业应如何提升自律能力、用户应如何提高维权意识都是值得深入思索的新命题。

一、我国互联网版权问题

（一）网络内容版权问题

内容版权问题是文化产业发展的共性问题，但各类业态由于发展阶段和法制环境不同，在版权问题方面的特点有所不同。

音乐领域是网络侵权的高发地。相较于其他领域，网络音乐的侵权成本更低、隐蔽性更强、危害性更大。音乐曲风、曲调和歌词等的抄袭现象如何界定有待规范，目前抄袭也呈现出日益严重的发展态势。某网络音乐人制作了一个长达12分钟的视频来细数15首涉嫌抄袭的著名歌曲，其中不乏标榜"创作型歌手""音乐天才"的著名音乐人，而抄袭的作品除了国外小众音乐外，甚至还包括著名电影配乐、知名游戏插曲等。此外，非版权平台方的盗播问题仍然存在。

综艺、影视领域、网络文学一直是抄袭现象的重灾区。2018年国际IP保护协会FRAPA点名批评中国某网络综艺节目抄袭韩国综艺节目。该协会通过综合测算，该中国节目与原版节目相似度达88%。版权购买、借鉴和抄袭之间的区别究竟是什么，节目生产捷径使国内网络综艺创新能力产生了严重"惰性"。文学界的抄袭现象由来已久，而网络文学又因其便利的传播和资料的获取，角色、故事情节、冲突等的"拿来主义"已司空见惯。

侵权易、维权难是游戏领域侵权肆虐的重要原因之一。诉讼时间长、举证难度大、法院认定赔偿金额不高等原因导致侵权方收益远高于成本。2018年4月2日，《绝地求生》的开发商蓝洞公司向美国加州地方法院起诉中国网易公司的《荒野行动》和《终结者2》侵犯其版权。

（二）互联网版权的突破难点

1. 数字技术致使侵权主体难界定

目前网络版权侵权模式日益呈现出复杂化、多样化的态势，由最初的服务器存储模式，过渡到P2P（Peer-to-Peer，即对等网络）下载分享、客户端下载模式，再发展到以盗链、云盘、移动聚合、OTT聚合为主要表现形式的下载模式。随着网络版权侵权参与主体的增多，侵权行为越加分散，例如2017年多个提供网盘服务的应用程序下架，因为多数用户保存至网盘的资料等存在侵权传播问题。特别是在网盘服务使用门槛低，实名制较难推行，且网盘服务模式本身所具有的去中心化特征的前提下。另外，P2P、快速建站、云计算等技术的发展在客观上降低了网络版权侵权的专业门槛与资金投入，在一定程度上促使侵权行为主体规模不断扩大。网络版权制度如何有效应对日益分散化、业余化的侵权行为是体现我国知识产权制度智慧的关键所在。

2. 法律疏漏，滞后现实情况

目前涉及网络版权的法律依据包括《中华人民共和国著作权法》《信息网络传播权保护条例》《最高人民法院关于审理著作权民事纠纷案件适用法律若干问题的解释》《最高人民法院关于审理侵害信息网络传播权民事纠纷案件适用法律若干问题的规定》《最高人民法院关于审理涉及计算机网络纠纷案件适用法律若干问题的解释》等，但是仍然存在疏漏。

例如，侵权者的主观过错难以认定，归责原则尚不完善。法律及相关司法解释对网络终端用户的侵权行为应适用何种归责原则并未作出明文规定。因大规模网民使用造成的侵权主体的规模化导致发现侵权事实的著作权人很难证明侵权行为的存在及侵权行为人的过错。此外，现有法律尚未对新出现的事物做出动态回应。科技发展带来新挑战——人工智能创作版权问题就是尚未有明确法律规定的新问题。由腾讯财经开发的一款自动化写稿机器人梦幻写手（Dreamwriter）能够进行实时生成报道，实现个性化分发。在博鳌亚洲论坛 2018 年年会上，梦幻写手就曾参与会议报道工作，并将会场的实时讨论画面及时整理成稿件予以传播。但问题在于这种机器人撰写的稿件所有权归谁？是程序设计者？还是信息提供者？在传播过程中，到底该如何认定侵权等问题都是网络版权行业未来可能面临的挑战。

3. 违法成本低，维权成本高

目前网络侵权的违法成本还太低，非法资源通过网络传播产生裂变效应，能够在短时间内迅速收获大量经济收益。例如，某网站未经授权方许可，在其网站提供包括腾讯影业、美国环球影业、博纳影业享有版权的多部影视作品的在线播放和下载服务，据统计，该侵权网站涉嫌非法发行影视作品 34835 部，从中获得非法广告营业额高达 800 万元。然而处罚金额远远低于非法营业收入额，由于处罚力度太轻，侵权主体即使被关停不久后又会马上重新开张，侵权危害并不能得到彻底根除。一方面是对违法行为处罚金额不高；另一方面是权利主体维权成本过高。目前我国版权管理行政体制尚未理顺，版权侵权的救济资源主要还是通过法院途径来解决，但是举证难、费用多、审理耗时，其财力和时间成本是很多人难以承受的。

二、互联网治理的主体参与

2005 年 11 月，信息社会世界峰会（World Summit on the Information

Society，WSIS）第二阶段会议在突尼斯举行，大会报告对"互联网治理"做出了官方的定义。随后这一定义被联合国互联网治理工作组（Working Group on Internet Governance，WGIG）所使用。WGIG报告的第Ⅱ部分对互联网治理（Internet Governance）做出如下定义："政府、私有部门、公民社会通过制定程序和规划来塑造互联网的演进和使用；互联网治理是指在此过程中，他们共同认可的原则、规范、规则以及决议的发展和应用。"互联网的发展关注个体发展，及其与社会、文化和经济的关系。科尔曼认为，"社会资本是生产性的，是否拥有，决定了人们是否可能实行既定的目标"。[1] 社会资本存在于一定的社会结构中，存在于人与人之间、群体和群体之间，可以通过有目的的行动来获得。群体网络、规则、互惠、秩序、社会参与、团体凝聚力等维度相互融合、渗透、作用，构成社会资本的统一体。各方在合作过程中产生一些认同的规则、非正式协调机制，彼此互动创造出新的观念、事物产品、服务与制度，进而带动经济的成长。这一观点同样适用于数字创意产业的发展。互联网治理主要分为三种类型，一是围绕互联网技术层面，包括互联网的基础设施、行业标准、技术认定等；二是围绕互联网的用户，包括互联网用户安全、隐私和数据保护、网络色情等问题；三是更广阔范围的互联网命题，例如言论自由、版权保护、数字鸿沟等。

政府主要负责制定制度与政策环境，用以保障数字创意产业在开发、运作和参与等方面的机制。事实上，这些不一定都由政

---

[1] 汪居扬.文化创意产业的发展：基于社会资本的视角[J].商场现代化，2009（19）：124-126.

府来完成,例如通过建立非官方的社会组织,来执行具体工作,指导相关工作。

具体而言,政府在互联网秩序的建设上,主要有以下几方面的参与。

(1)互联网环境方面。进行相关的准入、退出和奖惩机制。

(2)产业主体参与方面。如何解决产业从业者、政府和社会组织的参与机制,保障主体利益的有效表达,以实现产业更新的良性运转;如何通过政策驱动社会力量的参与。

(3)文化生产方面。如何通过政策鼓励和优惠扶持吸引数字创意人才、留住人才。

(4)公共性方面。如何确保和鼓励建设具有公共功能属性的服务平台网络,发挥其文化共享的价值。

社会组织,如非营利组织(Non-Profit Organization,NPO)、非政府组织(Non-Governmental Organization,NGO)等,是解决社会网络的"结构洞"[①]问题的关键。美国霍普金斯大学非营利组织研究中心主任莱斯特·萨拉蒙(Lester Salamon)教授认为非营利组织的学术标准为:正式化、私人化(独立于政府)、非利润分配、自主管理和志愿服务。社会组织独立于政府之外,作为生产群体网络的节点,可以关联创意阶层和政府间的弱关系,搭建生产群体间的沟通桥梁。社会组织成为影响文化产业的一种重要力量。美国的非营利艺术产业在每年的经济活动中创造产值1340亿

---

① 结构洞概念来自社会学家罗纳德·博特(Ronald Burt)《结构洞:竞争的社会结构》一书,是指社会网络中的空隙,即社会网络中某个或某些个体和有些个体发生直接联系,但与其他个体不发生直接联系,即无直接关系或关系间断。

美元。2005年，根据对91个美国非营利艺术组织的调查显示，艺术志愿者的服务共计带来220万美元的产值。非营利组织对社会方方面面的巨大影响是难以计算的，非营利艺术机构对发展文化艺术、普及艺术教育、提高生活质量、带动经济发展等方面贡献卓越。[①]

"人"作为数字经济活动的参与者，承担多重角色，其生产、生活和消费行为深刻影响着数字创意产业的发展。创意群体是由艺术家、设计师、数字人才等个体、企业或机构组成的创意群体产生的。可以开展相关的专业培训，为了保障良性运营，需要结合创意群体的意愿和专业建议，巩固和完善相关的成员协会和参与机制，通过集体的发声，与平台方甚至是政府进行沟通。

三、互联网文化治理的保障

（一）法制契约下互联网文化生态圈的构建

数字创意产业的发展构成了相关利益者参与和影响产业的主体网络。受利益诉求变化的影响，主体角色在演进过程中不断变化，参与规划—建设—经营—生产—消费等多个环节，并促成利益共同体。站在复合角色的视角来看待更新中的主体参与，需要我们将多种利益进行合理有效的结合。强调社会参与，是旨在形成政府、企业、社会组织和个人在内的多元主体网络的参与机制，激发多利益主体的参与热情，以创新的理念和审美思维来促进生活环境的改善和空间的改造。

---

① 刘义菡. 美国非营利艺术机构运营模式[J]. 中国拍卖, 2016 (4)：35.

（二）我国互联网文化治理的实施路径

目前我国侵权现象频发的原因在于企业违法成本低，侵权代价小，致使众多不法分子怀有侥幸心理。为此，建议建立网络版权的侵权曝光公示制度，一旦侵权就将违法企业公示在国家知识产权局等主要部门的官方网站上，并将这些违法企业永久拉入黑名单。此外，可以考虑借鉴银行金融业的做法，依据企业侵权程度设立与银行贷款挂钩的信用等级体系，对信用等级较低的企业减少或彻底不给予贷款，以此来严格规范、约束企业的不正当行为。

充分发挥行业组织和中介机构的作用，形成有利于传播的高效、低成本授权机制。行业组织应发挥两项主要功能：首先要促进网络版权行业间的沟通交流，就网络版权交易中存在的问题深入交换意见，共同探索网络版权保护的新模式，从而改变目前网络版权工作各行其是、单打独斗的现状，提升知识产权创造能力；其次要加强行业监管，逐步形成网络版权自我管理、自我约束机制，可以对会员采取每年一次例行检查和日常抽查两种监管方式，通过监管来提升会员维权意识，规范、约束会员的不正当行为，逐步建立起网络版权行业相关专利数据库和网络版权管理系统，营造健康有序的网络版权新生态。

运用技术手段解决技术问题是新时代背景下网络版权保护的新方向。在2018中国网络版权保护大会上，IDG资本全球董事长熊晓鸽抛出版权保护最好用的"武器"就是区块链技术的论断。以电影产业为例，由于区块链技术具有去中心化、实体可信等特点，能够提供一个强有力的电子信息存在证明，可广泛应用于电影等内容创作及管理场景。同时，电影权属认定的更高价值在于授权交易，而区块链可以打通一条上下游可见的交易链，增加实体信息可信度，让数据能够在电影交易市场的链条上有序流转。

此外，区块链技术还可与人工智能进一步结合运用。当版权核心信息存储于区块链上时，可通过人工智能检索出有关侵权文件或侵权行为，并与区块链上信息进行比对。一旦比对成功，则可以自动进入维权阶段。区块链的应用有望将整个版权业务流程推入高自动化、高智能化阶段，所有信息业务都可以在区块链上完成，大大降低信息流转成本。未来，成熟的区块链技术有望在降低版权确权难度、简化版权交易流程以及高效维权方面发挥更大作用。

第二节　数字经济的三大难题

当下，各国致力于发展数字经济，但从数字基础设施建设到数据共享、公众信任和公平竞争等方面，数字经济的发展仍面临着诸多问题和挑战。

一、数字鸿沟问题依然严重

"数字鸿沟"是伴随互联网和新媒体技术产生的一种数字差距，又称为信息鸿沟或知识鸿沟，是指存在于不同国家、地区、群体之间在数字信息的供给、获取和应用能力方面的差距。

随着互联网和科学技术的飞速发展，数字经济为每天的生活带来新的变化。我们能够更加高效、便捷地参与到在线教育、培训、购物、娱乐和交往中，促进社会资源更加公平合理配置的同时，也为人民带来了众多福祉。

肯尼亚城市务工人员在使用数字支付系统 M-Pesa 后，汇款成本降低了 90%。印度有超 10 亿人在使用 Aadhar 数字身份系统后受益，在为贫困人口提供更便捷的服务的同时，减少了腐败和浪费，Aadhar 数字身份系统帮助政府每年节省数十亿美元。在中国，800 多万淘宝电商中，小规模店主占比达到了 62%，女性店主占 1/3，更为残疾人搭建了实现就业的平台，残疾人士占 1%。[①] 毋庸置疑，数字技术在促进经济更快增长、扩大就业、改善服务方面取得了丰硕的成果，我们称为数字红利。但是，数字革命的果实还没有播撒在世界各处，仍有众多人口没有分享到数字红利的益处，原因几何呢？其一就是依然凸显的数字鸿沟问题。

（一）全球范围的数字鸿沟问题

当前，全球范围内出现"数字鸿沟"问题，主要是由于信息技术的基础设施与发展水平差距巨大，发展中国家对于信息的认知和应用能力严重落后。全球仍有 40 亿人没有接入网络，且大部分位于发展中国家。在世界经济论坛上，虽然提出了建立"全民享有的互联网"的相关建议，但在世界范围内，短期内无法使这一问题得到根本解决。在基础设施方面，芬兰的电脑主机数量比整个拉美和加勒比地区的总量多出数倍。在技术发展水平方面，

---

① 新京报.投资建设基础设施缩小"数字鸿沟"[EB/OL].（2013-09-28）[2015-10-11].http://baijiahao.baidu.com/s?id=1585891477455571668&wfr=spider&for=pc.

美国等发达国家的强势地位更是无可撼动。美国的中央处理器（CPU）和系统软件的产量在世界范围内的占比分别达到了92%和86%；微软公司的Windows系统全球应用量更是达到了95%。发达资本主义国家凭借其经济实力与技术优势，主导着世界数字经济的"话语体系"，技术与产业壁垒被进一步拉大，南北的"数字鸿沟"问题加剧。

前不久，中兴通讯因美政府"禁售令"致使主要经营业务无法正常进行就是全球范围内数字鸿沟问题在核心技术层面的一个鲜明案例。据路透社预计，美国供应商为中兴提供约25%—30%的零部件，包括手机芯片、基带芯片、光学元件等最为核心的零部件，这些都依赖从美国高通、博通、英特尔等科技巨头公司买入。下令封杀后，中兴主营业务立即停摆，几周时间损失更是达到了二十几亿美元。最终，在两国政府的积极沟通与协商下，事件出现转机，但本事件带给中兴的教训是惨痛的，带给中国企业的震动更是巨大的。核心产品、关键技术受制于人，是摆在中国企业面前的巨大挑战。我们必须要清醒，在某些领域，尤其是核心技术方面，我们仍存在很大的差距，数字鸿沟问题仍在。核心技术是国之重器，掌握核心技术就是掌握竞争力与主动权，这一点，我们必须警钟长鸣！

数字鸿沟除了基础设施接入方面的差距，也包括数字素养方面的鸿沟，当前世界各国也普遍存在数字技能不足的问题。比如，2014年欧盟的统计数据显示，缺乏足够"数字能力"的欧盟人口占比达到了47%，数字能力、数字素养的的薄弱已经成为摆在欧洲发展数字经济面前的最大障碍。而在我国，"数字素养"的鸿沟问题同样体现在东部与西部、城镇与乡村以及不同年龄群体之间，在数字信息获取及应用方面存在较大差距。

发展数字经济，人才是一个重要的抓手，拥有专业数字技能的人才的需求正在急剧增长，这从近来各城市掀起的"抢人大战"中可以窥见一二。然而当前，我国的人才结构与发展数字经济的要求不匹配，具有"数字素养"的人才也十分紧缺，中国数字经济发展正在面临来自人才短缺的巨大挑战。

波士顿咨询公司近日发布了《数字经济下就业与人才研究报告》，预计到2035年，中国整体数字经济规模将接近16万亿美元，将达到4.15亿的总就业容量。如果不实施有效的人才战略，将来很有可能出现一个巨大的人才缺口，不只是在数量上，还体现在技能层面的缺口，特别是前沿新兴领域如人工智能、大数据分析等。领英中国智库的另一项研究表明，美国的人工智能领域从业者达85万人以上，印度15万人，英国14万人，而中国在这一领域的研究与从业人员数量只有5万多人。无疑，这暴露出当前我国对于数字人才的储备现状和需求强度的认识存在严重不足，也在一定程度上揭露了我国在数字人才战略布局方面的滞后性。中国要想在全球数字经济发展中建立竞争优势，必须培养出与新阶段相匹配的、具备高"数字素养"的人才。为此，我国要抓紧制定数字人才战略、完善当前数字人才培养机制，夯实产业发展基础、培育创新环境，以期培养出更多具备数字技术与行业经验的跨界人才及专业化人才，扩充数字人才储备，使我国在数字经济发展的浪潮中赢得先机。

信息、技术、资源的不平等造成了数字鸿沟，又反向地催生了全球范围内经济、政治、文化和社会等方面新的不平等。经济方面，在信息经济高速发展的今天，信息资源被认为与"石油资源"一样宝贵，具有增值的特性。信息资源分配、信息经济发展不均，进一步扩大存在数字鸿沟的两者之间的贫富差距，增大两极分化，引发全球范围内经济发展的失衡。政治上，数字鸿沟将会直接影响人们的网络政治参与度，也会间接影响政治相关知识的获取和政治素养的提升。在文化方面，数字鸿沟将会影响教育发展，加剧教育不公平现象，发展中国家的人民所享受到的数字文化产品和服务也与发达国家相去甚远。在社会层面，互联网和新媒体将促使人们产生新的思维和行为方式，数字鸿沟带来的思维和行为等生活方式的差异也造成了某种意义上的社会不平等。

现今，我们需要保持对数字鸿沟的持续关注，对它带来的一系列社会差异保持警醒，并最大限度地避除这些差异给社会发展带来的阻碍。如何减小数字鸿沟是一个值得我们深入思考的命题。缩小"数字鸿沟"，发展中国家首先要提升整体经济实力，而不能单靠信息化建设，在贫困问题没有解决之前，"数字革命"只能是空谈。此外，全球数字鸿沟问题的解决需要各国的参与和共同管理。当前，由少数几个信息大国或国家集团制定信息领域的游戏规则，这是十分不正常的，有悖于国际民主化进程，也与互联网"平等共享"的理念背道而驰。要将缩小和消除数字鸿沟纳入至国际政治经济新秩序构建的时代视野中。

（二）我国城乡的数字鸿沟问题

改革开放 40 年来，我国的信息产业得到了迅速的发展，网民规模不断扩大，但是在较快发展的同时，国内的"数字鸿沟"的问题不应被忽略，城乡数字鸿沟问题仍然相当严重。城乡数字鸿沟是指城乡居民在信息拥有和使用方面的差距。数据显示，截至2017年12月，我国农村网民规模为2.09亿，城镇网民规模为5.63亿，占比分别为27%和73%。在互联网普及率方面，城镇地区的普及率（71%）仍然远超农村地区的普及率（35.4%）。[①]城乡之间在网民数量及互联网普及率两大主要指标上仍存在较大差距。同时，这样的差距还体现在网络产品与服务的掌握应用方面。城乡网民在观看视频、网络音乐等基础类应用使用差异率不明显，但在网络购物、网上支付、互联网理财等商务金融方面及网约车、共享单车等智能出行方面的参与度明显低于城镇地区，城镇地区的上述各种应用使用率均超过农村地区20个百分点以上。

在造成我国当前的数字鸿沟问题的诸多因素中，地区经济发展水平是首要因素，经济能力的高低直接影响了互联网基础设施的建设和健全。除了地区经济发展水平及信息基础设施建设能力不一外，软性的教育水平即对信息的认知应用能力，也会导致人们对信息技术、网络和市场等采取不同的态度和行为。上述原因造成了城乡之间的数字鸿沟，甚至造成了代际相传的"数字贫困"。近年来，国家及企业为进一步消弭城乡数字鸿沟，在推进电信及互联网普遍服务方面不断发力，让更多的村民与时代接轨，造福于民。

为推进"宽带中国"的建设，国家发改委发布了《关于组织实施2018年新一代信息基础设施建设工程的通知》，相关企业积极响应。中国移动、中国联通、中国电信和铁塔公司在实施"宽

---

① 搜狐财经.我国网民规模达7.72亿！全年共计新增网民4074万人[EB/OL].（2018-01-31）[2018-06-06].http://www.sohu.com/a/220113079_114960.

带中国"战略5年来，累计投资额已达8889亿元人民币。[①] 以中国电信为例，过去五年，累计投资近5000亿元，采用有线宽带、移动、卫星通信等多种手段，加快覆盖农村及边远地区的通信，消除城乡数字鸿沟。截至目前，中国电信固定宽带已覆盖全国95%的行政村，4G网络覆盖比达到87%。尽管获得了一定成绩，但"宽带中国"的建设尚未成功。我们仍需直视中国宽带区域发展不均，城市和农村地区、东西部地区宽带发展"左右失衡"的现象。

今后，我国还需加大基础设施的投入力度，营造更为有利的政策环境，统筹部署，进一步加快农村地区新一代信息基础设施的建设，深入推进互联网+，使互联网与城乡经济各领域实现深度融合，逐步消弭数字鸿沟，促进农村和中西部地区实现跨越式发展，让发展更加平衡充分，让生活更加美好幸福。

二、数字安全面临严峻考验

数字时代，数据对于个人、企业、国家等不同层面而言，具有不同的意义。数据被赋予新的价值。对个人来说，数据涉及隐私，在新时代也被赋予了资产属性；对企业来讲，数据演变为一种新的生产资料，成为生产力的重要组成部分；对国家而言，数据则与社会发展、国家安全休戚相关。所以不管从哪个角度出发，保证和维护数字安全都是重中之重。

---

① 搜狐财经.发改委加快推进"宽带中国"战略 缩小城乡数字鸿沟是着力点[EB/OL].（2017-12-08）[2018-06-06].http://www.sohu.com/a/209238673_115124.

（一）个人隐私的泄露

百度总裁李彦宏说，在中国，大家对于隐私不怎么在意，用隐私换方便可以接受。近期，在有"互联网女皇"之称的玛丽·米克尔（Mary Meeker）发布的《2018互联网趋势报告》中，也印证了这一点。数据显示，参与调查的中国用户中，愿意为了利益而分享个人数据的比例达到了38%，位列被统计国家榜首。

在现实生活中，数据安全意识的薄弱使个人信息于无意之间被盗取和挪用，个人信息泄露事件频发。生活中扫码免费领取奖品的场景越来越常见，当我们还沉浸在免费领取到"礼品"的喜悦中时，殊不知，这正是以牺牲自己的"隐私数据"换取的。小区里频现的"免费体检"也是一样，打着"健康保健"的名头，只需把自己的信息输入至指定APP上，再经电子秤上一站，便可获得一份个人身体基础体检报告，包括体重、身高、体脂率等内容，殊不知，无形之中自己的数据已被"套牢"。此外，随着移动终端的普及，如果我们在网站注册、网络导航、软件使用等方面稍不留意，同样处于个人数据信息被直接或间接"窃取"的风险中。

目前，手机或其他终端中的APP应用成为个人信息和敏感数据流失的主渠道之一。大量APP应用由于监管不善、权责不清，在用户知情或全然不知的情况下，采集、滥用甚至打包出售用户的大量个人数据，造成用户个人的隐私权益遭受巨大侵害，互联网生态遭受严重破坏。截至2017年12月，中国网民人数已经超过7.72亿，其中手机网民占比达97.5%，[1] 手机几乎成为人手必备

---

[1] 中国互联网络信息中心.第41次中国互联网络发展状况统计报告[EB/OL].（2018-01-31）[2018-05-03].http://www.cac.gov.cn/2018/01/31/c_1122347026.htm.

的电子产品之一,然而我们使用手机内各类 APP 进行社交、购物、学习、工作等过程,我们的一切操作行为、包含大量个人隐私的信息都被平台和终端记录着。以我国领先全球的移动支付为例,无论是支付宝还是微信支付,都需要绑定用户的身份证、银行卡等重要信息,一旦手机遭受攻击,这些隐私数据就极有可能被窃取和挪作他用,进而产生严重的后果与损失。

除了手机等智能设备能够泄露隐私外,生活中一些意想不到的场景和领域也在时刻上演着记录和盗用用户数据的"戏码"。比如,随着汽车接入移动互联网,汽车也俨然演变为另一部"手机"。通过 GPS 技术及车载应用,汽车会记录你的一切行踪,进而获知你的所有。包括你最常去的餐厅、兜风的首选之地、自驾游路线、喜欢的歌手、开车时最爱给谁打电话、何时改装了引擎……相较于社交网络上的虚拟身份,更加真实地记录着你的一切。万物互联时代,互联网与技术在给工作及家庭带来众多便捷的同时,数据正在以你想不到的方式在任何时间、任何地点被记录和运用,我们要在这个互联网大数据时代保护好自己、更要保护好涉及自己隐私的数据。

我们现在的生活和工作已经完全离不开网络,网络的触角已经延伸至生活的每一个领域。与此同时,网络安全问题也越发严峻,无论是政府、企业还是个人,都会受到数据泄露乃至网络攻击的侵害。一项研究预估,每年因网络犯罪、攻击而造成的经济损失在全球范围内达 4000 亿美元。国内的网络安全态势同样令人担忧。虽然目前我国在网络安全防护和网络安全事件应急响应水平上取得较大提升与进步,但盗取用户个人信息进行敲诈勒索,攻击网络平台的问题仍时有发生,并保持高速的增长趋势。网络攻击不但使政府的正常运行遭受挑战,更让企业及个人蒙受了巨大的经济损失。

不仅局限于经济利益方面,互联网空间内,涉及个人的重要信息一旦被恶意挖掘、传播,即个人信息被"人肉"之后,网络暴力也会给当事人带来极大的精神压力和痛苦。近期,又发生了一起"网络暴力"引起的悲剧。家住海口市的邓某一家人曾于2018年5月底试图自杀,所幸及时被当地警方救下。然而,邓某的遗书曝光后,却引发了众多网友的过度关注,有很多网友在当事人微博下面留言,有网友质疑她自杀的动机,甚至有网友人肉搜索出她的家人,进行冷嘲热讽,甚至恶意谩骂……

最终致使原本在民警的劝说下打算回京开始好好生活的三口之家因为压力太大,而再次选择自杀,"三口之家,两死一伤"的悲剧就这样在网友的"冷嘲热讽"之下上演了。互联网空间一定不能成为社会暴力的延伸之所。显然,触手可及的互联网空间及高效便捷的技术应用不应成为个人数据流失的漏洞,更不能成为给个人带来财产及精神损失的出口,面对如此复杂的形势,网络空间管理需要勇于直面挑战。

(二)个人行为被预测

这是数据时代,数据在今天的价值是以往任何一个时代无法比拟的。用户在线上一切行为都被"监控"和"记录",利用强大的数据分析手段,完全可以对人们在互联网上留下的"印记"进行整合开发,对个体的特点及潜在需求进行初步预判,对个人的行为作出预测,将数据价值最大化的典型应用便是精准营销。大数据对用户进行了准确的描绘,包括用户的消费习惯、年龄、收入等都进行了精准刻画,商家通过精准的用户画像,深度洞察用户，挖掘用户的潜在需求，力求在合适的时间、地点，以合适的价格和营销渠道"投其所好"，提升企业绩效。

美国最大的连锁超市之一塔吉特（Target）的做法是给每个顾客分配一个用户账号，通过实时记录顾客在 Target 官网上浏览的每一个页面、每一件产品的时长，每一次的实际购买行为等信息，来预测顾客将来的购物行为和需求，及时准确地发邮件给特定顾客，营销相关产品。比如通过大量分析，在判断一个女性顾客怀孕后，门店甚至会根据数据分析顾客的怀孕周期，为顾客及时推送不同的产品。就像当你需要购买维生素补给时，正好收到了一封来自 Target 维生素产品的促销广告，这自然也带来了 Target 母婴产品销量的猛增，这就是大数据的威力。通过有效挖掘数据，Target 做到在事情显现之前就预测到它的发生，真正发挥了数据的最大价值，促进企业营业收入。

除了塔吉特，互联网巨头亚马逊也利用自身的大数据优势，在其线下实体店内进行图书的精准营销。在亚马逊书店中，书店中的书以双开大门方向为轴，两侧书架基本对称分布。每本书的封面都朝向读者，并且在书下方附上黑色卡片，其中摘录着亚马逊网站购书者的评价、总评分及条形码。除此之外，亚马逊书店里还有一个非常有意思的设置，那就是"If You Like"（"你可能会喜欢"）的区域，亚马逊会根据大数据推测出喜欢左边这本书的人，很有可能也会喜欢右边这本主题类似的书，也就是把线上的兴趣推荐搬到了线下，这种兴趣推荐模式能够进一步激发用户的购买欲望。

今天的大数据、云平台等科技同样也在为国内企业创造巨大价值，为战略调整提供重要参考。不知不觉间，不知你是否发现，当你某次在淘宝搜索一件商品时，即使你当时并未购买，但当你下次再打开淘宝时,你会惊喜地发现上次未购买的商品出现在淘宝首页,且优惠力度颇大,极具购买吸引力,甚至相关产品的信息也会被推送。这就是大数据的威力,它能够最大限度地"记录"和"分析"你的喜好需求,以极低的成本进行运算分析,帮助企业和平台实现精准营销和精细化运营,大幅提升企业的效益。

中国最大的电子商务公司阿里巴巴就已经在利用所掌握的大量用户消费数据和企业交易数据,结合大数据分析手段,推出了阿里信用贷款与淘宝数据魔方两款服务。

每天有数以万计的交易在淘宝上进行。与此同时,相应的交易时间、商品价格、购买数量也同时被记录,更重要的是,这些信息可与买方和卖方的年龄、性别、地址甚至兴趣爱好等个人特征信息相匹配。淘宝数据魔方就是基于对这些数据的分析和判断,供商家了解淘宝平台上的本行业的宏观情况、自己品牌的市场状况、消费者行为情况等,并可以据此进行生产、库存决策。与此同时,商家也能够基于数据,拉近与潜在消费者的距离,精准营销,使消费者更有可能以更优惠的价格买到更心仪的宝贝,为双方创造价值。

在淘宝上进行交易和消费,不可避免地会产生海量的数据。而阿里信用贷款则是阿里巴巴通过掌握的企业交易数据,借助大数据技术自动分析判定是否给予企业贷款,全程不会出现人工干预。截至目前,阿里巴巴已经放贷300多亿元,坏账率约0.3%,大大低于商业银行。

毋庸置疑,数据是互联网平台企业的另一座有待开发的宝矿,利用大数据技术对这些海量数据进行合理的分析及应用将会进一步为企业与消费者创造更大的价值。

(三)案例：大数据"杀熟"，损你没商量

数据被泄露、滥用的另一个典型代表就是最近沸沸扬扬的大数据"杀熟"事件。大数据"杀熟"就是指运用大数据技术，在完全掌握用户的消费能力、消费频次和消费习惯后，对不同的主体制定不同的价格策略。一般来说，就是指同样的商品或服务，老客户的价格反而比新客户要贵出许多的"价格歧视"现象。大数据"杀熟"的触手，已经深入我们生活的各个领域，比如在机票、酒店预订、购物、出行等多个领域都存在类似现象。

"杀熟"顾名思义，就是指老顾客要比新顾客付出更多的"代价"。预订同一家酒店，老顾客账号上显示的价格要比新顾客贵出不少；同行打车，路线车型相同，常用客户显示的价格明显更高；预订影票，同一家影城，钻石会员账号显示价格竟比新顾客更贵……有趣现象之二，"杀熟"更偏向苹果手机用户，苹果用户在享受服务方面的花费要高于安卓用户。买QQ超级会员，iPhone用户需比安卓用户每月多支付10元；买腾讯视频会员，iPhone多花5元，类似的案例不胜枚举。那么，怎样才能有效防止数据泄露，维护自身安全利益呢？

隐私和安全保护是一个系统工程，既需要在技术层面对大数据、云计算、云存储进行方方面面的把控，还需要在政策和法律上给予极大的支撑，形成有效的外部震慑。除此之外，还要加快全民网络安全意识的提升，加快弥补人才短板。数据安全保护，需各方协同发力，还有很长的路要走。

三、政策法规滞后于实践

在 2017 年的政府工作报告中提出要大力发展数字经济。近年

来，从中央到地方，都从财税金融、科技创新、人才培养等方面给予大力支持，力求形成政策合力，共同推动数字经济创新发展。我国对发展数字经济寄予厚望，并且将其上升为国家战略，数字经济的发展能够极大地促进产业结构、经济结构的优化升级，对社会结构的调整也会产生深层次的影响，甚至能够催生新的社会文明形态。然而，当前的问题是，我国数字经济的进一步发展，受到了立法与规划滞后的制约。数字创意产业是数字经济的重要组成部分，以下将结合数字创意产业的相关案例，深度剖析当前数字经济政策法规的滞后性问题。

数字创意产业是以文化创意内容为核心，依托数字技术进行创作、生产、传播和服务的新兴产业，具备传输便捷、绿色低碳、需求旺盛、互动融合等特点，当下正在成为引领新供给、新消费，规模高速成长的数字经济的重要组成部分。2016年11月，在国务院印发的《"十三五"国家战略性新兴产业发展规划》中，首次将数字创意产业纳入，作为与网络经济、高端制造、生物经济、绿色低碳产业并列的五个"十万亿级"新兴支柱产业之一。足以看出国家对于数字创意产业的重视与期望。然而，与产业发展不相匹配的是在数字创意产业领域相关的法律政策却少之又少，法规政策对产业发展"保驾护航"的作用被大大削弱。出现这样的问题，首先在于没有意识到建立政策法规对于产业发展的促进作用。

第一，法律法规的制定将为产业发展奠定良好的基础、营造更为优越的生态。改革开放以来，我国文化建设取得了巨大成就，公共文化服务体系加快完善，文化产业异军突起，文化产品多姿多彩，文化市场欣欣向荣，较好地满足了人民日益增长的精神文化需求。取得这样的突出成就，离不开文化立法工作的有序开展。

国家通过立法的方式管理文化领域的事务，制定有关文化方面的法律、行政法规和行政规章等来规范引导一切文化活动。近年来，我国在文化立法领域持续发力，相继出台了《公共文化服务保障法》《图书馆法》与《电影产业促进法》，对于我国公共文化服务能力的提升、相关产业持续健康发展产生了深远的影响。然而作为文化产业重要组成部分的数字创意产业却依然是无法可依、无法可守的"法治盲区"，相关文化活动还未全部纳入法制的轨道。

第二，在现代化法治社会里，任何经济形式的发展都离不开法律的保驾护航，文化创意产业也不例外。加强文化产业领域的立法，将有助于构建现代文化市场体系，形成科学的文化市场监管方式，保障市场竞争安全平稳进行，促进文化创意被充分激发，增强文化市场的活力；此外，通过法律的形式对公民的文化行为加以规范引导，协调各文化主体间的行为关系，将营造良好的文化发展生态，促进文化产业的全面发展。基于实践，对文化产业领域的相关政策措施进行梳理、总结和提炼，使之上升为一部引领性强的《文化产业促进法》，是大众所期，其对于理顺文化产业各相关方面的关系，建立文化市场基本遵循，促进文化创意产业更好、更快发展具有深远的影响。故而，数字创意产业领域立法落后首先在于对法律政策保护规范产业发展的认知不足，扭转这种思维方式是首要任务。

数字创意产业是近年来我国文化产业发展中最为活跃的部分，无论是网络文学、电竞手游、数字音乐还是影视动漫等，这些新模式、新业态正在成为引领新供给、促进新消费的重要产业形态。然而，我国数字创意产业的进一步发展，却受到了立法与规划滞后的制约，已经严重落后于产业发展的实践，突出问题主要体现在三个方面：①法律法规建设体系不完善，缺乏系统性；②当前产业领域内立法盲点多，监管政策滞后性凸显；③产业政策国际接轨性差，妨碍我国数字创意产业的全球化发展。这种情况对于数字创意产业的长期健康发展十分不利，如何通过立法营造良好的产业发展环境生态，助推数字创意产业更好、更快发展，更好地对接满足人民的精神文化消费需求，就成为政府、企业和学者共同关注、亟待解决的首要问题。

（一）体系不完善、缺乏系统性

在互联网信息技术快速迭代升级及人民群众消费升级的双重助推作用下，数字创意产业迎来了大发展。据国家统计局最新消息，2017年，文化及相关产业10个行业的营业收入均实现增长。其中，以"互联网+"为主要形式、作为数字创意产业典型代表的文化信息传输服务业，营业收入达7990亿元，增长34.6%，增速位居十大产业榜首，可见数字创意产业近年来发展的火热程度。①

与数字创意产业的宏大体量不相匹配的是数字创意产业相关的法律法规少之又少，还未形成完备的法律框架体系，存在一定的总体失衡问题。其中，两大问题凸显。第一，数字创意产业基本法空白。在基本法空白的背景下，众多单行法规"横空出世"，这些法规政策大多零散分布于各个不同的部门，相互之间相对独立，缺乏系统性与协调性。第二，当下数字创意产业立法过程中，法律制定主体不明确，存在很多部门立法或者"法出多门"的现象。不同主管部门管理角度的差异将对立法的科学性和协调性造成一定影响，也将对未来法律的适用产生较大的消极影响。

---

① 东方财富网.2017年全国文化产业企业营收突破9万亿，同比增长10.18%[EB/OL].（2018-01-31）[2018-06-27].http://finance.eastmoney.com/news/1355,20180131827895735.html.

当前,世界各国为保障数字经济的平稳运行,纷纷制定数字经济的相关法律法规。比如,2017年4月,英国通过了《数字经济法案》,规定了建设数字基础设施和服务、完善数据共享、明确数据使用者责任、打造数字政府和加强数字知识产权保护等内容,构建了数字经济基础法律框架,对相关部门的监管职责做出规定,推进数字转型发展。

我国数字经济基本法还没建立,为数字经济的发展带来了诸多的不确定性。马云也曾对此发出倡议,提议将《电子商务法》升级为《数字经济法》。他认为现如今我们已经步入数字生活时代,电子商务只是其中的冰山一角,数字经济已远远超越了电子商务的范畴。在新一轮科技革命推进、各国加速发展数字经济的背景下,当前的中国需要一部《数字经济法》,而这部法律不应仅仅成为一部监管法,更应是一部促进法,一部面向全球、面向未来、着眼于事业发展的法律。中国不仅要贡献出发展数字经济的"中国模式",更要展现出建设数字经济法律的智慧,展现中国的实力与担当。

(二)立法盲点多、滞后性凸显

数字创意产业的发展与高新科技密切相关,科技的疾速发展带来与产业结合的无限可能,同时也加大了互联网空间内数字创意产业的监管难度。由于法律及政策的制定需要一定的时间,所以法律政策很难及时跟进、穷尽这些高新科技带来的新业态、新模式。一方面,导致数字创意产业领域内,立法盲点众多,对于部分新型产业门类的监管政策存在较多空白;另一方面,"时间差"问题导致法律法规不具有前瞻性和预见性,多为"事后补救",法规政策滞后性的问题也日益凸显,导致法律政策对数字创意产业"保驾护航"的作用不能充分发挥。

大众喜闻乐见的互联网直播近年来发展迅猛，但也在发展的过程中问题频现。2017年以来，短视频领域"风波不断"，相继被约谈的网络直播短视频平台包括火山小视频、快手等。近日，美拍又因传播涉未成年人低俗不良信息，被联合约谈。互联网空间一度被视为"法外之地"，不仅是短视频，也让一系列"打擦边球"的电影、电视和综艺节目企图通过在互联网平台上的传播，逃避相关的监督管理。这种现象严重污染了互联网生态，将对青少年身心的健康发展产生极为不利的影响。然而，相关监管政策的制定却滞后性凸显，相关政策法规经常在问题矛盾已十分突出的情境下才得以制定颁布。2017年6月，国家新闻出版广电总局终于下发《关于进一步加强网络视听节目创造播出管理的通知》，要求网络视听节目与广播电视节目"同一标尺"，严把政治关、价值关和审美关，实行统筹管理。"千呼万唤始出来"的相关监管政策如果能在产业发展初期就作出规定、设置下限，无疑将为产业和行业的发展培育出更加健康有利的土壤和生态。

再比如，我国关于数据产权的法律法规也存在空白。数据是数字经济时代最为重要的生产资料，数据的极大丰富，造成了"数据洪灾泛滥"，也带来了"用户隐私泄露""数据无序竞争"的乱象，给我们提出了严峻的挑战。数据该由谁所有？谁来监管？如何管？怎么用？以及数据所有者、拥有者、使用者和管理者之间的权责该如何界定？这一系列的问题都需要相关法律法规给出明确的解答。然而当前，对于这一问题，法律法规的研究不充分、不全面，严重落后于数字经济发展的实践，数据权责界定不清，严重阻碍了创新，对数字经济的持续发展也有很大的影响。

2017年6月3日，在行业监管机构的介入下，顺丰与菜鸟结束了纷争，虽然事件从发酵到平息只有3天时间，但它影射的是近年来在数字经济市场上，对于数据激烈竞争的问题，凸显了各方在隐私保护和数据竞争上的矛盾。"新浪诉脉脉""大众点评诉百度地图"以及国外"HIQ诉Linked-in"的案例，都是围绕数据竞争以及与经营者数据使用权限问题所展开的。数据的意义和价值无须赘述，但它在带来更大的商业想象空间之时，也将数据所有者、拥有者、使用者拖入个人隐私保护与数据资源配置的冲突中。在此背景下，欧盟近期颁布了《一般数据保护条例》，在数据保护与数据资源配置方面做出尝试，并在世界范围内树立了标杆，将极大地推进数据保护工作向前发展。

2018年5月25日，欧盟正式生效了《一般数据保护条例》（General Data Protection Regulation，GDPR），这部法律堪称史上最严格的数据保护法律。这意味着欧盟将数据保护提到了前所未有的高度，也将对全球范围内的数字经济产生深远影响。在GDPR中，不但扩大了个人数据的保护范围、赋予数据主体一系列强大的权利，还对数据的拥有者、使用者以及相关监管部门应尽的数据保护义务做出明确规定。GDPR以重罚为理念，若出现了数据处理的违法行为，将对其进行严苛的处罚，以处罚来倒逼数字经济企业在数据使用方面合规操作。面对GDPR，全球的数字经济企业需要采取积极的行动来应对，比如腾讯就在条例出台后，对QQ的国际版本立即作出修改与调整。此外，各国政府也要加强磋商谈判，积极作为，推动本国数字经济企业的海外发展。

对照国内，虽然近年来国家也相继颁发了《信息安全技术个人信息安全规范》和《网络安全法》，但在保护用户隐私权益及规范数据资源配置方面仍然不够细化、不够深入，导致执法不严、违法不究的情形。未来，在现有法律的基础上，还需加强数据泄露、数据资源配置及数据恶意竞争相关问题的研究与规范，从而为数字经济营造更加健康的发展环境。

（三）国际接轨差、妨碍全球化

我国数字创意产业立法的另一问题是所制定的政策法规与国际对接性差，这在很大程度上阻碍了我国数字创意产业参与国际化竞争与合作。高新科技是数字经济的"加速器"，也是世界各国抢滩的"制高点"。然而当前存在的普遍问题是我国对于人工智能、无人驾驶等新兴领域，缺乏相关应用标准，或者所制定的政策法规与国际对接性差，这在很大程度上阻碍了我国数字经济参与国际化的竞争与合作。

当前，人工智能、无人驾驶已经是全球热议的重点领域，相关法律政策问题也迫在眉睫。新技术的出现会带来一系列新的法律问题与挑战。例如，在无人驾驶和人工智能创作领域，新的法律课题已经引起相关学者和专家的关注，如何立足当前背景，积极了解产业、技术的新变化，以法律政策的形式对这些新型法律问题作出规范和引导，并与国际标准体系相衔接，成为新时代法律法规及监管政策制定者的重要课题。

以无人驾驶为例，无人驾驶汽车相较于传统人工操作，更加高效安全，能够实现真正意义上的"解放双手"，也必将带来全人类出行方式和生活方式的变革。由此，无人驾驶成为各国高新科技产业抢占的高地。无论是传统车企，还是互联网企业都纷纷入局，抢占先机。我国的无人驾驶研究虽然起步较晚，但近年来发展迅速，尤其是以百度为首的企业更是在无人驾驶领域作出积极的尝试与探索，取得了丰硕的成果和较大的突破。

无人驾驶的发展需要政策的"保驾护航",从国家到地方各级政府为了鼓励和发展无人驾驶先后出台了一系列相关政策。2017年12月起,我国出台了《国家车联网产业标准体系建设指南(智能网联汽车)》和《智能汽车创新发展战略》。北京市也出台了《北京市关于加快推进自动驾驶车辆道路测试有关工作的指导意见(试行)》和《北京市自动驾驶车辆道路测试管理实施细则(试行)》。但是当前突出的问题是,我国针对无人驾驶所制定的系列政策法规与国际的标准体系、研究重点不对接,这就对无人驾驶与国际开展合作造成了阻碍。比如,我国的政策对比目前最开放的加州的政策还是有一定的差距。加州最新的规定已经允许汽车方向盘后面不坐测试人员,通过远程监控即可,而目前国内还没有开放相关的政策,中国的政策法规更加注重人工能够及时接管。政策法规与国际的接轨程度将直接影响国际间的交流与合作,进而影响产业的协同创新与进一步发展。

未来,我国应致力于推动无人驾驶领域国际标准体系及国际范围内共建共享平台的搭建,并在政策创新上持续发力,我们有理由期待无人驾驶将为消费者带来更优越的驾驶出行体验,中国也将在这一全新的产业科技革命中实现"弯道超车"。不仅是无人驾驶领域要保障数字经济快速、安全、平稳、健康发展,政策法规必须首当其冲,跟随时代潮流,对数字经济发展过程中的各种挑战作出回应,从而更好地保障我国向和谐、安全的数字经济强国迈进。

四、当前我国数字经济立法思考与建议

首先,要夯实数字创意产业根基,制定基本法完善配套法。当

前，我国数字创意产业基本法仍处于空白状态，虽有众多针对子门类的政策法规但都是管理法或规范法，数字创意产业领域立法层级不高，无法发挥引航的作用，远远不能满足促进产业发展的客观需要，迫切需要一部数字创意产业基本法来廓清数字创意产业的概念及边界，指明产业发展目标及未来方向。此外，数字创意产业立法视域内，还需要关注一些关键领域的立法，要不断完善数字创意产业相关的法律制度，如网络空间内的知识产权问题及用户数据使用的问题等，都应以法律的形式进行规范与引导。

当前，我国已经具备了出台数字创意产业基本法的良好基础。首先，数字创意产业领域内已经出台多部管理法和规范法，这些法律的实施为数字创意产业基本法的出台奠定了一个较好的基础；其次，出于对促进数字创意产业发展的实际需要，无论是政府还是业界都有较为广泛的响应和期待，为数字创意产业基本法立法提供了一个广泛的社会共识。将这些优势条件进行转化，并对已有的政策法规进行补充、调整，使之上升为一部产业基本法，而这部法律不应仅仅成为一部监管法，更应是一部促进法，进一步推动数字创意产业的转型发展。

其次，文化立法既要专家学者广泛参与，也要将大众智慧充分凝聚。关于文化立法，由相关专家学者进行设计、制定毋庸置疑，但在这个讲求集体智慧、团队合作的时代，大众对于立法的期待与建议同样不应忽视。在文化立法过程中，提升大众的参与度，将有助于进一步了解民众的诉求，使制定的法律关切时代发展与人民需要，真正使法律体现民意，人民自觉拥戴法律，形成良好的互动循环。

当前，我们已经可喜地看到，我国多部重要文化法律在制定前期，就充分吸纳、考量了民众的意见和建议，在法律制定的前期，会出台法律相关的意见征集稿，公开征集民众的意见，使法律制定更加"接地气""凝人心"。同样，对于数字创意产业立法，我们也应秉持这样的传统，为民众创造更宽广、更便捷的参与渠道，推动符合时代形势和民众诉求的良法的生成。我们有理由相信13亿人口所蕴藏的极大的潜在人力资源，如被激发利用，中国文化立法将会呈现更鲜活的生命力，汇聚更磅礴的力量。

再次，文化立法还需有国际视野，增进国际交流合作，互学互鉴为我所用。构建良好的法制环境是促进文化产业快速发展的先决条件，数字创意产业的健康可持续发展需要科学有效的立法加以保障。在这一过程中，借鉴他国相关法律条例的经验模式，并对其进行选择性改造和吸收，促进我国文化发展建设法律框架的搭建，使我国在文化立法工作中少走弯路，成效更为显著。

因为我国与日韩的文化产业发展模式都是政府主导型，所以两国的立法经验可以为我国数字创意产业基本法立法提供有益的经验借鉴和启示。比如韩国的《文化产业振兴基本法》带给我们最为重要的启示是积极迅速地构筑起文化产业发展的法律基础和环境，并在保障其稳定性的基础上适时删改；法条表述清晰准确，重规范更重执行。在文化法律制定过程中，有效地借鉴吸收他国的经验模式，加强国际间的交流合作，互学互鉴、为我所用，以法律的形式对产业发展进行规范和引导，将为文化建设与发展营造更为优越的法制环境，使文化事业、文化产业同步腾飞，助力社会主义文化大发展大繁荣、助推社会主义文化强国建设，从而为中国梦的实现汇聚更加磅礴的精神力量。

第三节 数字创意产业瓶颈

2016年,"数字创意产业"第一次出现在政府工作报告中,并且被纳入国民经济和社会发展的"十三五"规划,同时将其定义为未来的支柱性产业。2015年我国数字创意产业规模达到5939亿元,同比增长22.9%,其中VR增幅最大,达267.5%。数字创意产业正式步入发展快车道。

相比之下,中国与欧美等发达国家的数字创意产业仍然存在较大差距。2015年,英国在数字经济领域的业务收入占英国GAV总值(增加值总值)的7.4%,约合690亿英镑,居全球首位。美国数字创意产业年营业收入约4000亿美元,占GDP比重为4%。日本媒体技术、数字创意产业占GDP比重为2.4%。相比之下,按照2015年中国68.91万亿元的GDP水平,中国数字创意产业比重仅为0.86%。[①]未来,数字创意产业要成为国民经济的支柱性产业还有很长的路要走。

目前,我国数字创意产业发展态势良好。但同时也面临一些挑战和瓶颈。如在产品供给层面、消费层面、人才层面等维度存在的各种问题。

一、产品供给内容层面

近年来,从提供有偿知识的"得到"和提供付费内容的"知乎

[①] 中国产业信息网2017年中国数字创意产业市场发展趋势预测[EB/OL].(2017-08-17)[2018-06-05].http://www.chyxx.com/industry/201708/551751.html.

Live"等平台的逐渐兴起到2017年自媒体领域共获得千亿级融资，优质内容争夺战在各大互联网平台间越演越烈。资本和市场对于优质内容的追捧其实根本上是基于注意力经济的崛起。在这样的大背景下，传播渠道由于自媒体的加持日趋多元化，且资讯过剩也促使了内容生产的优胜劣汰。因此，出现了内容付费、知识付费等优质内容变现的形式。前几年，自媒体刚刚萌芽还不成熟时，市场上的几家主要网络平台控制着大部分的流量从而掌握了"话语权"。所以，优质内容自身的价值被主流平台的光环所遮蔽。

2016年被看作互联网内容创业集中爆发的一年。最主要的表现就是内容消费的升级。艾瑞咨询《2016年中国网络新媒体用户研究报告》显示，33.8%的新媒体用户为新媒体内容付过费。内容付费行业是在互联网带来的共享思维下逆势生长，但也从某些方面解决了信息爆炸的时代中人们对于高质量的有效信息的渴求，找到了内容产业的发展痛点，迎合了消费者需求。每一次对于优质内容的付费都是对原创力的鼓励，互联网的共享思维也并不局限于"免费"的形式，毕竟好东西还是有人愿意埋单的。虽然目前内容付费行业一片繁荣，其核心竞争力还是优质内容的生产能力，但是在内容生产层面也有许多问题亟待解决。

（一）"有高原缺高峰"：优质作品的缺失

目前数字创意产业的内容供给的问题主要集中于单一化、同质化、低俗化等方面，现存问题最明显的特征是"有高原无高峰"。以网络文学为例，作为现代文学的重要组成部分，近些年发展迅速，影响力和受众群体始终保持增长态势。目前网络文学作品数量超过1400万。在此基础上，一些深受读者喜爱的作品以IP的形式被改编为影视、动漫、游戏等文化产品。但是也出现了许多行业乱象，无论是文化主管部门、各大网文平台，还是网文作者或者读者，都逐渐意识到了数量大、质量低、同质化，有"高原"缺"高峰"，机械化生产、快餐式消费和片面追求点击率等日益凸显的问题。

从内容本身出发，网络文学"量大质低"仍然是顽疾。这一问题出现的本质是由于网文创作和传播的门槛都比较低，因此相关从业者的专业素养参差不齐。从近几年的网络文学评阅结果可以看出，虽然行业的总体趋势在逐步好转，但是过分迎合市场而忽视作品价值导向，重视作者个人表达欲望而忽视社会影响，重视离奇和猎奇等元素而忽视文学自身的文化底蕴，上述现象并没有从根本上解决。面对现象，原则上应该从根源处做文章：一方面，要提高入门门槛，对每个申请者的写作水平做严格的测试和审核。另一方面，各大网络文学平台应该加大对优质作品的推荐力度，对质量偏低的小说做分级判断。

从产业层面出发，"急功近利"仍然是行业通病。互动性是网络文学创作与传统文学创作过程中的最大区别，网络文学不像传统文学是在完成全部创作后再整理发表而是边写边发布。这也就意味着，许多网文作者在其创作的过程中会被读者和粉丝的偏好所影响甚至左右。在读者每日催促更新内容的压力下，在稿费和打赏的利益驱使下，大多数人选择忽视质量只求数量。同时，由于近年来泛娱乐模式的成熟，网络文学作为其 IP 源头，成为资本竞相追逐的对象。许多具有一定知名的网文作家为了尽可能多地生产内容进行变现，不惜以牺牲文学性为代价。但是，由于人们的审美水平不断提高，审美需求不断深化，许多"不走心"的作品会逐渐被淘汰。

（二）文化产品供给结构的偏差

党的十九大报告中提出："我国社会主要矛盾已经转化为人民日益增长的美好生活需要和不平衡不充分的发展之间的矛盾。"这个论断提出的背后实际上反映的是国家对目前的生产、消费结构提出了新的调整要求。进入新时代后，物质生产跨过了从无到有的阶段，"有没有"的问题已经基本解决，包括工业生产、工商贸生产、农业生产，当然也包括精神文化领域的生产；但是"好不好"的问题依然存在，并且亟待解决。从产品生产的层面考虑，已经从最初的重视数量的生产阶段步入了要提高产品质量的生产阶段。从消费的层面考虑，已经将重点从最初的物质消费逐步转移到重视精神生产。面对这样的转变，我国文化产品的供给方式已经无法很好地适应目前的形式，文化产品供给结构也落后于人民日益增长的对美好生活的需求。

与发达国家居民文化消费水平和文化市场的总体规模相比，目前我国的居民文化消费支出仍然处于相对较低的水平，居民文化消费需求的潜力没有得到很好的激发和完全的释放。在这样的现实背景下，未来发展要从文化产业自身出发，尤其是重视文化产品输出和文化服务供给的问题。比如，通过市场自发或政府调控来优化目前文化产品的供给结构，丰富文化产品供给层次，提升文化产品供给质量。与此同时，可以充分运用互联网前沿技术和大数据思维，生产出丰富多样、富于创意、内涵深刻的文化产品，以期能够满足不同层次文化消费需求。具体来说有以下几点。

一是要进一步提升文化产品的创新创意能力，以此来增加文化产品自身的吸引力，从而推动文化消费内容的多元化，进而激发文化消费活力。随着互联网以各种各样的形式不断渗透到人们的日常生活中，传统的文化消费形式也在不断更新，这些因素都直接导致了文化消费市场需求产生了明显的变化。据有关机构统计，2017年国内网络视频用户中，有超过四成的用户曾经为视频付费。每月支出40元以上的付费会员从2016年20.2%增加到2017年的26%。[①]网络视频这一互联网时代特有的文化产品丰富了文化消费的形式，出现了一批网络视频的主流平台，出现了一系列优秀的网络视频作品，但也出现了许多行业乱象，因此在文化产品生产和创新的过程中，无论何时都不能放弃"底线原则"。除此之外，文化产品的生产要格外重视"95后""00后"年轻人的需求，因为这部分人是未来文化消费的主体。这部分人群热衷于新生事物，充满好奇和向往。同时，他们注重个性，追求时尚和潮流。因此文化产品生产的过程中，要针对这部分年轻受众，生产符合其需求的新型文化产品。一方面，可以更新现存的文化消费形态和消费内容。另一方面，可以将原有的文化产品与现代科技手段相融合，更新文化产品的陈旧内容，使供给结构更加合理和多元化，进一步开拓年轻文化消费群体的新蓝海。

二是要优化文化产品的供给结构，增加年轻人喜爱的文化消费内容的供给比重。我国"90后"和"95后"逐渐成长为社会发展的主力军，他们的文化消费能力日渐增强，因此这部分群体所关注和喜爱的动漫、游戏、音乐、电影等门类的文化产品逐渐成为文化消费的重要组成部分。近两年来，国产动漫和游戏发展迅速，特别是北京、上海、广州、上海、杭州等一线城市。2017年

[①] 人民网.优化文化产品供给促进文化消费快速发展[EB/OL].（2018-04-25）[2018-06-05].http://bbs1.people.com.cn/post/129/1/2/167223549.html.

北京动漫游戏相关企业总产值达 627 亿元，同比增长约 20%，上海目前有动漫企业 250 余家，涵盖漫画、动画、新媒体动漫、动漫衍生品、动漫展会活动、动漫表演、动漫技术等多个领域。[①] 虽然发展势头良好，但是动漫游戏产业还存在一些问题。比如产业上下游生态链条不完整、盈利模式相对单一、人才供应与市场需求不匹配等问题。因此，仍然需要通过变现方式的创新，推出原创精品，满足消费者尤其是年轻消费者对国产动漫游戏产品的需求。与此同时，上述问题不止存在于动漫游戏行业，在文化创意领域也存在类似问题。经济发达的一线城市文化创意产业发展较好，比如北京、上海、杭州，但也有发展不平衡、不充分的问题。因此，需要生产者转变观念，将行业发展与提高人们的生活质量相关联。并积极将这种相关的正向影响更广泛地传播出去，使消费者意识到文化创意活动的正向作用。同时，文化与现代科技的融合已经是不可逆转的趋势。科技手段丰富文化内容的表现形式，文化为科技提供相关内容，赋予冰冷的科技以温度。

三是加快传统的文化产品供给向个性化、多元化演进。可以通过丰富文化服务形式和文化产品内容，从而提高文化消费满意度。随着人们文化消费在日常支出占比的日益提高，人们对相关产品的需求维度也趋于多元，对文化产品供给的质量也提出更高要求。未来可以通过创新服务业态、优化服务内容等方式推动消费体验升级，扩大文化消费范围。在服务方式方面，可以灵活地提供服务及开放文化设施和场馆，满足消费者随时、随地、随心

---

① 人民网.优化文化产品供给促进文化消费快速发展[EB/OL].（2018-04-25）[2018-06-05].http://bbs1.people.com.cn/post/129/1/2/167223549.html.

的复杂消费需求。比如节假日期间，适当调整图书馆、博物馆、文化馆等公共文化服务场馆的开放时间。比如北京社区文化交流空间的代表——"书香驿站"，结合目前年轻人的生活和工作情况，适当延长了每天开放的时间。

四是要完善文化产品相关的监管措施。2018年网络内容监管是史上最严的一年，关停了"内涵段子"等内容低俗的自媒体，对抖音、快手等新兴的短视频平台进行了约谈，促使其完善自身内容的审查机制，可见文化产品内容的监察是构建健康文化生态的重要一环，是提升文化供给能力的基本要求。

随着国民经济水平的不断提高，消费结构不断升级，文化产品供给日趋丰富。所以，提升文化消费品的供给质量、引领新的文化消费热潮、扩展文化消费的空间等都会为文化消费的未来发展注入新的动能。

二、消费层面

从本质上来说，文化消费其实就是对社会及他人所提供的精神财富资源进行消费。与此同时，这一消费过程人们具有精神财富的消费、继承、储蓄、再生和创新过程。文化消费是拉动文化市场的重要环节，是未来行业创造新的经济增长点的重要抓手和突破口，文化消费还是实现人们共享文化发展成果的重要手段。[①]

（一）我国居民文化消费比重不高

从现在的情况来看，我国刺激文化消费未来进一步发展还存

---

① 范周. 文化消费助推发展方式转变 [N]. 中国社会科学报，2011-11-09.

在许多问题和瓶颈。首先，缺少专门针对低收入群体提供的相应文化产品和服务，这部分人群依然有旺盛的文化消费需求，是未来发展的蓝海之一。其次，文化领域的基础公共设施和场馆的建设需要完善和加强，尤其是要融入现代科技和智慧元素。再次，我国目前文化消费市场还没有实现足够的细分和垂直。因此，在满足消费者日渐多样化的文化需求时显得"心有余而力不足"。最后，文化产品的原创能力匮乏，配套的生产和管理体制需要进一步改革和创新，以适应新时代的需求。目前，在文化领域，市场对文化相关资源进行优化配置应起到的基础性作用还远远没有得到充分发掘和运用。除了市场，各级政府对加快文化产业发展的投入参差不齐，不同区域间的差距较大。同时，在鼓励文化消费的各项配套政策上也仍需完善。因此，可以看出想要真正迎来我国文化消费市场的大繁荣和大发展，从而以此为抓手推动全社会整体的消费转型升级，其实还面临着重重挑战。

1. 收入水平增长约束文化消费

文化消费能力的主要决定性因素是居民整体的收入水平，因为收入是消费的基础和保障。一方面，人民的收入水平越高，人均可支配收入就越高，消费能力就会越强，从而对文化消费产品的需求越大。另一方面，文化消费可以归类为与物质消费相对应的精神消费。所以，与人民的物质消费水平相同，文化消费水平也与居民的整体生活水平和收入水平有着密不可分的联系。根据马斯洛的需求层次理论可以看出，只有物质层面上人们在满足低层次的基本的生理需求之后，人们才有可能上升到精神层面从而产生更高层次的需求，比如对社会、情感、尊重和自我实现等层面的需求。所以，只有当人们的收入水平和生活水平进一步提高，在居民收入可以很好地满足低层次的物质需求的基础之上，人们的注意力才会更多地转向满足精神需要的文化消费领域。

相关研究数据表明，当人均 GDP 超过 3000 美元时，文化消费将实现快速增长。当人均 GDP 接近或超过 5000 美元时，文化消费将进入发展的"井喷时代"。早在 2014 年中国部分发达地区的人均 GDP 已超过 7000 美元，但城镇居民文化消费没有快速增长，没有出现所谓的"井喷"现象。导致这一现象的其中一个主要原因是，长期以来城镇居民收入增长率一直低于 GDP 增长率。

根据中国城镇居民的抽样调查数据显示，从 2001 年到 2017 年，城镇居民年人均可支配收入增长了 9.4%，农村年人均收入增长 7.8%，GDP 年均增长率却为 10%。城镇居民人均可支配收入和农村居民人均收入分别比 GDP 增长率低 0.6 个和 2.2 个百分点。[①]随着人均可支配收入的增长长期低于 GDP 增长，激发居民文化消费能力将受到极大限制。相关文化产品和文化服务无法及时转化为居民文化消费。如果这种情况在未来长时间持续且没有明显改善，居民文化消费能力的强劲增长以及在文化消费总量上取得突破显然是相对困难的。

2. 其他支出大增，挤压居民文化消费

在计划经济向市场经济体制转变的过程中，医疗保险、养老保险、住房养老等社会福利制度逐步得到了落实。但随着社会经济的高速发展，人们的个人负担比例也明显提高。同时个人收入却相对落后于个人支出负担的增加。在很大程度上，生活的必要

---

① 人民网.2017 年我国居民人均可支配收入同比实际增长 7.3%[EB/OL].(2018-06-15)[2018-06-17].http://news.cnr.cn/native/gd/20180615/t20180615_524271635.shtml.

支出成本的增加抑制了城乡居民文化消费的增长，尤其是文化娱乐消费。

第一，中国城镇居民卫生保健支出占人均总体消费支出的比例由20世纪90年代初的2%增加到2013年的6.2%，提升了4.2个百分点。药品和医疗服务的成本日趋提高，这也增加了居民的医疗费用。由此可见，生活成本的提高对其他领域消费产生一定挤压。

第二，社会保障体系的不完善导致许多居民的消费仍然保持谨慎。近年来，我国社会保障制度虽然在逐步完善。但是，社会保障支出对财政支出的比重明显低于其他发达国家。2017年，中国的社会保障和就业支出占国家总体财政支出的10%左右。社会保障体系的不完善进一步加剧了人们的文化消费呈现缩紧的态势。

高房价已经成为制约居民消费增长的最重要因素，这一点在我国发达地区和人口密集地区体现得更加淋漓尽致。尽管一些宏观调控政策在我国发挥了积极的作用，房价的快速上涨已经初步遏制，但总体来说仍然保持在高价水平。其增强了支出预期，在很长一段时间内挤压居民在其他领域的消费，使人们巨大的消费潜力无法得到有效释放。因此，高房价成为激发居民消费能力的约束因素。

3. 文化产品供给及消费环境制约

一方面，居民文化消费的总体水平很大程度上取决于居民的消费能力和消费意向。另一方面，除了居民消费能力和消费意向还取决于文化产品自身的供给情况，如供给质量、供给结构等。与欧美发达国家相比，我国居民的文化消费水平还存在着一定的差距。有一部分是因为我国文化产品自身供给质量不高的问题。以电影为例，国际一流权威的电影节中罕见中国影片的身影，电影节本身也代表着国家电影艺术整体水平，在国际A类电影节中欧美西方国家占了绝大多数，如法国戛纳电影节、德国柏林电影节、威尼斯电影节等。

此外，许多偏远地区的图书馆、电影院等各种文化设施和场馆不完善，也是文化消费的制约因素。文化消费和体验的相关设施和场馆的匮乏，致使当地居民无法获得高质量的文化产品。同时，目前市场现存的文化产品技术含量低、缺乏创新能力等问题导致其面临国外文化产品时缺乏自身竞争力，使文化消费被进一步挤压。比如日本的动漫、欧美的电影、韩国的综艺节目都对本土文化产品构成挑战。

（二）文化消费乱象频发

在供给端，文化消费乱象频生的现象也在很大程度上制约了数字创意产业的未来发展。比如，相关企业恶意扣费、消费欺诈等侵犯消费者权益的事件时有发生。尤其是在数字创意产业领域，这样的现象更是防不胜防。

比如，阿里巴巴钱盾反诈实验室2017年底发现，市面上出现了一批新型的木马病毒。这些木马病毒通常会被隐藏到很多下载量较大的儿童或青少年的应用类游戏中。这种木马病毒是普通杀毒软件和防火墙难以发现和预判的，用户可以顺利进行下载。在系统装机成功后，手机会不停地下载和安装恶意扣费应用。进而系统会被木马病毒破坏，使用户手机出现卡顿频发、话费损耗、隐私信息泄露等不良现象。目前这些木马病毒已经形成了一个完整的黑色产业链条用以进行恶意推广，主要由木马病毒制作人、各类广告平台以及不同的分发渠道和转账洗钱的人员构成。

面对这些影响数字创意产业消费环境的问题，最主要的解决方式是加强监管。数字创意产业作为一个新兴行业,在发展之初并未建立完善的行业规范体系。因此,目前暴露出的各种行业乱象都为未来的监管体系提出了明确的要求和方向。除了完善的规范体系,还要有专业监管的人员。与传统行业不同,数字创意产业有着文化创意和数字科技双重属性,因此对于相关人员的要求也相对较高。比如木马病毒的案例就需要专业的技术人才。

除此之外,面对上述的乱象,除了强调加强监管等,还要看到数字创意产业自身的特殊性,即它与互联网之间的密不可分的联系。互联网的加入使监管的环境变得更为复杂和多元,比如如何保障消费者的信息安全和个人权益变得日趋重要。之前的知名社交软件脸书数据泄密事件引发了大众的热议和反思,为信息安全的问题敲响了警钟。事实上,深陷数据泄密风波的脸书不是唯一当事者。可见,信息安全问题无论对于消费者还是生产者都是需要特别注意的,尤其是在未来的数字创意产业领域中。

三、人才层面

相关统计表明,到2018年,中国数字内容制作行业至少还需要30万专业人才。包括游戏在内的泛娱乐行业在过去三年间,人才需求年均增长率达到20.1%,跻身前三大人才需求增长最快的行业。①

---

① 人民网. 文创产业现爆发式发展 数字艺术人才缺口将达百万 [EB/OL].(2017-04-28)[2018-06-05].http://finance.people.com.cn/n1/2017/0428/c153179-29243255.html.

（一）受传统观念影响

1. 选专业偏向传统热门专业

截至目前，我国大学一共有13个一级学科门类，61个大学专业门类，506个大学细分专业。当学生和家长在这500多个专业中进行选择时，在传统理念的驱使下更倾向于选择法律、医学、教育学等传统强势学科。而数字创意产业所需要的相关专业，比如数字媒体、动漫制作、影视后期专业显得相对小众。因此，从大学专业这一环节就为数字创意产业未来人才缺口埋下了伏笔。

面对这样的现状，学生和家长在面临专业选择的问题时，需要转变存在已久的传统观念，并不是选择强势学科就意味着容易就业。虽然强势学科有自身优势，比如学科体系相对成熟完善，师资力量充裕等，可以说是"站在巨人的肩膀上"。但是新兴学科的优势在于有机会了解和研究社会发展的前沿，新兴学科往往代表着行业未来的发展趋势，具有很大潜力。

2. 选工作偏向"铁饭碗"

政府机关、事业单位和国企，这些"铁饭碗"依然是大学生最为青睐的就业单位。有调查显示，应届生在投递简历时，近1/3的人首选国企，1/4左右的人选择事业单位或者政府机关。而选择民企的毕业生只不足两成。但是，随着"95后"和"00后"等网生一代的成长，这种传统观念带来的影响日趋削弱。

通过分析QQ浏览器大数据报告不难发现，"95后"就业呈现出多元化、网络化、娱乐化的特征。据报告显示，"95后"选择创业的应届生中有近一半的人选择互联网创业方向。其包括微商、网店、手机应用、软件开发、新媒体运营等领域。近几年随着智能终端的进一步普及，互联网行业迎来了第三个发展的风口。

"O2O""互联网+"等概念也逐渐被人们津津乐道，导致相关的行业也成为吸引年轻人就业的主力。从这一角度来说，"90后""95后"以互联网行业为新的热门就业方向，也是时代发展引领的结果。因此，如果数字创意产业想要吸引年轻人的目光，最根本的要素是实现自身的快速发展，使还在观望的就业者看到它的发展潜力。

互联网的发展再一次重新定义了就业，将自由职业带入了大众的视野。除了传统的SOHO一族，现在还新增了自由独立设计师、独立音乐人等，以及网络作家、职业电竞选手、网络主播等也都是自由职业的重要组成部分，并且其所在领域都初具规模，相关的职业规章制度也在渐趋完善。未来数字创意产业的相关就业人士有很大一部分可能会成为自由职业者，目前互联网行业从业者为其未来发展打下了良好的基础。

（二）创意人才培养体系存在缺陷

目前，我国数字创意产业相关人才培养体系不完善，学科建设处于初级阶段。主要体现在：一方面是行业内缺乏高端原创人才资源。目前数字创意产业的从业者大多数属于擅长复制或模仿的人才，这一问题在文化产业各个领域都很凸显，比如我国大多数综艺节目每年都依靠进口国外节目的版权或模式再进行本土化，《朗读者》《见字如面》等高质量文化类原创精品节目少之又少。真正具有原创能力的人才更加是凤毛麟角，供不应求。这样就直接导致了数字创意产业领域的原创产品不足，从而缺乏行业核心竞争力。另一方面是专业的产业经营人才的缺乏。如何将数字创意进行产业化，最需要的就是可以将数字创意内容进行市场化和产业化生产进而推广的专业经营性人才。

1. 数字创意产业相关专业开设较少

文化创意产业是多学科相互交融的学科门类，它综合了文化、艺术、经济、管理、科技等不同领域的知识，具有很强的综合性和专业性。也正是因为这个学科门类自身的特殊性，所以才需要从本科开始进行专业人才培养。从本科教育开始学习文化创意产业相关专业有利于学生构建相对完善和成熟的知识框架，为未来的进一步学习打下坚实基础。但对于这个问题还有许多不同的声音，有人认为数字创意产业作为一个学科，涵盖内容非常广阔，如果在本科阶段开展相关专业，对目前的教育资源的水准来说是一个不小的挑战。教育部目前现有的高校教育学科分类中，还没有数字创意产业这个学科门类。虽然没有专门的学科门类，但全国已有 54 所高校开设了数字创意产业相关的课程，如中国传媒大学、武汉大学、浙江大学、山东大学等国内一流知名高校，这也释放出一个强有力的信号，教育界和学界对于数字创意产业的学科建设日趋重视。

2. 创意人才相关研究停留在初级阶段

早在 20 世纪 90 年代末期，英国政府和学界就已经提出了"创意经济"（creative industry）的概念。也是因为这一概念的提出，西方理论界开启了一阵研究创意经济和创意产业的热潮。因此，相比于我国，西方创意经济的研究开始较早，其学科建设也相对完善，相关理论比较成熟，人才培养的模式也逐步形成。反观我国的创意经济领域的研究，还处于起步阶段，远远滞后于发达国家。比如，最直观的差距是在学术期刊类网站上搜索最近十年的相关专题研究和论文，数量相对较少且研究领域尚未细分。由于相关理论研究和师资的匮乏，也从一定程度上导致了目前我国创意人才培养的困境。缺少理论体系和学科框架，也是未来制约创意人才培养的重要因素。

3. 缺乏高端复合型人才

就目前来看，我国数字创意产业相关领域的现有人才和企业实际的人才需求之间存在着很大的缺口，尤其缺乏高素质的专业人才和复合型专业人才。文化产业作为一门新兴的交叉学科，其囊括的研究领域越来越细化，相关的子门类也日趋复杂。但是，目前文化产业本身并没有完全成为一门独立的学科，也没有形成成熟完善的学科教育体系。基于这样的现状，要充分发挥各个高校的自身优势，打破原有的学科间的壁垒，促进文化产业涉及的不同门类及其相关学科的人才培养可以相互交融，有助于培养技能全面的复合型人才。

文化产业自身具有跨专业、跨学科、跨行业等明显特点。因此，在培养人才的过程中要在新闻、电影、电视、出版、动漫制作、艺术等传统训练的基础上，首先注重学生综合素质和创新意识的培养；其次，注重专业理论教学与社会实践有机结合，使学生能够真正地参与市场、了解市场，同时适应市场，以期在未来的工作中可以很快融入；再次，要注重跨学科知识的学习与整合。文化产业的学科建设不仅仅是多学科知识的简单相加，而是多学科知识的深度融合和贯通，即将其他学科的知识进行"文化产业化"。在这方面，尤其需要把新技术和新思想与传统学科结合起来。在不同交叉学科的浸润下，未来的文化人才是复合的、全面的、兼容的，只有这样才能适应文化产业高速发展、急速更迭的发展特性。

四、科技层面

（一）核心技术制约行业发展

数字创意产业领域作为文化和科技结合最为紧密行业，具有文化创意和数字技术双重属性，其中最具代表性的两个领域是虚拟现实和电影后期制作。

1. 虚拟现实领域

近年来，中国 VR 行业一直处于发展的快车道。但值得注意的是，在行业一片繁荣的背后存在一定隐患——缺乏核心技术，这个问题会使中国 VR 产业变为"空中楼阁"，虽看似发达，但基础不扎实。其中许多的创新甚至是在借鉴美国的技术。举一个简单的例子，目前国内某些硬件供应商生产的 VR 头盔在使用时，系统会要求下载最新版本的 Runtime，否则设备就无法运行。造成这种问题的原因是有迹可循的，主要是 BAT 三家中国互联网巨头并没有加入 VR 硬件的市场中，没有将注意力放在技术研发上，而是在花时间打造内容平台和生态系统。比如阿里巴巴尝试在淘宝平台的购物和支付等功能上加入了 VR 技术，买家只需要通过点头这一动作就能够完成购买付款等一系列流程。以爱奇艺为代表的视频平台是在为 VR 内容提供平台和硬件，用以刺激生产更多原创 VR 视频内容。

虽然现在国内 VR 行业经历了前两年的资本寒冬期，跨入了新的发展阶段，获得了许多行业巨头的关注，但是它仍然处于探索的初期阶段，因此需要在发展初期为这个未来行业打好基础。VR 产品的自身属性决定了其未来的发展除了内容外更加依赖于技术的进步。除此之外，VR 的关键技术突破也必然推动整个 VR 行业的健康成长。只有技术走向成熟，VR硬件才能突破现有的瓶颈，从而更好地表现游戏、视频等内容。随后，才有可能上升到一个产业，拥有持续变现的能力，行业的未来发展才能看到真正的希望。我们一直在谈论"VR+"，加电影、加游戏、加各种各样的内容，但面临这样一个新兴产业，我们似乎应该将目光回归到技术本身，这是未来实现加法的核心，否则在这个未来行业中，"芯片之痛"也许会重演。

2. 影视后期领域

我国的视频后期特效技术的运用是从广告领域和电视节目后期制作领域开始的。最早的数字合成技术的应用开始于20世纪90年代，广州电视台首次从国外引进了视频模拟合成设备，但囿于内存问题，当时只能存储短短75秒的影像。后来由于社会需求量的逐渐增加，在市场的驱动下数字影像技术才开始全面融入需要视频后期制作的各个领域，许多专业公司和工作室也相继成立。到20世纪90年代末，数字技术才开始真正地介入了电影的创作阶段。比如，北京电影学院主持制作的《冲天飞豹》和上海电影制片厂拍摄的《紧急迫降》等影片。

相比国内，国外的影视后期制作领域出现得较早，技术层面也相对成熟。海外影视后期制作领域可以划分为美国、欧洲、澳大利亚以及韩日等几大主流板块。其中，美国处于全球的领先地位，无论是艺术还是技术层面。在美国著名的后期制作公司不胜枚举，尤其集中在好莱坞，包括ILM、Digital Domain、A52等。在欧洲这个大阵营中，英国的潜力不容小觑。除了Framestore CFC、MPC、Mill等著名影视后期制作公司，仅仅在伦敦的SOHO区就密集地集聚了世界上众多知名后期制作公司和工作室，是影视后期制作从业人员最为密集的地方。海外许多大型后期制作公司都有着一定的历史，拥有积累了几十年的大量专有软件和私有技术，这也是为什么国内影视后期制作公司无法在短时间内达到国际一流水平。

电影后期技术的软件层面的技术主要是渲染引擎，基本上流行的渲染技术都是动画公司自己开发的，比如皮克斯（Pixar）的PhotoRealistic RenderMan（简称PRMan）最核心的技术是自己用，公开的仅仅是几年前的版本，所以软件技术层面几乎只能靠自身积累。

虽然技术差距较大，但近两年我国影视技术发展迅猛，《大圣归来》等优秀作品的出现让行业看到了实现弯道超车可能。例如，影视后期制作技术通过与云计算等现代科技相融合，渲染行业就有希望能够摆脱目前存在的"重资产"的问题。腾讯云平台，现在正在为渲染行业提供云服务，此举可以帮助渲染行业的企业实现轻资产和精细化运营。目前，腾讯云已经与Macrograph、RenderG、炫我科技等渲染行业的企业达成合作意向，未来将为他们提供渲染云计算服务。与此同时，腾讯云还将于腾讯影业进一步合作，为渲染企业提供专项的技术支持、资源支持和专业服务，力求打造一个"互联网+影视"云服务平台，进一步推动影视产业升级。

（二）行业内部存在技术流通壁垒

基于彼此的竞争关系，行业内部存在技术流通壁垒，无法实现技术共享，这对全行业的发展存在一定的制约。数字创意产业自身的特性使它对于技术的要求高于传统创意产业，虽然其核心是创意内容，但技术手段有时是实现相关创意的基础，因此目前技术相对封闭和不流通的现状有待解决。

未来,可以引入共享技术平台模式,以期打破行业内部存在的技术流通壁垒。共享技术平台目前多应用于汽车制造领域,但是其共享的思维和模式,可以为未来数字创意产业相关技术的发展带来新的思路和启示。汽车行业之所以是使用共享技术平台的先行者,主要因为汽车制造技术纷繁复杂。同时,其各环节供应商众多,共享技术平台可以帮助生产者打破各个环节之间的技术壁垒,使他们有机会可以共用某些零件、模块甚至是核心技术以及其他设计成果。这样可以快速缩短产品开发周期,降低企业开发成本,提升产品质量。有些生产商还进一步通过共享平台模式,实现了在面对不同档次的市场时进行核心技术共享。这些企业在开发不同层次的市场时,可以无须再另行组织生产线、开发相关技术、构建全新的产品平台,提升了效率也减少了行业的资源浪费。

相较于汽车行业,数字创意产业同样也面临着技术多、管理难的问题和瓶颈。尤其是在不同供应商对技术的要求不统一时,对产品的信息化、数字化带来了更大的挑战。因此,借鉴汽车行业的共享技术平台,也许会是数字创意产业未来发展打破瓶颈的方法之一。借助共享平台可以选择最适合表达创意的技术,从而为管理者提供优质而高效的选择。同时,供应商们还可以在共享技术平台提供的市场需求信息的基础上进行开发和部署。也就是说,企业只需要采购一套共享技术平台,就可以满足产业链上的一切技术需求,这也符合互联网时代的"平台思维"和"共享思维"。

第八章　叩开未来世界的大门：数字经济创造智慧生活新趋势

未来已经来临，只是尚未流行。

——威廉·吉布森

趋势一：从数字到在线的进化

一、让全世界联网

世界每一秒钟都在进步，第四次工业革命的来临不断推动着新时代的到来，地球上的每个角落都在发生着翻天覆地的变化。人工智能的兴起、量子技术的应用、虚拟世界的出现以及新的全球性经济体诞生，都表明互联网的边界正在无限延展，它就如同我们的日常用电一样，变成我们赖以生存的一项技术。互联网更是一种全新的媒介形式，它带来了一种新的思维方式，指导着人们不断探索未知的世界，引导企业持续地进行商业模式的创新。互联网更代表了人类未来的发展方向，互联网对社会基本结构的改造、对人们生活方式的颠覆无不预示着传统社会规则将被一次又一次地打破,未来已经到来。

使世界范围内所有国家与地区实现互联互通是将来发展的大趋势,是因特网发展的必然结果,同时还是进入数字经济时代的基础与必要条件。如今,全球范围内网络规模持续扩大,一个国家或地区的网络覆盖程度以及网民数量已经成为了该地区发展的决定性因素。截至2016年,世界范围内网民数量已增长到30亿,和上年相比上涨了9%,覆盖范围高达42%。[1]中国互联网呈现出快速增长的态势。通过横向对比来看,根据德国市场研究机构捷孚凯(GfK)发布的《捷孚凯消费联网指数》,对比调查了78个国家和8个地区的消费者数字连接和访问数字内容的情况(见表8-1),其中,2016年全球联网指数为313分,中国内地为353分,高于全球水平;值得注意的是,中国香港地区为1486分,成为全球联网程度最高的地区。[2]依据有关资料,中国香港互联网渗透率在全球范围内排名第一,其智能手机的渗透率在世界范围内排名也占据第一的位置。依据权威组织eMarketer的预测,2016年,中国香港运用智能手机的人在总人口中占到69.8%,[3]而且其移动网络的用户也在快速增多。从纵向对比上看,我国互联网进程不断加深。依据我国互联网络信息中心(CNNIC)颁布的第41次《中国互联网络发展状况统计报告》可知,截至2017年末,网络覆盖率达到55.8%,与上年相比增

---

[1] Mary Meeker. 2016年互联网趋势报告.Code Conference.[EB/OL].(2016-06-12)[2018-05-15].https://blog.csdn.net/xiapinnong/article/details/51648489.

[2] 2016全球上网率排名:第一名居然是香港![EB/OL].(2016-05-13)[2018-05-15].http://www.sohu.com/a/75310396_223764.

[3] eMarketer:2016年香港智能手机普及率接近70%[EB/OL].(2017-01-07)[2018-05-15].http://www.199it.com/archives/553939.html.

长了 2.6%。中国互联网用户已高达 7.72 亿，新增加用户 4074 万，互联网用户规模在全球范围内排在第一位。①

表 8-1　2016 捷孚凯消费联网指数前十名 ②

排名	国家（地区）	指数得分
1	中国香港	1486
2	北美	1062
3	阿拉伯联合酋长国	995
4	挪威	988
5	德国	940
6	沙特阿拉伯王国	935
7	英国	916
8	瑞士	914
9	丹麦	906
10	瑞典	875

面对当前互联网所取得的成就，我们一方面为之欣喜，迫不及待地迎接数字时代的到来；与此同时，也必然产生忧虑，网络的发展让发达国家和发展中国家间、发达地区和贫困地区间的差距进一步增大。联合国有关组织在《2017 年宽带情况》报告中提到，截至 2017 年末，约占世界 48% 的人口在使用互联网。尽管如此，仍有 39 亿人无法接触互联网世界。③ 国际电信联盟发言人弗

---

① 中国互联网络信息中心. 第 41 次中国互联网络发展状况统计报告 [EB/OL].（2018-01-31）[2018-05-03].http://www.cac.gov.cn/2018-01/31/c_1122347026.htm.

② 2016 全球上网率排名：第一名居然是香港 ![EB/OL].（2016-05-13）[2018-05-15].http://www.sohu.com/a/75310396_223764.

③ The State of Broadband: Broadband Catalyzing Sustainable Development, September 2017[R]. Broadband Commission for Sustainable Development, 2017: 12.

格森-米切尔（Jennifer Ferguson-Mitchell）表示，预计到 2017 年底，发展中国家互联网渗透率将达到 41.3%，即便发展最落后的国家，网络的覆盖率也将提升到 17.5%。从图 8-1 中可以看出，在欧洲，网民占比达到了 79.6%，而在非洲地区只有 21.8% 的国民运用因特网，由此可知，两者间存在显著差距。互联网带来的不仅仅是报告中数字的差别，长此以往地区间政治、经济、社会发展等方方面面差距将越来越大。相反，互联网也有可能为世界上欠发达国家及地区的一次绝处逢生的机会，网络技术的应用极有可能缩小地区间的差距。

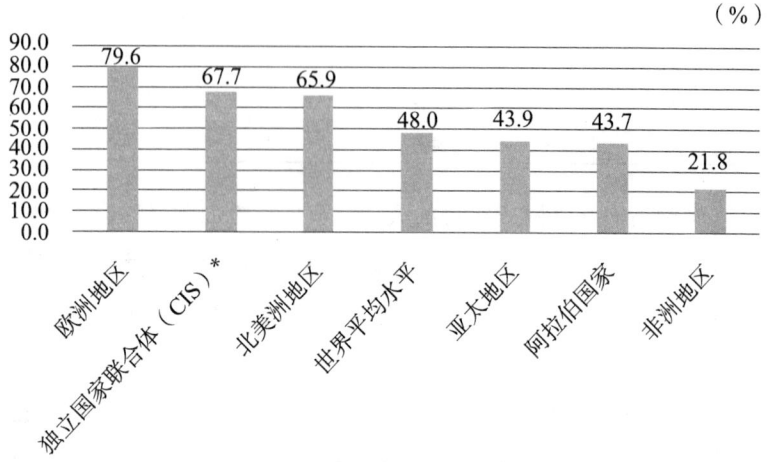

图 8-1　全球各地区网民占比（*表示为估算数据）[①]

因此，将互联网普及全球另一半人口是未来发展的重要议题，也是实现未来地球村的最大难题。目前妨碍网络发展的要素具体

---

① The State of Broadband: Broadband Catalyzing Sustainable Development, September 2017[R]. Broadband Commission for Sustainable Development, 2017: 12.

包含网络基础设施的缺乏、网络技术的落后、数字内容的匮乏、网络接入成本过高等内部因素，以及缺少政策支持、缺少市场投资、传统社会结构的束缚等外部因素。

立足于互联网服务供给者的维度而言，传统的互联网运营商（ISP）在贫困地区和偏远地区较难开展有关业务，而在网络覆盖率提升过程中发挥重要功能的恰恰是互联网科技公司。分析其成因，主要是这类地区的互联网输送体系很难建立、互联网基建工作难以开展。例如，在许多第三世界国家，固定电话并没有完全普及，这使家庭宽带的发展受到了严重的制约。此外，在一些偏远的荒野地区，无论是网络信号塔的搭建或是海底光缆的铺设，地面基站的建设始终是一件极其困难且耗费人力、物力的事情。传统的网络服务提供商在实现贫困地区及偏远地区的网络接入问题上显得困难重重。目前，互联网科技公司正通过不断的创新与探索，舍弃传统的建立地面基站的方式，尝试通过卫星技术、无人机技术等方式解决贫困及偏远地区网络接入的问题，立志通过"全球联网计划"为人类做出贡献。谷歌 X 实验室发起的气球项目（Project Loon）将带有通信设备、GPS 接收机、温控系统、太阳能电池等数字设施的高空超高压气球放到与地表间隔 20 多千米的平流层中，实现空中无线覆盖，向所辐射的地区提供网络连接服务。2017 年美国波多黎各受到飓风袭击，网络基础设施受到严重的损毁，当地通信基站修复期所需时间很长，正是谷歌的热气球保证了受灾地区网络通信服务的正常。到目前为止，谷歌的热气球已经在新西兰、南非等地成功试用，谷歌还尝试与斯里兰卡及肯尼亚等国家合作，不断推动网络覆盖面的扩大化。除了谷歌，脸书的创始人马克·扎克伯格将用"互联网连接每个人"当作企业未来努力方向，其还希望利用Aquila联网无人机项目将网络带给地球上的每一个人。与此同时，太空探索公司SpaceX利用微型卫星网络，通过向太空发射约4000颗微型卫星为地球提供新的网络通信技术。

立足于网络使用者终端的维度而言，移动网络的发展会有效推动互联网的普及。如果充分运用当前已有的移动通信设备，五年之后世界范围内因特网的覆盖率可以高达95%。[①]当前，智能手机的快速普及已经让许多欠发达地区的居民一跃成为移动互联网用户。一方面，手机与台式电脑、笔记本电脑等智能终端相比，价格相对较低，欠发达地区的居民比较容易接受，很多网民跨过网络时期直接步入移动网络阶段；另一方面，手机使用形式比较简单，操作更简便。欠发达地区的居民因为上网技能的缺失以及文化水平限制而放弃上网的人数较多，智能手机的出现能够帮助他们更好地使用互联网。最关键的是，移动网络为经济落后地区的群众带来了丰富知识、拓展视野的机会与平台。随着移动互联网的普及，欠发达地区将会迎来更为丰富的在线教育资源、娱乐资源、医疗资源等，移动网络也会逐渐改变居民思想理念、生活模式以及生存方式。比如，尼古拉斯·尼葛洛庞帝依托移动网络与智能终端为经济发展水平处于中等的国家的落后地区的孩子创立了"一个孩子一部平板"的项目，希望可以通过平板电脑里的学习类益智软件，为更多的儿童带来更好的教育资源，具有重大的社会意义。

---

① The State of Broadband: Broadband Catalyzing Sustainable Development, September 2017[R].Broadband Commission for Sustainable Development, 2017: 20.

近年来，发展中国家智能手机市场的集中爆发印证了移动互联网在推动全球互联网普及上发挥了极大的作用。2016年，非洲地区智能手机使用者已突破7亿人，是2000年的8倍多。[①]这样的增速在发达地区是无法实现的。在中国，移动网络的突飞猛进也让乡村网络用户的数量大幅增多。截至2017年底，国内乡村网络用户在网民总人数中占到27%，达到2.09万，与上年比较增多了793万，上涨4.0%。这主要是因为中国政府大力促进乡村移动网络的发展。2017年初，工信部在颁布的《信息通信行业发展规划（2016—2020）》中提到，要在十三五规划期间有效推动城乡无线互联网的协同发展，实现4G网络深度和广度的覆盖；2018年，中央一号文件《中共中央国务院关于实施乡村振兴战略的意见》中也囊括了推动乡村电商发展与乡村网络发展的部分，将大力建设具有广泛性的促进农村电子商务发展的基础设施、加快农村地区宽带网络和4G移动通信网络覆盖步伐等内容。

二、"在线"是世界的新大陆

伴随网络的逐渐发展，很多人进入了网络所打造的虚拟空间中。与现实世界相对应，人们在虚拟世界中工作、学习、社交、休闲、娱乐，不断地深入虚拟世界，甚至沉迷其中。因此，保持"在线"，是人们享受虚拟世界的前提也是未来互联网发展的趋势与方向（见图8-2）。

---

① 移动互联为非洲经济插上翅膀[EB/OL].（2016-02-16）[2018-05-16].http://www.xinhuanet.com/politics/2016-02/16/c_128721251.htm.

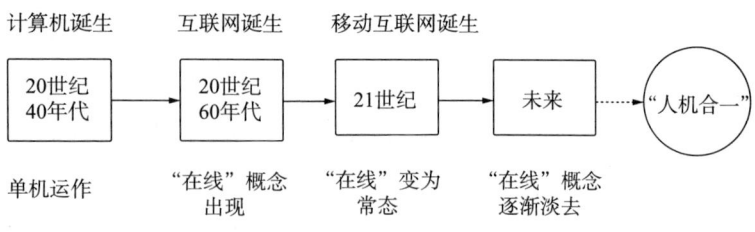

图 8-2 "在线"的演进

在互联网出现之前，信息革命改变了信息的处理方式，从模拟信息向数字信息发生了转变。电脑作为一种机器设备，在诞生的初始阶段，大幅提升了人们科学技算以及数据处理能力，但都仅仅局限于单机处理并不具备"连接"世界的功能，更不存在所谓的"在线"。正如微软公司推出的 Microsoft Office 办公软件，其主要满足的是办公室工作中的文本、表格、报告等单机应用场景需求，为此电脑的单机数据处理性能处于核心地位。

随后，互联网的出现使"在线"变为可能。网络把世界上的电脑有效连接，包含大范围的广域网、小范围的局域网和国际性网络——因特网等电脑网络。在这些计算机网络的背后，是通过专用线路被连接起来的各个企业、学校、政府等实体机构及个人。人们从现实世界逐渐向虚拟世界过渡，并开始有了"上网"的概念，开始积极探索线上的未知世界。人们的工作、社交、生活开始向线上转移，无论是 1999 年微软发布即时通信软件 MSN Messenger，还是同年腾讯 QQ 的推出，都为互联网用户打开了网络社交的大门，同时"在线"这个名词开始进入人们的视野，当用户需要与别人通过网络进行沟通时，唯有登录到通信程序中，维持"在线"的形态，才可以与对方相连。"在线"相对于"离线"而存在，计算机终端设备对保持"在线"的状态造成了很大的约束，用户只能坐在电脑前才能登录并使用即时通信软件，一旦离开电脑，远离了网络，便"离线"了。

21世纪，移动互联网的出现使人们突破了空间和时间的束缚，"在线"开始变为常态，并向持续"在线"的趋势发展。与互联网相比，移动互联网依托3G、4G、无线、地理定位系统等无线通信设施与形式实现了互联网的有效渗透。移动网络体现出方便性、交融性、移动性等显著特点，人们依托智能手机等终端设备保持随时"在线"，不用再担心因为"离线"会错过重要的信息或时效信息造成任何的损失。移动终端的便捷性使网络用户能够在任何时间、任何地点利用智能手机等终端设备来浏览网页、处理文件、与别人进行沟通等。PC端到移动端的发展特点可以从腾讯旗下的即时通信工具的迭代现象进行分析，QQ诞生于互联网初期发展时期，依赖于电脑PC端，腾讯试图将QQ注入移动互联网的因子再移植到手机终端，然而手机QQ并没有延续PC端的"神话"。2011年初，社交工具微信诞生，逐渐替代了网络时代应用率最高的社交程序——QQ。微信诞生于移动互联网时代，带有移动互联网的特性，从朋友圈、发红包、摇一摇到扫描二维码，微信的性能都是为移动互联网使用者量身定制的。微信与手机绑定成为与用户连接最为紧密的移动智能设备，在微信的设计逻辑里，用户保持长时间"上线"，一旦有信息便即时推送给用户。微信问世13个多月以后，使用者数量便高达1亿，而QQ运营了10多年才达到如此规模，截至2018年初，微信活跃用户数量已突破10亿。移动互联网改变了人类的生活方式，也在很大程度上提升了人们工作学习的效率，是当前推动社会经济发展的强有力的技术力量。

国内移动互联网用户数量不断增多,截至 2017 年末,我国移动网络用户数量已高达 7.53 亿,互联网用户中运用智能手机上网的数量从 2016 年的 95.1% 上升到 97.5%;另一方面,平板电脑、移动电脑、台式计算机的运用率都产生了较大程度的下降,智能手机上网处于核心位置,移动网络突飞猛进。另外,移动网络使用者持续增多,移动服务场景持续增多,移动数据量持续增大。比如,2017 年,国内即时通信使用者数量为 7.2 亿,其中,智能手机使用者为 6.94 亿,在总数中占到 92.2%;手机互联网消费用户数量高达 5.6 亿,在互联网消费用户总数中占到 67.2%;手机结算用户数量快速增多,为 5.27 亿,年度上涨幅度为 22.6%。①

将来,伴随科技的日益提升,增强现实、虚拟现实、云计算、大数据等新技术大量涌现。5G 的到来,不仅带来了高速率、大容量和低时延的新型网络,更开启了"万物互联"的智慧时代。随着智慧时代的到来,智能设备的应用场景将更为广泛,网络的终端设备不断迭代升级,与用户连接越来越紧密,人们将始终处在"在线"的环境中,"在线"的概念将逐渐淡去。智能手机作为移动网络时期最典型的终端设施,会被智能穿戴设施所替代。根据市场研究公司 IDC 的预测,未来 5 年间,可穿戴设备的出货量将从 2017 年的 1.132 亿上升到 2021 年的 2.223 亿,以 18.4% 的复合增长率增长。②其中以智能手环为代表,其在智能可穿戴设备中技术门槛相对较低,是目前应用最为广泛的产品之一,吸引了许多

---

① 中国互联网络信息中心.第 41 次中国互联网络发展状况统计报告 [EB/OL].(2018-01-31)[2018-05-03].http://www.cac.gov.cn/2018-01/31/c_1122347026.htm.

② IDC:可穿戴设备出货量预计在 2021 年翻一番 [EB/OL].(2017-12-23)[2018-05-17].http://baijiahao.baidu.com/s?id=1587540569974118328&wfr=spider&for=pc.

企业加入这一领域。智能手环除了具备智能手机社交、娱乐的功能之外,通常内置动态感应器,可以对用户行为进行监测,对人们日常生活中运动、睡眠以及饮食等数据进行收集,通常被应用于健康管理与健身追踪,例如 Fitbit 的智能健身手环,专为运动人士而打造,可以实时监测心率进行多种运动跟踪并具备来电及短信提醒功能,让用户运动的同时保持"在线"。比如,智能服装、智能眼镜等均是人们追求的目标。智能可穿戴设备淡化了虚拟世界与现实世界的界限,从演变趋势上看,可穿戴设备正越来越小,越来越智能,功能也越来越全面。将来或许会产生大量的植入型可穿戴设施,从根本上实现人与机器的有效融合。目前,市面上已经出现了用于医疗的可植入式穿戴设备,比如被称为"仿生脊髓"的 Stentrode,通过在大脑中植入火柴棒大小的智能设备,能够使瘫痪的病人遥控义肢,重新获得运动的能力。

将来的社会是现实空间和虚拟空间的融合,前者是后者的根基,后者会将前者进行无限拓展。人类通过智能设备自由穿梭在现实与虚拟之间,时间与空间再也不能限制人们的行为,人类将在网络的虚拟世界创造更多的可能。

趋势二:金融科技(Fintech)引领新生活方式

一、没有货币的未来社会

2017 年支付宝发布了别具一格的"全民十年账单"活动,除了极具传播性的表现形式之外,更是信心十足地公布支付宝用户已经达到 5.2 亿，尤其令人瞩目的是其移动支付占比达到了 82%，创下了历史的新高。[①] 国家互联网信息办公室颁布《数字中国建设发展报告（2017 年）》，显示 2017 年信息消费数额为 4.5 万亿元，移动支付达到 200 多万亿元，该数字在世界范围内居于首位。[②] 这样规模的数据深刻地说明了中国人的生活方式已经发了巨变，不带钱包，不刷银行卡，更不用现金已经逐步成为中国人的新生活方式，甚至引领了全球范围内科技与金融结合的浪潮。

  Fintech 这个词是由两个英文单词拼合而成的，分别是 Finance（金融）、Technology（科学技术），是指运用了科技手段并与传统金融有效融合或竞争的新型金融服务供给模式[③]，比如互联网金融、移动支付、P2P、密码货币（如比特币）等科技手段都是为了让普通大众以更便捷和低成本的方式获取金融服务。放眼全球来看，虽然世界主要的传统商业银行依然是消费者最重要的金融服务提供商，但他们已经不再是人们唯一的选择。金融市场上正不断涌现以科技手段武装自己的新产品与新服务，而且他们相比传统商业银行的手段往往更加受到普通消费者的青睐。传统商业银行作为支柱的三个关键功能：吸储、支付和放贷全部都受到了金融科技公司的挑战，现在人们已经能够从金融科技公司那里获取贷款，比如大量的互联网 P2P 公司。此外还可以将自己的存款放在支付宝的余额宝账户或是投资比特币等虚拟货币。虽然很多这些服务

[①] 新华社. 支付宝 2017 全民账单：全国 5.2 亿用户移动支付占比 82%[EB/OL].（2018-01-03）[2018-05-17].http://xinhua-rss.zhongguowangshi.com/13692/3853305355600415823/2928017.html.

[②] 国家互联网信息办公室. 数字中国建设发展报告（2017 年）[R]. 2018.

[③] Infinite Financial Intermediation[J]. 50 Wake Forest Law Review，643（2015）.

的后端仍然在使用商业银行的管道，但在不久的将来，我们应该能够看到完全不需要借助商业银行系统的金融机制。即便现在这些金融服务的后端依然依赖商业银行，但如果它们只能存在于后端，那么它们就将成为一个公共基础设施提供商，其价值将大打折扣。而金融科技企业可以提供创新的、有效的金融服务且和终端客户构建最为密切的关系。

展望将来，金融科技会给传统金融领域带来越来越广泛的影响。首先，各国政府一方面在对金融科技进行监管的同时；另一方面也在支持其不断地创新。比如英国政府为了促进银行与金融科技企业之间的合作，2016年启动了"开放银行"计划，要求英国大型银行与第三方机构共享消费者数据。欧盟2016年制定的《支付口令修正案》（Revised Payment Services Directive，PSD2），美国消费者金融保护局（Consumer Financial Protection Bureau）于2017年发布的金融数据共享9条指导意见，以及澳大利亚在2017年发布的《澳大利亚开放银行问题报告》[Review into Open Banking in Australia（Issue Paper）]等。可以看出各国采取的方式各不相同，但共同的核心目的是，通过金融数据共享，为金融科技企业营造了一个开放的数据环境，帮助第三方机构更好地为消费者提供金融理财产品建议，也辅助金融科技公司更有效地和传统资本组织展开合作和对弈。其实，人工智能将为金融科技带来令人震惊的创新。2017年10月，世界范围内首只运用人工智能软件的交易型开放式指数基金：AI Powered Equity ETF（AIEQ.US）诞生。AIEQ是由美国公司Equbot与ETF Manager Group合作推出，利用IBM超级计算机进行大数据处理，分析美国挂牌股票及企业财报、新闻等一系列相关信息，构建出金融模型，最终指导投资。

人工智能与量化投资的结合是金融与科技的又一完美结合，在人工智能的加持下，数据的分析能力更加强大，同时也避免了一些人为的情感因素所可能带来的投资失利，如 AIEQ 这样的选股机器人能在 24 小时内一直保持工作状态，不间断地带来收益。再次，无人商店，即是未来无货币生活的雏形。近几年，随着杭州、北京、天津等各大城市宣布正式进入"无现金城市"，中国已经开始向"无现金社会"的目标前进。无论是移动支付、个人转账还是涉及大家日常生活的水电缴费都向无现金的趋势转变。如今，无人商店和无人超市的横空出世，正引领了零售行业的新一轮变革，2016 年，亚马逊推出无人便利店 Amazon Go，但仅限内部测试使用；次年"缤果盒子"（BingoBox）正式在上海问世，其自称是世界范围内首款可规模复制的 24 小时无人售货店；随后，淘宝无人超市 2017 年 7 月揭开了其神秘面纱；2018 年"五一"期间，京东助力雄安新区建设的首个落地项目：京东 X 无人超市也正式出现在公众面前……身份识别、电子支付、自动结算、智能客服、商品检索、室内导航等，当前的无人商店集结了大量黑科技。在未来，人工智能、大数据、区块链、生物识别等技术，将为零售行业，乃至人们生活的各个行业产生巨大的颠覆。

二、区块链带来的新生活方式

正如互联网与人工智能技术一样，区块链被认为是下一个改变人们生活方式的全新技术，受到资本市场的热捧。区块链是以电脑加密算法为基础的去中心化分布型账本数据库，其体现出显著的去中心化、匿名性、开放性、去信任等特征，尤其是去中心化的特点解决了社会的信任危机,将对未来世界产生极大的影响。

从 2009 年比特币的出现,将区块链带入大众的视线,人们一直在探索区块链的更多可能。根据 2018 年 5 月国家工信部发布的《2018 年中国区块链产业白皮书》统计,截至 2018 年 3 月底,国内以区块链为核心业务的企业已有 456 家,[①] 已初具规模(见图 8-3)。[②] 其中,金融行业应用服务的公司数量最多,达到了 86 家,也印证了目前在区块链的探索中,金融领域是其运用最核心的领域。除了广为人知的虚拟货币之外,区块链技术还被应用于保险行业、证券行业、贸易金融、交易清算、征信、供应链金融等细分领域。

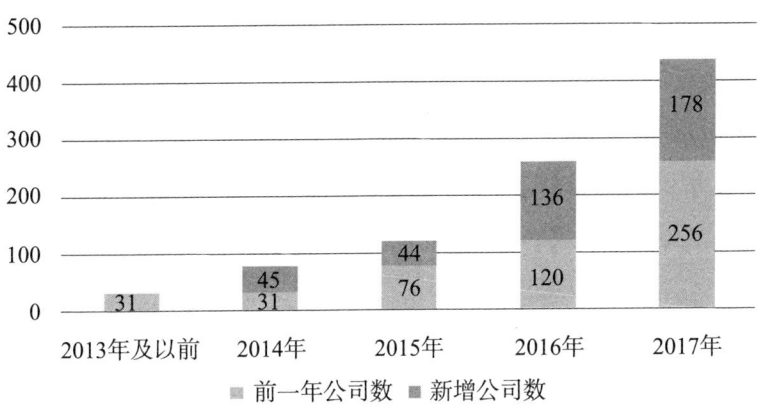

图 8-3　2013—2017 年中国区块链产业新成立公司数量变化趋势

[①] 数据口径:在国内正式注册并以提供区块链技术或者服务作为主营业务方向的公司,或整体业务基于区块链技术开发,不包括那些仅在部分业务领域应用区块链技术的企业,也不包括在部分产品上尝试使用区块链技术的 IT 服务或互联网公司。

[②] 工业和信息化部. 2018 年中国区块链产业白皮书 [R]. 2018.

比如保险业，区块链能够在风险管理、再保险等方面对企业业务的开展产生不可忽视的影响。首先，对于保险欺诈防范来说，欺诈者通常会就同一损失向多个保险人索赔。美国保险业每年要花400亿美元来防范欺诈。区块链技术通过分布式账本，有助于加强各保险公司的合作，无须中心化的系统也可以识别出整个体系中的欺诈行为。其次，对于损失与赔偿的界定，当前需要个人与保险公司多方进行谈判与协调，公司与公司之间存在诸多差异和主观性。利用区块链的智能合约，可以将具有分歧的纸质合约转化为智能合约，有助于计算机自动判断保障范围，而仅将特殊事件转交给人工审查。安联保险基于超级账本联盟将保单以区块链技术进行保存，简化了交易流程，自动化处理取代了无数的邮件往来。另外，区块链在保险业务方面、医疗险业务方面均起到不可忽视作用。

除了金融行业之外，各行各业也在不断尝试与区块链进行融合。与人们息息相关的健康产业发展所面临的最大瓶颈之一就是无法建立完整的健康图谱，数据的采集与分享涉及人们的隐私与安全，将数据交于任何第三方机构，人们都会产生质疑。而区块链应用正解决了这一问题，医疗机构可以在保持独立性的同时，构建完善的健康大数据，并将健康数据进行可靠共享。有着同样需求的是慈善事业，例如中国红十字会面对大众的质疑，尝试使用区块链技术，通过节点开放，让慈善工作的过程更加透明化。此外，食品安全是消费者最注重的一个问题，区块链还被应用在食品溯源上，确保了食物生产、包装、销售等全部流程的公开性与安全性，避免了不良商家对食品信息的篡改。

当前，区块链技术虽然在各行业的应用并不成熟，也没有应用区块链的大型企业诞生,然而伴随该项技术的逐渐成熟,其必定会给人们的生活带来翻天覆地的变化。

趋势三:从信息到数据,潜力加速释放

一、从信息到数据的进化

自 2013 年著名学者维克托·迈尔-舍恩伯格的研究成果《大数据时代》在世界范围内盛行开始,"大数据"一词频繁地出现在人们的视线中。近些年,大数据技术持续发展,其作用也逐渐被人们关注。

随着时间的推移,人们对数据的提取与利用经历了以下几个阶段。

第一阶段是从信息到数据的过程,计算机的出现大大提高了人们的数据处理能力与存储能力,信息时代的到来让人们开始有意识地进行数据分析。此时的数据所指代的是样本数据,具有非常大的局限性,通常统计学家利用随机采样的方式,进行抽样调查,再利用计算机对样本采样进行分析,分析结果的精确性依赖于采样的随机性以及执行者严谨的调查方式等多种因素,一旦稍有误差,结论可能完全相反。

第二个阶段是从数据到大数据的过渡。互联网的出现使海量数据应运而生,与随机抽样相比,无边际的大数据更具有普遍性的意义,同时大数据的信息采集量及采集速度远远超过人们的想象。百度作为国内最大的搜索引擎以每天 60 亿次的搜索量积累数

据,让百度变身为一家大数据为基础的科技公司。马云也曾表示,阿里巴巴本质上是数据公司,淘宝电商业务实际是为了获取零售及制造业数据。单单在2017年"双十一"狂欢活动中,交易规模便有1682亿元之多,物流交易数额达到8.12亿元。[1]阿里巴巴所拥有的消费者数据是一笔庞大的资产,也是其开拓其他业务有利的先决条件。在不远的未来,2020年全球数据总量预计将达到44个ZB,其中,我国数据量将达到8060个EB,占全球数据总量的18%。[2]作为大数据行业发展的前提,数据爆发式的增长将为大数据行业的发展带来更多的机遇。

数据规模是应用大数据技术的基础,然而对于数据的高效挖掘和分析才是该项技术的本质。目前,在数字经济大环境下,大数据已在多个领域得到广泛运用。在很多行业积极拥抱大数据技术的同时,也对该项技术提出了更高的要求。大数据因为拥有巨大的数据量,其精确性也会随之降低,这就需要对数据进行有效挖掘,提取出可靠信息。Geopath公司总裁基姆·弗兰克(Kym Frank)曾表示,大数据向可靠数据(responsible Data)进化是数据发展的必然方向。因此,在第三个阶段,大数据的规模已经不再是关注的重点,对于大数据进行有效的挖掘及分析才是大数据技术发展的核心。值得一提的是,经过缜密的分析,大数据对未来具有一定的预测性,这为人们带来了新的思考方式。例如,著

---

[1] 2017年中国双十一全网销售额、天猫、京东占比及天猫淘宝交易额分析[EB/OL].(2017-12-02)[2018-05-18].http://www.chyxx.com/industry/201712/588671.html.

[2] IDC:2020年全球数据总量预计达到44个ZB 我国占数据总量18%[EB/OL].(2018-04-25)[2018-05-18].http://www.cctime.com/html/2018-4-25/1377609.htm.

名的"谷歌流感趋势预测"事件，谷歌公司旗下的"谷歌流感趋势"（Google Flu Trends）项目团队在2009年通过分析谷歌搜索引擎累计的大数据，比美国疾控中心（CDC）提前两周预报了流感发病率。又比如电影票房预测上的应用，国内ABD爱梦娱乐公司为电影《后会无期》提供了大数据分析报告，为电影后期营销做方向性的指导。在社会治理方面，大数据也发挥了重要的作用，例如在农村每家每户安装电器保护传感装置，通过装置采集农户用电数据，能在异常情况下发出预警，同时将数据生成分析报告，评估安全系数，为农村的用电安全做了保障，也为农村电改提供了数据支撑。无论是谷歌对于流感的预测、电影票房的预测或是对农村安全用电的预判，都证明了大数据已经走进了人们的生活，为社会、为经济做出了贡献，也拓宽了人们思考的广度。

未来，大数据的发展趋势将与人工智能更好地融合，大数据技术将数据进行收集、处理与计算，而人工智能在大数据的基础上进行进一步开发和使用，可以说，大数据是人工智能发展的基石，也是人工智能深度学习的基础。目前，人工智能大多运用在智能管理、智能检索、图像辨识、遗传编程等领域，在这之中，计算机视觉、语音相关方面逐渐成熟。2017年，国内人工智能市场交易规模为216.9亿元，和上年比较上涨了52.8%，发展势头强劲。[1]百度在2017年4月发布了人工智能阿波罗计划（Apollo），在自动驾驶领域进行研究与探索。一方面，百度积极地吸纳以汽车厂商、网约车平台为主的合作伙伴，让他们参与使用自动驾驶

---

[1] 智研咨询. 2018—2024年中国人工智能芯片行业市场供需预测及未来趋势报告[R]. 2018.

解决方案，以此获得更多的数据积累，不断提升技术水平，实现技能突破的良性循环。另一方面，阿波罗项目希望建立一个开放的平台，将数据资源对合作伙伴进行共享，让学界、商界的专业人士都为阿波罗项目进步作出贡献，不断加速技术的创新。

二、走下神坛的大数据

曾经，作为新兴技术的大数据在普通人的心目中一直处于高高在上、遥不可及的位置，业内的专业人士也无法预测大数据究竟何时才能被大众广泛应用。如今，短短几年时间，大数据就已成为热门词汇，频繁出现在各种网站、报刊杂志上，逐渐成为一种大众普及的技术，走下了至高无上的科学神坛。

人们科学地看待且了解大数据是该项技术广泛应用的基础。面对数字时代的到来，有人欢呼雀跃地向智能社会张开双臂，随时做好了拥抱未来的准备，社会中的另一部分人却惶恐不安，好像大数据技术随时随地窃取着他们的个人信息并侵犯他们的个人隐私。这样的担心并不是毫无道理，脸书在2018年3月被美国《纽约时报》与英国《观察者报》联合曝光，其社交网站上超过5000万粉丝个人信息数据被"剑桥分析"（Cambridge Analytica）公司泄露并用于2016年美国总统大选，采用侧重目标用户发送有关消息的形式，对美国总统选举的结果施加影响。这些数据是"剑桥分析"公司通过一个应用软件收集的，用户登录脸书下载程序的过程中被窃取了个人信息及好友信息。除此之外，频频曝出的"大数据杀熟"现象、屡禁不止的广告骚扰电话以及GPS后台窃取用户地理位置的隐匿程序等，让人触目惊心。国家目前已经制定并出台了一系列法律规章制度，保证数据的合法利用和网民的信息安全。

对于大数据产业迅猛发展背后所隐藏的是个人信息外泄的隐患，人们一方面应加强对信息泄露危险的自我感知能力和自我保护意识；另一方面还应该积极看待数字技术的发展，肯定其对于现代经济社会发展的推动作用。了解是实践的前提，人们只有在正确认识大数据技术的基础上，才能充分享受大数据技术所带来的便利。目前，大数据已经渗透到出行交通、购物娱乐、生活缴费等与人们生活息息相关的方方面面。例如，电商网站淘宝的"猜你喜欢"功能就是根据消费者在淘宝网站上的浏览记录、商品收藏记录、购买记录以及搜索记录提取出的用户特征，再寻找相似的商品标签，针对消费者个人进行的定制化产品推荐。此外，最近走红的小视频 APP 抖音，背后的大数据与人工智能相结合的内容推荐算法，顺利解决了用户在很短时间情况下怎样选取浏览内容的问题。详细而言，抖音依据使用者浏览内容的喜好、频次等剖析出用户的个人习惯和偏好，经过机器学习用户兴趣之后，按照一定频率推送相似的视频内容推送给粉丝，其中加入人工精选的一些优质视频以免造成用户审美疲劳，这样的智能算法是抖音获得成功的重要因素之一。

如果说人们现在正沉浸在大数据技术带来的惊喜中，那么未来大众将从提供大数据的被动地位逐步向使用大数据的主动地位转变，将大数据变为人们触手可及的实用性工具。当前，因为技术限制、信息安全等的因素，大众很难有能力、有权限去采集别人的数据，个人采集的数据也无法形成大数据的规模。通常大众获取大数据的渠道有两种，第一种利用网络爬虫程序对特定的网页资源进行特定信息的抓取。比如曾经有网民利用爬虫收集了

3000万QQ用户数据，包含QQ号码、QQ昵称、QQ头像、QQ空间内容以及用户性别、生日、所在地等详细信息。并且利用QQ空间关键词抓取统计出最受QQ用户喜爱的手机品牌、QQ用户讨论最多的明星、QQ股民情感指数等十分有趣的结果。

还有一种模式是依托现有的数据公开平台，例如亚马逊公司旗下的AWS云计算服务平台、百度公司旗下的百度舆情与百度指数、基于新浪微博大数据的新浪微指数、腾讯旗下的微信指数等，以及一些细分领域的数据平台包括以移动应用指数为主的移动观象台、为创业投资服务的数据商IT橘子、以泛娱乐大数据为主的艺恩数据等。这些平台降低了大众使用大数据的技术门槛，从关键词搜索趋势、掌握用户画像、监测舆情动向到分析用户兴趣和需求、企业发展趋势、产品传播效果等，大数据实现了让每个人都成为"数据科学家"的梦想。

趋势四：从互联网到万物互联网

一、轰轰烈烈移动·悄无声息在线

从广义的角度看，移动互联网是指通过移动协议及设备，将手持终端接入互联网的一种联结方式。从技术角度理解，它是指以IP宽带技术为基础，可以提供数据与多媒体开放式业务的电信网络。从终端角度理解，它是由网络、终端以及应用共同构成的，借助移动网络，使用各类应用来实现信息查询和数据的传递。[①] 通

---

① 朱斌.浅谈移动互联网现状及其趋势[J].中国新通信，2015，17(23)：17.

俗化的理解,移动互联网比传统互联网在线程度更深的互联网。

谈及移动互联网的本质,主要包括四个方面。第一,链接人与人,即移动的社交应用。第二,链接人与服务,近些年兴起的一些商业模式很好地服务于人们的衣食住行,比如滴滴打车、美团外卖、58同城、航班管家等。第三,链接自我,也就是说通过移动互联网,用户能够更加深入地了解自己,充分感知到自己的身心变化。比如当前非常流行的运动手环、智能手表等移动可穿戴设备均能实现与移动互联网的链接,并且形成自身的相关数据,每个人都能通过这些数据了解到自己身体机能的情况,还能随即作出调整。第四,链接万物,简单理解就是万物互联的一个阶段,最终实现人与物的交互,物与物的交互。

根据国家统计局发布的数据显示,2017年我国移动电话的普及率上升到了平均每百人102.5部,移动宽带用户达113152万户,比上年增加了19077万户,移动互联网接入流量达到了246亿GB,同比上年增长162.7%。互联网上网人数是7.72亿人,使用手机上网的人数是7.53亿人,同比上年增长了5734万人。从这一数据可以预见到,未来移动互联网的发展一片向好,应用将更加广泛和纵深。①

第一,将来移动互联网会超越PC互联网。移动互联网会是互联网发展的未来,如今智能手机、平板电脑和电子阅读器等许多设备已经成为终端,在未来,微波炉、照相机和油烟机甚至眼镜等都有极大的可能成为终端,因此,移动互联网的发展潜力巨

---

① 国家统计局. 中华人民共和国2017年国民经济和社会发展统计公报(2018)[R]. 2018-02-28.

大。第二，打造大平台生态圈，拓展海外市场。未来我国的互联网企业将更积极地向海外市场拓展，把技术能力、服务能力和海外本土化需求相结合，打造大平台生态圈，实现更大的价值。第三，将不断带动智慧产业发展，有利于实现公共服务均等化。未来，我国民生领域将会加大移动互联网的普及和应用，通过数字化的方式将人和公共服务全面连接起来，大幅提升社会整体的服务水平与效率。第四，与实体经济深度融合发展。未来移动互联网将与工农业的融合进一步加深，并且与第三产业的融合将实现极大的跨越发展。

移动互联网真正带来的影响是让人们更加长时间的在线，使人们生活和工作的各方面更加便利。今后在移动互联网时代，将会持续打破传统的信息产业运作模式，同时形成新的运作模式，对于各行各业来说，这既是机遇也是挑战，各企业要积极适应市场变化，把握发展方向，积极调整发展战略，才能在市场上分得一杯羹。

二、不是物联网·是万物互联网

目前国内外对物联网的定义没有统一的解释，在国内较为认可的定义是：利用各种信息传感设备形成一个巨大的网络，最终目的是让所有物品都可以连接到网络，方便识别和管理，实现智慧化生活。在未来，这一巨大的网络使所有的物品都在线，因此称它为万物互联网似乎更加妥帖，换句话说，未来的社会不再有纯粹离线的东西，因此称其为万物互联网。

据业内预测，到 2020 年全世界物联网的产业规模将会达到 1

万亿美元,在未来五年内,年均复合增速为 23.4%。从我国的发展数据来看,2014 年我国物联网产业规模突破了 6200 亿元,与上一年相比增长了 24%,2015 年达到了 7500 亿元,与 2015 年相比增长了 21%。预计到 2020 年,产业规模将会达到 2 万亿,未来五年复合增速为 22%。① 由此可见,物联网有着极大的发展前景。

目前,物联网在人们的日常生活和工作中已经有了广泛的应用。具体来说,生活中与"智能"或者"智慧"相关的概念可以说都是物联网的应用场景,比如智能家居、智能手环、智能交通、智能物流、智能农业等,这些智能化设备为人们的生活和工作带来极大的便利,比如在一些交通条件和气候环境恶劣,位置较为偏僻的地方开采天然气、石油等会非常困难,许多开采企业就采用物联网技术对应的无人驾驶卡车,人们对这种卡车进行远程控制和远程通信,不需要再派遣工人进行实地作业,这样不但降低了运营成本,同时也减少了工程事故的发生率。

未来将会真正地实现万物互联,遍及各个领域,包括智能交通、环境保护、政府工作、智能家居、老人护理、敌情侦察和情报搜集等。对于未来物联网时代的一番理想图景,国际电信联盟的一份报告进行了很好的描绘:在行驶过程中如果司机操作失误,那么汽车将会自动报警;当主人上班或者出门忘带东西时,公文包会及时提醒主人;洗衣服时衣服会告诉洗衣机对颜色及水温的要求;如果货车超重装载,汽车就会及时告诉司机超载了并且告知超载量,汽车同时会告诉理货员轻重货怎样搭配最佳……这些

---

① 中文互联网数据资讯中心.2020 年全球物联网产业规模及设备数量预测[EB/OL].(2017-01-02)[2018-05-31].http://www.199it.com/archives/552560.html.

智能化的场景在未来都将会出现。

任何新事物的产生都不是完美的，万物互联也不是完美的，因为联网设备在目前存在许多安全隐患。从理论上来看，每个联网设备都可以说是一个危险源，都会成为黑客攻击的潜在目标。而且这些设备都包含有大量的隐私信息和数据，一旦数据被泄露，就会极大危害到用户的信息安全。比如说智能电表，通过它可以知道用户的用电量和具体哪些时段在家，这些信息如果被不怀好意的黑客利用，将对社会造成极大危害。整体来看，一旦整座城市都与互联网连接，危险系数也会随之加大。但是并不排除未来互联网安全技术会大大改善，届时万物互联的安全问题得以解决，人们的生活不受信息安全问题的困扰。

趋势五：互联网经济体

一、从工具到经济体的转变

经济体这一概念，起初是指在地域概念的基础上产生的国家或者地区经济的集合，但由于互联网具有时空和主体的泛在性特征，能够最大限度地实现资源配置、价值网络的集合以及跨越空间的经济集合，这就打破了实体地域的经济体概念。互联网经济以技术为外围，将资源、信息和市场等要素整合在一起，从而在全球范围内形成一个巨型经济体——互联网经济体。互联网经济体的构成从狭义上来讲包含互联网应用、服务、基础设施和设备制造四个部分，从广义上来讲，除了这四个部分外还包含被"互联网化"的实体经济。①

随着人们对互联网的认知以及应用的不断加深,互联网的角色也发生了相应的变化——从期初的工具到之后的基础设施以及到现在的经济体,都体现出了互联网在人们生活和工作中发挥着越来越大的作用。早期人们将互联网技术当成工具来使用,利用互联网发邮件、浏览信息、玩游戏等,这是作为工具使用的互联网。后来随着技术的进步,互联网不断推动新媒体传播和商业发展,特别是在这一过程中可以看到宽带、3G、4G的发展,尤其是苹果手机的出现以及云计算的大力发展,使互联网成为经济社会的基础设施。当这些终端和设施进一步普及,并且与经济进一步融合创新后,就开始出现一个覆盖全球的巨大的新经济体——互联网经济体,可以说互联网正在构造一个比工业经济更加巨大的经济体系。

互联网经济体的表现形式众多,它的崛起表现在人口规模、经济规模、经济形态巨变、技术突破、治理规则创新等多个方面。总结起来大体有四个方面的特征。

一是群集智能。这一概念来自鸟类和蜜蜂的启发,人们通过学习自然界发现,动物以一个统一的动态系统集体工作时,在做决策和解决问题时的表现会超越大多数的单独成员。这一过程在生物学上被称为群集智能。用在人类身上,群集智能是说众多行为简单的个体通过互联网相互沟通、相互作用过程中涌现产生的整体智能行为,营造出有利于小个体相互作用由此产生巨大影响

---

① 阿里研究院.增长极:从新兴市场国家到互联网经济体——信息经济前景研究报告(2013)[R]. 2013-05-09.

力的氛围。比如，Unanimous A.I. 的平台 Swarm AI 在网络上集结了很多用户，并且让他们登录一个可以相互回答问题的界面，相关研究人员提出问题以后参与者就把自己的答案放进一个圆圈内，在这一过程中很快就能达成共识，因为在这个集群中，每个个体都是可以互相影响的。在第89届奥斯卡颁奖典礼开始之前，Unanimous A.I. 集合了近50名电影爱好者群集预测大奖的归属，在16项预测中，Swarm AI 成功地预测中了12项，准确率高达75%。

二是社会化生产。互联网经济体打造了新的商业文明，以任务众包为例，众包的实质是人们共同合作，实现社会资源有效流动，共同打造社会商品，互联网的出现为外包双方的沟通提供了最有效的渠道，架起了沟通和协作的桥梁。比如每一架波音787客机的制造，它的发动机由英国罗尔斯-罗伊斯公司供应，碳纤维复合材料由罗马的阿莱尼亚公司，机翼前缘由美国俄克拉荷马州生产，舱门和方向舵由沈阳飞机工业公司提供……400多万个部件按照统一的标准，踏着统一的步点，在预定的时间陆续抵达西雅图的总装线。

三是权利分离。所谓权利分离，是指使用权和所有权之间的分离，在早期的人类社会，由于物质资源十分稀缺，所有权的概念伴随着对物品使用权的争夺而产生，当时拥有的含义就等同于使用权。在如今互联网时代下，由于复制信息非常方便，使其边际成本几乎为零，因此信息产品不再具有稀缺性，所以大大降低了所有权的重要性，它在人们心中不像以前那么重要了。在这种情况下，互联网经济体的特点便显现出来——使用权与所有权的分离。也就是说互联网经济体实现了低成本的跨地域沟通、降低风险的信用体系以及可以让渡的使用权，从而使更多的租赁行为取代了购买行为，在网络时代构建出了繁荣的分享型经济。人们逐渐放弃了传统的商品购买方式和服务，而是转向互联网上寻找和分享商品与服务，人们更乐于用这种新消费方式来满足自己的需求，同时实现自己的社会价值。

二、新兴的互联网经济体服务整个世界

互联网经济体所包含的互联网应用、服务、基础设施、设备制造和包含互联网成分的实体经济纵横交叉，以网状的服务形式服务于全球，对世界经济的发展和人们生活方式的改变产生了巨大影响。

首先，互联网经济体是对世界经济的重振和颠覆。一方面，互联网经济体下会创造新的经济发展模式。比如，建立在互联网基础上的共享经济模式为世界提供了新的经济发展模式，在不久的将来会形成全球性的共享经济，信息和资源的共享将大力促进资源利用率的提高，因此资源的高效利用也将会是全球经济发展趋势。另一方面，互联网经济体的发展会革新改造传统的经济模式和产业。比如，传统的金融服务业在注入互联网元素之后，使许多传统业务得到的全新的服务方式，网上银行的出现让人们免去了上街寻找营业厅以及排队等候的不便；远程教育可以使深处偏远地区的人们也可以接受到先进水平的教育，促进了教育公平等。

其次，除了对世界经济的发展产生巨大影响以外，互联网经济体同时对世界人们的生活产生了深远影响。比如电子商务、网上购物、移动支付、外卖服务、共享单车等，这些渗透到人们衣、

食、住、行的互联网应用已成为人们不可缺少的生活场景，在改变人们生活方式的同时影响了人们的思维模式和行为模式。特别是我国的共享单车已经走出了国门，为世界人民提供了便利，打通了世界人们出行的"最后一公里"，其中包括摩拜单车和 ofo 小黄车等在内的共享单车骑进了美国、英国、新加坡等国，与此同时国外企业也纷纷参考中国模式加入共享单车的竞争行列中，世界各国都在积极探索便民利民的经济模式。

未来互联网经济体对世界发展将会产生更大的影响。

第一，互联网经济体将成为全世界产业转型升级的重要助推器。在互联网经济时代，由于技术的不断发展和市场需求的变化，产业组织模式、服务模式和商业模式将实现全面创新，从而加速全球产业转型升级。

第二，互联网经济体将成为国际交流合作的全球最大舞台。互联网让世界变成了"鸡犬之声相闻"的地球村，互联网经济体同样可以让世界变成经济交流方便、交易便捷的地球村。在这个地球村里，不同国家、区域、民族、种族等的文化交流和业务会非常活跃，开启了一个新的经济外交时代。

第三，互联网经济体将成为国家之间进行对抗的新战场。目前全球许多国家都把网络空间看作继领土、领海、领空和太空之后的第五战略空间，因此未来互联网经济体将会更大限度地成为国家之间竞技对抗的最大工具和场地。网络世界是无国界的，并且受各国贸易政策壁垒的影响较小，因此在未来实现全球化的互联网服务将成为某一国参与国际竞争的重要利器。

第四，互联网经济体将会开启全球化信用社会发展的新篇章。在互联网经济体的发展过程中，各类经济活动会在网络空间中以数字形式保存下来，这使交易过程可溯、可治、可信。除此之外，个人和企业的信用信息将变得可实时化采集，信用将成为互联网经济时代最为宝贵的财富，基于信用的经济社会活动将更加全面和广泛。

三、第五大经济体有自己的诉求

如果把互联网形象地当作一个国家经济体，那么它将会是仅次于美国、中国、日本和印度的全球第五大经济体。2017年10月，阿里巴巴的创始人马云和CEO张勇分别写了一封致投资者信，信中提出要在2036年将互联网经济体建成全球第五大经济体，要解决全球的1亿个工作机会，为20亿的消费者服务，并且为1000万家中小企业创造盈利。阿里巴巴希望通过互联网经济体，让全世界的中小企业和年轻人享受到全球买、全球卖、全球付、全球运和全球游的乐趣，从而体会到科技进步为人们的生活和工作带来的创新和机遇。

就全球而言，互联网经济体的发展目前还在实践中，在这一过程中也暴露了一些不足。比如，在互联网服务——电子商务在发展过程中就存在着信用问题严重、商品标准难统一、假票据投诉多、知识产权意识淡薄等问题。具体地说，虚构网店销量和刷单等行为就是信用问题，2017年9月，我国"刷单入刑"第一案在杭州市余杭区人民法院公开宣判，刷单组织者李某某因犯非法经营罪被一审判决5年6个月，可见国家正积极努力解决电子商务发展过程中存在的问题。在互联网应用方面同样存在问题，比如作为全球第一代社交软件的脸书的数据泄露事件就产生了极大的社会影响，不少用户开始担忧自身数据的安全性，并公开表达了对于脸书的不信任态度，此事件甚至对整个社交软件行业产生了冲击。互联网经济体在发展过程中出现的诸如此类的问题还有很多，为规范其有序发展，或许全世界应该倾听并努力实现它的诉求。

第一，互联网经济体的发展需要新的思想理论。互联网经济时代面临许多工业经济时代形成的思想与理论的束缚，在工业经济时代形成的理论与政策工具，在此时就不一定有效。因此，互联网经济体时代的发展进步需要新的思想和理论作指导。

第二，世界各国需要高度重视互联网经济体对经济和社会发展的引擎作用，确定互联网经济体国家战略。互联网经济体的发展是世界潮流，没有任何国家可以置身事外，将其放置于国家战略的高度，创建和谐、公平的发展氛围，促进资源在全球范围内的流通，构建互联网经济体发展信用体系，实现互联网经济体又好又快发展。

第三，各国要加大对物流、宽带和云计算等信息经济基础设施的投入，进一步开放相关领域的市场和资源。没有基础设施的全球性普及，互联网经济的发展就很难在全世界进行推广。世界互联网经济体的发展需要各国以开放新思维指导各要素资源的流通，促进"地球村"的真正实现。

第四，相关专业人才的急需与企业人才管理制度的创新。就我国而言，互联网行业的不断发展，带来了各类相关人才的需求喷井，人工智能、共享经济近年一直热门，新零售、新商业开始走向前台，区块链、跨界并购成为新常态，全行业用人需求持续扩张，找到适合的人才固然重要，但是留住人才才是最重要的，为此企业需要探索具有长远意义的人才管理制度。以腾讯为例，它对人才的管理和服务主要体现在以下三个方面。一是以人为本。在互联网行业腾讯一直以高薪著称，人力资源部门每年都会对各岗位的薪酬水平进行调研，并在之后做出相应的调薪方案，使腾讯始终保持具有竞争力的薪酬水平。此外，腾讯还为员工提供各项生活福利，如各类免费运动场所、每晚保安会推着餐车将加餐送至员工办公桌前、返聘退休医生关心员工健康等。二是调动员工激情。为保证员工的工作战斗力，腾讯对组织架构进行了创新。主要采取游戏工作室模式，工作室就像一个小公司，每个工作室所拥有的用人权、考核权、财务权等权限与工作室成果和盈利状态正相关，这种模式有效解决了员工工作热情不足的问题。三是注重企业文化建设。由于腾讯的年轻员工占比较大，因此腾讯通过打造开放、平等和尊重的文化文化氛围来解决个性差异和融合问题。腾讯内部有一个实名制的乐问 BBS 平台，员工可以提出任何关于工作的问题，马化腾也会参与讨论过程，与员工一起集思广益。

趋势六：大规模协作走向主流

一、创造共享社会·零边际成本社会

李克强总理在《2017 年政府工作报告》中强调，必须支持和引导分享经济的发展，提高社会资源的利用效率，便利人民群众生活。更大限度地推动"互联网+"深入发展，让企业广泛受益、群众普遍受惠。① 可以看出，伴随时代的发展和科技的进步，共享

---

① 国务院 . 2017 年政府工作报告（2017）[R]. 2017-03-05.

经济的发展已经被提到了国家战略的高度，数字经济的发展更是将共享经济推上了数字化高速路，与此同时零边际成本社会特征开始出现并发展迅速。

美国思想家杰里米·里夫金的著作《零边际成本社会：一个物联网、合作共赢的新经济时代》中，就提出了零边际成本社会的概念。他认为在未来社会的发展过程中，通过社会的协同以及科技的进步就会共同打造出零边际成本社会，到时产品的边际成本无限降低，那么随之产品的市场价格就会趋近于零，也就是说在未来，随着生产和生活的自动化、数字化发展，将会出现由通信、运输以及能源三大网络相互融合而成的"超级物联网"，利用物联网人们可以对能源和实物进行直接生产和分享，并且通过大数据和算法的运用来提高生产力和效率，最终使生产和销售的边际成本降低到接近于零。

以互联网创业公司途家网为例，它是在2011年上线的全球公寓民宿预订平台，虽然只有七年的发展时间，但它已经超越全球性大型连锁酒店成为人们出行的必备选择，这主要是因为它能够以接近于零的边际成本，通过互联网把众多的业主、住户和数百万的潜在住客连接到一起。在这一平台上，公寓住户和业主把自己所拥有的的房间以远低于传统酒店的价格出租，而传统酒店由于日常管理费用以及运营成本很大，因此它与边际成本趋近于零的廉价短期租赁服务相竞争时，就会处于不利地位。再比如，零边际成本对图书出版也产生影响，当作家将自己的作品卖给出版商时，他获得的是预付款和未来的版税收入，而且经过编审、排版、印刷、发行、经销和零售等图书生产的各个环节读者才能拿到书，在这一过程中每一方的参与都会相应地提高交易价格，因此最后使得图书价格拔高。但是当图书的边际成本降低到接近于零时，就是另一番景象了。更多的作家会把自己的作品定价很低，绕过出版商、印刷公司、经销商和零售商环节，在互联网上免费发表。在这种情况下，营销和发行图书的成本就接近于零，并且电子书创作和发行的边际成本几乎也为零，所以届时作品价格就会很低。零边际成本现象已经在很大程度上打破了出版业、传媒业和其他许多相关行业的旧格局，将会有更多的信息以几乎零成本的方式提供给数十亿受众，人们的生活和工作将会因此发生翻天覆地的变化。

零边际成本社会即将来临，无论是企业还是个人都必须紧跟时代发展，才不至于被社会淘汰。因此，迎接零边际成本社会的到来，需要多方面的准备：第一，政府机构需要认清大势，加速转变经济发展方式，指导和引领即将到来的新一轮发展潮流。第二，传统企业需要加紧升级改造，对于旧有的落后管理体制加速改进，以便在新的发展浪潮来临之际可以实现利润的最大化，更好地与国际接轨。第三，各研究机构应注意了解国外最新的发展趋势，为我国的经济改革提出符合国情的建议。第四，广大的人民群众也要努力了解这个社会的发展趋势，认清自己在新型社会中的定位。

二、到底还有什么可以共享

当前共享经济的发展如火如荼，并且势头一片大好，其主要是因为随着我国物质文明和精神文明的更加丰富，大量闲置的东西都成为可共享的资源，并且当前互联网经济逐渐影响了人们思维观念，"所有权"的概念对人们来说并没有那么重要，人们乐于分享，并且共享更使人快乐；此外移动互联网技术使世界范围内的共享成为可能，借助于互联网，人们想分享任何可分享的东西。比如，共享单车、共享汽车、共享餐饮、共享住宿、共享充电宝、共享雨伞等，可以说共享经济的核心理念就是"使用，但不必拥有"。

共享经济的发展带来了巨大的经济收益并且带动了大规模的就业，改变了经济发展方式，并且在一定程度上节约了资源，降低了经济活动的环境损耗，因此，其市场潜力巨大。根据《中国共享经济发展年度报告（2018）》（以下简称《报告》）的数据显示，我国共享经济继续保持着高速增长，2017年我国共享经济市场交易额约为49205亿元，同比2016年增长了47.2%；该领域融资规模约2160亿元，同比2016年增长了25.7%。此外，2017年从事共享经济的工作人员也在不断增加，员工人数大约716万人，比2016年增加了131万人，占2017年城镇新增就业人数的9.7%，这意味着城镇每100个新增就业人员中有大约10人是共享经济企业新雇用员工。[①]

但也难以避免共享经济发展过程中带来的乱象：第一，缺乏完善的信用体系。当前社会信用机制和相关管理制度相对滞后，也缺乏清晰的行业标准，使共享经济在发展过程中出现失信问题，不利于其可持续发展。第二，某些共享经济形态的盈利模式尚不清晰，容易造成资源的浪费。比如，共享充电宝就出现了使用频率并不高，借还不方便，但还有许多同类共享充电宝产品跟风一哄而上，造成了资源的浪费。第三，安全问题，其主要包括用户

---

① 新华网.2017年我国共享经济市场交易额比上年增长47.2%[EB/OL].(2018-02-28)[2018-06-04].http://www.xinhuanet.com/money/2018-02/28/c_1122464006.htm.

的隐私安全和生命安全。某些共享经济公司在开展用户数据挖掘分析中可能存在的侵犯个人隐私,甚至通过泄露、倒卖用户数据牟利的隐患。比如,作为共享出行行业的两大巨头,滴滴和优步当下都饱受安全质疑,发生的一系列安全事件都使公众呼吁有效的行业整治。

可以说,这些方面的问题阻碍了共享经济的可持续发展。当前只是共享经济发展的初始阶段,发展模式还不成熟,未来还有很长的一段路要走,还有更多的资源等待着被分享。只有建立完善针对共享经济的监测统计评估体系,积极探索共享经济各细分行业的监管治理,切实加大对共享经济发展的法律、信用支撑,并且做好与共享经济发展相关的风险防范等方面的工作,才能为共享经济创造良好的发展氛围,从而开发出新的分享蓝海,未来,还有许多领域待分享。比如农业领域可以分享,未来我们每个人可能都会拥有属于自己的私家田园,农民在耕种时如果需要用到机械设备,也可以像如今叫网约车一样方便地叫来农用设备……这些农业领域的共享会对人们的生活和农业的发展带来积极影响。再有是养老也可以共享,"共享养老"把一家一户的个人养老和封闭式养老提升为集体养老和开放式养老,或者更贴切地说是社会养老,它使养老服务更精准、更高效,给老人提供更多养老便利,减轻家庭的养老负担。

除了这些领域,可能未来还有许多现在无法想象的领域可以共享。共享经济要打造的是一个共享的生活空间,最终实现生活空间的公平共享、互惠共享、效率共享、情感共享和艺术共享,也就是说为人们提供一种不分阶层、年龄、宗教、职业的均等化、扁平化、更加平视生命的共享生活空间,因而共享经济不仅是一种新的经济形态，也是一种新的价值观念，它有利于强化和提升人的道德伦理与信用意识，从而塑造出经济新形态下的社会规范与秩序，因此，共享经济的发展潜力依然很大。

三、工作方式从雇佣走向联盟

共享经济除了能实现车辆、房屋等有形资源的共享，更重要的是还可以实现人力资源的共享。这种在互联网经济时代即将产生的企业与员工之间的新型关系——联盟，是不同于二者之前的"雇佣—管理"关系的。对于联盟关系所包含的内容，世界最大的职业社交网站领英（LinkedIn）创始人里德·霍夫曼的作品《联盟》有着独到的见解，书中提出"可以把今后的雇佣关系看作一个联盟，而这份联盟相当于一个互惠协议，它是由独立的双方达成的、有明确条款的协议。它可以为管理者和员工双方提供建立信任、进行投资，最终建设强大企业和成功事业所需的框架。在联盟中，二者建立关系的基础是他们为对方增加价值的能力"[1]。这种更具自由度的人企关系成为未来发展潮流有其必要性。

第一，互联网时代的信息对称推动了这一变化。过去企业与个人更多的是雇佣关系，也就是说企业与劳动者签订一份劳动合同，劳动者通过在劳动时间内进行生产创造的工作为企业创造价值，而企业付给劳动者相当的工资来作为回报。在这种关系中企业占据主导位置，对员工有"定价权"，还可以规定员工的工作时间、内容和

---

[1] 搜狐网.互联网时代的人才变革[EB/OL].（2017-07-28）[2018-06-06].http://www.sohu.com/a/160486625_99950929.

强度。关系不断强化以后，员工会逐渐习惯于一个局部的零件化角色，专注于一个个细小的工作，慢慢地被机械化思维所禁锢，不利于员工个人的成长发展。当前由于互联网时代的信息更为对称，企业的边界定义越来越模糊，任何企业和人都可以通过互联网连接到他所需要的资源，不需要太过复杂的中间环节，这在一定程度上弱化了企业的组织结构，带给了企业内外的众多个体更自由的选择权，无论是企业还是个体都可以利用互联网获取更多能够把自身能力变现的渠道。企业可以通过众包的方式来完成一件事情或一个重大项目，不需要像以前一样雇用大批人力去从头至尾的生产。当企业走向更加开放和依靠更多外部力量时，原有的员工与企业之间的"雇佣—管理"关系随之也会变得不牢固。

第二，推动创新的必然结果。这种解释更加符合互联网经济时代下就业形势的发展，雇佣制下的员工，很大程度上受制于企业固有的管理机制，虽然减少了不可控风险以及确保了企业整体的平稳，但阻碍了员工个体发挥积极性和创造性。而且当今社会的就业者已经无法适应这种较为死板的管理体制，终身雇佣制这种传统模式非常适合经济形势稳定的环境，但是它对于如今市场瞬息万变的互联网经济时代来说太过于僵化。

第三，重建信任与忠诚的必要条件。在互联网经济时代，传统雇佣关系的弊端逐渐暴露，主要表现在传统雇佣关系建立的脆弱性以及不诚信。比如，当企业的业绩下滑时，为了控制成本，企业首先就会想到裁减公司员工，员工本是企业最宝贵的财富，但在公司遇到危机时反而成为替代性最强的资源，这是不利于企业长久发展的。而员工也是同样的想法，当企业在苦难期时会选择离开，有了更好的就业选择时会跳槽另谋高就，所以说传统的雇佣关系在互联网时代很难经得起考验。[①] 未来经济的发展更加需要可以相互信任、相互投资、共同受益的新雇佣关系，这样才能更好地支撑未来商业世界的持续发展。

在未来会有很大的可能出现"去雇佣化"，这意味着只要个人具有一定的才能，就不需要刻意寻找一个企业作为其所属单位，也不需要签署具有排他性质的劳务合同；而是可以围绕自身技能，就事论事，寻找真正适合自己的企业谈合作。这就是未来人企关系即联盟关系带来的极大便利之处。这种更具自由度的人企合作关系，具备以下几大特色。

第一，劳动者个体将成为一个自由独立的经济体。这就是说每个劳动者都可以独立地参与到全球分工经济体系中，避免了任何企业组织的常规化控制，有利于大大增强个体的议价权和自由创造力。第二，企业内部的员工也将会有更多自主权。共享经济在推动企业平台化和开放化趋势的同时，对于那些仍旧选择留在企业内部的员工来说，也将会是一次身份和角色的转变。第三，企业之外的个体将与企业成为合作伙伴，形成相互独立又相互支持的关系。共享经济之下，个体在企业提供的服务平台上释放个人能力，创造新的价值，二者实际上形成了一种不同于传统雇佣关系的更加平衡互惠的关系形态。

在共享经济不断发展的未来，企业的竞争力将不在于储备人才的数量，而在于能否在需要的时候在最快的时间内找到可供合作的人才。联盟关系下的企业为员工的活动提供了基础设施服务，

[①] 李宁.联盟，E时代的员工关系——助读《联盟：互联网时代的人才变革》[J].人力资源，2016（10）：88-90.

并且赋予了员工对等的职责权利,让个体的能量更充分地被释放,使个体的价值更准确地被衡量。

趋势七:互联网发展进入下半场

"互联网下半场"是互联网发展的一种新的论点。美团点评网首席执行官王兴作为"互联网下半场"论点的提出者,是基于这样一个判断:从互联网到"互联网+",意味着一个时代的结束,另一个时代的到来。[①]王兴认为,随着我国的经济发展进入新常态,互联网行业的发展也进入了新的阶段。在新的发展阶段中,人口红利给中国互联网行业带来的野蛮生长正在逐步消退,未来方向是做好供给侧结构性改革,转变中国经济的现有增长模式,摒弃过去的粗放式增长,不再简单追求 GDP 的增长,而更关注精耕细作带来的质的飞跃。

如果把视野放得足够长远,我们能发现,互联网对传统行业的渗透、改变甚至颠覆是不可逆的发展潮流,而移动互联网的到来让这个趋势来得更加凶猛,并对传统行业进行潜移默化的改造。互联网已经融进了社会、经济、政治、文化的各个角落。我们现在经历的生活,远非 10 年前乃至 5 年前可以想象:一个微信公众号就是一个媒体传声筒,一个微博就是一个发布平台,一个 APP 划分一个群体,一个网络热词就能定义一代人的特性,一部手机就是一个生产工具。陌生的人们变成挚友,是因为趣味相同而自发形成了聚合的社群,信息流通的渠道丰富、信息量的大爆炸,

---

① 吕本富.迎接"互联网下半场"(新论)[N].人民网—人民日报,2016-12-01.

多到让人不知所措……这意味着，在传统世界对信息的控制、传播和阐释的特权被瓦解之后，信息世界在按照去中心、去权威等方式进行重组，以此让人们获取、发布信息更加便利和容易。

互联网的跨界渗透已经是全球范围内不可阻挡的趋势，无论是思想、人体、物体，一切皆能连接，一切皆可互联。互联网作为将世界推平成地球村的巨型推土机，已经将世界联结为一个不可分割的整体。在互联网诞生之初，它的技术特性就决定了去中心化、开放、自由、平等、扁平化、合作共赢是互联网自身携带的根本基因，是构成互联网思维领域上层建筑的核心要义。互联网跨界渗透对各传统领域造成的冲击，体现了信息时代，互联网类似水一样无孔不入、滴水穿石的特性。而在未来，互联网行业与传统行业双向赋能将是大势所趋，线上线下的全面合作的铺开才是互联网下半场的核心内容之所在。

一、跨界融合，不分你我

2017年7月11日在北京举行的2017（第十六届）中国互联网大会上，多位政界、企业界人士对我国互联网的蓬勃发展给予了充分肯定。工业和信息化部部长苗圩就给共享单车点了赞，"过去的这一年以共享单车为代表的平台企业快速发展，不仅拯救了过去经营不景气的自行车行业，而且还推动了全社会绿色出行的实现"。[①]

互联网的发展，经历了从PC端到移动端的迅速进化。如今，

---

① 孙琳.与实体经济更趋融合 创新发展与安全协同并进[N].人民政协报，2017-07-18.

在移动互联网继续深化、创新的现状下,互联网下半场才真正拉开了大幕。在中国互联网发展的 20 年间,创造了无数的奇迹,同时刷新了很多人的传统思维模式。譬如,在物流行业,来自贵州的物流平台"货车帮",把几百万货车司机和 50 万货车车主集中到平台上。在过去,货物常是来时有货,回程空车,造成人力、能源的极大浪费。而现在,通过平台的智能配货,一年就能节省 500 亿元人民币的燃油费用。

在 A(人工智能)、B(大数据)、C(云计算),以及物联网、虚拟现实等新技术的加持下,新产业也在经历着不断进化的大趋势,互联网行业的发展也随之深化、深入,到了转型升级的关键下半场。特别要指出的是,互联网虚拟经济正在于传统实体经济进行着越来越紧密的合作,互联网促进传统产业转型升级,传统产业给互联网提供物质保障,两者互为补益,相互赋能。科技的迅猛发展,给传统产业送去了新的升级法宝,互联网的数字化、网络化、智能化,将给传统产业焕发出新的生命力。曾几何时,外国人对中国的贸易输出只停留在世界工厂的刻板印象中,而现在,另一个更加广阔的大门打开了,弯道超车往往发生在工业革命期间,但中国已经迎来了跨步飞跃式的历史机遇。

二、案例:无人超市

2017 年 7 月 11 日,阿里巴巴在上海新开的"无人超市"爆红互联网和各大媒体。有评论认为,这一销售新形式或许将对传统零售造成极大冲击。在中国,互联网的跨界融合已经进入新的阶段,无人超市的崛起就是一个鲜明的例子。

收银员,售货员通通没有,结账无须等待排队,全天开业不打烊，这就是无人超市。近来，无人便利店在北京、成都、西安、福州、广州、上海等地成为现实。截至2017年下半年，在全国进行技术测试的无人便利店有50个左右。在人力成本不断攀升的当下，无人超市陆续在国内多个城市开启线下实体化进程，优势就在于直接砍掉了一大笔的劳动力成本。同时，资本纷纷涌入无人超市领域进行迅速布局，也让很多评论认为无人超市将颠覆传统的线下零售，开启新的消费时代。

无人超市最核心的卖点，就是实现以秒计的智能化结算，让顾客购物不用再排长队，方便市民的购物生活，给市民带来实实在在的便利。或许，我们还可以憧憬在未来，以生鲜主打的无人超市会根据我们购物消费记录和习惯定时为我们配送准备相应健康食品，类似于我们小时候每天定时取牛奶一般。从健身房出来我们也会顺便从无人超市带一份属于自己的低碳水化合物便当回家。所以，无人超市未来的前途究竟会怎样，是启动新的零售时代，抑或只是资本逐利的游戏，还有待市场和消费者去检验。

三、线上线下达成和解，共存共荣

在中国互联网发展的时间线中，有几个先后发生的极具代表性的事件，向我们展示了互联网正在发生的状况以及未来发展趋势。

事件一：六年前的2012年12月，在中央电视台"中国经济年度人物"颁奖盛典上，阿里巴巴首席执行官马云与万达集团王健林就"电商能否取代传统的店铺经营"展开辩论。[1] 马云说："电

---

[1] 李敏宇.电子商务与传统商业模式的未来[J].现代商贸工业，2015，36（20）：15-16.

商不可能完全取代零售行业,同时告诉你们,是基本取代你们。"而王健林说:"10年后,如果电商在中国零售市场份额占50%,我给他一个亿,如果没到他还我一个亿。"① 这就是轰动商界的一亿赌局,也代表着电商和实体之间的正式宣战。

事件二:时间倒转到五年前的2013年12月。中央电视台"中国经济年度人物"颁奖典礼上,雷军公开宣称,5年内如果小米的营业收入击败格力,希望董明珠赔自己1块钱。② 董明珠作为强人企业家的代表自然毫不示弱:"1块钱不要再提,要赌就赌10个亿。"同王健林和马云的1亿赌局相似,尽管可能出于节目效果,两位杰出企业家的此番对战存有几分戏言的成分,然而,作为互联网独角兽代表的小米,以及制造业巨头的格力,分别代表着虚拟经济与实体经济两大阵营,他们之间的唇枪舌剑,依旧反映了两个阵营自信且互相不服的劲头。

事件三:转机始现。2015年8月7日,京东与永辉超市达成战略合作。京东以每股9元人民币的价格认购永辉超市新发行的普通股,交易总金额为43.1亿元人民币(约合7亿美元)。交易完成后,京东持有永辉超市10%的股权。③ 似乎是对京东入股永辉超市所做出的回应,3天后的2015年8月10日,阿里巴巴与苏宁云商宣布达成全面战略合作。根据协议,阿里巴巴将投资283亿元入股苏宁,占苏宁总股本的19.99%,成为第二大股东。④ 马云在演

---

① 阿里巴巴创始人 马云 [J].商场现代化,2013(18):26-31.
② 宋广玉.不比拼做大,比比做精做优如何? [N].南京日报,2015-02-12(A11).
③ 杨晨颖.联姻混战 [J].中国服饰,2015(09):62-64.
④ 渠道 [J].电器,2015(9):63.

讲中将两者的结合形容为"一场很了不起的婚礼",并称互联网公司和传统公司近年来都活得很辛苦,"合在一起就应该活得很好"。

事件四：2016年10月,马云首次在阿里云栖大会的演讲中提出新零售概念,并称"未来的十年、二十年,没有电子商务这一说,只有新零售"。以马云此番语惊四座的论述为起始点,新零售一词开始迅速升温。各大互联网平台、传统企业纷纷独自或联手推出新产品和新业务：阿里巴巴孵化新业态超市盒马鲜生、永辉的超级物种、腾讯领投两轮每日优鲜……线上与线下的联姻正式且全面铺开。

将如上四个事件联系起来,我们不难发现时间顺序中所包含的清晰发展脉络。短短六年时间,商界发生翻天覆地的变化。对立统一,成为互联网不断向前发展的内部动力。线上和线下,从最初谁也瞧不起谁、势不两立的激烈对抗,到双方逐渐意识到谁也离不开谁,线上和线下这对老冤家最终握手言和,走向和解。线上与线下的联合,不仅意味着互联网与传统企业更深层次的融合,更多诸如新零售这样的新业态、新模式也将随之出现。同时,在消费升级大背景下促成的业内大洗牌,也会重塑中国互联网产业的格局。

趋势八：跨境经济重塑全球经济格局

近年来,尽管贸易保护主义有抬头的迹象,但经济贸易的全球化依旧是不可阻挡的大趋势。在各国经济联系越发紧密的今天,以跨境电商为代表的新兴经济交流形式在重塑全球贸易格局中扮演了举足轻重的角色。跨境电商分为出口跨境电子商务和进口跨境电子商务，同时还具有全球性、无形性、匿名性、即时性、无纸化、快速演进六大特征。

互联网技术发展的进一步深入，使单点与单点之间、多点与多点之间的信息互换前所未有的畅通，这就为商用互联网的继续向外扩张如贸易交换、电子支付、跨境物流等提供了技术支撑。国内电商平台巨头已经不满足于趋于饱和、竞争格局渐定的国内市场，将视野扩展到了更广阔的全世界范围。大数据驱动在实操中的广泛运用，使国与国之间的物理空间、信息空间的界限就像被打通的"任督二脉"一样，使跨境电商贸易可以在国与国乃至区域与区域之间进行流通，逐步构建起了"跨境经济"的国际纽带。

我国的电商平台已经在跨境经济中有了相当成熟的实践，通过将电商平台拓展到海外市场，不仅实现了"卖全球"，也就是我国企业生产的产品和服务走出去，还实现了"买全球"，也就是通过引进国外产品和服务，提升整体品质，扩大消费。"卖全球"可以让我国国内的生产力得到更加彻底的释放和利用；"买全球"可以对国内的消费品市场进行有益补充。更为重要的是，建立起了国内外企业之间的交流交易，不论是我国企业出口商品到国外，还是国外企业商品进口到国内，这对双方互通有无、补充各自市场的不足都是有积极意义的。有规模、有平台的企业，通过输出管理模式、服务体系、基础建设，将能与对方国家的中小企业合作双赢，在不可撼动的经济全球化大趋势下实现共同的经济增长。在以互联网电商为主角的"跨境经济"的帮助下，世界贸易格局将被重构，并将持续对全球经济产生积极影响。

在互联网产业向更加纵深的领域渗透的背景下，互联网体现出越来越多的区域经济特点和产业经济特点。"互联网+"战略的兴起，为探索跨国经济的转型发展和激发国内外销动力提供了新的途径。"互联网+跨境经济"形成的崭新的经济走出去的发展思路，将同以往的贸易模式有着截然不同的发展路径。

2018年5月21日，国内知名电商智库——电子商务研究中心发布《2017年度中国出口跨境电商发展报告》。这份报告显示：在"一带一路"和"网上丝绸之路"带动下，2017年中国出口跨境电商交易规模为6.3万亿元，同比增长14.5%。[1] 报告对2017年中国出口跨境电商发展概况、融资现状、商业模式进行解读与分析，认为中国跨境电商的发展速度令人欣喜。另一份数据显示，2017年海关验放跨境电商进出口商品总额为902.4亿元，同比增长高达80.6%，飞速的增长率令人鼓舞。同时，从国家层面看，有关进出口政策在持续释放红利：国务院决定将跨境电子商务零售进口监管政策过渡期再次延长到2018年底；商务部等14个部委联合推动综合试验区进行经验推广。[2]

"互联网+"是未来程度更深的信息社会所必备的要素，它是一种思维观念，同时是一种新的经济生产方式，更是一系列在互联网技术下发展的逻辑系统以及操作方法论。[3] 我国的经济结构正处于转型升级和稳中有增的历史大背景下，社会也正在进行

---

[1] 杨俊峰.跨境电商连接网上丝绸之路[N].人民日报海外版，2018-06-12（005）.

[2] 电子商务研究中心.[EB/OL].2017年度中国出口跨境电商发展报告（2018-06-03）[2018-06-15].http://www.100ec.cn/detail--6452659.html.

[3] 李琪."互联网+区域经济"：破解区域经济发展难题的新模式——专访江苏银行董事长夏平[J].中国银行业，2015（11）:29-31.

着之前从未有过的革新和进化。经济新常态已经形成，国内各巨型企业在争夺客户和地盘的同时，经济走出去就成为符合大势、契合各方利益的必然之路。"互联网＋跨境经济"重新塑造了国家经济创新体系，也逐渐成为促进区域经济转型和传统产业升级的先导力量。在互联网经济蓬勃发展的大趋势下，"互联网＋跨境经济"的融合创新可以创造新的经济发展生态。

作为跨境经济的排头兵，跨境电商的特点在于使用互联网化的跨境贸易来调整产业结构、转变发展理念，给国家的整体经济运行注入强大的动力。目前，跨境电商已经在金融、物流、销售、仓储等领域给国外送去了管理经验与体系，取得了一定的成果。国内电商巨头已经不满足于耕种家门口的一亩三分地，开始积极打造全球化战略，"互联网＋跨境电商"将在更大范围内释放出更大的经济活力。

一、京东：打造网上"丝绸之路"

近年来，在"一带一路"倡议的大背景下，跨境经济合作的重要性越发凸显。仅在京东的电商平台上，就有超过50个"一带一路"沿线国家的商品通过电商平台进入中国。同时，中国商品也在源源不断销往俄罗斯、乌克兰、波兰、泰国、埃及、沙特阿拉伯等54个"一带一路"沿线国家。[①] 跨境电商领域目前还是一片"红海"，谋求与"一带一路"沿线国家加强战略合作，精心布局

---

① 杨俊峰.跨境电商连接网上丝绸之路[N].人民日报海外版，2018-06-12（005）.

海外电商市场,全力拓展国际"朋友圈"是各大跨境电商的竞争重点。

2017年,"京东售全球"业务正式发布,从此全球200多个国家和地区的用户都可在京东商城主站购买商品,并享受到京东的特色服务和快速物流,这标志着"618"已不再只是中国网民的年中狂欢,更成为全球消费者共同的节日。2018年6月6日,京东物流与哈萨克斯坦国家铁路公司宣布,在跨境物流、供应链网络构建等领域展开全方位深度合作。在此之前,京东已经连续两次发力跨境物流,分别是开通首趟中欧班列的电商物流专列,以及全面升级全球仓储网络,足见京东对跨境电商倾注的关注度和敏捷的执行力。

在"一带一路"倡议的支持下,京东不仅在努力开拓部分欧洲以及西亚市场,东南亚的巨大潜力也被京东慧眼识珠地发现。2018年6月15日,京东CEO刘强东参加在曼谷举行的第八届ACMECS经济合作组织峰会。刘强东在主旨演讲中表示,京东预计将在两年时间之内,把自身的电商、物流和金融业务覆盖ACMECS组织内所有国家,并在"一带一路"倡议的精神下,推动东南亚各国的经济数字化,提升各国人民的收入水平与生活品质。

随着数字互联网和移动互联网的发展,跨境电商已进入多种模式并存的成熟期。争取海外品牌进驻,是跨境电商巨头的争夺重点。全球巨头亚马逊的优势之一,正是大量著名品牌的进驻。京东正在全力发展海外直接采购业务。目前,沃尔玛全球官方旗舰店已高调入驻京东全球购,它旗下的高端会员制商店山姆会员店和英国超市品牌ASDA也与京东联手,前者入驻了京东商城平台,后者则选择了京东全球购。此外,京东全球购还与意大利中高档家电品牌"德龙集团"(De'Longhi)等展开了战略合作。

电子商务研究中心发布的《2017年度中国出口跨境电商发展报告》显示,中国跨境电商发展势头正盛,出口仍占主导地位。2017年,中国出口跨境电商交易规模为6.3万亿元,同比增长14.5%,出口跨境电商卖家品类主要分布在3C电子产品、服装服饰、家居园艺、户外用品、健康美容、鞋帽箱包等。[①] 当今,B2B和B2C两类是我国跨境电商平台的主要业务形式,阿里巴巴国际站、敦煌网是B2B类;全球速卖通、跨境通则属于B2C类。这些平台成为中国和全球中小企业的中介,有效促进了资源的全球流通。通过"网上丝绸之路",民间商贸往来在世界地图上构成的连接线日益繁密,形成了进一步扩大文化、商品流通,实现共同繁荣的交流支点。[②]

跨境电商平台在走出国门的过程中,有趣的现象发生了:很多"一带一路"沿线国家对于来自中国的电商平台展现出极大的兴趣,而他们最渴求的合作意向却是急切地想要学习数年来中国发展电子商务积累的成功经验,而并非将更多的本国商品出口到其他国家和地区。"一带一路"的周边国家没有必要从零开始,而是完全可以在中国发展电子商务的成功经验的平台上出发,省去了摸索的成本,免去了走弯路的可能性。中国的跨境电商发展理念,完美契合了我国"一带一路"倡议所强调的开放共享、合作共赢的核心要义。

---

① 杨俊峰.跨境电商连接网上丝绸之路[N].人民日报海外版,2018-06-12(005).

② 京东数据研究院."一带一路"跨境电商消费趋势报告[EB/OL].(2017-05-16)[2018-06-16]. http://www.chinanews.com/business/2017/05-16/8224972.shtml.

二、阿里巴巴：抢滩跨境物流

为了抢滩"一带一路"跨境物流，巨头阿里巴巴也不甘落后。比如，2018年4月，马云带领阿里巴巴与泰国政府达成系列战略合作。随后马云在5月31日的全球智慧物流峰会上表示，将投入千亿元建设国家智能物流骨干网，以期实现国内24小时送达、全球72小时必达的目标。菜鸟网络则宣布，联合中国航空、圆通速递并在全球最繁忙的货运空港——香港国际机场开工建造一个世界级的物流中枢，为实现全球72小时必达的承诺提供有力的物流支持。在稍早之前的2018年3月，菜鸟开通了杭州至莫斯科的首条电商专属洲际航线，加紧布局全球跨境电商物流体系。

三、跨境贸易趋势研判

跨境电子商务在推动全球贸易一体化、经济全球化的两个方面具有极其重要的国家战略层面的深层意义，是我国互联网经济走出去的重要支柱。对企业来说，跨境电商是一条不可多得的拓展海外市场的新路径，能够将国内优秀的包括文化产品、数字产品在内的各类商品介绍到国外去，在增强盈利能力的同时加强中国的国际影响力；对于消费者来说，不管是国外物美价廉的商品，还是中高端的消费品，跨境电商的出现都为消费者提供了另一条消费渠道，也是对一些国内没有的产品一个良好的补益。跨境电商不仅将国与国之间的经济连接起来，还使得"无国界贸易"成为国际贸易中的一个独特现象，与此同时，它也是下一波世界经济格局重塑中的竞争关键点。

在全球范围内来看,中国物流体系相对完善,相对领先,京东物流的"分钟达"已将服务时效提升到分钟级;伴随人工智能、大数据等技术的投用,已率先实现仓运配全流程的无人化……未来,京东物流可输出经验和技术,通过物流规划与工程、物流信息系统、物流设备及技术解决方案和物流运营管理四大产品体系,推动当地物流基础网络建设和服务能力提升。在不久的未来,我国跨境电子商务的发展趋势,是将从 B2C 转向更具发展前景的 B2B。

以前的跨境贸易主要依靠大型的跨国企业去实现,而跨境电商是一条基于互联网通道的"跨国贸易通道",对于上合组织成员国和"一带一路"沿线国家的小企业是以前从未有过的重大机遇。经济全球化和区域一体化是大势所趋。在新老成员国进一步磨合的同时,大力吸引观察员国和对话伙伴参与经济合作,扩大和国际经济机构的联系,拓宽合作范围,形成更加广泛的经济合作格局,可在实现自身利益的同时,为巩固多边贸易体制,促进全球经济繁荣作出贡献。①

2018 年以来,跨境电商碎片化、国际化趋势越发显著。除了大品牌积极与中国电商平台寻求合作外,外国老百姓对中国跨境电商的热心度已在不断升温。事实上,中国的跨境电商平台已经成为海外品牌进入中国市场的敲门砖。中国的电子商务发展时间不到 20 年,但已经建立起相当成熟的仓储、物流、分发、信用、支付的电商平台,面对日益饱和的国内市场,中国电商借跨境经

---

① 周武英.务实创新推进上合组织经济合作[N].经济参考报,2018-06-11(001).

济大势走出去成为必然之路。借助"一带一路"、上合组织的春风,有效输出成型的管理模式、品牌塑造、物流体系,拓展海外市场,重塑世界经济、金融、贸易格局,合作共赢一定是未来跨境经济发展的趋势。

趋势九:信息空间主导权争夺越演越烈

国际社会已经就信息空间的极端重要性达成了共识。网络空间现已成为领土、领海、领空和太空之外的第五空间,是国家主权延伸的新疆域。当前,全球正处于网络空间战略的调整和变革时期,多个国家调整信息安全战略,明确网络空间战略地位,并提出将采取包括外交、军事、经济等在内的多种手段保障网络空间安全。[①]2018年以后,争夺新一轮全球信息空间主导权的战争将持续发酵,谁的信息空间主导权掌握得更加全面,谁就在全球范围内拥有更具影响力的话语权。下面,我们将网络空间的主导权分为国际和国内两个角度,来对网络空间主导权的重要性以及趋势进行说明。

一、国际:掌握外宣主动权,塑造良好国际形象

国家形象能展现一个国家的综合国力,也是国家软实力的重要组成部分。随着我国工业、高科技、经济等硬实力的迅速提升,

---

① 侯云龙.全球网络主导权争夺烽烟骤起[N].经济参考报,2012-02-09.

如何向世界展示正面、积极、向上、符合实际的中国国家形象成为我们必须要面对的重要课题。提升中国的国际话语权，掌握外宣的主动权，在传播的方式方法上必须进行创新。在信息化时代全面到来的今天，互联网这一新兴媒介对于塑造和传播国家形象有着极为重要的作用。值得注意的是，互联网对于一个国家的国际形象而言，既可能是如虎添翼的翅膀，也可能被利用为抹黑唱衰的工具。至于怎样趋利避害，取决于如何去理解互联网传播的特性、特点，制定好互联网国家形象构建的策略和方法，在国际事务中敢于发声。这样进行多个维度的全面发力，才能使我国在国际形象的建立中占据主导权。

二、国内：扎实推进互联网文化治理

加强我国对全球网络空间主导权的掌控水平，最终还要将落脚点放在国内，必须要统筹、规划、制定、实施好我国的互联网络安全战略，建立健全网络信息的法律、法规、政策方面的安全审查机制，净化网络空间，营造风清气正的互联网文化氛围。

1. 密集整治不良数字内容

随着互联网，特别是移动互联网的深入发展，各类新型的互联网文化产品开始迅速涌现，政策、法规的相对滞后性使它们得以钻了监管的漏洞，制作、上传、传播了很多不良内容和信息，过度追求市场经济效益而罔顾社会效益的行为，发出了错误的价值导向，在社会上造成坏的影响，引起了老百姓的反感和抵制。相关监管部门发现问题后迅速跟进，及时制定出规范各类互联网数字文化内容的政策、法规文件，给传播违规内容的平台以震慑，还网络空间以清朗。

中国网络视听节目服务协会在2017年6月30日发布了《网络视听节目内容审核通则》，该《通则》进一步明确了网络影视行业的内容"红线"，规定了什么能拍什么不能拍。内容审核标准细化到"禁止渲染淫秽色情和庸俗低级趣味；禁止宣扬封建迷信，违背科学精神……有关封建迷信等题材网络影视作品应予以剪截、删除片段后播出；问题严重的，整个节目不得播出。"该《通则》一出，网络电影、微电影、影视类动画片、纪录片网络电影、网剧在内的多部不符合规定的网络影视作品应声下架，无法继续在市场上传播，促进互联网数字文化空间成为一个积极、充满正能量的精神家园。

2017年11月，有网友发布微博称，看到有14岁女孩的怀孕视频在快手平台上传播。自此，快手上的未成年"早孕"群体开始浮出水面，引发舆论强烈谴责。在被中央电视台点名批评"低龄未婚妈妈"与传播不良风气和不健康的视频内容之后，鉴于"快手""火山小视频"等直播短视频平台利用互联网传播涉未成年人低俗不良信息，社会舆论反映强烈，国家网信办于4月4日依法约谈"快手"和今日头条旗下"火山小视频"相关负责人，提出严肃批评，责令全面进行整改。[①]

互联网绝非法外之地，数字平台的任何行为都需要符合法律、道德的规定。互联网文化企业主体要有社会责任感，努力去完善管理筛查机制，建立健全旨在保护未成年人的体制体系，用正确的价值观和正能量践行到内容创作和管理中，积极弘扬社会主义

---

① 国家网信办约谈两家直播短视频平台[J].中国报业，2018(07)：97.

核心价值观，这些才是互联网数字平台应当也必须承担起的社会责任。

2. 将数字核心技术牢牢掌握在自己手里

墨子号量子科学实验卫星于 2016 年 8 月 16 日 1 时 40 分，在酒泉用"长征"二号丁运载火箭成功发射升空。此次发射任务的圆满成功，标志着我国空间科学研究又迈出重要一步。[①] 首先，"墨子"在建立量子通信网络方面有巨大的价值，它的任务是星地高速量子密钥分发实验，进行广域量子密钥实验，以发展量子通信技术，构建广域乃至全球范围内绝对安全的量子通信网络体系。从量子通信技术应用的角度来看，量子通信有着无可比拟的高度保密性和不可窃听性，无法干扰、无法破解的特性，将为我国在金融、军事、政治、经济等领域都提供绝对安全的通信传输服务，这将对国家的通信安全产生不可估量的重要价值。

截至 2017 年，我国网民规模达到 7.72 亿，普及率 55.8%，超越全球平均水平 4.1 个百分点。巨大的人群和巨量的使用率生产出了海量的数据，这些数据经过挖掘分析后进行合理运用，可以挖掘出巨大的经济价值。更为重要的是，大数据的安全已经上升为国家层面的问题，它的影响正在深入国家安全的各个方面。2018 年，脸书爆出了隐私泄露丑闻，震惊世界。类似网络数据泄露事件体现出了大数据安全的极端重要性。在以前，全球重要的大型数据中心都集中在美国这样的发达国家，各个国家产生的大量数据被存储在那里，数据安全无从谈起。但如今，被称为中国"大数据硅谷"的贵州省开始引起了全世界的注意。

---

① 郝鹏. 坚持党的领导 央企呈现四大变化 [J]. 军工文化，2017（11）：12-14.

在中国，谈大数据已经离不开贵州。由于气候适宜大型设备运行、劳动力价格低廉、政府大力扶持、较低的土地价格等优势，使贵州从一个旅游业为主导的省份迅速崛起成为全国的大数据省份。目前，作为中国首个大数据综合试验区的贵州，在全球合作伙伴越来越多，苹果、高通、微软、阿里巴巴、华为、腾讯等国内外互联网巨头扎堆入驻贵州。一批高成长性大数据企业快速发展，并培育形成一批新业态、新模式企业。贵州大数据产业在发展当地经济，造福人民生活的同时，也把数据安全这个命根子紧紧握在了自己手里。

参考文献

一、普通图书

1. 彼得·蒂尔，布莱克·马斯特斯．从0到1开启商业与未来的秘密［M］．高玉芳，译．北京：中信出版社，2015．
2. 尼古拉斯·尼葛洛庞帝．数字化生存［M］．胡冰，范海燕，译．海口：海南出版社，1996．
3. Landry, C. The Creative City: a Toolkit for Urban Innovation［M］. London: Comedia and Earthscan Publications, 2000.
4. 赵大伟主编．互联网思维独孤九剑［M］．北京：机械工业出版社，2014．

二、科技报告

1. 阿里研究院．增长极：从新兴市场国家到互联网经济体——信息经济前景研究报告（2013）［R］．2013-05-09．
2. 艾媒咨询．2016—2017年自媒体行业发展研究报告（2017）［R］．2018-04-12．
3. 艾媒咨询．2017—2018中国在线直播行业研究报告［R］．2018-01-25．
4. 工业和信息化部．2018年中国区块链产业白皮书［R］．2018．
5. 国家互联网信息办公室．数字中国建设发展报告（2017年）［R］．2018．
6. 国家统计局．中华人民共和国2017年国民经济和社会发展统计公报（2018）［R］．2018-02-28．

7. 携程定制旅行.旅游3.0：2017年度定制旅行报告（2018）[R].2018-04-26.
8. 智研咨询.2018—2024年中国人工智能芯片行业市场供需预测及未来趋势报告[R].2018.
9. 中国互联网络信息中心.第41次中国互联网络发展状况统计报告（2018）[R].2018-01-31.
10. 中国通信院.2017年中国人工智能产业数据报告2018[R].2018-02-27.
11. 中国信息化百人会.2017中国数字经济发展报告（2018）[R].2018-03-25
12. 中国音像与数字出版协会.2017年度数字阅读白皮书（2018）[R].2018-04-22.
13. 中国音像与数字出版协会游戏工委.2017年中国游戏产业报告（2017）[R].2017-12-19.
14. The State of Broadband: Broadband Catalyzing Sustainable Development September 2017 [R].Broadband Commission for Sustainable Development, 2017: 12.

三、期刊中析出的文献

1. 迎接"互联网+"时代[J].中国建设信息，2015（6）.
2. 陈永伟.数字经济时代，数据是怎样一种关键要素？[J].商业观察，2018（1）.
3. 邓荣，黄菊.OpenStack all-in-one云平台的搭建[J].数字技术与应用，2014（10）.
4. 高原.国机集团"走在通向世界一流企业"的全新征程：再过20年会是什么样子？[J].中国机电工业，2018（2）.
5. 国家网信办约谈两家直播短视频平台[J].中国报业，2018（07）.
6. 郝鹏.坚持党的领导　央企呈现四大变化[J].军工文化，2017（11）.
7. 何深静，刘玉亭.邻里作为一种规划思想：其内涵及现实意义[J].国际城市规划，2005，20（3）.
8. 互联网大佬们的焦虑事[J].福建质量管理，2014（Z3）.
9. 姜红德.互联网迎来DT创新的大时代[J].中国信息化，2015（8）.

10. 李国宏.互联网思维对现代企业公关的启示［J］.公关世界，2015（12）.
11. 李文明，吕福玉."粉丝经济"的发展趋势与应对策略［J］.福建师范大学学报（哲学社会科学版），2014（6）.
12. 李雪松.雷军的"七字真言"还灵吗？［J］.互联网经济，2015（12）.
13. 梁俊毅.人工智能的发展及其认知意义［J］.大众科技，2011（3）.
14. 廖建文.撬动企业的商业生态圈［J］.商业文化，2016（9）.
15. 刘曦子，陈进，王彦博.互联网金融生态圈构建研究——基于商业生态系统视角［J］.财政金融，2017（4）.
16. 秦宇霞.互联网思维下的应用文写作教学［J］.湖北经济学院学报（人文社会科学版），2015（11）.
17. 宋延庆."黑马"会否引起"黑天鹅"［J］.城市开发，2014（6）.
18. 田丽.各国数字经济概念比较研究.经济研究参考［J］.2017（40）.
19. 王生金.平台企业商业模式的本质及特殊性［J］.中国流通经济，2014（8）.
20. 吴军.流动的逻辑：解读创新创业者大城市聚集动力［J］.城市发展研究，2016（8）.
21. 新芽.你必须知道"互联网思维"的18条法则！［J］.信息与电脑（理论版），2016（20）.
22. Infinite Financial Intermediation［J］.50 Wake Forest Law Review, 643（2015）.

四、报纸中析出的文献

1. 陈杰.在线旅游"平台化"趋势明显［N］.科技日报，2015-04-22.
2. 打造中国数字经济增长极［N］.人民日报海外版，2018-05-23.
3. 范周.文化为核，娱乐为表［N］.社会科学报，2018-05-31.
4. 范周.文化消费助推发展方式转变［N］.中国社会科学报，2011-11-09.
5. 吕本富.迎接"互联网下半场"（新论）［N］.人民网—人民日报，2016-12-01.
6. 孙琳.与实体经济更趋融合 创新发展与安全协同并进［N］.人民政协报，2017-07-18.

7. 涂子沛. 柳传志的"看不懂"和变动时代新常态［N］. 经济观察报，2014-10-13.
8. 杨俊峰. 跨境电商连接网上丝绸之路［N］. 人民日报海外版，2018-06-12.
9. 俞陶然.《纸牌屋》背后的大数据应用——"2014科技前沿"系列之一［N］. 解放日报，2014-02-24.
10. 翟兴波. 我国文化消费的潜在规模为4.7万亿元［N］. 湖北日报，2016-03-15.
11. 张永生. 慕课：共享优质教育的新方式［N］. 安徽日报，2018-01-30.
12. 赵乐新. 廊坊日报社：融合驱动实现双效兼收［N］. 中国新闻出版广电报，2018-04-10.
13. 周南焱. 大数据分析运用到电影产业环节或将产生深刻影响［N］. 人民日报，2013-07-04.
14. 周武英. 务实创新推进上合组织经济合作［N］. 经济参考报，2018-06-11.

五、电子文献

1. 2017年中国双十一全网销售额、天猫、京东占比及天猫淘宝交易额分析［EB/OL］.（2017-12-02）［2018-05-18］.
   http://www.chyxx.com/industry/201712/588671.html.
2. 2017年中国网民达7.51亿网游用户4.22亿［EB/OL］.（2017-08-08）［2018-06-28］.
   http://games.qq.com/a/20170808/036924.htm.
3. CNNIC发布第41次《中国互联网络发展状况统计报告》［EB/OL］.（2018-01-31）［2018-05-03］.
   http://www.cac.gov.cn/2018-01/31/c_1122346138.htm.
4. IDC：2020年全球数据总量预计达到44个ZB我国占数据总量18%［EB/OL］.（2018-04-25）［2018-05-18］.
   http://www.cctime.com/html/2018-4-25/1377609.htm.
5. IDC：可穿戴设备出货量预计在2021年翻一番［EB/OL］.（2017-12-23）［2018-05-17］.
   http://baijiahao.baidu.com/s?id=1587540569974118328&wfr=spider&for=pc.
6. 陈磊. 迅雷CEO陈磊：互联网思维会害死很多传统企业［EB/OL］.（2015-

07-06)[2018-04-09].

http://www.askci.com/news/chanye/2015/07/06/85958bsgz.shtml

7. 陈有勇，王怀秀.互联网时代的微创新.[EB/OL].(2015-12-07)[2018-05-17].

http://theory.people.com.cn/n/2015/1207/c49154-27895525.html.

8. 传统的旅游和跨界产业融合，会产生怎样的"化学反应"？[EB/OL].(2017-06-29)[2018-05-23].

http://www.ocn.com.cn/touzi/201706/spsrv29120619.shtml.

9. 戴一鸣.维持性创新与颠覆性创新.[EB/OL].(2017-09-06)[2018-05-17].

http://www.795.com.cn/wz/34277_2.html.

10. 冯倓秋.2017中国文化产业系列指数发布：90后已成文化消费主力军[EB/OL].(2018-01-19)[2018-04-20].

https://www.sohu.com/a/217741802_114988.

11. 郜亚会，林起劲.深度解读腾讯的泛娱乐战略[EB/OL].(2016-03-11)[2018-05-01].

http://www.360doc.com/content/16/0311/17/30659864_541369633.shtml.

12. 国家政府网.国务院关于印发新一代人工智能发展规划的通知[EB/OL].(2017-07-20)[2018-05-12].

http://www.gov.cn/zhengce/content/2017/07/20/content_5211996.htm.

13. 焦定坤.艾瑞咨询：2017年中国微商行业研究报告[EB/OL].(2017-05-04)[2018-04-13].

https://www.sohu.com/a/138211547_313170.

14. 李海波.4年估值过百亿，占音频市场73%份额，喜马拉雅超速增长的底层逻辑[EB/OL].(2017-10-25)[2018-05-07].

https://www.sohu.com/a/200141473_720186.

15. 刘瑾.我国数字阅读行业市场规模达152亿元行业供需同步增长[EB/OL].(2018-04-17)[2018-04-27].

http://www.sohu.com/a/228498925_267106.

16. 马化腾：看不懂互联网的人最可怕[EB/OL].(2014-01-06)[2018-05-17].

http://shanghai.3158.cn/info/20150511/n18264102319477.html.

17. 人民网.2017年我国居民人均可支配收入同比实际增长7.3%[EB/OL].(2018-06-15)[2018-06-17].

http://news.cnr.cn/native/gd/20180615/t20180615_524271635.shtml.

18. 人民网.文创产业现爆发式发展 数字艺术人才缺口将达百万[EB/OL].(2017-04-28)[2018-06-05].
   http://finance.people.com.cn/n1/2017/0428/c153179-29243255.html.
19. 人民网.优化文化产品供给促进文化消费快速发展
20. 搜狐财经.发改委加快推进"宽带中国"战略 缩小城乡数字鸿沟是着力点[EB/OL].(2017-12-08)[2018-06-06].
   http://www.sohu.com/a/209238673_115124.
21. 搜狐财经.上亿90后要在这里赚"13薪",闲鱼把二手市场做成了社区[EB/OL].(2017-03-30)[2018-05-28].
   https://www.sohu.com/a/131109772_635114.
22. 搜狐财经.我国网民规模达7.72亿!全年共计新增网民4074万人[EB/OL].(2018-01-31)[2018-06-06].
   http://www.sohu.com/a/220113079_114960.
23. 搜狐网.《2017年度中国数字阅读白皮书》发布:2017年我国人均阅读电子书10.1本[EB/OL].(2018-04-15)[2018-04-22].
   http://www.sohu.com/a/228319235_119038.
24. 搜狐网.《二十二》1.7亿收官,北美公映获100%嘉许,知名外媒直言感动![EB/OL].(2017-09-13)[2018-05-07].
   http://www.sohu.com/a/191798236_828031.
25. 搜狐网.阿里95亿美元收购饿了么,一文看懂马云的商业逻辑[EB/OL].(2018-04-02)[2018-05-17].
   http://www.sohu.com/a/227018369_675473.
26. 搜狐网.互联网时代的人才变革[EB/OL].(2017-07-28)[2018-06-06].
   http://www.sohu.com/a/160486625_99950929.
27. 搜狐娱乐.王菲VR演唱会走音 直播2149万人观看![EB/OL].(2017-01-03)[2018-04-26].
   http://www.sohu.com/a/123299968_534559.
28. 腾讯深网.知乎"快走":从流量变现到实现用户价值商业闭环[EB/OL].(2018-04-23)[2018-05-24].
   https://www.pintu360.com/a51023.html.
29. 新华社.支付宝2017全民账单:全国5.2亿用户移动支付占比82%[EB/OL].(2018-01-03)[2018-05-17].
   http://xinhua-rss.zhongguowangshi.com/13692/3853305355600415823/29

28017.html.

30. 新华网.2017年我国共享经济市场交易额比上年增长47.2%[EB/OL].（2018-02-28）[2018-06-04].
http://www.xinhuanet.com/money/2018-02/28/c_1122464006.htm.

31. 新华网.ofo小黄车狮城庆百日情缘　国际化脚步加快［EB/OL］.（2017-05-25）［2018-04-27］.
http://www.xinhuanet.com/world/2017/05/25/c_129618795.htm.

32. 新民网.乐视视频开年祭出重拳　发布全新品牌主张"就视不一样"［EB/OL］.（2017-02-16）［2018-04-30］.
http://shanghai.xinmin.cn/latest/2017/02/16/30838863.html.

33. 移动互联为非洲经济插上翅膀［EB/OL］.（2016-02-16）［2018-5-16］.
http://www.xinhuanet.com/politics/2016-02/16/c_128721251.htm.

34. 盈灿咨询.3月众筹月报：14家平台倒闭　筹资额增长23%［EB/OL］.（2018-04-09）［2018-04-15］.
http://www.sohu.com/a/227702702_319643.

35. 智研咨询.2016—2022年中国社交媒体市场运营态势及发展前景预测报告［EB/OL］.（2016-05-12）［2018-10-25］.
http://www.chyxx.com/industry/201605/415536.html.

36. 中国产业经济信息网.2017年我国社会消费品零售总额达到36.6万亿元［EB/OL］.（2018-03-31）［2018-04-08］.
http://www.cinic.org.cn/xw/tjsj/427770.html.

37. 中国腾讯用户覆盖率高达94.6% 完胜百度和阿里［EB/OL］.（2016-02-21）［2018-05-03］.
http://news.17173.com/content/2016-02-21/20160221080243507.shtml.

38. 中国文化传媒网.2016年中国音乐产业总规模3253.22亿元［EB/OL］.（2017-11-10）［2018-05-01］.
http://www.ccdy.cn/chanye/201711/t20171110_1363720.htm.

39. 中文互联网数据资讯中心.2020年全球物联网产业规模及设备数量预测［EB/OL］.（2017-01-02）［2018-05-31］.
http://www.199it.com/archives/552560.html.

40. 中新网.人民日报谈知识付费：优质的知识有价值成为共识［EB/OL］.（2017-12-07）［2018-04-27］.
http://www.chinanews.com/cul/2017/12-07/8394462.shtml.

后　记

当前,"数字经济"已经成为全球范围内的热门词汇。数字经济的发展催生了全新的组织方式、生产要素、流通渠道、商业模式,既有基于实体经济、传统产业的升级和转型,更有自身裂变式的突破。中国数字经济快速发展,开始从量变走向质变,推动经济向高质量发展。

随着数字技术的发展、虚拟经济的崛起,文化与科技深度融合,不断丰富文化供给的内容与形式,逐步改变大众文化消费的观念与习惯。数字文化创意产业开始成为数字经济发展的重要组成部分,其发展已有蓬勃之象。因此,数字经济时代,对中国文化创意产业发展进行全新的阐释,具有重要的理论与实践意义。

在这一关键时期,我对数字创意产业的研究和关注重点放在以下几个方面:一是以数字经济为背景的数字创意产业发展脉络与内涵的理论研究,二是以互联网技术为依托的文化产业升级与企业转型研究,三是数字创意产业未来发展趋势与应对策略研究。基于上述观察与思考,本书从数字经济这一宏观背景出发,试图在梳理数字创意产业发展历程的基础上,总结出数字创意产业的内涵和外延,对未来数字创意产业发展趋势进行研判。本书以新的思考角度,对数字创意产业当前的概念与理论进行梳理总结,同时结合了大量实际案例,从实证的角度展现了数字创意产业的内涵，以及数字经济对中国文化产业带来的冲击。

事实上，《数字经济下的文化创意革命》的思索与成书的过程，也是我对数字创意产业不断学习和认知的过程。多年来，作为文化产业发展的见证者和亲历者，我和我的研究团队深度参与了国家文化产业中许多重大事件和重要政策出台的前期研究工作，亲身体会了中国文化产业发展的快速变化，努力走在学科发展的前沿。囿于数字创意产业发展所处的研究阶段以及所面临的挑战与困境，对数字创意产业的许多探索和研究还集中在我个人的一孔之见上。本书虽然经过反复编辑和修改，但其中的分析和论述难免存在疏漏、欠妥甚至错误之处，仍有许多问题尽管初现端倪但远没有抓住要害，恳请广大读者和专家批评指正。

本书的写作从前期的资料收集到最终成稿历经近一年半的时间，经过多次学术研讨、资料汇集、实地调研，数易其稿完成。本书涉及的内容较为广泛，在成稿过程中，政界、学界、业界诸多优秀的研究理论和成果极富可借鉴性，对书稿的成型起到了极为关键的启发和指导意义，在此深表感谢。同时，要特别感谢中国传媒大学文化发展研究院韩飞雪博士、张芃博士、宋楠、陈卓、侯雪彤、董一沣等同学在资料收集、整理过程中所付出的不懈努力；感谢中国传媒大学文化发展研究院蔡晓璐老师、熊海峰老师对书稿提出的宝贵意见；特别感谢商务印书馆孙祎萌编辑对本书的编校提出了很多重要的意见和建议。

当这本书付梓出版时，我迎来甲子之年，同时，这也是我进入文化产业研究的第十五年。这些年来，我每年三分之二的时间都在实地调研和理论研讨中度过。尽管如此，在文化产业高速发展的今天，我对文化产业所存在的许多问题、风险和挑战还所知甚少。但是，我对文化产业的发展前景充满了信心，我更加期待在未来的每一个十五年中，都能够做到与时俱进，以文化产业发展的"见证人"的身份继续扎根在中国乃至世界文化产业实践的最基层，为中国文化产业的成长贡献出自己绵薄之力。

2019 年 8 月